主编单位：中原传媒研究院

协办单位：郑州大学新闻与传播学院
　　　　　河南广播电视台

编委（按姓氏笔画排序）：

王一岚　王仁海　王玉珊　邓元兵　刘　洋
李　宏　吴文瀚　周宇豪　宗俊伟　昝　瑞
姚　鹏　常启云　韩文静　崔汝源　楚明钦

中原传媒发展报告

（1978~2018）

主编／王仁海

执行主编／周宇豪

副主编／吴文瀚　李宏　宗俊伟　楚明钦　邓元兵

REPORT ON ZHONGYUAN MEDIA DEVELOPMENT (1978-2018)

社会科学文献出版社

SOCIAL SCIENCES ACADEMIC PRESS (CHINA)

目 录

IV 期刊出版业篇

V 广告产业篇

VI 电视事业篇

VII 广播事业篇

Ⅷ　电影产业篇

总 报 告

背景及意义

本报告所指称的中原地区主要是河南省，它地处我国东西交会、南北贯通的中心地带，既能承接东部沿海地区经济发展，又可连接西部大开发。中原地区不仅具有交通枢纽的区位优势，而且具有博大精深的中原文化，被认为是中华文明重要的发源地。1949 年以来，河南省各项事业在中国共产党领导下发生了翻天覆地的变化。1978 年，党的十一届三中全会做出了将党和国家工作中心转移到经济建设上来、实行改革开放的历史性决策，从此拉开了中国经济社会快速发展的序幕。此后，中原经济区形成以郑州、开封、洛阳三个城市为核心的圈层模式，辐射周边县市，引领中原地区的发展。40年来，随着改革开放政策的实施和我国社会主义市场经济的发展，传媒领域也发生了一系列重大而深远的变革。在体制机制方面，我国采取了"事业性质，企业管理"的方式；在传播内容方面，更加符合"以经济建设为中心"的时代要求；新兴媒介技术的发展更是给传媒业带来巨大的机遇，同时给传统媒体生存发展带来了严峻挑战。

纵观改革开放 40 年，新闻媒体作为社会主义事业发展的见证者，其发展变迁与政治、经济、文化环境紧密相关，在反映时代变革的同时亦受到时代变革的影响。不仅如此，传媒业的发展又影响并反作用于经济、政治、文化等各个领域。一个地区的媒体布局和架构决定了该地区新闻事业的影响力，从而为政策的宣传、经济信息的传播、文化价值的形成等方面提供驱动力。传媒产业的经营、发展既能够为某一地区生产总值的增长贡献力量，又能够在维护国家意识形态、巩固上层建筑层面发挥作用。因此，促进传媒业良性运转对地区和国家的发展具有重大意义。鉴于此，本报告将梳理改革开放 40 年来中原地区传媒业的重大发展与变革，从报业、图书出版业、期刊出版业、广告产业、电视事业、广播事业、电影产业等领域入手，结合改革开放以来中原地区的政治、经济、文化环境的变动情况，探究改革开放以来中原地区传媒发展情况。报告通过对不同种类媒介体制机制的变革、主题内容的变迁、竞争趋势的变化等方面的分析，描绘出中原地区传媒发展的历史轨迹，深入剖析中原地区传媒发展的动力与发展的瓶颈，为进一步深化中原地区传媒改革提供理论支撑。

本报告采用的研究方法主要有实地调查法和文献研究法。研究小组成员分赴中原地区各城市的宣传、广播电视、文化出版和工商等部门和机构收集第一手材料，获取了包括报业集团发展报告、改革开放 40 年来报纸版面变迁的图片、广播电视刊播情况总结等能够有效辅助报告阐释的数据、文本、图片资料。同时，利用文献研究法参考有关中原地区报纸、广播电视、广告、电影、出版业等传媒界的学术论文，作为本报告的理论补充。在此基础上发现新问题，并尽可能提供一些解决问题的方法和对策。

从整体上看，1978～2018 年，改革开放取得了巨大成就，我国社会主要矛盾已经转化为人民日益增长的美好生活需求和不平衡不充分的发展之间的矛盾，主要矛盾的变化意味着中国接下来的改革方向将更注重结构调整，进行供给侧结构性改革。对传媒业来说，改革开放之初的发展目标是增大传媒数量、提升传播能力。随着我国经济实力的提高，我国传媒业已经形成较大的规模，提供信息的能力日益增强，传媒产品种类日益丰富，能够在数量上满足人民日益增长的文化需求。然而，随着改革开放的深入，人们对媒介的需求不再只是注重量的提升，而是更多地关注媒介产品的质量，受众不再满足于被动地接收传媒提供的信息。特别是近年来，人民群众参与民主政治生活的主动性不断提高，受众注意力更多地投射在国际热点问题、国内政策及法治、金融资讯、民生等社会发展的各个方面。因此，中原传媒业必须与时俱进，把握好社会矛盾的转变，调整传媒与受众之间的供需关系，优化升级传媒结构。

祁涛在《中国社会科学报》上发表的《从总体供给不足到供给结构失衡——论我国新闻传播业改革发展中基本矛盾的变化》一文，总结了我国新闻传播业自改革开放以来取得的成果：新闻媒介资源由匮乏到丰富、新闻产品结构由单一到多样，新闻业摆脱了总体供给能力不足的境况。他还指出，在经过增量改革后，我国传媒市场面临"市场饱和"和"信息过剩"困境，因此，他提出传媒界需要更新观念、重构媒体、改变局面。中原地区传媒业的改革始终遵循党的领导，致力于文化软实力和传媒软实力的提升。孙玉成在《基于改革开放以来我国传媒发展的思考——文化软实力与传媒软实力》一文中，探讨了改革开放以来，传媒业在综合实力发展方面存在一些短板，包括发展思维转变不及时、体制机制改革缺乏力度、专业人才匮乏等，同时，他还提出建设传媒集团、打造多元化的传媒品牌价值链、创新对内对外传播方式等策略，提升我国的传媒影响力。蒋晓丽和李建华《文化软实力与传媒软实力——对改革开放以来中国传媒发展的思考》一文则梳理了改革开放以来我国传媒业硬实力的变化发展，传媒总量大幅度提升、传媒技术广泛运用，除此之外，他们还指出了我国传媒业竞争水平偏低的弱点，导致传媒内容同质化，同一区域内传媒的发展思路比较固定，缺乏新意，同质传媒的运营方式相似等问题，此种现象出现的根本原因是传媒不注重软实力的发展，忽略了内容建设、品牌建设在市场竞争中的重要性。由此可见，传媒的改革发展需要具有大局观，要兼顾硬实力和软实力的打造。经济和社会的变革促进传媒的改革发展，传媒的改革对社会和经济的发展也有一定的影响。赵佳言在《论传媒对改革开放的特殊作用》一文中认为，一方面，改革开放的发展为传媒提供了物质基础和广阔的市场，传媒业的壮大能够为改革开放营造有利的舆论氛围，能够促进改革开放思想的传播、推动改革开放观念深入人心；另一方面，大众传媒的发展能够促进中国与世界进行交流，传播中国声音，塑造中国形象，还能够进行舆论监督，为改革开放的健康发展保驾护航。

　　以上研究视角也适用于中原地区传媒业对自身发展进行检验，从而借鉴成功的策略经验。中原地区坚持国家关于新闻传播业的改革方向，结合自身区域的发展特点在报刊行业、广播电视行业、广告电影行业实行了一系列改革。焦书晖《媒体变局时代的中原报业战略透视》、关国锋《从河南商报改版谈都市报"破局"》、黑冬冬和韩伟《基于SWOT分析的河南商报发展战略研究》等文章盘点了郑州报业市场竞争格局，对《大河报》《河南商报》的发展做了梳理，并提出实施差异化战略是中原报业突破同质化发展模式的有力之举，谈到了报业产业链多元化发展问题。在互联网时代，传媒的发展必须运用新的思路，张敏《〈大河报〉的营销模式与发展策略》、梁振廷《浅谈新媒体环境下区域媒体的主要发展方向》、段乐川和李德全《报纸微信运营模式的现状、问题和对策》、李文红《全媒体融合传播的"走转改"探索》等几篇文章，以《大河报》新媒体运营模式为例提出了纸媒在新媒体环境下区域化发展的动力，从内容、营销、全媒体产业化经营角度入手，不断提升媒体影响力。文中还提出，目前多数媒体融合仍是以传统媒体为主，实行传统媒体的管理体制，新媒体平台只是作为传统媒体的一个延伸，新媒体的发展不能释放活力。张兵娟在《论河南电视台产业价值链的打造与构建》中，列举了河南电视台在内容生产、渠道延伸、品牌升级、营销创新等方面的做法，论述了河南电视台在整合媒介资源方面的两种趋势，即系列化和多元化，能够推动电视台增强传媒竞争力。《河南广告业发展的有效路径、对策——基于长三角地区广告业发展的成功经验》一文分析了河南广告业的基本现状，指出河南广告业发展的有效路径是借助新媒体传播优势，大力发展新媒体广告。随着中原经济区布局的日益成熟，传媒业的发展面临机遇与风险并存的局面，因此，在新时代背景下，中原地区传媒业要坚守阵地，开拓创新，推动中原地区经济建设，致力于服务民生等社会主义事业的发展，就必须认真分析影响传媒业发展的各种要素及其相互之间的关系。

一 政治经济环境是影响传媒业发展的根本性因素

1978 年，党的十一届三中全会做出了把党和国家的工作中心转移到社会主义现代化建设上来的战略决策，确定以经济建设为中心，实施改革开放。自此，我国走上了中国特色社会主义的发展道路，开创了中国特色社会主义现代化建设的局面。改革开放的 40 年来，中国人民团结一心谋发展，聚精会神搞建设，在经济领域、民生领域都取得了巨大的进步。我国坚持对外开放战略，对内坚持深化改革，在社会主义制度的框架下不断完善中国特色社会主义市场经济体制。40 年来，中国同世界各国的联系更加紧密，在坚持独立自主的原则下不断谋求合作共赢。习近平在博鳌亚洲论坛开幕式上谈到中国改革开放 40 周年时说，目前，中国已经成为世界第二大经济体、第一大工业国、第一大货物贸易国、第一大外汇储备国①。改革开放给中国的经济发展带来了强大的活力，从我国加入世界贸易组织到最新提出的"一带一路"倡议，中国在世界舞台上崭露头角的机会越来越多，中国对世界经济增长的贡献率也稳步提升，连续多年超过 30%。面对新的经济挑战和机遇，我们党和政府不断探索新的发展策略，提出了"五位一体"总体布局和"四个全面"战略布局。可以说，中国改革开放政策在过去的 40 年中取得了卓越的成果，极大地解放了生产力，惠及了社会的各个方面，中国人民在实现中华民族伟大复兴的道路上不断向前迈进。

改革开放以来，河南省坚持党对社会主义事业的领导，鼓足干劲，激发自身发展活力。1979～1984 年，河南省改革开放处于起步阶段，全省工作重点开始转向以经济建设为中心的社会主义现代化建设，调整国民经济，逐

---

① 参见《习近平在博鳌亚洲论坛 2018 年年会开幕式上的主旨演讲》，新华网，2018 年 4 月 10 日，http://www.xinhuanet.com/politics/2018 - 04/10/c_ 1122659873.htm。

步进行农业生产责任制改革。1984～1991 年，改革全面开展，重心转向城市，开始扩大企业自主经营，发展商品市场①。1992～2002 年，河南初步建立了社会主义市场经济体制，实施了"科教兴豫"战略，促进社会主义各项事业健康发展，进一步扩大市场。2003～2012 年，河南省深入推进改革开放，为非公有制经济的发展创造了空间，河南省不断调整经济结构，促进第三产业的发展。2013 年至今，河南省在改革开放的进程中取得了一些创新成果。1998 年，改革开放 20 周年时，河南省的地区生产总值为 4308.24 亿元；2008 年，改革开放 30 周年时，河南省的地区生产总值为 18018.53 亿元；截至 2017 年，河南省地区生产总值突破 4 万亿元，达到 4.5 万亿元，当年河南省 GDP 在全国各省份中排名第五位。其中，第二产业和第三产业的年增加值增长较快②。

有学者对 1978～2012 年河南省经济重心的演变进行了研究，通过数据库对比、地理信息系统等科学技术手段的分析，得出了河南省区域经济发展的特征：以长葛市为变动参照点，河南省第二、第三产业呈现北移的趋势，而第一产业有南移的趋势；河南省经济的空间结构以郑州市为中心，表现为圈层向外递减的模式，中原地区逐步形成以郑州为核心的中原城市群③。2012 年至今，中原地区主动适应经济发展新常态：综合实力大幅提升，财政收入逐年增长，到 2017 年达到 4.5 万亿元，年均增长 8.4%，高于全国平均水平 1.3 个百分点；发展动能加快转变，大力扶持高新技术产业的发展，国家级研发中心数量、发明专利授权量分别增长了 61.4% 和 149.8%。基础能力不断增强，规划建设了郑州航空港经济综合实验区、郑洛新国家自主创新示范区、中国（河南）自由贸易试验区，为河南省的发展搭建更开放的平台。另外，米字型高铁网的不断完善、郑州地铁线路的不断延伸促成了河

---

① 王世炎、陈红雨、解建成：《改革开放 20 年的河南改革与发展》，《河南省情与统计》1998 年第 11 期。

② 参见陈润儿《2018 年河南省政府工作报告》，河南省人民政府网站，2018 年 2 月 2 日，https：//www.henan.gov.cn/2018/02 - 02/227013.html。

③ 秦振霞、李含琳、苏朝阳：《河南省 1987～2006 年人口重心与经济重心的空间演变及对比分析》，《农业现代化研究》2009 年第 1 期。

南现代交通体系初步形成。人民生活持续改善,居民人均可支配收入从 1.3 万元提高到 2 万元,贯彻精准扶贫、精准脱贫,有 577.7 万农村贫困人口脱贫,新增就业人口数量显著增长。随着"一带一路"建设的推进,中原地区因其贯通南北、联结东西的交通地理优势,赢得了更多的发展机遇,目前,全球有 200 多个国家和地区与河南进行贸易往来,127 家世界 500 强企业落户河南,"一带一路"的共商共建使中原地区在扩大开放的道路上有了更广阔的发展空间①。过去的几年,中原地区的发展取得了一些硕果,但也存在一些问题:传统产业比重较大、能耗水平较高、环境问题、区域间城乡间发展不平衡、龙头企业偏少、新兴产业带动力不足、公共服务方面还存在短板等。未来,中原地区将致力于政府职能转变,打好防范化解重大风险、精准脱贫、污染防治三大攻坚战;提高经济发展质量、转变经济发展方式、继续推动供给侧结构性改革;适应我国社会主要矛盾的变化,大力推动民生工作良好发展,认真落实党中央关于发展新时代中国特色社会主义的精神,决胜全面建成小康社会。

二 客观环境变化对中原传媒发展的影响

经济、政治和文化等方面的变化推动中原地区传媒的发展与变革。第一,过去的 40 年中,经济发展模式由封闭走向开放,这对传媒报道的格局产生了深刻的影响,总体上加大了经济信息的报道数量。中原地区传媒行业在改革开放以来,立足自身的经济发展规律,在报道内容上,实事求是地报道经济新动向,面向各行各业,宣传党的最新经济政策,鼓励企业创新发展。报道市场经济中的先进典型,为广大群众鼓足生产、发展的干劲。例如,2017 年,河南日报报业集团于党的十九大召开之前,以"砥砺奋进的五年"为主题,系列报道了河南地区自党的十八大以来的发展成果及领军

---

① 《外交部河南全球推介活动惊艳世界!最全消息看这里》,大河网微信公众号,2018 年 4 月 14 日。

人物。再如，在媒介经营方面，中原地区一些先进的媒体单位勇于创新发展，积极创办报业集团、新媒体集团、全媒体中心，打造"中央厨房"等，符合社会主义市场经济发展的要求，集中人力、物力扩大传媒影响力。

第二，政策方面更加注重改善民生，转变政府职能等。这要求传媒坚持"三贴近"原则，多报道人民群众关心的问题，引导舆论的同时做好舆论监督。中原地区注重对党中央政策的宣传与贯彻，传媒发展坚持马克思主义新闻观的要求，坚持毛泽东思想、邓小平理论、"三个代表"重要思想、科学发展观和习近平新时代中国特色社会主义思想不动摇。在河南省委宣传部的领导下，中原各地市、县级传媒单位在思想上紧密团结在一起，对党的各项政策做出正确的解读和宣传；在民生方面，中原地区传媒业把话筒和镜头对准人民群众最关心的地方，三农问题、精准扶贫、就业与养老保险制度改革等都在不同时期获得了传媒的关注与报道。近年来，随着新媒体技术的发展，中原地区媒体在每年两会报道上施展的空间更大了，从以往单纯的报刊图文报道、广电的音频、视频报道转变为形式多样的两微一端、视频直播等新媒体报道形式，从内容和形式上进行了创新。

第三，文化方面，随着改革开放"走出去"和"引进来"战略的实施，我国文化环境更加包容开放，不仅注重弘扬优秀的传统文化，更对优秀的外国文化加以吸纳和融合。中原地区文化底蕴丰厚，其中太极文化、少林寺武术、豫剧文化等河洛文化的精髓随着当代传媒技术的广泛应用，吸引了不少海外受众。2018年4月中旬，外交部在北京举办了以"新时代的中国：与世界携手让河南出彩"为主题的河南全球推介主题活动，向世界展现了中原文化的博大精深。如今，我国迎来了发展的新时期，文化软实力需要不断加强，才能在国际环境的意识形态领域斗争中坚守自己的立场，"讲好中国故事"是当前文化传播的主题，中原地区传媒行业需要认清发展形势，聚焦本土具有代表性的好故事，弘扬中华文明。

经历了改革开放40年，当今中原地区的名片上，不仅承载了六七千年前彩陶文化的悠久历史、达摩洞壁上的禅宗艺术、河洛文化的哲学智慧，以及人口大省、农业大省、交通枢纽等形象标签，更多了几个重要的地位：

"一带一路"的重要中转站、中国（河南）自由贸易试验区、国家中心城市等。新时代的中原地区将依托"一带一路"建设，不断扩大开放，吸引国内外优质资源合作发展，打造互利共赢局面。但是，在新的机遇面前，中原地区在发展中也会遇到一些难题，这就需要中原地区的媒体调动社会各界的积极性，携手政府和人民群众，一起从实际出发，号召中原地区各界力量，汇聚各方智慧破解难题。

三 改革开放40年中原地区媒体发展综述

中原地区媒介的发展、变迁与中原地区的政治环境和经济发展进程紧密相关，在改革开放 40 年的不同历史时期内，中原地区的媒介发展在种类、功能、受众规模、话语权分配等方面呈现不同的特点，在河南省的 18 个地市中有不同的表现。纵观改革开放 40 年，中原地区的媒介环境有质的飞跃，随着技术和经济条件的改善，中原地区的报刊行业、广播电视行业、广告行业、电影行业等大都经历了由不成熟到初步形成体系、由立足本土到放眼全国的发展过程。传媒业发展的总体变化趋势为媒介种类由少到多、报道题材由单一到多样、传播技术由落后到先进、传媒发展格局由平面到立体、发展思维由保守到开放。

第一，报业发展。1978～1995 年，印刷行业告别"铅与火"，迎来"光与电"的时代变革，印刷条件的改善为河南印刷业、出版业、报业等迎来了发展的黄金时期，中原地区的许多报纸先后进行了改版扩版、转黑白印刷为彩色印刷的版面改革。1989 年，《洛阳日报》在全国地市报中第一个采用激光电子照排技术；1992 年 11 月《郑州晚报》出版彩版，印发河南省第一张彩报。1995 年后，随着改革开放的深入和信息概念的引入[1]，中原地区的新闻媒介开始注重新闻媒体在提供信息、知识、娱乐等方面的功能，其中，

---

[1] 侯迎忠、郭光华：《论改革开放以来新闻传播学术研究与新闻实践的互动关系》，《现代传播》（中国传媒大学学报）2008 年第 6 期，第 137～138 页。

都市类财经类报纸的创办顺应了改革开放以经济发展为中心的主题，迎合了受众及时、广泛地了解信息变动的需求，《大河报》《郑州晚报》《河南商报》《汴梁晚报》《洛阳晚报》《京九晚报》等都以更贴近群众、更贴近生活的姿态出现在报业市场上。截至 2015 年，河南省共有报纸 122 种，其中党委机关报 20 种，都市报、晚报 13 种，还有若干专业行业报、企业报、广播电视报、高校报纸、学生教育辅导报等①。

第二，广播电视发展。进入 21 世纪后，中原地区的人均年收入有所增长，人民群众的物质生活水平有所提升，家用电视逐渐普及，受众对电视节目的需求日益增多。2001 年，河南有线电视台并入河南电视台，组建为八个频道，分别是河南电视台卫星频道、河南电视台都市频道、河南电视台经济生活频道、河南电视台法治频道、河南电视台影视文体频道、河南电视台科学教育频道、河南电视台商务信息频道和公共频道。河南电视台在传播中原文化方面起到了重要作用，生产了一批优秀的电视节目，如《梨园春》《武林风》等具有中原传统文化魅力的节目不仅深受本土受众喜爱，还传播至全国、海外多地。1983 年，在北京召开的第十一次全国广播电视工作会议确定了"四级办广播、四级办电视、四级混合覆盖"的方针，中央、省、有条件的省辖市及县开始打造四级办台的格局。截至 2015 年，河南省地市级以上的播出机构共有 36 座，县级广播电视台 116 座，电视综合人口覆盖率为 98.43%，广播综合人口覆盖率 98.28%，有线电视用户 617 万，数字电视用户终端 402 万台，河南广播电视网络股份有限公司已完成 56 个县（市）的有线电视网络整合②。2014 年以来，媒体融合的趋势更加明显，中原地区的电台也开始搭建自己的新媒体平台和新媒体传播网络，通过开发电台 App 产品、开设电台官方微信平台等扩大电台节目的传播范围，加大用户黏度。

第三，新闻网站和新兴媒体的发展。20 世纪 90 年代后，互联网和手机

---

① 参见河南新闻出版年鉴编委会《河南新闻出版年鉴（2016 年）》第 50 页。
② 参见河南新闻出版年鉴编委会《河南新闻出版年鉴（2016 年）》，第 50 页。

兴起，新闻网站和手机报使媒介形态更加丰富。自洛阳日报社于 1997 年建立全省首家新闻网站以来，中原地区传媒界的注意力越来越多地偏向新闻网站的实践。2004 年，河南日报集团主办的大河网是河南省第四家省属新闻媒体，具有较大的影响力；开封网是 2001 年由开封日报报业集团主办的开封市第一家新闻网站；2007 年 2 月，《郑州晚报》在中原网上推出了河南省首家数字报。有影响力的手机报主要有以下几个。2009 年郑州日报社开办的"中原手机报"业务，《中原手机报》宣传视角覆盖全省，新闻内容短小精悍、信息量大、传输迅速，打破了传统报纸的时空限制，每日早晚各发送一次至用户手机，业务范围涵盖河南电信、移动、联通三大运营商，在报道郑州、宣传河南方面扮演了重要角色。2008 年，洛报集团与洛阳移动联合开通的洛阳手机报；2010 年 3 月正式开通的开封手机报等。除此之外，郑州市周边地市也注重手机报与新闻网站的建设，比如安阳市的《大鼎手机报》与安阳网、济源手机报与济源新闻网、河南手机报新乡版和新乡网等。

2010 年以后，互联网技术高速发展，手机的 3G、4G 通信技术也得到普及，网民数量和手机网民群体不断增大。河南大象融媒作为探索传统媒体与新媒体融合发展的排头兵，在融媒体的建设上开了先河。随着大数据、云计算、可视化等新媒体技术的发展与成熟，传统媒体与新媒体融合发展的课题受到越来越多的关注。新浪河南、腾讯河南、今日头条等新媒体平台在中原地区分得了一些传播资源，与此同时，中原地区地方及省直管县（市）也在积极建设自己的新媒体中心。传统媒体纷纷建立起延伸自身传媒品牌的"两微一端"和"中央厨房"模式，如河南日报报业集团的大河网开通了微博"大河网"与"大河网"微信公众号，并且设立了大河网网络传媒集团，通过组建"中央厨房"，努力打造全媒体中心；2016 年郑报融媒中心成立，开启了"新闻超市"为核心的，包含新闻信息发现系统、新闻和舆情研判系统、新闻指挥和采访调度系统、新闻传播系统及新闻反馈系统在内的"中央厨房"采编发联动平台；"掌上开封"客户端是全新的移动新媒体平台，是开封最权威的新闻发布平台，最便捷的政务服务平台，是开封新媒体第一门户，涵盖开封党务、政务、商务、社会事务系统 50 万目标人群，提供本地新闻、政务发布、手机读报、生活资讯、电子商务等服务，截至 2017 年 10 月，"掌上开封"客户端装机量已达 15 万人次；鹤壁日报社打造了手机客户端"掌尚鹤壁"媒体融合移动互联平台，并注重对鹤壁网的新浪微博和微信公众号的运营等；滑县开发了手机 App"智慧滑州"，运营了以滑县政府网、政务微博微信为主体的 40 多个官方认证的微博、60 多个官方微信公众号。

第四，广告业的发展。1979～1982 年是中国现代广告业的恢复期，商业广告逐渐出现在报纸和电视上。改革开放释放了市场的活力，中原地区商业逐渐活跃起来，广告是经济发展过程中的一个必要元素。1992～2012 年，广告业依托中原地区的地理、市场条件得到了快速发展。截至 2012 年底，中原地区广告产业年经营额达到 70 亿元。中原地区是全国交通枢纽和物流中心，也是发展工业化和城市化的大省，媒体架构较为完善，广告投放市场较大。"十二五"期间，国家扶持中原地区建设"中原经济区"，随着中原地区经济建设的加速，广告产业得到了一些发展机遇，目前拥有一个国家级的中原广告产业园。截至 2015 年底，中原地区广告经营单位共有 1.24 万户，广告年经营额 140.85 亿元，在全国排名第十位。"十三五"期间，中原地区在国家继续深入推进改革开放的大背景下，结合自身发展方向制定了广告产业发展的总体思路和任务目标：提高广告产业发展质量和效益，广告经营额年增长率稳定在 10% 以上，新增一级广告企业 20 家，新建三个省级广告产业园区。[①]

第五，出版业的发展。一个地区的出版业的发展能够反映该地区的文化氛围、受众信息偏向及时代特点。随着信息技术革命的深入，出版业经历了形式和内容的变革，互联网和数字技术推动了出版领域的发展，中原地区出版业的种类和规模在不断扩大。截至 2014 年，河南省图书出

---

① 参见《河南省广告产业"十三五"发展规划》，河南省人民政府网站，2017 年 2 月 8 日，http：//www.haaic.gov.cn/art/2017/2/8/art_7286_94492.html。

版种数有 7705 种，总印刷量达到 19714 万册；期刊出版种数 241 种，总印刷量达到 8674 万册；报纸出版种数 121 种，总印刷量 210240 万份①。改革开放以来，河南出版业注重中原文化的传播与先进文化的弘扬，出版过一些优质图书，比如河南人民出版社有 800 余种图书获得省级以上优秀书奖，《人民记者穆青》曾获第十四届中国图书奖；大象出版社的《中国汉字文物大系》讲述了历代各类文物上所见汉字的精深奥妙之处。中原地区的出版机构众多，新闻爱好者杂志社的学术影响力越来越大，在刊网融合方面也取得了一些进步，开通了自己的专用官方网站。此外，中州古籍出版社、河南文艺出版社、文心出版社、黄河水利出版社、河南电子音像出版社、郑州大学出版社有限公司等都保持着稳定和持续的发展。

第六，电影产业的发展。随着改革开放的发展，人们的思想得到了解放，看电影成为当代的一种时尚休闲方式。21 世纪，我国电影产业发展较快，随着人民群众生活水平的提高和对艺术文化追求的日益增多，我国电影产量和市场不断发展壮大。中原地区人口众多，文化底蕴深厚，能够为电影业的发展提供丰富的素材和广阔的市场。党的十八大以来，河南电影制片单位增加到 300 家，截至 2017 年 11 月，全国 48 个电影院线中共有 26 个电影院线在河南省内落地，全省 18 个省辖市共有影院 420 家，银幕 2311 块，座位 290018 个。河南奥斯卡电影院线作为河南省自主品牌，在全国拥有影城 251 家，银幕数 1286 块，省内影城 183 家，银幕 844 块，座位数 99408 个。河南省在电影产业发展方面坚持政府监管与市场资本运作相协调，支持商业影院的建设，郑州及周边地市的影院数量每年都有不同程度的增加，带动了中原地区电影票房的增长。2016 年省辖市票房前五依次为郑州、洛阳、信阳、新乡、南阳。2013 年至 2017 年（1～10 月），河南省的票房数据见表 1。

---

① 参见胡五岳、贾志鹏主编《河南统计年鉴 2015》，中国统计出版社，2015。

表1   2013年至2017年（1～10月）河南电影票房数据

年份	新建影院数（家）	全省票房（亿元）	同比增长（%）	全国总票房（亿元）	同比增长（%）	全国排名
2013	50	7.08	39.64	217.69	27.51	11
2014	46	10.57	49.29	296.39	36.15	10
2015	78	15.22	43.99	440.69	48.70	10
2016	86	16.01	5.19	457.12	3.73	10
2017年(1～10月)	63	16.24	19.23			9

资料来源：参见调研文件"河南省电影票房数据"部分。

由此可见，中原地区的电影产业在2013～2015年发展较为迅猛。河南省相关政府机构结合本地区电影产业发展的实际情况，制定了一些支持电影发展的若干经济政策，其中包括加大财政支持力度、落实税收优惠政策、加大金融支持力度、实行影院建设差别化用地政策、加大宣传推介力度五个方面。

报告的主要内容

本报告主要从报刊行业、广播电视行业、广告与电影行业等几个方面展开研究。通过深入走访调研，形成对改革开放 40 年来中原媒体发展变化的全面认知。报告内容包括报刊行业组织架构的变革、报刊内容的变化、市场竞争格局、未来发展趋势，广播电视行业的发展状况、行业政策监督、收入规模、行业发展热点，广告行业的市场发展现状、市场竞争格局、市场总体特征，以及电影行业的盈利情况、行业的前景及趋势等问题。本报告通过对上述内容的归纳整理，总结出中原媒体发展过程中的经验和存在的不足，将对报刊行业的体制机制改革、广播电视行业的网络整合发展、广告行业的发展思路创新、电影行业的运营战略等问题提出一些建议，助力中原媒体在新时代背景下找到适合自己的发展道路。

一　报刊行业

（一）改革开放以来中原报刊行业的四个发展阶段

改革开放以来，中原地区报刊行业的发展与国家实施的一系列改革开放政策紧密相连。其中，新闻事业的发展主要分为四个阶段。第一阶段为 1978～1992 年，新闻事业迎来了发展的春天，随着真理标准问题及关于新闻属性问题的讨论的展开，我国新闻事业不再是阶级斗争的工具，而是转变为社会舆论工具，党中央强调报刊、广播、电视是党的舆论机关。与此同时，中国新闻业迎来了一次办报高潮，经济类报刊异军突起，掀起了设立周末版和报刊扩版热。《河南日报》1993 年 1 月 1 日起扩为八版，设立了周末版，在宣传风格上更具生活气息，内容上与群众的生活紧密联系。第二阶段为 1992～2002 年，我国新闻事业搭上了市场化的快班车，都市报应运而生，与晚报平分秋色，都市报在报道国内外大事、民生时政等内容上更加迅速，在版面设置上实行一系列创新，选题视角大、报道面广、受众范围大，成为当时的文化新潮。1995 年 8 月 1 日，由《河南日报》创办的《大河文化报》正式创刊，1997 年 10 月 1 日更名为《大河报》，在中原地区影响力较大。在此时期，除都市报大放异彩外，报业集团顺应市场化的发展，星星之火最先点亮在广东地区。2000 年 7 月 28 日，河南日报报业集团成立，从此引领了中原地区报刊行业的创新发展。第三阶段为 2003～2012 年，我国新闻事业朝着更加开放的方向发展，文化产业政策为传媒的发展注入了新的活力，传媒集团的建设如火如荼，报业集团进行了更多的尝试。中原地区的传媒集团在此期间发展较快，2007 年 6 月 26 日，商丘日报报业集团成立；2009 年 12 月 6 日，洛阳日报报业集团成立；2011 年 4 月 26 日，中原报业传媒集团成立。第四阶段为 2013 年至今，党的十八大以来，习近平同志深刻论述了新的时代条件下党的新闻舆论工作的"职责使命论"，提出了 48 字"党的新闻舆论工作职责使命"，为新闻舆论工作指明了努力的方向、提供了根本遵循。2013 年 8 月 19 日，在全国宣传思想工作会议上，习近平发表重要讲话，强调"网络是重中之重"。2014 年 8 月 18 日，在中央全面深化改革领导小组第四次会议上，习近平就传统媒体与新兴媒体融合发展发表重要讲话①。习近平的"新闻观"和"方法论"对中原地区的媒体发展具有指导作用，中原地区积极开展传统媒体与新媒体融合工作，探索采编流程再造、不断完善报业顶层架构设计，坚守舆论阵地，推进体制机制创新。

（二）报刊行业的发展格局

中原地区报刊行业的发展格局呈现报纸数量由少到多、报社规模由小到

---

① 《习近平的新闻舆论观》，人民网，2016 年 2 月 25 日，http：//politics. people. com. cn/n1/2016/0225/c1001 - 28147851. html。

大、报业集团实力渐长的趋势。改革开放的实施促进了经济的发展，解放了生产力，提高了人民的生活水平，与此同时，报纸的种类和报社规模不断扩大，以满足人民日益增长的物质文化需求。中原地区报业的发展受到区域间经济水平的影响，中原经济区以郑州为中心，以郑汴洛三个区域为侧重点，向周边城市辐射发展。因此，报刊业的发展以郑州为中心，以河南日报报业集团为龙头，以周边各地市的报社、报纸为依托，形成较为全面的媒体格局。中原地区的中等发展城市形成"一城三报"的报纸格局，以党委机关报为主，晚报和广电报共同发行。目前，中原地区一些城市的报社由最初的"一社两报"，即一家报社拥有一份日报和一份晚报或晨报，发展为成熟的"报—网"联动格局，比如郑州日报社的《郑州日报》、《郑州晚报》、《晚报文萃》、"中原新闻网"；济源日报社的《济源日报》、《济源晨报》、济源新闻网；驻马店日报社的《驻马店日报》、《天中晚报》、驻马店新闻网等。随着报业集团的兴建，报纸的数量进一步扩大，河南日报报业集团拥有《河南日报》《河南日报农村版》《大河报》《河南商报》《河南手机报》《河南法制报》《期货日报》《今日消费》《大河健康报》《大河文摘报》《漫画月刊》《新闻爱好者》，以及大河网"十报两刊一网络"的传媒体系。洛阳日报报业集团的"五报一网"，即《洛阳日报》、《洛阳商报》、《洛阳晚报》、《洛阳广播电视报》、《洛阳手机报》和洛阳网；安阳日报报业集团旗下已形成"四报两刊一网"的发展格局，《安阳日报》、《安阳晚报》、《安阳慈善》、《大鼎手机报》、《新农村》周刊、《夕阳红》周刊、安阳网；开封报业集团有三报（《开封日报》、《汴梁晚报》、开封手机报），四网（党报在线、开封网、《开封尚》网和开封房网），一刊（《开封尚》杂志）。

改革开放后，中原地区各地市的报纸种类都得到了丰富，由单一的党委机关报到晚报、行业报等多种形式共同发展。河南省正式报刊中，以1个省委机关报《河南日报》、18个市委机关报为核心，各类综合性报纸和专业性报纸并肩发展。综合类报纸中，《大河报》《河南商报》《东方今报》发行量较大；晚报包括《洛阳晚报》《汴梁晚报》《淇滨晚报》《信阳晚报》等；专业行业报有《河南科技报》《河南经济报》《河南法制报》《河南工人日报》等18种；企业报《中原石油报》《河南通信报》《中原铁道报》《河南电力报》等10种；广播电视报13种，包括《河南广播电视报》《郑州广播电视报》《洛阳广播电视报》《开封广播电视报》等；教育类报纸8种，如《作文指导报》《今日英语报》《中小学电脑报》《中学生时事政治报》等；高校校报44种，包括《郑州大学报》《河南大学报》《河南工业大学报》等。①

（三）中原报刊的改、扩版

改革开放以后，中原地区的报纸在版面和内容上发生了一些变化。随着经济形势的又好又快发展，受众对有关政治、经济、文化的信息需求越来越多样化。因此，中原地区的报纸顺应时代发展要求，在版面和内容上都有所增扩，改革侧重点是加大民生新闻的报道力度。一是为了全方位地服务于改革开放的各项事业，二是为了及时向受众提供周边情况的变动消息，更好地辅助社会主义市场经济的发展。总的来看，中原地区的报纸在改革开放以后版面上的变化包括由铅字印刷到激光印刷、从黑白版到彩色版、从四开小报到对开四版大报、从内容单一到内容丰富。中原地区各地市的报社党委坚持科学发展，坚守正确的舆论阵地，积极开展新闻宣传工作，坚持"三贴近"原则，紧紧围绕市委、市政府中心工作，在报道方式、方法上不断创新，增强报纸的可读性，为经济建设和社会发展搭建良好的舆论平台。为提升报道质量和增加报纸发行量，诸多报纸都进行了版面的改革。例如，《鹤壁日报》自1991年3月1日起采用北大电子出版系统编排，改为胶印，报纸面貌焕然一新，字体上采用新五号字，使报纸的信息量增加了四分之一。《鹤壁日报》从1996年由周三版改版为周六版，1998年由四开四版小报改为对开四版大报②。《鹤壁日报》的子报——《淇滨晚报》，服务于市民的日常生活，晚报与日报相呼应，整合了鹤壁市的报纸资源，《淇滨晚报》出版于

---

① 参见河南新闻出版年鉴编委会《河南新闻出版年鉴（2016）》，第426页
② 《鹤壁日报大事记》，《鹤壁日报》50周年纪念特刊。

2000 年，2004 年由每周三期改为每周五期，2007 年由黑白印刷变为彩色印刷。2009 年正式更名为《淇河晨报》由 8 版扩为 16 版，2009 年 8 月《淇河晨报》再次改版，本着"好看、实用、时尚、贴近"的宗旨，对内容和版面进行了大力调整，确立了"内容至上、新闻立报"的办报理念，增强了都市报的可读性和服务性。改版后的《淇河晨报》设置了"这事帮您问了""热线出击""记者调查"等栏目，版面设计上也更加大气美观①。

《郑州晚报》于 2002 年全面改版，由党报改为都市报，改扩版后的《郑州晚报》定位于都市生活类报纸，办报宗旨上更加注重社会生活的知识性、趣味性、服务性。《郑州晚报》在郑州发行量最大，在办报理念上更加新颖，突出新闻报道的可读性和实用性，全新的版面和内容结合，致力于打造成中原地区新的主流媒体②。2008 年《南阳晚报》并入南阳日报社，将民生放在第一位，围绕"独、亮、活、深、快、动"六项要求开展了版面改革，版面扩充为 24 个；更换报头，重新设计了报眉，统一风格，实行套彩印刷。

《新乡日报》在 2007 年进行了全方位的改版扩版，此次改版侧重增加对民生、社会、生活的关注，扩大了时事报道和文体报道的信息量，强化了舆论监督。增设了《关注》专版，在报道好新乡市委重点工作的同时致力于解决群众的难题。恢复了《教育周刊》《道德周刊》《法制周刊》《文化周刊》等专版，增加报纸活力。新乡的《平原晚报》在 2005 年进行了改版，改版后的版面风格鲜明活泼，可读性强，吸引了读者。《平原晚报》由时政、综合、社会、民生、法制、市场、教育科学等 24 个版面，内容丰富涵盖国内外及新乡的政治、经济、社会等多个方面。

2004 年 9 月《济源日报》经济源市委同意，进行全面改版。在《百花周刊》和《新闻周刊》的基础上，扩版增出《王屋晨风》晚报版，《济源日报》从每周 32 个版增为 40 个版，改版后的报纸更加贴近群众、贴近生活，服务性和指导性都有所增强①。2005 年，《济源日报》报纸一、四版采用彩板印刷，使版式更加简洁，图文并茂，视觉冲击力强。在版面和内容的创新上，济源日报社强调突出图片和图表的使用。《济源晨报》在 2015 年的两会的报道上也创新报道方式，开设"我要上两会""两会聚焦""图解两会"等栏目，在关注民、增强报纸亲和力和贴近性上进行了积极的实践。

《周口日报》1995 年 1 月起改为对开四版大报，当时正值纸质报纸的黄金发展期，信息需求和广告投入需求催化了报纸从小报向大报发展。《周口晚报》本地新闻版由 4 个增加到 8 个，从一期 12 版到一期 24 个版，从黑白印刷发展到彩色印刷，改版后的晚报更加鲜活、接地气。《平顶山晚报》在版面增扩上也进行了改革，1999 年由四开四版扩版为四开八版、2002 年扩为 12 版、2004 年扩为 16 版、2006 年扩为 24 版②。《三门峡日报》原为四开小报，随着社会经济的蓬勃发展和人们对信息需求量的增大，小报所承载的信息量已不能满足社会各方面的需要，1997 年，《三门峡日报》由四开版改为对开版。

（四）报刊的内容

在信息化高速发展的今天，纸媒想要在网络新闻更占优势的环境下脱颖而出，不仅需要在版面和标题上下功夫，更需要坚持"内容为王"的宗旨，为读者奉献质量更优的精品级报纸。首先，报纸必须在细节上用心，应该精心雕琢"标题"，标题简洁、生动、有亮点才不会使内容被淹没在茫茫信息汪洋之中。其次，版面的色彩、排版、插图也是报纸能否吸引受众的重要因素之一，版面要符合报纸的风格，都市报可以选择时尚的编排方式，日报则需要在生动之中不失稳重。标题和版面做到完美结合只是吸引受众的第一步，一家报纸能否可持续发展，其核心因素是报纸的内容是否能够获得受众的认可，内容是否能够反映群众所关心的问题，新闻立场是否以国家为根

---

① 参见《济源年鉴 2005》。

② 《57 载，我们一起走过》，平顶山新闻网，2015 年 7 月 1 日，http：// epaper. pdsxww. com/ pdsrb/html/2015－07/01/content＿38370. htm。

本、以人民为中心。

因此，报纸在内容上需要反复锤炼，使报道策划由粗向精转变、报道形式由单一向多样转变、报道主题由浅向深转变，定位好自己的报纸品格。一是报道应该追求高度，要关注大事，有大局观，赋予报纸以时代的高度。积极报道国内外、地区周边的大事要闻，改革开放以来，中原地区的报纸在报道大事的力度上有所增大，从"9·11"事件到美国联合英法两国军事打击叙利亚化武事件，从全球金融危机到2015年在郑州举办的上合组织峰会，从北京举办奥运会到新中国成立60周年，这些重大事件的报道都曾在中原地区见诸报端。中原地区的报纸需要继续登高望远，不断增扩视野，提升格局。二是报道应当有力度，铁肩担道义，激浊扬清、惩恶扬善是报纸应当具备的责任感。中原地区的报纸应当密切关注社会各个层面的风吹草动，既要监督各个政府部门、机构的权力公正公平地执行，又要有力揭露社会中不好的一面，积极开展批评报道，针砭时弊，及时发现问题、解决问题，比如河南《今日消费》曾报道了郑州市快递业存在的问题，编发了《快递，不得不说的乱》一文，有力地指出了快递行业的乱象，物品暴力分拣、买家信息泄露等问题，帮助消费者维权。三是报道要有深度，深度报道是报纸的优势，要强化报纸的思想深度，深刻诠释社会生活中的各种现象。报纸可以通过系列报道来提升新闻价值，比如，曾获得中国新闻一等奖的《河南日报》"贫困县的发展观——《走近卢氏县委土坯房》"系列报道，引起了社会的强烈反响，将卢氏县的忧患意识、公仆意识、节俭意识，发扬艰苦奋斗的精神、厉行勤俭节约的作风、坚持执政为民的思想报道给广大群众，为干部群众提供了精神食粮。四是报道要有温度，关注民生，传播善意，帮助群众解决生活中的困难。中原地区的一些新闻作品从字里行间传递了温情，比如《郑州日报》2015年的报道《在郑州，有一种爱叫"王宽家"》讲述了郑州的退休豫剧名家王宽老师17年间收养了6个孤儿的感人故事，《商丘日报》报道的《依偎在习大大怀里合影的小女孩长大了》记录了总书记对曾因在火车轮下救少年而牺牲的商丘好人李学生的女儿李敏的关怀之情。

（五）报刊行业体制机制改革

在组织架构上，中原地区各城市的报刊行业在最初的"一城三报"的基础上，建立新闻网站，增设了新媒体中心，并逐步完善传媒集团建设。为加快构建覆盖广泛的传播体系，中原地区的报刊行业积极开展新闻建站工作，整合媒体新闻资源，提升网上的舆论引导能力，打造第四媒体，形成报网互动新格局。新闻网站不受版面大小、字数的限制，能够容纳诸多栏目，全方位多层次地满足受众的信息需求。新闻网站建成后，增设了数字报刊系统，使日报可以通过图形版、PDF 版、多媒体版、网页版四种形式在网上呈现。鹤壁日报社建立大河鹤壁网后，推出了报纸电子版，新闻点击量不断提升。

此外，中原地区各大报社在深化改革、推进媒体融合方面做了很多努力。2016 年，济源日报社在巩固传统媒体的基础上，大力发展新媒体。积极探索全媒体采编流程，构建文字、图片、音视频、新媒体报道"四位一体"格局。济源日报社还抽调人员成立了济源报业传媒集团办公室，积极推进报业集团组建，发展了"三报一网十公司"的格局。南阳报业传媒集团强化互联网思维，成立了集团新媒体中心，创办了 50 多个微博微信账号，总粉丝量超过 150 万。集团的三份报纸、三份期刊、10 个专业网站、50 多个两微一端、10 块电子大屏和 500 多个社区阅报栏形成多媒体联动协同的格局。商丘日报报业集团紧密结合自身实际，逐步完善新媒体矩阵，2017 年购置了微信直播车，升级了直播设备，针对"商丘日报"、"京九晚报"、"商丘新闻"和"商丘网"四大微信公众号，发送直播的新闻消息。2016 年，开封市新媒体集团正式挂牌，集团各部门微信号二维码与报纸深度融合，日报各个版面版头上都有了二维码标识。2017 年，开封新媒体集团成立了全媒体中心，所有记者均为全媒体记者。郑州报业集团旗下形成了"五报三网两杂志"格局和 14 个公司所涉及的党报多媒体港湾、印务、文化创意地产、连锁酒店、影视投资、金融投资等领域。2013 年至今，开封新媒体集团旗下的公司从五家发展到 40 多家，多元化收入占比超过 60%。

河南日报报业集团多元产业支柱作用逐步显现，报业与多元化产业相互促进，2017年集团非报营收超过69%，为河南日报报业集团的转型发展提供了物质保障。

改革开放以后，中原地区各大报纸进行了采编与经营分离的改革措施，确立了"政治家办报、企业化管理、集团化运作、市场化经营、社会化服务、产业化发展"的总体思路，推进采编和经营"两分开两促进"，一手抓发展，一手抓管理，理顺采编与经营的关系，完善媒体内部管理制度。在采编工作上，规范和完善各项制度，细化考核，责任分工，既能够规范工作流程，又能够形成良好的竞争机制激发采编人员的工作积极性。改革开放后，中原地区各大报社致力于建立长效机制，坚定新闻从业人员的理想信念，转变工作态度，树立正确的作风和文风，形成了一套科学有效的管理制度。一是改革人事制度，将任用制度改为聘用制，竞争上岗，双向选择；改革了分配制定，奖罚分明，多劳多得；制定了一系列规章制度，规范采编工作、加强编辑校对工作的管理、推进新闻从业人员工作作风转变。比如驻马店日报社从2007年开始改革干部人事制度，在干部选拔中实行"一推双考"制，在全体工作人员中实行全员聘任制，完善绩效考核体系，充分发挥绩效考核和薪酬按劳分配的杠杆作用，盘活人才资源。二是强化人才队伍建设，不断加强工作人员的政治意识、培训业务能力、严正作风纪律。比如济源日报社2004年建立了新的采编运行机制，实行以编辑为中心的版面负责制，实行采编合一的新机制，版主任竞争上岗，员工量化考核，工资全额浮动等，大大提高了工作人员的积极性。三是为顺应新媒体发展，建立全媒体联动报道机制，发挥媒体资源优势，聘用全媒体记者进行全媒体报道。比如南阳的新媒体中心从集团所属的《南阳日报》、《南阳晚报》、《南阳晨报》、南阳网等媒体招聘了23名全媒体记者，参与动态新闻报道，第一时间将稿件传输至全媒体中心，并在"两微一端"上发布。

在报业经营方面，中原地区的报业通过多种途径发展报业经营，报业经济从无到有，从最初的发行、印刷、广告发展为多种经营，不断壮大报业经济实力，为提升新闻宣传力度做出贡献。报刊行业在"二次创业"口号下，全力发展报业经营，不断扩大广告市场份额、发展印刷业务、扩大发行量来灵活经营，坚持两轮驱动的发展思路，采编与经营一起抓①。在发行业务方面，各类报纸不断扩宽发行渠道，积极寻找新的突破口和增长点，加大报纸投递质量，维护订户权益。济源日报社在报纸进社区、进医院、进校园、进门店、进车间方面做出了积极努力。在印刷业务方面，报社的印刷厂不断深化改革、激发活力，印刷厂改制建立起现代企业制度，比如鹤壁日报社在2005年筹措资金700万元，购置国内一流印刷机械，提高了印刷技术，并通过与《东方今报》等媒体的合作使印刷业务大幅增长。

在广告业务上，各个城市的晚报都不遗余力地扩版，在扩充新闻内容的同时，加大了晚报的发行力度，确保发行量稳中有升，为广告提供了市场基础，以达到广告创收和报纸质量的双赢。报社在广告经营中实行目标责任制，引进市场竞争机制，完善了对广告业务人员的考核和分配机制，调动广告经营部的积极性。报刊行业注重调整广告工作思路，增强广告创意，做好客户服务，将目光锁定在房地产、汽车、通信产业，稳定优质客户的同时开辟新的广告资源。新乡日报社整合广告发行资源，优化人才配置，成立了新乡日报广告中心和新乡日报发行中心，强化广告经营管理，制定了禁止广告性新闻的规定，并且建立了广告中心的考核分配办法等制度，采取以活动促广告的方式，与汽车车展、劳模宣传等广告活动合作，促进广告效益增长。

在延伸产业链方面，报刊行业在紧抓广告和印刷业务的同时，也不断创新报业经营模式，深挖行业资源，尝试多种经营项目，积极转变报业发展方式，注重调整结构。济源日报社通过开拓车辆保险、图书销售、快递配送等业务，先后成立了济源和顺实业有限公司小拇指微修公司、济源淘、爱尚济源等新产业，在非报产业的多种经营上进行了探索。商丘日报报业集团在报业发展遇到新媒体冲击的情况下，积极寻找新的增长点，延伸报业产业链，2017年4月分别与大河金服、浙江甲子资产合作，成立了华商理财俱乐部，打造金融财富管理平台；还注册成立了商丘报商商贸有限公司，探索"煤

---

① 《驻马店日报社发展走笔》，《驻马店日报》25周年特别版。

改电"项目；与民营资本合作成立了商丘赛若福科技有限公司，实现了报业经营方式和经济增长方式的转变。开封日报报业集团面临传统报纸广告持续下滑的现状，积极探索现代传媒集团建设，2017年投资10亿元建设了开封国际文化创意产业园，同年，报业集团倾力打造的少儿版电影《红楼梦》。

二 广播电视行业

（一）中原地区广播电视行业发展格局

中原地区广播电视业的发展以河南省人民广播电台、河南电视台为主，以郑州及周边17个城市的电台、电视台为辅，现共有地市级以上播出机构36座，其中电台18座、电视台18座，形成省会城市领军发展，周边城市配合发展，广播电视覆盖全省的格局。中原地区广播电视业紧紧围绕党的中心工作，立足大局，以党和群众的根本利益为出发点，坚持正确的发展理念，服务社会，在新闻宣传工作和行业创新发展上不断探索。改革开放后，中原地区广播电视行业经历过发展的快速期，也曾因新媒体的冲击而出现瓶颈。1978年以后，社会生产力得到解放，居民生活水平有所提高，随着电视入户率的不断增长，我国电视和广播发展的市场日益扩大，与此同时，各类电视节目、综艺纷纷进入人民群众的生活，中原地区的广播电视行业也在这个时期起步并强大起来。2013年以后，使用电脑和手机看视频、网剧、网络综艺等逐渐成为人们生活中的新风尚，传统的省、地市级的电视台的发展受到了冲击，中原地区在收视率和广告营收额下降的压力下，坚持把握正确的导向，努力进行创新改革，在更新广播电视技术、搭建新媒体发展平台方面进行了实践，为稳定市场份额做出了努力。总体上来看，河南电视台的发展较为成熟，2001年，河南有线电视台并入河南电视台整合为八个频道，涵盖社会生活的方方面面，目前拥有河南卫视、都市频道、民生频道、法制频道、电视剧频道、欢腾购物频道、公共频道、新农村频道、国际频道；拥有新闻广播、经济广播、交通广播、音乐广播等十个广播频率；还拥有三个付费频道，梨园频道、武术世界频道、文物宝库频道。其中，梨园频道已在全国30多个省（自治区、直辖市）200多个城市落户。河南电视台收视率较高的综艺节目有戏曲综艺《梨园春》、武术搏击类节目《武林风》、鉴宝类文化综艺节目《华豫之门》。广播方面，根据《河南新闻出版年鉴（2016）》，2015年河南地区的广播收听市场中，河南电台的市场份额较大，为38.8%，河南其余地区的电台市场份额总和为61.2%①。由此可见，河南电台的影响力在中原地区较为显著。

（二）中原地区广播电视行业的现状

中原地区各城市的广播电视行业发展依托当地的经济发展状况和受众市场，郑州的人口规模相对较大，经济实力相对中原地区其他城市雄厚，为广播电视业的发展提供了物质基础和市场保障。因此，郑州市的广播电视行业发展较快，周边城市的广播电视行业虽在规模和市场上逊色于郑州市，却也因中原地区具有博大精深的文化资源，而在电视广播节目上能够各具地方特色。2005年2月，原郑州人民广播电台、郑州经济广播电台、郑州文艺广播电台整合成立新的郑州人民广播电台，现有员工260多名，目前拥有新闻广播、经济广播、音乐广播三套节目，以及《549新闻报道》《早餐可乐》《今夜不寂寞》《午间特快》《夜色撩人》《城市新空气》《精彩零距离》等广播节目。开封广播电视台是一家集广播、电视、报纸、网络于一体的综合性新闻媒体，下属单位有开封广播电视报社有限公司、开封广电同数字电视有限公司和河南中广传播有限公司开封分公司。焦作广播电视台拥有广播、电视、报纸、网站、户外电视、手机客户端、微博、微信等媒体形式，电视台有综合频道、公共频道、教育频道、睛彩焦作频道，主要有《焦作新闻》《联播焦作》《直播焦作》等30个栏目。焦作广播电台有新闻综合广播和交通旅游广播两个频率，平均每天播出时间为36个小时。2013年濮阳市广播电视台在原濮阳人民广播电台、濮阳电视台和濮阳经济广播电台的基础上成

---

① 参见河南新闻出版年鉴编委会《河南新闻出版年鉴（2016）》，第418页。

立，现有两套广播节目和濮阳人民广播电台综合广播调频、经济广播调频，拥有新闻综合、公共频道、晴彩濮阳三个电视频道。三门峡广播电视台有98.9兆赫交通文艺广播频率和104兆赫新闻广播频率，四个电视频道包括新闻综合频道、公共频道、图文信息频道、科教频道，一个手机台即三门峡手机台，一个广播电视网站①，以上媒体资源相互配合，在三门峡的经济、社会、民生、文化等方面的宣传报道上起到了联动作用。

随着互联网时代的到来，新媒体的发展对广播电视行业造成了较大的冲击，中原地区为度过发展的"寒冬"，稳定市场份额，更好地坚守舆论引导的职责，创新了发展思路，在技术上不断革新，完善广播电视台的建设，在媒体形式上开拓新媒体平台，增强互动传播的效率，辅助广播电视台更好地迎接网络时代的挑战。综合来看，中原地区广播电视行业目前的发展方向，一是不断完善地面数字无线覆盖网的建设，保障广播电视的覆盖率，尤其要加大偏远贫困地区的投入，确保新闻工作深入群众；二是加大技术投入，更新升级广播电视设备，促进广播电视节目保质保量的传播，提高传媒产品的影响力；三是加快广播电视新媒体网络建设，开发广播电视新媒体的"两微一端"、采编播一体化的融媒体中心等，借助互联网社交化的优势，努力增强产品吸引力，扩大受众市场。

郑州电台购置了先进的采编装备，实现了广播和新媒体同步播送。郑州电台还与移动互联网音频聚合平台"蜻蜓FM"合作成立了"蜻蜓河南"，收听人数保持在百万人以上；电台还通过建设电台、频率、重点栏目的微博、微信平台等平台构筑自己的立体新媒体网络。开封广播电视台顺应新媒体发展趋势，打造了"智慧开封手机台""视听网"等平台，智慧开封手机台上客户端线后发布的内容涵盖新闻资讯、直播、点播、时政、公交实时查询等方面。洛阳广播电视台注重技术投入，2015年完成了新区广电中心广播电视技术设备及演播室安装调试工作，增加了高像素的摄像设备，对交通广播交警直播室设备完成了升级改造，地面数字电视设备也完成调试，为提

---

① 参见《河南新闻出版年鉴》焦作市、濮阳市、三门峡市广播电视台概况。

高节目制作质量奠定了物质技术条件。安阳广播电视台购买了4K拍摄制作设备，完成了无线发射台站建设。新乡广播电视台开设了新乡广播电台、新乡交通广播991、新乡市应急广播三个微信公众号，此外，新乡人民广播电台与某科技公司合作开发推出了广播App"石榴花开"将非节目播出时间的听众注意力资源转移到互联网平台上，增强受众的黏性。焦作广播电视台推出了无线焦作App手机客户端，将新闻信息、视频音频等媒体资源整合发布，助力焦作全媒体融合发展。濮阳市广播电视台、三门峡广播电视台都在投资建设手机台、开通电台、电视台微信公众号方面做出了努力，扩大了电视、广播的收视率、收听率。商丘广播电视台和许昌电视台在全媒体联动、一体化采编、播发、多种方式生产、多渠道发布方面进行了探索，促进媒体资源集约化发展，创新传播机制。在管理体制方面，中原地区广播电视行业实行了总监负责制改革，制定了频率总监绩效分配原则，制定经营目标，有效激发了工作人员的积极性，商丘广播电视台在此基础上推行了频道、中心"二次分配"制度，量化考核，促进人事、分配、绩效的改革。

三　广告与电影行业

随着改革开放的深入，中原地区已制定了五个国家战略规划区，即粮食生产核心区、中原经济区、郑州航空港经济综合实验区、郑洛新国家自主创新示范区和河南自贸区，这些战略的实施，为稳定河南经济发展贡献了力量。近年来，中原地区迎来了新的发展机遇：米字型高铁网的建设、现代综合交通枢纽、国际物流中心、全球智能终端制造基地等。这些战略规划和机遇使中原地区的经济市场变得更有吸引力，在招商引资、引进人才等方面的优势更加突出。同时，随着"全网河南"的建成，中原地区的通信渠道更加通畅、媒体结构更加完整、受众基础日益增多，为中原地区的广告产业和电影行业的发展提供了广阔的市场和灵活快捷的平台。

广告业是文化产业和现代服务业的重要组成部分，为响应中央关于深化文化体制改革推动社会主义文化大发展的决定，河南省在加快发展、推动创新上对中原地区广告业进行了一系列政策扶持：一是将广告产业纳入专项资金扶持范围，加大财政资金支持力度，对获得中国驰名商标的广告企业给予奖励；二是加大税收支持力度，出台了相关的优惠政策，对企业和广告经营单位的一些广告费用支出实行税前扣除；三是放宽市场准入、扩大融资渠道，取消不利于广告产业健康发展的准入限制，清理市场准入壁垒，吸引国内外社会资本投资；四是培养广告人才，注重高校学术与业界实践的结合，支持院校培养广告人才，建设广告产业发展研究基地，提高广告创意水平和业务能力，充盈广告市场的高层次人才[①]。

广告行业在"十二五"期间促进了河南地区一批企业的商标品牌的发展，比如"宇通""双汇""三全""思念""好想你""新飞"等，截至2015年底，中原地区驰名商标数达到204个，著名商标3066个，带来了较大的经济效益[②]。国家级中原广告产业园的开发建设使河南地区的广告业从过去的分散发展走向聚合，随着大河网、360搜索等多家企业的入驻，广告产业在媒体资源和平台上形成园区集聚效应，对与广告创意相关的影视、游戏、出版、动漫等产业的发展产生了辐射作用。截至2015年，中原地区的广告经营主体达到12399户，广告从业人员有78367人，《河南省广告产业"十三五"发展规划》中提出中原地区广告产业的发展目标：广告经营额突破225亿元、广告经营单位超过19000户、从业人员突破12万人、广告产值占全省GDP的0.5%以上。同时，将大力扶持中原地区广告产业的发展，建设郑州、开封、洛阳等地的文化创意园区和动漫基地，提升广告创意水平、促进物联网、大数据、云计算等先进互联网技术的更新和应用，增强广告业务能力，打造"互联网+广告"的现代广告产业体系。在广告监管方面，中原地区严厉打击虚假违法广告，维护广告市场的秩序，依据《广告法》和《互联网广告管理暂行办法》等相关法律法规，运用大数据技术，

---

① 参见《河南省人民政府办公厅关于促进全省广告产业发展的意见》，河南省人民政府网站，2012年8月22日，https：//www.henan.gov.cn/2012/08-28/244980.html。

② 参见《河南省广告产业"十三五"发展规划》，河南省人民政府网站，2017年2月8日，http：//www.haaic.gov.cn/art/2017/2/8/art_7286_94492.html。

有效防治虚假违法广告。在公益广告方面，注重弘扬本土优秀的精神文明故事，深入挖掘焦裕禄精神、红旗渠精神、愚公移山精神，在对河南文化的宣传上，将中原文化博大精深的历史文化精髓和河南地区当代优秀文化内涵结合起来，塑造河南形象，传承河南的文化价值。

改革开放40年来，伴随着人们思想解放的不断深入和生活水平的不断提高，中国的电影产业发展迅速，电影的产量和市场都在不断扩大，国家鼓励电影产业的体制改革，引导民营资本注入，不断挖掘中国电影产业的发展潜力。中原地区电影产业的发展具有独特的优势。其一，河南省人口众多，人口总量突破1亿，为中原地区的电影业贡献了巨大的市场潜力，随着人民群众物质生活水平的提高，人们更多追求精神层面的享受，文化需求的增长为电影产业带来了增长动力。其二，具有得天独厚的文化资源。中原地区是中华文明的发源地，历史文化底蕴深厚，见证过诸多历史朝代的更替，留下了不少著名的人文历史故事，战国时期的烽火曾在这里燃烧，杜甫、白居易曾故居此处，有岳飞、杨靖宇等名人辈出，更是有神龙文化、汉字文化、姓氏文化、农耕文化、商业文化、思想文化、科技文化、中医文化、诗歌文化、武术文化等百花齐放。2010年，河南电影电视制作集团有限公司出品了武侠片《叶问2》，内地票房突破2亿，是河南电影登上全国舞台的成功之举。2010年的河南方言喜剧类电影《不是闹着玩的》也获得了观众的喜爱，此外，依托河南风土人情素材拍摄的优秀主旋律电影还有《角落里的阳光》《鱼湾村的故事》《信念》《生命无价》《望月》等。其三，中原地区电影院数量不断增加，院线覆盖范围广，2016年新增影院86家，新增银幕501块，新增座位数63906个，河南奥斯卡电影院线是河南的自主品牌，是中原地区最强势电影院线。2017年1～11月，省辖市新增影院分布情况如下：郑州新增影院30家，银幕167块，座位19611个；开封新增影院1家，银幕7块，座位1138个；平顶山新增影院4家，银幕25块，座位7232个；新乡新增影院5家，银幕27块，座位2375个；焦作新增影院3家，银幕22块，座位3391个；濮阳新增影院5家，银幕25块，座位2687个；漯河新增影院1家，银幕6块，座位533个；三门峡新增影院2家，银幕11块，座位 1686 个；南阳新增影院 9 家，银幕 55 块，座位 7007 个；商丘新增影院 2 家，银幕 9 块，座位 1026 个；信阳新增影院 3 家，银幕 21 块，座位 2865 个；周口新增影院 6 家，银幕 32 块，座位 4068 个；驻马店新增影院 5 家，银幕 27 块，座位 3616 个；济源新增影院 1 家，银幕 6 块，座位 722 个①。其四，政府扶持中原地区电影产业的发展。电影产业作为文化产业的组成部分，应该顺应发展潮流。2018 年，中原地区文化产业将以深化文化产业供给侧结构性改革为主线，聚焦 2020 年文化产业成为国民经济支柱性产业发展目标，全面推动"文化＋"战略的实施。河南省加大财政支持力度，推动高新技术在电影业的运用，支持重点影片的制作，鼓励电影走出去；在电影企业的税收上采取优惠政策；为电影产业营造宽松的金融环境，加大银行贷款力度，支持符合条件的电影企业上市或重组上市。综上，在改革开放继续深入推进与中原地区崛起的时代里，中原地区电影行业的发展拥有更广阔的前景，需要继续深挖本土文化价值，精耕细作，砥砺前行。

四　中原地区传媒业发展存在的问题与对策

改革开放以来，中原地区的传媒业各方面的发展取得了一些成绩，报刊行业在整体结构上更加完善；广播电视行业在革新技术和翻新设备的基础上不断扩大地面数字无线网的覆盖面；广告行业依托中原广告产业园的建设，不断增强市场运作能力；电影行业在扩建院线的同时，探索以本土文化为主的影视作品制作。总的来说，中原地区传媒业的发展呈现不断向前的趋势，但是，在发展的道路中依然存在一些短板。中原传媒业存在的问题总体上表现为：规模大但同质化明显、数量多但精品少、本土文化与社会主流结合不紧密、先进技术的使用和传媒产品的表现形式滞后、缺乏专业型人才、媒体资源分布不均衡、部分市县级媒体发展缓慢等。因此，中原地区的传媒业在今后的发展中要不断探索适应自身的发展道路，借鉴国内外先进的发展经

---

① 参见党的十八大以来河南电影创作、电影院线和电影票房基本情况调研资料。

验，在把握正确的政治导向的前提下大力发展区域特色文化；制作内容精、形式新的优秀传媒产品，深入挖掘本土优秀文化和人文精神，将社会主流价值观融入中原地区的优秀传统文化之中加以弘扬；注重与高校的合作，培养一批专业型人才；在发展思路上采取包容开放的态度，运用互联网思维，创新发展模式；注重中原地区媒体的协调发展，积极调研中原地区各县市的传媒发展情况，及时发现短板，补齐缺口，促进中原区各地的媒体结构优化升级。

面对信息化网络化趋势及受众需求日益多元化的形势，中原地区的报纸要在夹缝中求生存，必须增强危机感，创新发展思路，在集约化和规模化发展道路上不断探索，走出一条不同于以往纸媒发展的新路子，实现报业运营从传统媒体向新媒体转变，报业产业链由单一向多领域延伸，有力促进报业发展，增强新闻影响力和市场竞争力。

报刊行业在今后的发展中，应当坚持大局意识、服务意识，做好舆论引导工作，锐意创新，强化自身实力。一是要增强政治意识，做好意识形态工作，把握正确的舆论方向。二是要增强业务能力，加强团队建设，不断提高采编队伍的业务水平。三是要加强新媒体建设，更好地配合主流媒体发挥舆论阵地作用。四是要发展报业经济，要采编和经营一起抓。五是要解放思想，增强创新意识，破除体制机制的一些弊端，完善媒体格局。

在推进媒体融合，转型发展方面，一是要积极推进采编流程再造，加强各部门之间的有效沟通，把传统媒体的影响力延伸至新媒体。充分发挥传统媒体的权威解读、深度报道、评论等内容优势，借助微博、微信公众号等新媒体平台达到"一次采集，多次分发"的效果。二是要加大新媒体建设力度，大力发展移动传播矩阵，进一步整合微博、微信公众号、手机客户端、视频直播等新媒体资源，增强新媒体产品的吸引力，争夺受众注意力资源。三是要注重新媒体技术运营，开放符合时代需求的移动新闻产品，首先要运用视觉设计、视频后期技术，增强新闻产品的美感，其次要善于运用 H5 网页技术、现场直播等新媒体技术和平台，在策划报道重大事件和活动时能够相互配合为新闻增色。四是要加快报业传媒集团的组建，打造全媒体中心。

广播电视业在互联网时代面临收视、收听率下降，受众市场萎缩，广告收入下滑等困境，智能化移动终端的普及"夺走"了广播电视行业一部分受众资源，新兴媒体在市场竞争中处于优势地位。中原地区广播电视业近年来大力开发新媒体平台，完善播出设备更新等，积极推进制播分离，激活发展动力。但是，中原地区广播电视行业的优秀作品较少，目前知名度高的节目依然是《梨园春》和《武林风》，本土文化资源转化为文化资本的力度较小；另外，中原地区的广播电视节目特色不明显，形式不新颖，节目主持人风格不突出等因素都在一定程度上导致了中原地区广播电视业竞争力较弱。因此，广播电视行业在媒体形式转型发展的同时应当秉持"内容为王"的宗旨，加强策划能力，深入挖掘中原地区的文化资源，做精品电视广播节目。在新闻节目上，保持对社会热点的敏感度，拓宽视角，深入社会各个层面，反映人民群众的心声；追求更立体的报道，可以打造电视新闻短评节目，引导受众的理性思考，借助新闻点评人或主持人的魅力培育受众粉丝群。在娱乐综艺方面，创新形式，弘扬中原地区的优秀传统文化，探索真人秀与民间手艺的结合，借鉴《国家宝藏》的节目形式，促进现代文化与国宝文化的碰撞，使综艺节目更具社会效益。在发展路径方面，应以市场为主体，走产业化经营、市场化运作、企业化管理的路子，以社会化服务为路线，以新闻宣传为根本，依法进行广播电视行业的事业建设、产业发展，兼顾社会效益与经济效益。

中原地区的广告业在"十二五"时期实现了全面、快速的发展，"十三五"期间，广告业需要适应经济发展新常态下的市场和环境变化，认清目前存在的问题，有的放矢。目前，中原地区广告业的问题主要有：广告业总体规模不完善、广告经营额不大，广告市场分散、市场竞争力弱，发展方式粗放、代理发布占比较大，广告创意较平淡、没有形成自己的广告品牌，专业人才匮乏、高端技术短缺，广告市场还需要规范、虚假广告等不诚信现象依然存在等。对此，中原地区的广告业要以提高广告业的发展质量和效益为中心，靠创新驱动结构优化，促进广告经营的专业化、品牌化发展，打造本土商标品牌。注入人才活力，提高广告创意水平，在策划和设计上深入探索，力求精品。维护广告市场秩序，鼓励广告企业发展企业集团，优化产业结构，丰富产业链，加快中原地区发展速度。中原地区的电影行业发展进程快，但仍有许多题材有待挖掘，现有影视作品的数量虽多但知名度并不高，中原地区的电影行业要以卓越的眼光展望未来电影市场，把握好时代需求，多创作优秀的电影作品，推动文化资源转化为文化资本，促进中原地区电影业走向世界。

改革开放40年，中原地区传媒业风雨兼程，筚路蓝缕，改革开放的车轮不断前进，中原地区的传媒业砥砺奋进。40年来，伴随国家经济的腾飞，中原地区各行各业生机盎然，乘着改革的春风，阔步前行。在此进程中，中原地区传媒业取得了显著的发展成果，但在总体上升的过程中也显现一些短板，对此，中原地区传媒业应拿出直挂云帆的勇气，披荆斩棘，破除困难，创新发展。中原地区传媒业要坚守职责，做社会的"放大镜"，歌颂先进楷模，抨击时弊，激浊扬清；做人民群众的"温度计"，体察民情冷暖，走访民生百态，为群众排忧解难；用手中的纸笔书写时代变迁的脉络，用肩上的镜头记录社会发展的轨迹。疾风知劲草，面对更加开放、多元化的互联网发展趋势，中原地区传媒业应当上下求索，迎难而上，破除体制机制壁垒，优化传媒产业结构。未来，中原地区传媒业要立足新时代改革开放的发展方向，依托"一带一路"建设，推动中原地区打造对外开放新格局，注重建设符合时代要求的传媒平台，促进传媒业健康、协调、可持续发展。

报 业 篇

风云突变40年：报业结构的四次转型

1978年党的十一届三中全会召开，标志着中国的改革开放正式拉开了序幕。党和政府的工作由以阶级斗争为中心转向以经济建设为中心，国民经济发展领域引入市场化机制，传媒生存的经济、政治和文化等外部生态全部改变，迫使传媒做出选择和改变，调整自身结构，将不再适应新情况、新要求的传统媒体的运营机制和传媒体制加以改革，当时已是箭在弦上。

梳理当时整个报业生存的历史背景，可对当时中国报业改革的必要性和必然性有一个清晰的认识。中国报业的结构调整和体制改革既是报业自身发展的内在需要，更是改革开放带来的整个国家政治、经济和社会整体转型和发展在传媒领域的表征。毫不讳言，中国报业的每一次大发展，都建立在结构调整和体制变革的基础上。

回顾河南的发展史和报业发展史，更是如此。改革开放40年，各级党组织带领全省人民解放思想、开拓创新，是河南发展最好最快的时期，是河南历史上综合实力最显著、民生改善力度最大、群众得到实惠最多、社会最祥和、人民最满意的时期。从思想观念到行为模式，从政治经济到社会文化，每一种变化都让人惊讶，每一次进步都让人感受深刻。河南的报业发展也深刻融入这种变化。

以《河南日报》为例，改革开放 40 年来，《河南日报》不仅见证和记录了这段伟大的变革历程，也在变革中完成了"从单张报纸到传媒航母"的梦想。1979 年 6 月 1 日《河南日报》创刊 30 年时，河南日报社只有一张党报，每天四版，只能刊登 30 多条新闻，经济完全靠财政拨款，公款订阅，年收入不足 900 万元。此后的 40 年里，河南日报社在改革中不断探索、创新，在搏击市场中不断成长壮大。2000 年 7 月河南日报报业集团宣告成立，并被中央确定为"全国文化体制改革试点单位"。这 40 年中，《河南日报》确立了"权威媒体、政经大报、高端互动、关注民生"的报纸定位，报业集团积极探索多元化发展之路，逐步发展成为集书、报、刊、网络、户外传媒、手机报等多媒体，及广告、印刷、发行、酒店、房地产、物贸等多行业组成的传媒航母，实现了由传统媒体向市场主体的巨大转变。

以 1978 为转折点，40 年来河南报业结构调整和体制改革主要经历了以下三个具有代表性的历史阶段。

一　全面扩张期（1978～1988年）

经济体制改革使中国从计划经济向市场经济转轨，在市场化的经济体制改革背景下，媒体也逐步开展了市场化的革新。从 1978 年开始，我国传统媒体行业仍然是以传统党报为主，但是媒体已经逐渐表现出了市场化的趋势。

（一）事业单位、企业化管理：第一次传媒体制变革

社会转型带动了报业的改革发展。从 1978 年十一届三中全会提出工作重心转移到社会主义现代化建设上来，到 1992 年党的十四大报告提出建立社会主义市场经济体制，十几年的时间里，中国社会发生了重大变化。从经济体制上看，从计划经济体制向市场经济迈进。伴随这样的市场化进程，中国报业的改革拉开序幕。这一阶段的重大转变表现为对媒介（报纸）商品

属性的确认。

这个时期另一个明显的变化就是，政府对媒介的控制逐步放松。1978年，《人民日报》等首都八家报纸向国家财政部提出要求实行"事业单位，企业化管理"的建议，这一提议的初衷是解决当初国家财政拨款不足的困难。从实际效果来看，这一提议对当时的报业市场影响巨大。因为这标志着实行多年的报社作为事业单位完全靠国家财政拨款的局面被打破了。报社可以作为经营实体走市场、谋发展由此拉开了序幕。"事业单位，企业化管理"也成了我国媒体沿用至今的体制。这一运营模式激活了媒体寻求自身发展的内在活力，加快了传媒市场化的进程。早在20世纪50年代，王中先生就提出了报纸的商品属性，由于时代原因，多次遭到批判，商品属性也不再被提及。改革开放初期，一些学者展开了报纸商品属性方面的探讨，"事业单位，企业化管理"的实行，标志着报纸的经济属性逐渐得到承认。

广告为报业发展带来了强劲动力。1979年，河南日报社恢复和扩充了广告发行科。随着改革开放方针的贯彻执行，广告经营进入大发展时期，《河南日报》在省内外建立了广告联系网络。从1980~1986年，平均每年有2000多家厂商在《河南日报》刊登广告，广告篇幅由1979年占报纸版面的5%上升到17%左右。此外，还编印广告专页、广告画册、挂历、产品说明书，广告收入连年增长，1981~1987年广告利润占报社利润总额的74%。

为更好地为读者服务，提高报纸送达效率，一些报社还在邮发之外，积极探索自办发行。1985年1月，地市级党报《洛阳日报》正式告别邮局发行，采用自办发行。自办发行之初，报纸发行量有所下降，但自办发行优势逐渐体现出来，发行量回升很快，到1985年5月就超过了1984年的邮局发行水平。据统计，《洛阳日报》邮局发行时最高发行量为6万份，改为自办发行后当年发行量上升到8万份，1986年超过10万份。1988年，省级党报《天津日报》实施自办发行，在全国引起连锁反应，各地党报转向自办发行，或采用邮发与自办发行相结合的办法。自办发行对报纸的意义在于，它使报纸掌控了自己的生命线——时效性，早报开始在中国流行开来，包括后期的都市报都采用了自办发行的方式，迈开了改革创新的步伐，并改变了人们的读报习惯。

（二）报纸的信息功能得到确认

在这一转型背后可以看到的是，报纸的信息传递功能逐步得到确认。人们对新闻事业功能的认识发生了转变，认为新闻事业不仅具有政治宣传的功能，报纸还具有信息传递的功能。1982 年，戴邦在《对报纸的性质、任务和作用的探讨》中，将报纸的作用归纳为沟通作用、传播知识的工具、为人民兴利除弊、反映人民呼声、帮助和监督政府和党委、发挥党和群众的联系桥梁的作用及解答疑难的作用等。[①] 比较一致的看法是，报纸"具有传播信息、指导经济、服务社会、舆论监督等多种功能"。[②]

十一届三中全会以后，报纸不再被完全看作宣传工具和阶级斗争的工具，"报纸是新闻纸，报纸的个性是新闻性，报纸应以发表新闻为主"[③]。1980 年，时任《解放日报》总编辑的王维就撰文《报纸应以发表新闻为主》指出："报纸是新闻纸，报纸的个性是新闻性，报纸应以发表新闻为主。"他提出，报纸除去与杂志、书籍等一样具有阶级性的共性以外，还具有个性，就是报纸固有的新闻性。改革开放前的二十几年"讲共性多，讲个性少"，从这个时候起，要多讲讲个性。

破冰之时并不如常人所想的那般惊天动地，而往往在悄无声息中发生。对报业改革而言，1978 年 1 月 1 日《人民日报》刊登《新彩色故事片——〈熊迹〉〈青春〉》的介绍，以及 1 月 4 日刊登中国话剧团演出话剧《转折》的演出信息，这应是报业"融冰"的第一滴小水珠。以往的《人民日报》一般都不会刊登此类文艺信息，这也正是报纸逐渐恢复其本来信息功能的一个开端。

---

① 戴邦：《对报纸的性质、任务和作用的探讨》，载中国社会科学新闻研究所编《中国新闻年鉴》，中国社会科学出版社，1982，第 146 页。
② 方汉奇、张之华：《中国新闻事业简史》，中国人民大学出版社，1995。
③ 曾建雄：《中国新闻评论发展史》（近代部分），广西师范大学出版社，1996。

这是新闻界的一次思想大解放，促进了我国传媒功能由单一走向多样化。新闻成为报纸版面上的主角，改变了过去报纸的主要内容都围绕宣传的模式。

在具体的新闻实践中可以看到，报纸对新闻的处理已经发生了改变，以《河南日报》为代表的报纸，开始注重短新闻。新闻当中经济新闻成为主角。这其中相当一部分是市场动向、供需变化的信息。为增加报纸的信息量，报纸通常采用两种方法：一是提倡写"短新闻"，当时报社立规定"没有特殊情况，一版要闻不少于20条，二版本地新闻不少于25条，各地报纸还经常开展短新闻大赛"；二是扩版，20世纪80年代中期，报纸开始改革开放后的第一轮扩版。1986年，《河南日报》从六个版扩大为八个版，这一浪潮不久又席卷了地市一级报纸，到1991年，《南阳日报》《信阳日报》《平顶山日报》等越来越多的报纸扩大为八个版。

（三）报业大发展

报业恢复经济与信息功能后，获得了极大发展。1978～1988年是我国报业发展的黄金时期。1985年3月1日，中国新闻学会决定当日为全国报纸普查日，对所有在国内定期出版的报纸进行一次全面普查。调查结果显示，我国1985年3月1日以前创办的报纸有2191家，经批准登记注册的有1776家。1980～1990年，我国创办报纸1008家，自1980年1月1日到1985年3月1日，平均每两天就有一份新的报纸问世。1986年就新创办报纸89家，停办26家，报纸增加到2342家。其中日报253家，占10.8%，非日报2089家，占89.2%。1987年，原国家新闻出版署对全国报纸进行治理整顿，其中一个举措是重新办理登记。当时登记注册公开发行的报纸有1491种，期发行总数18600万份。此外，还有大量的报纸作为"内刊"进行发行登记。

回顾这一段历史，1978年改革之初，河南公开出版的报纸仅有《河南日报》《郑州工人报》《河南科技报》三种。为适应改革开放的需要，一大批报刊创办和恢复。报纸由单一的机关报性质转变为以机关报为主体，涵盖政治、经济、科技、教育、文化、卫生、新闻、军事、社会生活等各个行业的多层次、多品种的多元化报纸结构。《河南日报》及各地市复刊和新成立的党报、专业报、企业报，围绕拨乱反正和改革开放，围绕省委、省政府工作中心，深化新闻报道，在思想上拨乱反正，满腔热情地宣传改革开放带来的新成就，宣传先进人物和先进典型，谱写了改革开放的新篇章。1980年9月，中共十二大胜利召开，新闻业务全面改革，信息增加，报道形式多样化；舆论监督受到重视，批评报道初显威力，建立健全了新闻管理体制；河南新闻事业进入快速发展的新时期。

以《河南日报》为例，在这一理念的指引下，《河南日报》的新闻编辑工作在改革中逐步走上规范化、制度化的轨道。《河南日报》的事业得到了明显发展，多种类的报刊得以创刊。

河南日报《生活周刊》1985年1月12日创刊，宗旨是增强报纸服务性，通过为群众生活服务，进行社会主义精神文明建设宣传，进而达到为经济体制改革服务的目的。《生活周刊》每期还有一个"今日消费"栏目，介绍每周消费品市场信息，宣传商品知识，提供购物指南，反映消费者的意见和要求。至1987年底，《生活周刊》共出版194期。

为适应形势发展的需要，发挥摄影和美术作品形象宣传的作用，1979年1月1日正式创刊《河南画报》，八开36页，16个彩页，计划发行三万份。1980年恢复出版了《河南日报》（农民版），四开四版，每周两期，逢周三、周六出版。1986年元旦，已经创办近40年的《河南日报通讯》月刊改名为《新闻爱好者》。由32开本扩大为16开本，充实内容，增加栏目，提高质量，报请注册登记后，改赠阅为收取工本费公开征订发行。

1985年3月23日，河南日报编委会和河南漫画研究会联合正式向中共河南省委宣传部提交了《关于创办〈大象〉漫画月刊的请示报告》，提出的编辑方针是"歌颂新事物，针砭社会时弊，服务四化建设，丰富人民生活"，经济上实行"账目单列，独立核算，日常财务往来由河南日报财务科兼管"。同年5月3日，中共河南省委宣传部正式批复："经研究，同意你们创办该刊。《大象》为月刊，自1985年10月起在全国发行，经营自负盈亏。"

在1985年5月召开的筹备扩大会上，议定《大象》改为《漫画》更明确，经河南省委宣传部同意，刊物正式命名为《漫画月刊》。《漫画月刊》第一期发行5万册，最高月份发行量14万册，平均月发行9万多册，发行范围遍及全国30个省份，并出口到美国、澳大利亚、英国等国家。《漫画月刊》1987年、1988年夏季在鸡公山举办了三期漫画研讨班，1989年9月与郑州大学新闻系、河南漫画研究会共同举办的漫画专科班正式开班，培养了一大批漫画人才。

二 以"调整"为核心的变革期（1988～2000年）

经过1978～1988年的发展，中国报业有了继续前行发展的基础和条件，在1988～1998年的这十年间，中国报业改革继续向纵深推进，报纸变得越来越厚，在晚报蓬勃发展的同时，都市报创办，晚报又开始陷入与都市报的苦斗，市场竞争与报业集团化发展成为这段时期最重要的趋势和方向。

（一）从单一走向多元

从单一到多元转型的这一阶段，反映报业结构转型的是四类报纸的发展与背后反映的功能诉求，即反映经济理性诉求的行业报，反映行政理性诉求的县市报，反映受众需求、诉求适应读者需求的晚报类型报，以及反映市场竞争性本质的都市报。这四类报纸出现，是对原来单一的党报格局的完全改变。

20世纪90年代，河南报业进入快速发展时期。《河南日报》1993年1月1日扩为八版，设立了周末版，新闻宣传更加贴近实际、贴近生活、贴近群众。1995年8月1日，由《河南日报》创办的《大河文化报》正式创刊，1997年10月1日更名为《大河报》，在版面设置、人事管理、分配制度上实行一系列创新，以新闻时效性强、信息量大、选题论题宽、报道角度新、读者参与面广形成独特的报道风格，成为全国都市报中的奇葩。《河南日报》还创办了《城市早报》，《河南农民报》改版扩版，开通了河南报业网。

在报纸数量大幅增长的基础上，报纸结构也发生了显著变化。以往比较单一的结构不复存在，形成以党报为主体，包括各种行业报、晚报、都市报、企业报、高校报等涵盖各个门类、各个层次的报业结构。公开发行的报刊中，市、地委党报有《郑州晚报》《开封日报》《洛阳日报》等 17 种。就报纸区域代发布而言，全省报纸主要集中在郑州，拥有报纸种类共 35 种（不含高校校报），占全省报纸总数的 44%，形成以《河南日报》为龙头，多种都市报、专业报为依托的竞争发展格局。省辖市报纸结构比较均衡，多是以所在地党报为主体，包括晚报、晨报、广播电视报或企业报在内的"一社多报""一城多报"格局。其中郑州、开封、洛阳、鹤壁、商丘、南阳、信阳、平顶山、驻马店、周口、许昌、新乡几个省辖市党报都办有晨报或晚报。有企业报 12 种，分布在九个城市的煤炭、石油、电信、钢铁、制造等行业。专业和分类报纸 15 种，集中在省会郑州，读者对象比较专业和固定。教辅类报纸八种，社址都在郑州。广播电视报九种，分布在郑州、焦作、开封、洛阳、南阳、平顶山、三门峡、信阳八个市。各级党报刊期均为日报，对开报纸；都市报、晚报基本为日报，一般是四开多版，有些都市报分为 ABCD 多叠；晚报、专业报或行业报刊期一般为周二、周三、周四刊，也有的行业报为日报。进入 21 世纪后，行业报、专业报大都由四开改为对开版。

20 世纪 90 年代中期，《河南日报》一元独大的格局逐渐被晚报和都市报打破。"晚报现象"令人瞩目，尤其令党报瞩目，晚报对党报的冲击主要来自晚报的重新定位。20 世纪 80 年代新复刊和新创办的晚报已经与原来的晚报定位完全不同。它们抛弃了"晚报是日报的补充"，是"晚饭后的消遣读物"的原有定位风格，拓展内容题材，开始承担起宣传任务，对重大事件进行集中报道，提升晚报权威性与影响力；大量压缩没有特色的副刊，不断扩充新闻版面，注重报纸服务性。晚报的影响越来越大，发行量也越来越大。

根据 1996 年 1 月的统计数字，各省机关报与历史最高发行量相比普遍下滑 40% 左右，发行量下跌幅度为 30% 以上的省级党报有 23 家。《河南日报》的发行量与 1995 年相比，增长 -51%。1998 年初，时任中宣部部长徐光春透露，中央的十多家报纸中，1998 年 1 月的发行量只有两家增长，各增长了 0.34% 和 1.1%，而其余的报纸发行量都是下降。

党报的广告收入也是如此，增幅远低于同期晚报。1988 年，全国报纸广告"十强"中，有八家党报上榜，而到了 1993 年，只有两家党报进入十强。《广州日报》与《深圳特区报》的上榜则主要得益于改革力度加大，"都市报化"明显。

党报面临如此"深重"的危机也并不能全部归因于晚报，更为关键的原因是媒介环境发生了根本性改变，党报曾经的垄断地位消失了。改革开放后，随着社会从一元的计划经济体制转到多元的市场经济体制，社会对新闻的需求也趋于多元。社会出现多元的声音，媒介形态也日趋多元。行政手段干预媒介接受的情况也开始减少。媒介要完全传播过程，也必须通过市场的方式，让受众自主选择。改革开放对传媒来说，最大的变化就是形成一个新闻媒介市场。在这个媒介市场中，人们可以自由选择。

1988 年 3 月 16 日，原国家工商行政管理局与原国家新闻出版署联合下发了《关于报刊社、出版社开展有偿服务和经营活动的暂行办法》，正式规定报刊社可以利用信息进行有偿服务。此后，很多省委机关报都纷纷办起了信息咨询公司、图片社等，有的开始开办实体、投资办厂，如粉笔厂、眼镜店、游泳池等，各种行业都有涉及。但由于缺乏经验，不熟悉经营，加之机制不够完善，大部分经营活动都以失败告终。报社开始慢慢意识到，办报纸才是自己的优势，把报纸办好才是报社最应该做的。省级党报首先尝试的是周末版。

1988 年 1 月 2 日，《河南日报》开始出"周末版"，在全国也处于前列。周末版受到了读者前所未有的好评，也导致一个很有趣的现象——"读报抽芯"，当时的周末版都是随主报一起搭售，于是一些报摊就将周末版抽出来单独售卖。

1995 年左右，都市报开始出现，全新的模式，与党报完全不同的理念，在功能上完全替代了周末版。面对强劲的对手，周末版开始走向末路。在信息匮乏的时代，周末版被读者视为珍宝。但是在信息充裕的时代，又有新的替代者，周末报纸的吸引力迅速降低。

1991～1996年，周末版在经过五年左右的兴盛后，很快就走向衰败。衰败源于都市报的兴起。

一个值得浓墨重彩提出的案例是《大河报》，它是河南日报社创办的特色鲜明的都市生活类报纸。1995年8月1日，《大河文化报》创刊，《河南日报》一版发布消息称：千呼万唤始出来，飞向平常百姓家。《大河文化报》在正式创刊之前的7月下旬出版三期试刊号。1995年10月23日，《河南日报》一版加编者按发表《大河文化报》记者采写的报道《幼女坠洞遇险获救》，并刊登本报消息《郑州"10·15"英雄群体聚会座谈》。10月21日一版报道"《大河文化报》'幼女坠洞遇险获救'的报道引起强烈反响，省委书记李长春批示：这是一曲社会主义精神文明的赞歌"。

《大河文化报》于1997年10月1日更名为《大河报》，创刊之初有四开80个版，其中全国版64版，省会郑州市区版16版，彩色印刷。除要闻、省内新闻、国内国际新闻版外，还设有财经、文化、影视娱乐、漫游、卫生健康、体育、法制等新闻版，以及房地产、汽车、IT、家电、股市彩票等专版。《七日财富》专刊等。1999年12月2日，为纪念世纪交替，出版116版的《大河报·世纪珍藏版》。

1998年6月24日，由河南省公证处公证，《大河报》日发行量突破30万份，达305185份。同年8月12日，《大河报》取消外勤业务员，成立地市广告业务代表处。当年年底，日发行量就突破了45万份，年广告收入达6800万元，一举确立了中原报业市场的霸主地位，成为河南最有影响力的强势主流媒体。

1999年，全面推行广告业务授权代理制，并完成发行网络的整合工作，建成中原地区最大的自办发行网络，日发行量突破50万份，跻身全国发行大报行列。1999年5月，《大河报》月广告收入首次超过1000万元，当年实现收入1.1亿元，首破亿元大关，创河南报业经营历史纪录，阅读率遥遥领先。在河南省内相继建立了洛阳、开封、南阳、信阳等分印点，与郑州同时开印，使全省大部分地区读者与省城同时看上当天的《大河报》。几乎从这个时期开始，在郑州乃至整个河南报业市场，《大河报》取代了《河南日报》呈现"一报独大"的态势。

《城市早报》的前身为《国际经贸报》。《国际经贸报》创刊于 1987 年 7 月，由省对外经济贸易厅主管、主办，四开四版，周报。1993 年 4 月 1 日试出对开四版。1998 年 5 月 21 日，经国家新闻出版署批准，同意主管、主办单位由河南省对外经济贸易厅变更为河南日报社，其他登记项目不变。河南日报社主管后改为对开四版，周三刊。1999 年 4 月 9 日更名为《城市早报》，四开 24 版，周二刊。2000 年 6 月 26 日改为四开 16 版，周六刊。

《城市早报》坚持"引领时尚、传播商情、关注民生、服务生活"的办报宗旨，以"新潮新品新知、实在实用实惠"的报纸特色，为都市人群提供有用的新闻和贴近的服务。

（二）从多元走向集约

为加快发展我国新闻宣传事业，组建以党报为龙头的报业集团，充分发挥党报资源优势，采用多元经营发展的模式，做大做强我国报业，已势在必行。1992 年 6 月，中共中央和国务院联合发布《关于加快发展第三产业的决定》，正式将报刊经营管理列入第三产业。1999 年 8 月，中办、国办联合发布《关于调整中央国家机关和省、自治区、直辖市厅局报刊结构的通知》，提出取消厅局报纸、调整报业结构。党报朝集约化经营、集团化方向改革。

随着都市报的兴起，广告成为报社经营的主要来源与经济命脉，20 世纪 90 年代初，我国的报纸广告就有了迅猛发展。1991 年，全国报社广告营业额为 9.63 亿元；1992 年为 16.2 亿元，1993 年为 37.7 亿元，当时有八家报社的广告营业额突破了亿元大关。1994 年广告营业额达到 50.5 亿元。同一年，报纸数量达到 2108 种，规模迅速扩张。报业开始在新闻资源、报道形式、内容、人才、发行和广告等方面展开激烈的竞争。在这种情况下，越来越多的报纸希望能够组建报业集团，实行规模化经营，做大做强，实现扩张发展。1994 年，就有包括《人民日报》《经济日报》《深圳特区报》《解放日报》等在内的 20 多家报纸申请成立报业集团。

河南报业向集团化迈进。报业集团是以报纸为核心，以报业和带有报业外延性质的实业为主体，兼营其他非报业经济实体的经济联合体。河南日报报业集团成立于 2000 年 7 月 28 日，是以中共河南省委机关报《河南日报》为旗帜和核心，组建起来的一个报刊种类齐全、宣传力量强大、经济实力雄厚、产业结构合理的社会主义现代化报业集团。这个报业集团下包括《河南日报》《党的生活》《大河报》《河南日报农村版》《城市早报》《河南画报》《新闻爱好者》《漫画月刊》和河南报业网等"四报四刊一网站"在内的传媒体系，形成了以广告、发行、印刷、物贸、房地产为依托的五大支柱产业。

河南日报报业集团组建后，实行党委书记兼任集团社长、由总编辑领导编委会、总经理领导管委会的管理方式。采编与经营分离，子报成为独立法人。报业集团突破过去的人事管理模式，建立公开竞聘、双向选择、优化组合的管理机制。党报整合自身资源，成立实体经营企业。2002 年起，河南日报报业集团先后组建了发行、广告、印务等公司。

报业集团化过程中形成报团或报系，在报团或报系内部，党委机关报被称为母报，党委机关报创办或收编的报刊被称为子报子刊。在管理体制上，母报保留事业单位性质，子报是国有企业性质的市场化传媒；在发行模式上，母报主要通过动员机关、企事业单位用公费订阅，子报主要依靠读者自费订阅；在任务分工和版面内容上，母报以担负政治思想任务为主，多为工作指导的宣传报道，子报以担负经济创收任务为主，多为社会生活服务的宣传报道。

这一时期，一些党报及其子报子刊不同程度地出现追求经济效益、忽视舆论导向的错误倾向，如刊登媚俗文章、报道有偿新闻、片面追求发行量等，严重削弱了党报的公信力和舆论引导力。为加强党的新闻宣传工作，按照中央的要求，《河南日报》也进行了"贴近实际、贴近生活、贴近群众"的原则，继而部署开展"走基层、转作风、改文风"实践活动。新闻战线工作作风发生转变，党报的内容、形式和文风明显改进。

（三）重点转换内部报刊，压缩行业报刊

在经历了以"扩张"为主的发展阶段之后，我国报业面临总量过多、结构失衡、重复建设、忽视质量的问题。因此，从 1994 年开始，我国报业的变革是以"结构调整"为主要目标，前后共经历了两轮自下而上的结构调整。

第一轮结构调整从 1994 年底到 1998 年底，主要针对法制类、企业类、教辅类报纸和一些内部报纸进行调整。1998 年，我国报业服务大局，坚持正确的舆论导向，弘扬时代的主旋律，取得了良好的社会效益。这一年是中央办、国办《关于加强新闻出版广播电视业管理的通知》发出的第三年，报业治理进入关键的收尾阶段。截至 1998 年底，全国报业治理任务大致完成，共计压缩公开发行报纸 300 种，占全国报纸总量的 13.6%。

河南这一年的清理成果主要表现在以下方面。第一，将内部报纸作为我国报业管理的两个系列之一，长期以来存在与正式报纸争发行市场、争报纸资源的状况，成为我国报业散滥的源头。第二，压缩整顿行业报纸，遏制各级行政摊派，保持政府的廉洁形象。压缩行业报纸是两办文件要求报业治理的另一个重点。厅局办行业报（或称小机关报）的主管部门对本系统有行政制约能力，一些单位利用手中的权力强行摊派，加重群众负担，削弱党报的发行，影响政府威信。经过这一时期的治理，河南省共压缩行业报 20 多种，压缩厅局报的公款订报费近千万元，行业报的比例由治理前的 21% 下降到 10%。第三，建立专门的报纸管理系列，将那些性质和功能特殊、并非完全意义大众传媒的报纸单列系列，区别对待，区别管理，是这次报业治理的又一成果，解决了长期困扰我省报业管理的一大难题。

第二轮结构调整从 1999 年 8 月到 2000 年 6 月底，主要调整对象是中央国家机关和省、市、厅局报刊。1999 年 8 月，"两办"发出《关于调整中央国家机关和省、自治区、直辖市厅局报刊结构的通知》，主要解决报刊出版

工作"厅局办报刊与市场脱节、结构重复、消费公款、引起摊派而加重群众负担，损害政府形象"的问题。

三 河南报业的辉煌时期（2000～2008年）

2000～2008年是中国报业鼎盛的十年。中国经济的高速增长、城市化进程的加速推进、恩格尔系数的降低和民众教育水平的提高等外在积极基础因素，以及长期信息匮乏后的惯性需求反弹、与广电媒体的差异化竞争及网络媒体刚起步等有利的媒体行业格局，都给河南报业的快速发展提供了强有力的支撑。

（一）扩版增期成势

从2000年开始，河南省报纸开始步入"厚报"时代。为更好地完成新闻宣传工作任务，《河南日报》进行了多次改扩版，1993年1月1日起扩为对开八版；2004年1月扩为对开12个版；2005年1月1日扩为16版，并分设综合版和农村版。

报纸的版面和刊期也有了很大的发展。1995年以前，不少报纸是周一、周二和周三刊。这以后，大部分报纸已改为日报。各类报纸信息量增加，不断扩版。对开24版正逐步成为多数大报的普遍形态，一些主要面向市场的日报版面普遍增加到数十版甚至上百版。除正刊外，许多报纸还办起了各种各样的副刊、特刊、星期刊、周末刊、月末刊、画刊等，报纸从过去的内容单一重复，形式单调呆板，变为现在的内容丰富，版面活泼。

报纸的功能日趋完善，不仅及时提供新闻资讯，还指导经济，娱乐大众，进行舆论监督，由此"新闻纸"完成了向"实用纸""情感纸""专业纸"的转变，基本上满足了受众对多元化文化需求的使命，突破了由计划经济向市场经济转换中所造成的报业困境。

（二）发行持续飙升

报纸变厚、变丰富，可读性更强，价格却基本不增，这成为报纸日趋受大众青睐的一大亮点。报纸的发行逐步改变过去单一的邮发合一方式，以降低成本，扩大发行量。邮发、自办发行及两者并行的多渠道发行格局已初步形成。各报社纷纷增加分印点、零售点，以提高报纸的投递质量。

《郑州晚报》实行的"敲门发行"，主动上门订报，推动了报业买方市场的到来，创新了中国报纸的发行方式。这种发行模式几乎是所有市民报发行的全新方式，很多报社不自觉间开始了发行的变革。《大河报》则开始了"扫楼"战略，众多的发行人员及记者、编辑被组织起来，挨家挨户地上门推销报纸。

订报送奶、赠券等促销活动，成为这一时期诸多报纸持续飙升的动因。一批发行量超过30万份的报纸，如《城市早报》《河南商报》等不断涌现。

（三）集团化加速推进

20世纪90年代以来，我国报业已经发展成为国民经济中令人瞩目的新兴产业。报业市场大体完成，报业之间的竞争日趋激烈，报社开始探索一条持续健康的发展之路，以实现更大的规模经济效益。报纸自身扩张的内在需求，以及这一时期中国加入WTO前后国家对报纸做大做强的急切期待，成为这一时期报纸集团化加速推进的主因。

广州日报报业集团的发展历程为中国报业提供了崭新的新闻理念：新闻是一种商品。报业必须采用现代化的产业经营方法。中国报业的市场化、产业化趋势已是不可逆转，任何报纸都必须参与市场竞争以确立自身在报业中的地位。自中国第一家报业集团广州日报报业集团成立，十年间陆续成立了南方日报集团、羊城晚报集团、文汇新民联合报业集团等40多家报业集团。

中国报业通过集团化实现了由事业单位非经营性国有资产向经营性资产的转换，成为报业新型市场主体。集团化运作增强了我国报业的竞争力，也更好地实现了资源的优化配置。报业集团的出现，表明我国报业发展的主流开始由数量规模发展向质量效益转变。

（四）触网布局新媒体

20世纪90年代后期，我国报纸纷纷触网，报纸开始介入网络、手机等新媒体技术平台，以抢占未来报业发展的制高点。

1997～1998年是中国网络媒体的发展期。这一阶段，一些中央级报纸纷纷上网。1997年1月1日，《人民日报》正式推出系列网络版，内容包括旗下的《人民日报》、《人民日报》（海外版）、《人民日报》（华东版）、《市场报》、《讽刺与幽默》、《环球时报》、《中国质量万里行》、《大地》、《时代潮》等。而且，《人民日报》网络版在短短10个月内就改版四次，不断改进内容与形式，以吸引读者。截至1997年11月底，访问量就超过了4000万人次，影响力不断扩大，同时产生了较好的经济效益。

1998年1月1日，《光明日报》网站开通。1998年10月7日，《中国青年报》也创办了网络版。

1999年初，报纸网络版还出现了更名的浪潮，原来的PDF电子版一般称为"网络版"或"电子报"，受新闻门户网站影响，这些网络版纷纷改成"某某网"或"某某在线"，浙江在线、四川在线、千龙网等，这实际上是电子版的进化，却是朝着内涵更丰富的方向发展。有人喊出："媒体网站必须扩张，如果死守电子版领域，失去的可能就是整个未来。"大部分报社以电子版为基础，拓展成为新闻网站。但是，报纸的PDF电子版依然是报纸新闻网站的一个重要内容。现在大部分报纸新闻网站依然留有PDF电子版的一块阵地，在形态上也没有太多的变化，基本是将纸版原封不动地搬上网站。即使是移动互联网下的新闻客户端，也大都留有PDF电子版的位置。

2000 年，《河南日报》推出网络版，把网络建设当成发展自身事业的重要手段。截至 2001 年，全国至少有 1400 家报纸上网。此后，许多报纸网站设立了 BBS 论坛、博客和播客等综合性、多媒体业务，受到受众的欢迎。2006 年，《河南手机报》彩信版开通，这份报纸的出现意味着纸媒开始利用新的媒介渠道，来构建与读者的关系，赢得市场。

四 河南报业的转折期（2008 ~ 2018 年）

正当众多报业集团沉醉于快速发展成果的时候，互联网冲击带来的变化悄然而至。2005 年，在互联网冲击下，报业广告增幅下降，"报业寒冬"出现。互联网带来了报纸读者的流失、广告增幅的下降。国外报业受灾更为严重，2008 年末，美国《基督教科学箴言报》纸质版停刊，美国第二大报团论坛公司申请破产，世界报业普及率最高的国家瑞典出现纸媒广告低于数字媒体广告的现象。

但是，网络媒体何时能替代纸媒，传统报业是否就此衰败下去，对这样的问题，业内人士却有截然不同的看法。有舆论仍旧认为中国报业是尚未发掘的金矿。那么，河南报业还有没有寒冬后的春天？河南报业会不会迎来再一个新的黄金十年？这类问题的讨论在学界和业界之间广泛展开。

（一）报纸发行大幅萎缩

报业发行市场疲软，呈断崖式下滑。从报纸种类来看，都市报虽然继续执行自办发行，市场相对稳定，但财经类报纸、都市类报纸、IT 类报纸、时政类报纸同比均出现了明显的下滑，而党政类报纸、城市生活服务类报纸出现一定的上升。2013 年的统计数据显示，都市报的销量虽然仍保持绝对领先的地位，但零售市场的份额从 2012 年的 62% 下降到 58% 左右。这一系列数据都说明报纸的发行正在逐渐萎缩，《大河报》《郑州晚报》《河南商报》等都市报的发行量都有不同程度下降。

（二）广告收入下滑

我国报业受新千年和加入 WTO 等有利因素影响，报纸广告收入曾一度攀升。自 2005 年的"报业冬天"后，受经济大环境影响，房地产、汽车等行业的不景气，中国报业又再次在 2012 年遭遇困境，表现为广告收入大幅下降。

2012 年中国传统媒体广告较上年增长 4.5%，远低于 2008～2011 年 13.5% 的平均增长水平。其中，报纸表现力不足，下降 7.5%，成为唯一出现负增长的媒体。当年报纸广告刊例下降幅度创下我国广告恢复以来 30 多年最大降幅，表明我国报纸广告遇到前所未有的困境。而就报纸在广告市场地位上的变化，都市报在企业的营销策略中已经从核心媒体滑落为辅助媒体。2013 年报纸广告刊登额下降 8.1%；2014 年下降 18.3%；2015 年下降 35.4%；2016 年下降 38.7%；2016 年的中国报纸广告市场规模还不及 2011 年的三成。广告和发行量双双折戟，报业步入衰退期已难挽颓势，甚至有专家称报业正遭遇"断崖式"滑落。

（三）转企改制艰难推进

1978 年以来，我国报业组织形态不断创新。从纯粹的宣传事业单位，到事业单位、企业化管理的双重属性，再引入市场机制，进而呈现集团化、规模化、集约化趋势。报纸的数量不断增加，结构不断优化，党报、晚报、都市报、行业报等多种类型报纸形成多元竞争的格局。但在某些报业集团内部，非时政类和公益性不同类型的报刊混搭杂糅，既不利于党报舆论引导能力的发挥，也不利于非时政类报刊活力的释放。

报业进行转企改制就是要打破行政壁垒，拓展市场空间，构建全国统一的报刊业大市场。

2003 年，包括报刊业在内的整个文化体制改革的帷幕渐次拉开。2006 年，原国家新闻出版总署出台《关于深化出版发行体制改革工作实施方案》，把非时政类报刊转企改制提上文化体制改革议事日程。此后，中央和政府陆续出台相应政策为转企改制铺路。2011年5月，中央出台《关于深化非时政类报刊出版单位体制改革的意见》。在这一年，报业转企改制的近十年蓝图终于落地，非时政类报刊的转企改制工作在全国大规模火热进行，掀起高潮。

然而改革的艰难远不止如此。此时大部分需要改革的非时政类报刊，长期作为事业单位运行，形成"事业惰性"。大环境下，国家对事业单位的改革尚未实施，导致一些业界领导对报业改革的目标、步骤、范围等尚未形成共识。有些列入第二批转企改制名单的行业报还停留在制定改革方案的阶段。有些报刊出版单位认识不足、准备不充分。报刊业市场体系远远没有发展和健全起来，行业整体产权结构单一的问题依然存在。这些问题的存在制约着非时政类报刊转企改制的大面积铺开和向深层次推进，在报刊业市场和报刊组织的不同层面，还有一系列重要问题有待解决。

（四）媒体融合与转型的探索

每一次基于新科技之上的新媒体的诞生，都对既有媒体构成巨大的挑战。传统报业与新兴媒体的融合大抵呈现为四种，即报办网站、报网互动、全媒体战略和数字化平台。传统报业纷纷探索自己的融媒转型之路，但众多因素依旧使报业融媒转型动力不足，最后成效不高。

2014年，业界将其称为媒体融合元年。2014年8月18日中央全面深化改革领导小组第四次会议出台《关于推动传统媒体与新兴媒体融合发展的指导意见》，这对中国报业的媒体融合极具标志意义，预示着媒体融合成为一种国家战略，媒体融合不再只是一个行业行为，而是关涉整个国家发展布局。于报业自身而言，自2006年网络媒体持续来势汹汹地侵蚀，报纸作为一种传统媒体不可逆地大幅下滑，已越发使"媒体融合是'涅槃重生'根本出路"成为一种行业共识，该文件的出台则将这种共识正式合法化。在国家和行业的上下推动下，2014年以来，媒体融合成为中国报业发展的主旋律，并且与2014年前相比，开始进入实质性阶段。

这个阶段，我国很多报业媒体还没有意识到新信息技术带给传媒行业的变化。报人往往不具备运营新媒体的能力和思维，对新媒体的地位认识不够到位。以手机报为例，报业经营者要将内容放到手机终端上传输，这就需要与移动通信商分成。报业经营者无法掌控新媒体渠道的主导权和控制权，使其在变革转型中必然不能处于主动地位。很多报业集团实施的"报网互动"仍然把报纸居于核心地位，把新媒体居于服务和辅助地位，想通过新媒体为传统媒体提供更好、更多的延伸服务的方式实现转型。在集团内部层级上，新媒体部门处于从属地位，并没有被赋予更多的带有战略性的统筹整合的地位与功能。此阶段的报业融合更多表现为现有框架基础之上的简单添加或调整。

技术力量是运营新媒体的重要基础。报业不像大型门户网站那样拥有专门的新媒体技术部门和人才，更不具备新媒体技术公司的技术开发能力。除报纸印刷及新闻摄影外，报业本身的技术含量十分有限。因此，报业转型在技术上显得动力不足。技术日新月异的发展，报业经营者只能被动适应。

此外，报业内部制度的滞后和企业文化的落伍也使报业转型变得困难。干预过多的管制思路打压了人才的积极性。层级制替代了以人为本的激励机制，人员管理不灵活，员工的想法和个性得不到尊重，积极性没有被很好调动起来。报业集团更多地表现为体制僵化的事业性机构。

从外部环境看，条块分割的管理体制造成的区域化分割和行业化分割所导致的统一性的全国传媒业大市场难以形成。报业融合在这个阶段尚未找到稳定有效的盈利模式。

综上，从观念、技术、制度及整个环境方面来说，报业存在种种障碍使其融媒转型动力不足，很难深入进行媒体转型改革。

媒体融合与报业转型发展是世界性的难题与课题。报业40年来的发展之路与以互联网为代表的新兴媒体走的道路是有本质差别的发展道路，如何将这两种不同媒体发展路径整合在一起，这对作为媒体融合执行主体的报人来说极具挑战。"报业＋互联网"，这符合报人推动媒体融合这一全新业务的惯性思维，然而这又恰恰与媒体融合发展规律相悖。报业媒体融合的应然媒体形态是新兴媒体，如果以报业思维为主体思维，那最终融合的媒体就不可能成为真正意义上的新兴媒体。"新兴媒体＋"或"互联网＋"已被行业公认为媒体融合的应然思维，然而，如何让报业媒体融合执行主体报人具备这样的思维，这需要报社与报人自我革命的魄力。

从起步时间的角度看，与商业新媒体相比，报业涉足新兴媒体并不晚，但为何经过十多年的发展，两者的差别如此之大？对此问题，学界已有大量研究证实，传媒体制是掣肘的关键，这也成为业界的一种共识。关于如何突破制度，学界也有不少探讨，如主张树立由"传统媒体＋"到"互联网＋"的治理理念，加快改革，继续全力加速传统媒体的市场化改造，从国家层面继续推动并深化传统媒体的转企改制工作，以特殊管理股为突破口弥补单一国有产权的不足问题，以股权激励、公开选拔等方式留住和吸引高层次传媒人才，等等。业界已有一批传统媒体开始进行大胆的制度创新。如浙江日报报业集团引入互联网企业普遍采用的较为有效的人才激励机制 P 序列岗位管理制；2016 年 9 月 19 日，东方明珠新媒体正式发布股权激励计划，成为率先在上市公司层面实施股权激励计划的传媒类企业；2017 年 1 月 5 日，深圳 ZAKER 宣布完成 C 轮数亿元融资，深圳报业集团成为特殊管理股试点单位。

与互联网媒体相比，报纸的落后关键体现在载体平台层面，而互联网媒体之间的竞争，平台同样是争夺的最主要领域。为此，如何打造在互联网市场具有竞争优势的平台，成为广大报业媒体融合的核心之所在。

较长一段时期，自建平台和入驻平台成为报业打造平台的两条常见道路，前者如各报纸早期涉猎新媒体办的纸媒网站，以及近几年各报社自办的 App，据统计，93％的全国百强报纸创办自有 App；后者如已成为各大报业融媒产品标配的微博和微信公众号，据统计，百强报纸中，"两微"账号开通率均为 100％，聚合类客户端入驻率为 99％。综合来看，前一条道路的不足在于投入高、风险大且盈利方式不明，后一条道路的缺陷在于平台主导权掌握在平台商手里，内容如何传播、技术如何优化、利益如何分成等皆受制于平台商，并且最大的潜在风险在于，设若技术迭代，旧平台被淘汰了，那报纸在旧平台苦心经营的新媒体产品就可能付诸东流。

媒体融合的直观呈现是媒体载体或平台的融合，内容作为媒体存在之核心价值领域也应遵循新兴融媒载体的传播规律，与时俱进地进行融合。实践中，广大报业融媒时在内容融合环节发力最多的是，围绕内容的采、编、发环节进行流程再造，建立全媒体"中央厨房"，实现"一次采集，多种生成，多元传播"。《河南日报》也推出了自己的"中央厨房"。该全媒体发布平台在全社范围内打通策划、采访、编辑、发布等过程，对跨部门、跨单位的采访力量进行统一调度，实现任务统一分配和绩效统一考核。同时还引入云计算、大数据等新技术，将新闻热点数据监测、用户精准推荐、传播效果追踪等合为一体，形成数据化、智能化的采编运营体系。

除以上的探索外，借助新兴的媒体技术制作符合新兴媒体用户需求的内容产品也成为报纸融合转型的重点，如"机器人新闻写作"；强调"以数据方式讲故事"的数据新闻作品的出现；利用 VR、AR 技术生产沉浸式新闻，如 2016 年 3 月两会期间，《河南日报》《郑州日报》的全媒体报道很受欢迎。

人类报业发展的历史已经走过了几百年，在历史的长河中只不过是短暂的瞬间，但这几百年在有文字记载的几千年人类文明史中却不算短暂。报纸不仅及时传递了大量丰富的新闻和信息，还留下了生动丰富的人类历史记忆和文献；即使在互联网大数据时代，报纸的使命也并没有完结的迹象，纸张也仍然是人类不可或缺的最方便的媒介形态。互联网崛起，似乎报业衰落已成大势所趋。全世界的报纸都面临发行广告加速下滑的困境，全世界的报人们也都在探索报业转型创新的出路。报业的兴衰也是一个大时代转型期的一个部分，还处在动态的变化之中，下结论为时尚早；而报业的转型则需要我们在更宏大的思维视野中，进行更任重道远的探索和尝试。

日新月异40年：报业管理的
四次调整

一 报业管理

（一）广告与多种经营并举（1978～1989年）

经河南省财政部门批准，河南日报社从1980年起实行利润留成，有了一定的企业经营自主权，当年建立了所有制的青年印刷厂，1984年改为河南日报印刷分厂，集体性质不变。1981年成立《河南画报》社冲洗、扩印彩色和黑白照片业务的门市部，兼营照相器材。1983年河南日报劳动服务公司成立。

1979年，河南日报社恢复和扩充了广告发行科。随着改革开放方针的贯彻执行，广告经营进入了大发展时期，河南日报在省内外建立了广告联系网络。1980～1986年，平均每年有2000多家厂商在《河南日报》刊登广告，广告篇幅由1979年占报纸版面的5%上升到17%左右。此外，还编印广告专页、广告画册、挂历、产品说明书，广告收入连年增长，1981～1987年广告利润占报社总利润的74%。

1987起，《郑州日报》《南阳日报》《洛阳日报》等多家报社都成立了经营开发处。采用多种经营发挥报社自身的优势，以发展生产性经营实体为主干，以商业活动为辅。1987年，河南省内多家报社都开办了自己印刷厂，印刷厂每年都向报社上交一定比例的利润。

（二）告别"铅与火"，进入"光与电"（1990～1999年）

技术革新和设备更新使省内报社印刷厂的印力大幅度提高，经营管理体制改革促进了企业发展和技术进步。1990年《河南日报》印刷车间率先在全省同行业告别"铅与火"，进入"光与电"的新时代，一次性地淘汰排铅，直接使用电子排版，拥有国内最先进的彩色扫描、激光照排、卫星传输、录入等现代化设备。通过引进设备和技术，车间有大、中、小型彩色轮转机系列，具备了每小时印刷3万～42万对开张的印刷能力，承担着《河南日报》等系列报刊和省内其他的报刊的排版、印刷任务，同时还担负着《人民日报》《参考消息》《解放军报》等数十种中央报刊的卫星接收与输出版面任务。

其中值得一提的一件事是，1993年3月12日，《河南日报》一版倍受读者关注，除报眼刊登了一则《我省（香港）经贸洽谈会成果辉煌》的消息外，全版没有一条新闻，用整版篇幅刊登了北京亚都人工环境科技公司的广告"亚都——打开回归自然的窗口"。广告还注明：本报将用今日第一版广告收入对"希望工程"做出贡献。这个不是新闻的新闻开创了《河南日报》一版的"第一次"，打破了常规，很快引起社会各界强烈的反响，称赞者有之，认为这是改革开放、拓宽视野的具体产物；反对者有之，认为党报素以严肃著称，不应在一版刊登广告，河南犯了严重的错误。当天，编辑部的电话此起彼伏，读者从不同的方面反映自己的呼声，报社内部也有不同意见，编委会领导心里有一种担心。事实上，主流报纸在一版整版刊登广告，并不是《河南日报》的首创。1993年3月7日，《文汇报》就以90万元重金出售"门面"，在一版整版刊登了"西泠空调机"整版广告。对于《河南日报》一版刊登广告的做法，上级并没有肯定，也没有提出批评。以后，《河南日报》再也没有在一版刊发过整版广告。

（三）从多元到集约管理（2000～2008年）

报业集团是以报纸为核心，以报业和带有报业外延性质的实业为主体，兼营其他非报业经济实体的经济联合体。河南日报报业集团成立于2000年7月28日，是以中共河南省委机关报《河南日报》为旗帜和核心，组建起来的一个报刊种类齐全、宣传力量强大、经济实力雄厚、产业结构合理的社会主义现代化报业集团。2003 年，河南日报报业集团被中央确定为全国文化体制改革试点单位，时任中共河南省委书记李克强主持召开省委常委会听取汇报，原则上通过《河南日报报业集团改革试点工作方案》。河南日报报业集团立足报纸主业，多元发展，共同进步，形成以广告、发行、印刷、物贸、信息、房地产、彩扩等为支柱的多种产业，综合经济实力跃居全国省级党报前列，各项事业迅猛发展。

2007 年该集团新一届党委组成后，明确了由"报业集团向传媒集团、文化集团跨越"的奋斗目标，并提出了"3368"阶段性任务，即着力打造纸质媒体、网络媒体、移动媒体三种媒体，加快构建报纸发行商务网、书报刊发行网、酒店管理服务网三个网络，培育壮大报业、新媒体、图书发行与物流配送、印刷、酒店旅游、房地产六大支柱产业，到 2008 年底打造出八个年收入超亿元企业。

2007 年 6 月 26 日，商丘日报报业集团成立，开河南地市党报成立报业集团的先河。成立以来，商丘日报社紧紧抓住商丘市作为河南省文化产业发展和文化体制改革试点市的机遇，认真贯彻中央、河南省委和商丘市委关于深化文化体制改革的一系列重要精神，积极探索，扎实工作，不断推进体制和机制创新，大力发展文化事业和文化产业，努力拓展报业产业链条，商丘报业不断发展壮大，取得了社会效益和经济效益的双丰收。

2009 年 12 月 6 日，洛阳日报报业集团成立，旗下拥有《洛阳日报》《洛阳晚报》《洛阳商报》《洛阳手机报》和洛阳网五家新闻媒体和十几个多元化产业经营实体。2008 年 12 月，在第四届中国传媒创新年会上，《洛阳日报》荣获中国"十大地市报品牌"称号；2009 年 8 月，《洛阳晚报》从 1900 多家报刊中脱颖而出，获得 2008～2009 年度"全国晚报最具成长价值报纸十强"称号。

2011 年 4 月 26 日，中原报业传媒集团揭牌成立。郑州日报报刊社、郑州晚报社、中原网报业网络中心同时成立，并成立了中原报业传媒集团有限公司，拥有"三报一网一刊六公司"，即《郑州日报》、《郑州晚报》、《中原手机报》、中原网、《小樱桃》杂志、郑州晚报有限公司、中原报业传媒印务有限公司、郑州中原网络传媒有限公司、郑州中汇传媒有限公司、郑报置业有限公司、郑州党报多媒体信息港有限公司。2002 年 5 月 30 日，《郑州日报》恢复出版，《郑州晚报》全新改版，郑州日报社的集团化进程加速，成长为全省同业的一支重要力量。

（四）跨媒介形态的经营（2008～2018年）

跨媒介形态的经营，即报纸、网络等不同的媒介形态组成立体化的资源共享和使用，品牌、渠道相互共享。一体化经营是国际上的主流模式，国际媒体业的混业经营已经成为事实，特别是在网络媒体等新媒体迅猛发展的大趋势下，传统媒体要生存、发展，一个现实可行的选择就是跨媒体经营。2010 年，将原河南报业网与河南省委原宣传部所属大河网整合成立"新大河网"。重新整合后，大河网建成了 40 余个频道，成为河南省最大、最权威的新闻门户网站。经国家广电总局批复同意，大河网还获准开办网络视听节目，进入了多媒体新闻传播新时代。集团在全国最早办手机报，全国各手机报都是参照"河南定价"制定自己的收费标准，河南手机报用户超过百万人。在党报阅报栏的基础上自主创意设计开发了"大河多媒体信息港"，并投资 1000 多万元将其推向市场。这种新型媒体既可以转播电视节目，可以上大河网，还可以看报纸、提供信息服务，功能非常强大。每个阅报栏的年收益达 15 万元，已在郑州安装建设近百个，并向地市延伸。这一新媒体的建设，不但形成新的信息发布渠道，也构筑了一个覆盖全省的新型广告发布平台。

二　队伍建设

（一）提升专业人员的技术素质

党的十一届三中全会以后，百业待兴、百废待举，为适应新形势和事业发展的需要，必须加强对编采人员和经营管理等专业技术人员的业务培训。

1982～1987年，河南省新闻出版局连续举办56期干部脱产学习班，学习党在新的历史时期的路线、方针和政策，普遍轮训干部。1980～1982年，举办了三期新闻专业培训班，以提高青年编辑、记者和骨干通讯员的业务水平，有120多人参加了学习。

中国河南省委宣传部与省新闻工作者协会、河南省新闻学会于1987年上半年和下半年联合举办两期全省新闻管干学习班，培训各新闻单位与处级以上干部，每期五个月，学习新闻理论和业务知识，两期共有110人参加学习，《河南日报》20多名中层干部参加了学习培训，普遍提高了政治素养和业务素质。以《河南日报》为例，该报还选送了20多人到郑州大学干部专修科、复旦大学新闻系等院校系统学习新闻业务。1978～1990年，《河南日报》有50多名厅级和处级领导干部参加了中央党校和省委党校的学习。

（二）竞聘上岗

2003年集团制定出台了《河南日报报业集团处级干部管理暂行办法》。办法详细规定了干部的选拔任用程序、任职资格条件、续聘及竞争上岗工作步骤等，明确了对集团处级干部实行任命制和聘任制相结合的任用方式，并进一步扩大了竞争上岗的范围。2003年11～12月，根据集团改革试点方案的总体时间安排，首先进行了处级干部续聘及竞争上岗工作。

一是续聘上岗。一是由本人撰写聘任以来履行岗位职责的述职报告。二是竞聘办考察组根据党委的要求，召开由有关人员参加的会议，听取本人述职，并进行民主测评。测评分为优秀、合格、基本合格、不合格四个档次。测评结果作为续聘的重要依据，测评不合格票超过1/3的将不再续聘，优秀合格票达不到2/3的不再在原部门聘任。三是根据述职报告和近三年的年度考核情况、民主测评情况等因素，研究确定续聘人选。确定副职续聘人选时，事先征求正职的意见。四是续聘上岗人选确定后，进行公示，公示时间为七天。公示结果不影响任职的，按照干部管理权限办理续聘手续。

二是竞争上岗。每一阶段的续聘工作结束后，对空缺的正副处级职位，分别进行竞争上岗。竞争上岗的具体实施程序如下。

第一，公布岗位。这次竞争上岗的岗位，分为《河南日报》采编部门和集团党务行管部门两个类别，参加竞聘者可任选其一，报名竞聘。这种方式打破了过去正职空缺，本部门副职理所应当接任的惯性思维，扩大了选人的范围和视野，也使党委在决策时有了更大的选择和调配空间。

第二，竞聘报名和资格审查。报名竞聘者填写《竞争上岗报名表》，由竞聘上岗办公室进行资格审查。

第三，理论考试。考试内容以《全国公开选拔党政领导干部考试大纲》为基础，注重测试竞聘者的思想政治素质和分析、解决实际问题的能力。考试按报考类别分别进行。为保证考试的公平公正，聘请省内高校的老师负责监考和阅卷。考试成绩予以公示，并严格按成绩、按比例依次录取。

第四，演讲答辩。召开演讲答辩会，由参加竞争上岗人员进行演讲和答辩，每人限时20分钟，考评委成员现场打分。演讲大会上，用大屏幕公示竞争上岗人员业务量化考核情况、年度考核情况、参加工作以来基层锻炼情况和党校学习情况及获得的荣誉情况（均指个人档案中有记载的）。

第五，民主推荐。由考评委成员、集团正处级干部及相关部门干部分别投推荐票。民主推荐结果进行量化，满分为100分，计算方法为：民主推荐得分＝实得票数÷实际投票总人数×100。

第六，计算综合得分并公示成绩。由竞聘办统计参加竞争上岗人员的综合得分，计算方法为：综合得分＝演讲答辩得分（即考评委评分）×50%＋民主推荐得分×50%。成绩予以公示。

第七，确定考察人选。集团党委根据竞聘人演讲答辩情况、民主推荐情况、平时思想表现情况、业务水平和工作能力情况研究确定考察人选，考察人选多于拟任人选，予以公示。实行差额考察，优中选优，确保人选质量。

第八，组建考察组，实施考察。竞聘办抽调集团综合部门一批政治素质高、思想品质好的干部组成若干考察组，每组由一名编委委员或正处长带队，人事部门指定一名同志提供服务和联络。考察前，竞聘办对考察组成员专门进行业务培训，提出纪律要求。考察组每到一处都要对考察对象、考察时间、考察组成员、联系电话等进行公示，接受群众监督。

第九，确定上岗人选。党委听取考察组汇报，研究确定上岗人选。

第十，公示。对上岗人选进行公示，公示时间为七天，公示结果不影响任职的，按照干部管理权限办理任职手续。

整个选拔过程操作规范，组织严密，透明度高，受到集团广大干部职工的极大关注和支持。2003年10月，在认真调研、借鉴其他单位经验的基础上，集团党委决定实行以聘代评和评聘分离相结合的职称改革，行政职务与专业技术职务相分离，引导人才向专业技术岗位流动，形成良好的业务氛围，做到分配的科学合理和向一线倾斜。

从2003年起，根据集团人事制度改革的总体部署和积极稳妥推进的要求，从新进人员开始，逐步推行全员聘用制。一是确立了凡进必考的原则。二是改革了现行的沿用几十年的用人制度，一律实行聘用制，签订聘用合同，委托人才中心实行人事代理。三是在招聘方式上进行了改革，包括委托中介招聘，集团对空缺岗位进行认真的岗位分析，并以分析结果为依据制定招聘条件，委托当地规模较大的人才中介公司进行招聘；实施人才战略，变"坐等上门"为"主动上门"，前往北大、复旦、人大等名牌院校进行招聘，坚持公平原则，提高工作效率，提高报业集团在全国重点高校的知名度，树立了良好的形象。分配制度改革和干部、人事、采编体制等方面的改革同步进行，是整个综合改革的有机组成部分。集团按照按劳分配原则，一方面提倡和引导竞争，同时照顾不同岗位的功能和特点，充分调动大家的积极性。

集团将《河南日报》13个采编业务部门进行分类，主要分为完全量化考核部门和不完全量化考核部门。对采访、编辑、出版部门实行完全量化考核，将每个采编人员的工作绩效与其实际收入完全挂钩，多劳多得，优稿优酬，上不封顶，下不保底。对理论、群工等专刊及其他周刊，因其定期出刊、容量有限，采取不完全量化考核的办法，将每位员工实际收入与版面、稿件的质量挂钩。与此相配套，加大对优秀作品奖励力度和对不符合要求稿件的处理力度，开展月度好稿和"不宜刊登稿件"评选制度等相关制度建设。

对一些不能量化考核的工作部门，则大力压缩人员，严格定岗定责，要求这些部门按照《河南日报》编辑部的量化考核原则，制定出符合本部门实际的考核细则并严格执行。集团管理部门对员工岗位职责、工作态度、职业道德、出勤等情况进行考核，奖勤罚懒，奖优罚劣。

（三）培养全媒体人才

人才，是媒体融合转型的支撑。无论是"中央厨房"的运行还是客户端的打造，都离不开高素质的全媒体人才。《河南日报》62岁的长江韬奋奖获得者王天定，一年多跑了全省18个省辖市的104个贫困村，无论是在太行山崖还是在黄河滩区，从凛凛寒风到炎炎烈日，他"不是在贫困村，就是在去贫困村的路上"，跋山涉水、走村入户，拍了上千幅照片，用纪实手法讲述了一个个脱贫攻坚的生动故事。

他的"走进百村——脱贫攻坚的河南故事"摄影展也正式揭幕，通过固定展厅与网上展厅联动、"中央厨房"传播的方式，引发了热烈反响，传播效果大大增强。"通过新媒体，再宏伟壮阔的河南，都装得下，都看得见。"

这位《河南日报》资深摄影记者，也是全媒体摄影记者队伍的一名新锐，他的身上，既体现了《河南日报》人68年深入基层的传统赓续和持续践行"走转改"的矢志遵循，也体现了报业集团近年来推动编辑记者向全媒体采编人员转型的不懈努力。评选一批"融媒先锋"，开展"融媒春训营"系列培训、"融媒咖啡馆"座谈交流等活动，帮助编辑记者掌握H5制作、VR拍摄、无人机使用等技能……通过理念创新、教育培训、优化管理、考核激励、项目孵化，带动采编队伍向全媒体记者、全媒体编辑转型，锤炼一支适应媒体融合发展战略的全媒体"特种兵"，为新型媒体集团不断发展壮大打造坚强基石。

这正是河南媒体的人才队伍建设必需的功课之一，也正是河南报业改革创新深度融合的有力注脚。

从"铅与火""光与电"到"数与网"，今天，在媒体融合发展的大潮中，在这场没有退路也没有终点的征程上，河南媒体人肩负着一代又一代新闻人的荣耀与梦想，顺势应时，主动作为，正以"虽千万人吾往矣"的豪迈气概，乘风破浪，逐梦远航。

与时俱进40年：报业经营的四次突破

改革开放 40 年来，中原地区报业经营不断突破原有不适应报业生产力发展的体制机制障碍，建立与时俱进的报业经营管理制度与模式，实现了四个突破，即广告与发行经营突破、经营体制突破、资本运营突破与新媒体运营突破。

一　广告与发行经营突破

1979 年初，财政部批准了《人民日报》等首都主要报纸要求试行"事业单位，企业管理"的报告，允许他们通过适度的自主经营获得一定的经济收入，以弥补政府财政补贴的不足。《天津日报》《文汇报》《解放日报》分别于 1979 年 1 月 4 日、23 日、26 日刊登商业广告。广告重回报纸版面，报业获得了走入市场的一把利器。20 世纪 80 年代初，在经历多次新闻纸涨价后，报业面对严重的资金困难，开始注意节约成本，增加效益，在印刷和发行经营上做文章。不少报社的印刷厂开始外揽业务，1985 年后，许多报纸纷纷仿效《洛阳日报》自办发行经验，以期通过及时的报款回收解决资金不足的问题。1988 年新闻出版署和国家工商行政管理局联合颁发《关于报社、期刊社、出版社开展有偿服务和经营活动的暂行办法》后，多种经营活动名正言顺地在全国范围内轰轰烈烈地展开。虽然这次热潮因多家报社高热情投入却出现低效益回报而有所降温，但它已足以说明，我国报业恢复了广告经营，也实现了发行经营的突破。

与中国报业经济潮涨潮落节奏基本一致，20 世纪 80 年代初受外省报纸纷纷恢复刊登商业广告的影响，《河南日报》及复刊不久的《洛阳日报》、

《郑州晚报》等几家报社，相继开展并扩大广告经营业务。《洛阳日报》是全国报业自办发行的首创者，1984 年《洛阳日报》全年广告收入就达 37.5 万元，比 1981 年的 3.8 万元提高了几乎九倍。河南绝大多数地市党报、部分专业报、企业报纷纷"近水楼台先得月"，借鉴《洛阳日报》的做法，搞自办发行。这样，河南报业经济以恢复刊登商业广告为契机，迈出了新时期发展的第一步。此后，遵照"事业单位，企业化管理""自收自支，自负盈亏"的政策，在全国报业经济发展大形势的带动下，全省报业经济实力日渐壮大。

二　经营体制突破

1992 年邓小平同志南方讲话后召开的中共十四大确立了建立社会主义市场经济体制的目标，整个中国经济的市场化进程大大加速，河南报业在逐渐摆脱计划经济体制束缚的同时加快了市场化步伐，报业经济开始在较为良好的外部环境中"如鱼得水"地发展。这期间，党委和政府机关报基本结束了"吃皇粮"的历史，走上"独立核算，盈余留用"的道路；许多被停办的报纸得以复刊，一批批新报纷纷创刊，并走上纯企业化办报的道路。全省报纸不但在数量上有了增长，而且在结构上也发生了合理变化。不少报纸开始重视提高报纸质量，让报纸尽可能地贴近生活、贴近读者，最大限度地满足读者需求，由此经历一番"扩版热""晚报热""周末版热"后，20 世纪 90 年代中期又掀起一股都市报热。截至 1998 年底，河南公开发行的报纸共 81 家，其中党委机关报和党报办的子报有 30 家，占 37.4%；各政府机关报有 10 家，占 12.5%；生活服务类报纸 31 家，占 38.27%；企业报 10 家，占 12.5%。河南报业已改变以前单一党委机关报的结构，形成以党委机关报为主体，多门类、多层次的报业结构。

1995 年 8 月 1 日，河南报纸家族中多了一名重要成员——由《河南日报》创办的新兴都市类报纸《大河报》（创刊时名为《大河文化报》）。该报是《河南日报》与《郑州晚报》争夺省会报业市场的产物。它一露面，就在适应市场经济大潮的全新办报思想指导下，以体现报纸的"平民情结"和发挥媒体的舆论监督功能为突破口，着力采写报道贴近生活、贴近实际、贴近市民的新闻，提高时效性，扩大信息量，敢于触及社会热点、难点和敏感点。由于报纸定位准确，内容广受市民们的欢迎，《大河报》的发行量一路扶摇直上，从1996年的2.7万份飙升至1999年底的近60万份，广告收入也突破1亿元大关。这对其竞争对手《郑州晚报》产生了极大冲击，迫使该报也调整办报思路，扩版改版，参与竞争。随后，《河南商报》《城市早报》《东方家庭报》等与《大河报》同类的报纸相继参战，再加上《郑州广播电视报》与《河南广播电视报》的竞相叫板，省会郑州原本平静的报业市场出现激烈竞争。而与此同时，洛阳、平顶山、南阳等地，由于《大河报》在此扩充领地，这些地市的党委机关报和晚报不得不面对"入侵者"纷纷创办各类周刊，仓促迎战，报业竞争的波浪由此几乎遍及整个河南报业市场。

这一时期是河南报业的快速发展期，河南部分报纸除了向广大中原读者推出一份份价廉可口的"精神套餐"，也进一步从旧有观念和模式中走出来，根据读者需求确定报纸价值取向和表现形式的市场化办报观念得到广泛认可，这为河南报业经营今后更好地发展创下一个有利的前提条件。

三　资本运营突破

以1996年广州日报报业集团率先成立为起点，北京、上海、成都等地的强势报纸纷纷走上集团化道路，报业也开始走近资本市场，寻求规模扩张、创新增利的新途径。2000年7月28日河南日报报业集团成立，标志着河南报业实现资本运营突破，向集团化迈进。在集团化与产业化的进程中，河南报业坚持"报业为主、多元经营"的发展思路，持续抓好文化产业和经营工作，成绩斐然。

河南日报报业集团。河南日报报业集团是以中共河南省委机关报——

《河南日报》为旗帜和核心组建起来的一个报刊种类齐全、宣传力量强大、经济实力雄厚、产业结构合理的社会主义现代化报业集团。2003年河南日报报业集团被中央确定为全国文化体制改革试点单位。河南日报报业集团立足报纸主业，多元发展，共同进步。从一穷二白、"一报独立"的"小舢板"，成长为拥有"十报二刊三网站"的传媒"舰队"，从最初"铅与火"的"黑白世界"，迈入"光与电"的"彩色篇章"，从一支笔、一个本当记者，到数字化办公，形成以广告、发行、印刷、物贸、信息、房地产、彩扩等为支柱的多种产业。河南日报报业集团准确把握媒体和文化产业发展的大趋势，提出"把握导向、跨越发展、做大做强、促进和谐"的16字方针，明确"报业集团向传媒集团、文化集团跨越"的奋斗目标，制定了"3368"阶段性任务，一是着力打造纸质媒体、网络媒体、移动媒体三种媒体。首先，纸质媒体主要是指传统报业媒体，是报业集团实业发展和赖以存在的基础。按照媒体多品牌发展战略和优化报刊结构的发展理念，做好做精内容，不断提升品质，获得更强的差异化竞争优势。其次，充分开发、包装、壮大网络媒体，整合大河网这个河南省第一新闻门户网站。通过加强报网互动，提高舆论引导能力，进一步完善运营机制，提高市场开发、营销推广能力，做大做强新闻内容建设平台，大河网的社会影响及经济效益得到提高。二是构建报纸发行商务网、书报刊发行网、酒店管理服务网三个网络。在打造酒店管理服务网方面，集团利用已经形成的"大河锦江"酒店品牌，培养职业经理人队伍及专业管理模式，通过收购、租赁和输出管理等方式，向酒店连锁行业进军，实现跨地域、跨所有制经营。三是培育壮大六大支柱产业。为改变经营收入主要靠广告的格局，进一步优化经济结构，河南日报报业集团着力打造报业、新媒体、图书发行与物流配送、印刷、酒店旅游、房地产六大支柱产业，以提高非报业经营收入的比例，提高综合效益和应对市场风险的能力。四是打造出八个年收入超亿元的企业。

通过改革与发展，集团的整体实力和抵御市场风险的能力大大增强。2010年7月27日，国家新闻出版总署发布了我国首个新闻出版产业分析报告，在全国39家报业集团中，河南日报报业集团利润总额位居全国第五位，总体经济规模综合评价位居第九位，位居中部省份报业集团首位。值得一提的是，报刊经营收入在集团总收入中的比重由以前的90%以上降至50%左右，可以说，在开展多元化经营，优化经济结构方面，河南日报报业集团走在全国同行前列。2012年5月25日，在河南日报创刊60周年之际，河南省委书记徐光春在《河南日报》调研时肯定了河南日报报业集团取得的成绩。他谈道，《河南日报》走过的60年，是事业不断发展，影响日益扩大的60年。随着全省经济社会的快速发展，《河南日报》正在向着传媒航母的目标大步迈进，社会影响不断扩大，舆论引导能力大幅增强，综合经济实力在全国位居前茅。同时，徐光春提出《河南日报》要肩负起做大做强文化事业、文化产业的新使命。不断更新发展观念，全面推进体制、业务和运营方式创新，以品牌为依托，以资本为纽带，大力推进资源整合和战略重组，开展系列化、一体化和相关多元化经营，努力形成传媒主业优势突出、多元经营特色鲜明、两者相辅相成的新格局，逐步实现从传统报业集团向现代报业集团的战略转型。

在集团化与规模化的发展进程中，河南日报报业集团品牌建设成绩斐然。河南日报报业集团通过举办一系列大型活动，加强集团的品牌建设，成功举办第九届大河财富论坛、2014年博鳌论坛新丝绸之路经济带论坛活动，"首届中国健康网媒大河论坛"，并与河南省人社厅联合主办"郑州航空港经济综合实验区专场招聘会"等。在国家新闻出版广电总局开展的2013年"全国百强报刊"推荐活动中，《河南日报》《大河报》入围百强报纸。《大河报》曾连续十年成为河南唯一进入"中国500最具价值品牌"排行榜的传媒品牌，并获得"都市报品牌十强""金长城传媒奖""最受大学生欢迎的10份报纸"等奖项。

郑州报业集团。2011年4月26日，具有62年历史的郑州日报社迈入新的发展阶段——中原报业传媒集团揭牌成立。郑州日报社、郑州晚报社、中原网报业网络中心同时成立。中原报业传媒集团拥有"三报一网一刊六公司"，即《郑州日报》、《郑州晚报》、中原网、《中原手机报》、《小樱桃》杂志、郑州晚报有限公司、中原报业传媒印务有限公司、郑州中原网络传媒有限公司、郑州党报多媒体信息港有限公司等。2014年更名为郑州报业集团。集团以"多元化"为发展战略，一是收购《环球慈善》杂志，该杂志是"中国宋庆龄基金会"主办的正局级转企杂志，郑州报业集团绝对控股；二是打造百农优质生活平台，在郑州市四环以内铺设200家社区终端网点"e城e家优质生活平台"；三是合资组建"正信互联网金融超市"，是全国第一家利用互联网技术，由线上和线下同时开展业务的综合性、多层次、一站式、规范化的互联网金融平台，标志着郑州报业集团正式进军互联网金融业；四是顺利推进房地产开发项目；五是合作筹建《看看河南》高清视频网站，该项目一上线就拥有千万级别的用户，成为河南第一高清视频网站，是郑州报业集团融媒发展的一个代表。总体而言，郑州报业集团的经营范围已拓展至传媒印刷、媒介经营、文化创意、旅游及酒店管理、影视制作、金融及资本运作、房地产等多个领域，实现了传统行业与新兴经济结合，线上与线下结合的多元化经营体系。2015年，郑州报业集团积极探寻"郑报梦"，做强宣传主业，做优做大多元副业，用副业夯实主业，用主业引导副业，形成良性循环。首次提出"报业+"战略构想，在"互联网+"的时代背景下，以创新实现跨越，进行一系列有力度、有影响、有效益的"报业+"创新实践。例如，郑州报业集团参股"建业·华谊兄弟电影文化小镇"项目，这是郑州报业集团"报业+"进军文化创意领域的又一转型和创新之举；持续发力影视文化，携手河南瑞君文化传播公司成立河南启源文化有限公司，共同打造百集公益电视系列剧《中华百家姓·起源故事》。2014年，郑州晚报社启动了一系列多种经营项目，其中运营效果良好的有"地铁购"平台，实施报网互动，效果良好；"郑州晚报百县好特产联盟"聚合了大量的省内外特产资源，建立了畅通的营销渠道，培育了越来越大的消费市场，产生了良好的社会效益和经济效益。2015年按照"多元化"发展要求，郑报集团开创了一批产业项目，如"淘嘟嘟"网络购物平台和"惠生活"土特产销售平台，分别以独资、控股或参股的形式组建实体公司。通过参股郑大文化公司深度介入影视行业，参与投拍了多部电影电视剧。与深圳一家互联网企业联合组建的掌讯传媒公司，与大陆希望集团联合开发的海南休闲地产项目，与鑫融基公司联合创办的正信互联网金融超市及卫鼎融资租赁公司，也在金融市场稳健前行。目前，郑州晚报社控股或参股的公司已经多达 20 多家，涉及文化、影视、体育等多个领域。这些产业项目拉长了郑州晚报社的多元经营产业链。郑州报业集团发展迅速，已成长为河南报业集团的一支重要力量。

洛阳日报报业集团。2013 年开始，为遏制报业经营状况恶化，洛阳日报报业集团创新经营模式，全方位支持形象广告。为保证《洛阳日报》形象广告版的编校质量、杜绝重大差错，2013 年该版面收归编辑中心编排，形象广告人员参加日报编前会，及时从新闻线索中寻找可以进一步开发的"商机"。广告经营意识被强化，新闻报道与经营创收形成良性互动，形象广告成为 2013 年集团广告经营的新亮点。同时，集团对《洛阳日报》《洛阳晚报》实行模拟分报经营，盈利模式更加清晰，采编、经营协作更加密切。《洛阳晚报》广告中心积极转型，全年组织 100 余场线下活动，《洛阳日报》广告中心收入实现逆势上扬。同时，《洛阳日报》注重持续提升品牌影响力，创新活动策划，实现整合营销。《洛阳日报》按照"复合纸"的整体定位，相继推出"健康""独家""科技""视界""文萃"等新版，推出《洛平微话》《洛阳快语》《洛阳点睛》《洛阳锐观察》等"洛平系"子栏目。洛阳晚报按照"功能纸"的整体定位，优化提升原有栏目，推出"今日关注""图说""网闻""娜说河洛"等版面。2014 年 6 月，《洛阳晚报》入选人民网研究院推出的"2014 中国报纸移动传播百强榜单"。在第八届中国报刊广告大会上，荣获"2014～2015 中国报刊广告投放价值排行榜全国最具创新活力城市报社十强"称号。为带动经营创收，洛阳日报报业集团积极策划新型活动。《洛阳晚报》成立了创客公社、省乐购电商平台，策划了 2015 年度智慧教师评选活动。《洛阳商报》策划出版了"东方红，辉煌60 年"典藏特辑，举办了"2015 中国洛阳·新常态下的转型与创新主题论坛"、首届洛阳餐饮高端峰会等。《河洛生活导报》举办了"华夏立志礼"、"援疆号"丝路专列、"周末去哪儿"等活动，在增加报纸的可读性、服务百姓生活的同时，为报纸经营打开了突破口。

没有组建报业集团的省级或地市级报社，面对宏观经济对广告、发行等经营工作的冲击，纷纷迎难而上，积极创新广告代理模式、广告产品形态、活动营销方式，深耕行业市场资源，保持经营收入稳定，避免出现报纸经营收入的断崖式下滑。濮阳日报社在经营上，弘扬实干精神，以组织活动为抓手，在管理上下功夫，在策划上求突破，在服务上做文章，报纸广告收入再创新高。2012年濮阳日报社面向市场，调整结构，在内部实行了工作室经营体制，分别成立了健康、教育、汽车、酒水、房产、金融等十个工作室，对市场进行了科学划分与整合，探索出了一条专业化经营的新路子，通过举办经济人物评选、房车展等活动，取得了良好的社会效益和经济效益。南阳日报社先后成立了躬耕杂志社、中州古籍出版社南阳分社和楚汉网络传媒有限公司、大河印务公司、众新演艺公司、文新印务公司、富新户外传媒公司等。

四 新媒体运营突破

2012年2月，中共中央办公厅、国务院办公厅印发《国家"十二五"时期文化改革发展规划纲要》，明确指出加强新兴媒体建设，鼓励支持国有资本进入新型媒体，做强重点新闻网站，形成一批在国内外有较强影响力的综合性网站和特色网站，发挥主要商业网站建设性作用，培育一批网络生产内容和服务骨干企业。为全面贯彻文化改革发展纲要，应对移动互联网下新兴媒体的冲击，适应新的发展形势，河南省报社和报业集团主动拥抱这一行业变化和媒体融合，实现新媒体运营突破。具体来看，主要通过以下三个方面实现突破。

第一，报业纷纷涉足微博、微信、客户端等新兴媒体，推出自己的新媒体产品。微博、微信等已是河南省报业新媒体运营突破中的标配。客户端这种投资较大、运行比较复杂的新媒体产品也被一些实力雄厚的报社或报业集团收入囊中。《河南日报》十分重视新媒体平台建设，官方微博先后在新浪、腾讯平台上线，并在腾讯开通微博发布厅，形成集聚效应，在省级党报中属于首创。《大河报》则倾力打造自己的新浪、腾讯两个官方微博，《大河报》新媒体阵营的较快组建，有效推动了报网互动，在河南省两会、全国两会等战役性报道中发挥了很大作用。同时，《大河报》将碎片化的自媒体账号及内容进行整合、引导，组建成强大有序的自媒体矩阵，利用微博、微视、微信公众号等形成媒体集群，覆盖民生等多个领域。

地市级报纸也积极利用新技术，开辟新业务，在新媒体领域实现突破。开封报业集团积极贯彻中央"进军新媒体"的重要指示精神，在新媒体领域进行了一系列探索和实践。开封报业集团成立了新媒体部，发展掌上开封新闻客户端、官方微博、官方微信公众平台。开封报业集团还成功制作河南省内首份 3D 云报纸，向优酷独家上传 14 家房地产公司的宣传视频，制作云版面 14 块。洛阳日报报业集团成立新媒体工作室，要求集团所有采编人员，相关经营人员实名开通微博、微信，各自媒体开通官方微博、官方微信公众平台，形成洛阳日报集团"微矩阵"。焦作日报社狠抓新媒体的建立和运营，走传统媒体和新媒体深度融合之路。2014 年 9 月 8 日《焦作日报》与人民网战略合作签约暨焦作日报新闻客户端上线。建设和发展了焦作网和微博、微信、微视、客户端等新兴媒体，坚持把新媒体作为一个新的经济增长点培养，以推动报社经营模式向多元化格局转型。驻马店日报报业集团在已经形成"日报、晚报、手机报、App、PC + 微矩阵"的宣传大格局下，进一步推进全媒体建设，深入推进各媒体之间的互融互通交流发展，实现以《驻马店日报》为龙头的新闻宣传经营管理大格局，适应文化产业大发展大繁荣的发展大趋势。

根据新时期媒体发展的需要，2014 年信阳日报社推出"办好日报、办强晚报、办大新媒体"的"一体两翼"发展战略，在办好传统纸质媒体的基础上，舍得在媒体融合上投入人力、物力、财力和精力，将原网络科升级为新媒体中心，招聘了专业技术人员，改版信阳新闻网，开通了《信阳日报》官方微博发布厅，微信公众号和 App 手机客户端，组建了所属各子媒官方微信矩阵。《信阳日报》新媒体发展势头良好，旗下各新媒体平台影响力与日俱增，2014 年《信阳日报》微博发布厅关注人数为 12.6 万，信阳新闻网官方微博关注人数为 4.8 万，日均 IP 访问量突破 3 万次，日均页面浏览量突破 10 万次。《信阳日报》微博发布厅被中国报协评为"2013～2014年中国报业新媒体项目创新 50 强"。

在参与"郑报融媒"新媒体建设中，郑州晚报社以《郑州晚报》客户端开发和推广，以微信矩阵为工作重点，搭建好现有的四个新媒体平台，服务报社工作大局。一是微信矩阵配合好晚报社的核心工作。目前《郑州晚报》官方微信已经拥有 22 万订阅用户，处于省会纸媒前列，微信影响力在全省纸媒中十多次位居第一。晚报"官微"配合报社集团重要宣传推广 100 余次，带动和形成以郑州晚报官方微信为主，由旅行家、美食家、流行之家等十余个微信小号组成的微信矩阵。二是晚报客户端 2.0 现在拥有在线商家 2000 余户，下载量超过 150 万次。三是掌讯传媒引入投资，进入资本运作阶段。郑州晚报有限公司与多家公司合作，成立河南掌讯传媒有限公司，晚报社控股，目前已经成功吸引投资 200 万元。已经与漯河日报社、河南日报社、鹤壁日报社、信阳日报社、河南法制报社、郑州日报社达成战略合作协议，合作开发十余款客户端。

第二，传统媒体与新兴媒体深化互动，全媒体传播格局逐步完善。河南日报报业集团整合全集团优质资源，组建的大河网络传媒集团。其主要使命是以"互联网＋传媒"和"移动化发展"为战略发展方向，积极打造中原地区最具影响力、传播力、公信力的移动互联网信息传播平台、生活服务平台和电子政务平台，力争成为河南省主流媒体战略转型的排头兵、媒体融合的试验田、新媒体建设的先行者、用户服务的提供商。大河网络传媒集团有限公司，积极整合全部互联网媒体单元，为实现内容、渠道、平台、经营、管理等方面的深度融合，集团积极致力于筹建全媒体数据中心，建立集团统一的全媒体信息采编、发布平台、实现对文字、图片、音视频等信息的"多点采集、中央汇聚、多平台发布、全时段传播"。全媒体数据中心是基于云计算、大数据技术的内容收集、挖掘、检索、调动、推送平台、由信息采集、内容发布、生活服务和大数据分析四大系统构成。并且，集团媒体融合顶层设计全面提速，坚持硬起手腕，坚持同一标准，完善系列媒体编委会制度，制定落实《集团新媒体管理方法》，重点加强新媒体管理，维护网络意识形态安全。

2015年以来，按照"互融互粉，共荣共赢"的发展理念，以"大发展、大市场、大平台、大经营"的目标，《大河报》将提高报纸的增值业务作为发展中的工作重点，大河报致力于全媒体营销创新，其新媒体各个平台积极打通报社活动的经营环节，与广告中心、专刊事业部的营销活动紧密合作。新媒体参与策划、组织执行的报社大型营销活动比重加大，极大地提高了全媒体营销的竞争力，取得了丰硕的经济效益。2015年春季车房联展暨婚博展，在前期宣传推广中，微博、微信、网站、客户端四大平台全程参与宣传，微博、微信、客户端更是以互动活动的形式分别进行推送，扩大活动的辐射面。《大河报》组织的车房联展暨婚博展成为2015年新媒体最受网友关注的活动。此外，还积极开展自营工作，通过全媒体营销的方式组织策划营销活动。如与中国银行河南省分行联合策划的"大河试吃团"，与万科地产联合开展的"妈妈的秘密"。近些年来，《大河报》开始进军区域电商市场，联合浙江纽狮传媒、《卖家》杂志共同举办"卖家训练营"活动。另外，还与河南本土电商——育淘网商学院建立联系，签订全年合作协议。

2014年郑州报业集团抢抓机遇，顺势而为，统筹规划，积极探索推进传统媒体与新媒体的融合。《郑州日报》、《郑州晚报》、中原网分别设置自己的官博、官微。每遇重大报道、突发事件，集团全媒体报道团队统一指挥，快速反应，官博、官微率先发布，手机报、中原网快速跟进，日报、晚报深入解读，既相互联动形成合力，又发展特长各显梯次，起到良好传播效果。2015年为"互联网＋"元年，在"互联网＋"的时代背景下，《郑州晚报》以"做强以《郑州日报》为旗帜的党报全媒体宣传矩阵，做大以《郑州晚报》为龙头的都市报传媒平台，做活以中原网为先锋的新媒体媒介集群，做优以文化创意产业为突破口的多元产业链条"为发端，开展一系列"互联网＋""报业＋"创新实践。例如，报业集团牵手北京东方笑脸科技有限公司，共同打造社区智能化管理平台"笑脸社区"，免费为辖区居民提供人文化、多元化、社会化、转移化、专业化的公共服务。2015年11月18日，集团与北京万视通科技有限公司强强联合共同打造的"互联网＋"

双创空间和电子商务综合服务平台正式签约，双方投资 3 亿元，为全市"双创"、电子商务发展助力。该平台通过打造双创基地，以"郑报创客"为品牌，前期在郑州，随后在全省高校区，设立"郑报创客"服务中心，助力大学生或社会创客创业创新。同时，按照《河南省"互联网＋"行动实施方案》要求，努力做大做强行业电子商务，扩大农村电子商务应用，并通过电商平台，把郑州市的名优特商品"卖全球"。

在构建全媒体传播格局中，《东方今报》同样走在全省前列。东方今报社依托河南广电的优势资源，与广播、电视、有线网络、影视制作、电影院线、手机电视、四大网站、楼宇电视等 40 多个媒体紧密合作。东方今报社旗下的"今报网"依托丰富的第一手本地新闻资源，与新浪、腾讯、搜狐等门户网站密切合作，报网互动，是河南重要的门户网站之一。《东方今报》与河南有线网络集团合作开发的《数字电视报纸》入选国家新闻出版总署新闻出版改革项目库。《东方今报》还积极与手机新媒体结合，成为手机今报内容提供商，手机今报已经在移动、联通、电信同时上线。《东方今报》iPad 版于 2001 年 7 月正式上线。从此更多人通过电视、广播、网络同时共享《东方今报》成为现实。2015 年东方今报社全力拓展新媒体业务，官方微博、微信通过线下活动、线上投票等方式，组织开展了时尚潮流"荧光夜跑""登福塔救公主""寻找中原最美校花"等一系列活动，粉丝量突破 700 万。以公众号"时话实说"为代表的一批微信公众号快速成长，迅速获得广泛关注，多次出现点击量破万的稿件，访问量和转发量节节攀升，被大象融媒集团列为重点发展的公众号之一，形成各具特色的今报新媒体矩阵。《东方今报》积极响应政府"互联网＋"的行动计划，加大非报业开发力度，涉足跨境 E 贸易电商平台，参与投资创建了喜买网、网易新闻客户端、猛犸新闻客户端、豫媒优品、通通优品、梦幻舞马等一批产业项目。其中喜买网依托国际一流的自主知识产权电商技术和省级中原云大数据平台，建成了可支撑巨大交易量的电子商务交易平台。与河南中原云大数据集团有限公司正式签署服务器托管协议，已经完全具备了实现"买全球、卖全球"目标所要求的电商条件，目前的品牌价值在 6 亿元左右，成为河南省电商品牌的一面旗帜。

安阳日报报业集团也以较快的速度实现了报网并进，互通、互融、互动的发展新格局，形成《安阳日报》、《安阳晚报》、《新农村周刊》、安阳慈善、大鼎手机报、安阳网、大鼎多媒体信息窗的"五报一网一窗"的立体网络，加上官方微博、微信公众号等的开通，实现了安阳日报报业集团新闻价值的最大化，社会效益的最大化，同时带来经济效益的提升。其中，安阳网是中共安阳市委门户网，由安阳日报报业集团承办，安阳网目前开设有新闻、本地资讯、汽车、数码、房产、教育等20多个频道，100多个栏目，曾在全国新闻出版业网站评选中获"最具发展潜力网站"称号。2012年，安阳日报报业集团旗下的大鼎手机报用户数量曾稳居河南省手机报首位。2015年，安阳日报报业集团加快了媒体资源整合，深入推进了理念、平台、人员、项目、技术、流程的融合，以新闻传播和信息服务为核心，注重客户体验，突出互动特点，形成强大的传播能力和服务能力，着力打造全媒体格局。安阳日报报业集团新媒体已完善了新媒体网友互动群，建立了报业集团内部交流微信群、安阳日报日评报微信群，开通了安阳日报经济部众创空间栏目微信公众号、安阳日报新农村微信公众号等，实现了微信矩阵的分众发展。除此之外，报业集团新媒体网站——《安阳网》的新闻资源成功入驻今日头条、搜狐新闻、一点资讯等第三方手机客户端。安阳日报报业集团新媒体坚持联动思维和融合理念，开展了"助力创业赠送免费宽带"等微信微博活动，与安阳移动合作启动了"绿色带"爱心送考活动。

第三，与外部优质互联网项目合作，实现新媒体传播能力的强力倍增。由于河南省相当多的报业经营情况不乐观，在进行媒体融合过程中，资金投入方面的压力相当大。因此，在新媒体运营中，广泛借助外力、创新融合发展路径成为报社和报业集团的最佳选择。一方面坚持行政推动与发挥市场作用相结合，探索以资本为纽带的媒体融合发展路径，支持传统媒体控股或参股民营互联网企业；另一方面推动传统媒体吸引社会力量参与媒体融合项目的技术研发和市场开拓，提高传统媒体在融合项目推进过程中的市场竞争意识和能力，达到事半功倍的效果。2015年11月8日，河南日报报业集团、大河网络传媒集团"互联网＋"融合发展重点项目签约仪式在郑州举行。阿里巴巴、百度、腾讯、河南移动等知名互联网企业和运营商一起签约，此次河南日报报业集团与阿里云计算有限公司签署的框架合作协议，将联合共建河南媒体云，推动河南传媒行业利用云计算和大数据技术，实现向新媒体领域的拓展。河南日报报业集团有限公司与中国移动通信集团河南有限公司签署的战略合作框架协议，将共同发挥资源优势，实现在传播手段、传播领域等方面的深度合作。大河网络传媒集团与百度贴吧签署的战略合作协议，实现大河网络传媒集团全权代理百度贴吧河南吧、郑州吧等15个地区吧运营业务，以求在新的人群中最大限度地传播党报公信力、影响力。

同时，河南日报报业集团顺应互联网本土化趋势，与国内知名商业网站联合，共建区域性网站，如《河南商报》与百度共建的"河南一百度"，由《河南商报》提供内容、营销渠道、资源等地区优势支持，百度提供流量和技术支持。河南一百度网站是百度在总部所在地之外第一个区域性合作项目。河南一百度网站定位于生活消费的综合门户网站。2011年6月9日由河南商报创办河南商报手机报，标志着河南省第一家以都市报命名的手机报正式登上新媒体舞台。《大河报》与腾讯共建的大豫网先后上线。根据新媒体移动化发展趋势，《大河报》《河南商报》等开发出来报纸的iPad版，iPhone版，《大河报》与河南联通合作成立"大河·沃3G生活门户"，今日消费上线运行了"云采编""云阅读"系统。各省辖市机关报积极与优质网络公司合作，建设报纸网络版和手机报，进一步扩大主流媒体的宣传阵地。

近些年来，河南省报业新媒体发展步伐不断加快，目前已拥有网站、手机报、新闻客户端、媒体官方微博、媒体官方微信平台等新兴媒体业态，形成颇具规模的新媒体集群。其中，《大河报》在新媒体运营中所取得的成绩可圈可点。2012年以来，《大河报》在内容融合、平台推广、全媒体营销及自媒体联盟建设等方面发展迅速。大河报微博、微信粉丝量均在河南媒体中排名第一位。客户端实现跨越式发展，由2014年8月百万下载量攀升到2015年8月份的超千万下载量，并以1100多万次的下载量成为河南最大的新闻客户端。《世纪华文》统计显示，2015年6月大河报客户端下载量为

106 万次，连续十个月摘得全国都市报客户端下载量桂冠。《大河报》客户端以主流有力的正能量、权威可信的立场、贴心及时的内容、活泼鲜明的风格，在内容制作和推广上勇开先河。独家重磅消息可在几分钟之内组织千字文章独家推送，在全国媒体中第一个发布；互动小游戏等推广新模式生动鲜活，吸引全国媒体纷纷跟进。值得肯定的是，《大河报》更以领头雁之姿态开门办新媒体，为全省兄弟媒体共同搭建移动媒体联盟平台。2015 年 8 月，由《大河报》牵头全省 300 多个平台成员，正式成立的中原自媒体联盟，覆盖全省 108 个县，联盟成员总用户量 3000 多万，成为全省最有影响力的联盟平台。在经营方面，作为盟主的《大河报》不但可以借助覆盖全省、粉丝量超过 3000 万的巨型移动营销平台进一步挖掘用户，还可以以"联盟代言人"的身份吸引、开拓快消类、电商类、IT 类、汽车类、时尚类行业市场，做河南最大的自媒体代理商。同时，依照中央关于推动媒体融合发展的改革部署及河南省《关于推动传统媒体与新兴媒体融合的实施意见》《关于推动传统媒体与新兴媒体融合发展有关工作任务分解方案》，报社和报业集团应该进一步明确推动媒体融合发展的指导思想、工作目标、工作重点、系统制定下一步的主要任务、重点项目及保障措施。《大河报》客户端的"一千万用户"不应是终点，而应是新的起点，在未来的发展中积极探索媒体融合的新路子，成立新型媒体集团，全力打造集团层面的旗舰新媒体。

日臻完善40年：报业发行的三个阶段

报纸发行既关系报纸传播功能的实现，又影响报业经济的发展。改革开放40年来，伴随经济自由化、市场化和传播网络化，河南省传媒的媒介生态发生了巨大变化。作为这种变化的缩影，报纸发行渠道、理念、机制等方面经历了一个日臻完善的变革过程。

一 "邮政发行"独统天下

1949年底，全国报纸经理会议和全国邮政会议召开，总结革命战争年代的"邮交发合一"的经验，借鉴苏联的"邮发合一"体制，确定了把新中国各地出版的报纸交国家邮局统一发行的基本方针。1950年2月15日，中央人民政府政务院第15次政务会议正式决定全国报刊交邮局统一发行，我国报纸基本上确立了属委办类型的"邮发合一"体制。改革开放初期，河南省报纸发行基本沿袭了20世纪50年代形成的"邮发合一"模式，实行"报社负责编辑印刷，邮局负责国内外发行"的制度。这一模式的突出特点表现报纸发行依赖党委政府的红头文件和行政命令，邮局独家垄断经营，发行部门则隶属于报社的行政部门。在"邮发合一"模式下，报纸的发行工作交给邮局来办。报纸的征订、运发和投递由邮局包办，邮局把送信和送报捆绑在一起，无论是批发，还是零售，报社一概不管。这种发行模式是中华人民共和国成立初期从苏联学来的，业内人士称其为"一分开，四捆起"的发行模式，即报纸的生产和流通分开，送信与送报捆绑，多家报纸捆绑，报纸的征订、运送和投递捆绑，报纸的批发和零售捆绑。

"邮发合一"的发行模式是计划经济体制下的必然选择。中华人民共和国成立之初，报社是作为党和政府的宣传机构来创办的，按事业单位经营管理，办报经费由国家财政拨款。而当时国家经济发展水平有限，邮政发行是最佳选择。在"邮政发行"之前，河南省报纸主要在铁路沿线或者交通枢纽区发行，一些偏僻的地方和许多县级城市，报纸无法到达。采取"邮政发行"，一定程度上拓宽了报纸发行的广度，因为邮政网络遍及全省，只要是邮局公开发行的报刊，凡是邮路通达的地方，人们都可以阅读到。利用现有的邮政资源，可以减少发行必要的开支。报社只负责报纸的采编和印务，邮局则负责订报和发报，报社不需要专门的人力和物力管理报纸发行工作，节省了经营成本。

邮发合一模式在新中国存在了近40年，客观地说，它在我国报刊的发行工作中发挥了重要的作用，至今仍没有其他发行部门和渠道可以完全代替邮局。但是，邮局毕竟不同于报社，二者追求利益的立场截然相反，这就导致邮发合一的模式越来越不适应报业在新时期的快速发展。其弊病主要表现为：发行费率过高，往往占报纸定价的30%～35%，报社对此难以承受；订报款不能及时返还给报社，邮局占用报款时间少则半年，多则一年，严重影响了报社的技术改造和扩大再生产；邮局官商作风厉害，投递质量极差，读者有意见，报社却无法监督。在此情况下，进入20世纪80年代后，当新闻纸涨价、广告收入并不多、财政补贴削减、发行大量亏损等问题日益严重时，"邮发合一"的体制难以满足报纸参与市场竞争的需要。

二 "自办发行"兴盛，市场化发行模式建立

从新中国成立初期到20世纪80年代中期，河南省报纸发行一直都是沿着计划经济的轨道前进，邮政发行处于绝对优势。随着改革开放不断深入，计划经济向市场经济转型，"邮政合一"模式逐渐暴露一些弊端，突出表现为报社和邮局的种种矛盾。由于广告是报纸获得经济效益的主要手段，在报纸增版和扩版的过程中，邮政发行成本越来越高。最主要的是邮政发行服务质量差、改进难度大，主动性弱、不尽如人意。在此情况下，1985年河南

省《洛阳日报》成为第一个"敢吃螃蟹"的报纸，开始自办发行。洛阳日报社自建发行体系，成立了发行站，下设三个发行所，十多个固定零售点，配备管理和投递人员87人，分66条线路投递报纸，同时在洛阳市辖三个县和豫西部分县建立发行点，办理当地的收订和投递工作。与"邮政发行"模式相比，自办发行优势明显。例如，读者一般在每天早上八点以前就可以看到当天的《洛阳日报》，改变了早报晚看或隔日报的现象。同时，过往报纸丢失的现象大大改善，投递员一律按订户住址投送。更为主要的是，投递费用大大减少。1985年《洛阳日报》四开八版每份价六分，按邮局规定发行费30%计，每份发行费应为一份八厘。按平时发行量六万份计算，全年可节约发行费14.4万元，洛阳日报社发行站纯收入可达到十万元。自1985年开始到1990年底，《洛阳日报》自办发行六年时间里，报社发行费较邮局发行减少开支400多万元。六年时间，先后预收订报款达1500万元，解决了报社买纸靠银行贷款的问题，节省贷款付息数十万元。发行费用大幅减少，报纸发行量却与日俱增。1984年，《洛阳日报》日发行6.2万多份；1985年自办发行第一年，日均发行7.1万多份；到1990年，日均发行量在11万份左右。

随着市场经济大潮的到来，自办发行成为必然趋势。报纸越来越重视生计问题，报纸发行改革成为河南省报纸发展的重要议题——突破"邮政发行"的单一模式，打开自办发行的缺口。这一改革中，河南省党报党刊表现突出。2002年河南日报报业集团成立党报党刊发行中心，全面开展发行攻坚战。经过努力，《河南日报》《河南农村报》发行量跃居全国同类报纸首位。2003年郑州日报社成立了快速发行配送中心，着力健全发行网络，征订和零售总量明显提升。在做好"卖报纸"主业的同时，发行中心积极利用发行网络优势，尝试拓展代投等多种经营业务，增加报纸经营收入。

河南省地市级党报也高度重视"自办发行"工作。《驻马店日报》将发行工作作为一项严肃的政治任务来抓，党委成员明确分工，把发行任务完成作为年终考评的重要依据。发行部经常深入基层，倾听用户意见，及时发现和处理投递中的问题，确保发行质量，让用户能及时看到报纸。2005年

《驻马店日报》完成征订任务四万份，实现发行收入 760 万元。《周口日报》则将工作重点放在合理分工，健全发行网络，包括及时调整不合理线路、站点，建立投资质量定期检查制度，派专人跟踪采访，定期回访用户，并延伸发行服务链条，在市区和乡镇建立读者俱乐部，发展会员单位 80 多家，增加晚报自费订阅，通过经营努力，报纸发行与日俱增。《南阳日报》则创造性地探索党报自费市场发行之路，延伸和扩大党的舆论阵地，培养市民读报习惯。同时强化服务意识，提高服务水平，按照及时、准确、快捷的目标，抓好投递工作，用户满意率达 99% 以上。

河南都市类报纸也纷纷建立发行网络，并做出市场化发行模式的初步尝试，如"敲门发行""洗楼战术""人海战术"等，力求迅速占领市场，完成报社下达的发行指标。自办发行使报社掌握了发行的自主权，改进了报纸的投递服务质量，进一步提高了报纸新闻信息的时效性和影响力，但是报社自己铺设的发行网络存在各自为战、浪费严重，甚至恶性竞争等问题，因此，2007 年 10 月 30 日，河南省新闻出版局针对河南省会都市类报纸制定《发行自律公约协议》，郑州市主要都市类报纸，如《大河报》《河南商报》《今日安报》《东方今报》《郑州晚报》等负责人在协议上签字，共同做出六项承诺：一是不对征订对象以提成回扣、赠送报刊、钱物、有价证券、有奖征订、出国考察、公费旅游以发行赠送广告等各种有偿促销手段征订报纸；二是不擅自降低报纸全年定价和零售价格，调整定价实行"同行议价"并向新闻出版管理部门申报；三是不利用报纸版面做交易、搞征订，不易宣传、表扬为由搞"有偿新闻"，或所谓"形象版"，变相抵值订报款，不以批评报道相要挟征订报纸、拉广告和搞其他经营活动；四是不虚报发行量，不擅自发布未经新闻出版管理部门制定机构认证的报纸发行量、阅读率等相关数据及排行榜，不以新闻、广告等方式进行虚假或误导性宣传；五是不在任何场合以任何内容、任何方式贬损或指责其他媒体；六是不在街头随意摆摊设点搞促销活动；七是不以任何形式摊派或变相摊派报纸。

自《洛阳日报》首创自办发行机制，邮政发行的垄断地位逐渐被打破，1992 年，全国报纸自办发行协会成立。到 1999 年为止，全省城市报纸基本上确立了自办发行体制，其成为河南省报业发行的主流机制。报纸发行部门从报社的附属部门逐步转变为独立的市场主体，成为报业运营中枢，发行人员的责任意识、成本意识、效益意识得到强化，这实质上是改革开放以来，报业市场化程度越来越高的体现，为河南报业进一步发展注入强大动力。

三　多种渠道整合运用，发行理念不断创新

自 2010 年"微博元年"至 2014"媒体融合元年"，再到如今，微博、微信、客户端，媒体技术的快速更新使河南媒体生态发生着剧烈变化，传媒市场格局发生了深刻变革，纸媒发行量持续走低。《2016 年新闻出版产业分析报告》显示，出版种类、总印数、总印张数、定价总金、发行数均在下降，报业依旧在困境中挣扎从发行情况看，全国报纸发行品种、总印数及销售量等指标均呈下降态势。截至 2017 年 12 月，中国网民数量达到 7.72 亿，互联网普及率达到 55.8%。报刊广告、发行继续呈现断崖式下滑的态势。互联网无论是用户规模、产业规模还是资本投入、发展速度，都已超越传统媒体。在严酷的现实下，报业不得不进行多元化发展，以提高抵御风险的"免疫力"。报业发行领域亦是如此，进入 21 世纪后，河南报纸发行的市场化程度愈来愈高，从报社的发行部到报业集团的发行中心，再到民营发行公司的成立，多种发行渠道并存发展。首先，邮发仍然是报纸发行的主力军。为适应报纸发行市场化，河南省邮政局将投递改革作为战略任务来抓，实现全省速递投资与普通报刊投递"两网合一"和速递、普通投递、机要投递"三网合一"，建立起物流网络经营服务平台，加大收投服务的广度和深度，增强了邮发市场竞争力。开展私费订阅入户工程，大力开展破订业务，"收订无止期，投递无禁区"，上门收订，网上订报刊，争夺报刊订阅市场。全省出现营业额日日增长，代办费月月提高，服务质量明显改善的局面，私费订阅市场得到有效发展。其次，为适应报业市场日益激烈的竞争，河南报业集团在创立发行中心的基础上，进一步革新发行机制，创办发行公司，赋予

公司市场主体地位。拥有独立法人资格的发行公司根据自身经营职责和范围，建立发行责任体系。2003 年 12 月 11 日，河南日报报业集团在大河报发行中心的基础上，成立大河发行公司，隶属大河报社管理，负责《大河报》发行工作。大河发行公司对内为大河报发行中心，对外为大河发行公司，实行公司化运作。2003 年 3 月 19 日，大河速递公司成立，报业集团对公司注册资金 300 万人民币，河南日报社及所属实体是公司的投资主体。报业集团统管公司财务，公司依托大河报发行网络自主开展业务，享有充分的经营自主权。

创新发行格局。随着媒介生态环境变化，2011 年以后河南报纸发行工作面临媒体竞争加剧、发行成本居高不下、报纸提价三重压力，形势十分严峻。全省报纸在做好主业的同时，积极盘活多种渠道资源，创新发行格局，拓宽发行传播增量。党报一方面发挥体制优势，壮大发行，另一方面，强化市场意识，突破传统发行思路。《河南日报》按照"科学调整结构，确保稳定增长"的思路，着力优化发行结构，扩大省直单位和省会发行量，提升在党政领导干部和高端人群中的覆盖率。2017 年《河南日报》日发行量达 54.1 万份，居全国省报前列。

《河南日报》（农村版）进一步开拓创新，不断完善发行工作机制。一是巩固原有发行基础，保住发行底子。农村版继续巩固加强与县、区宣传部的关系，利用激励机制调动宣传部门为发行做出新的贡献。二是与涉农部门合作，探索在县市自办发行、报纸走进农家书屋等新型发行方式，扩大发行阵地，2012 年发行量较 2011 年增加 25%，2014 年《河南日报》（农村版）实现对全省 4.7 万余个农家书屋的全面覆盖。三是努力开发各条战线的发行工作。专门设立专用邮发代号，区别厘清各渠道数量，为农村版行业的宣传和发行工作奠定基础。四是实施精准发行，扩大报纸影响力。继续坚持及时将报纸送达重要会议现场，如报纸送达全国"两会"河南代表北京驻地、河南省两会、河南省农业厅、河南省林业厅、河南省粮食厅等涉农厅局全省工作会议现场，实现全年精准发行投递 50 余次，有效配合了重大新闻宣传和经营活动，收到了良好的经济效益和社会效益。濮阳日报社在党委的领导下，迎难而上，抢抓机遇。其积极协调中原油田与濮阳市邮政局等关系，并在油田首次设立了征订处，彻底打破了困扰报社多年的发行瓶颈，报纸进家庭、进门店工作取得新突破。周口日报社为提高投递质量，降低发行成本。自 2012 年 1 月起改革发行形式，县区采取自办与邮发相结合的方式，周口市区采取自办发行，县与各县市委宣传部合作，交邮局代投，保证报纸第一时间送到读者手中。

河南都市报在创新发行模式方面势头强劲。自办发行以来，河南都市报多数依靠一线员工单兵作战的敲门、扫街、洗楼等传统发行模式。在新的媒体环境下，传统发行模式后劲不足。报业发行部门纷纷走出单一发行模式，通过加强策划力度与自我营销，实现报纸发行与经营创收"两轮驱动"。《大河报》打造立体发行模式，通过采编、发行、广告联动，进行发行模式的创新，改变了过去，为一线员工创造了进入社区开展报纸征订的新渠道、创新营销推广手段，在品牌宣传上，主推"新大河，新形象，新服务"，展现《大河报》的新面貌。与队伍建设紧密结合，出台了新的一线管理人员绩效考核细则和星级社区经理评选制度。由于措施得力，《大河报》2011 年发行上总量、调结构的目标得以实现。截至 2011 年 12 月底，发行量比上年增长 3.7%。其中郑州核心市场较上年增长 4.3%，提前两个月完成了大征订目标任务。2014 年为应对日益严峻的市场形势，大河发行中心积极采取措施有效应对冲击，一是影响力发行，依托"读者俱乐部""中原爱心联盟""我秀我家——社区好声音""大河社区原先""大学生报纸营销大赛""小报童售报活动"等一批宣传营销平台，组织开展多场品牌推广、社会公益和读者服务活动，取得了良好的社会反响。二是营销方式创新，大河发行中心整合社会资源搞发行，组织读者活动促发行，开展组合营销带发行，通过服务功能转型升级维系订户，取得良好成效。针对读者老龄化、投区分布过散、老旧社区拆迁等形势变化，《大河报》着力抓好有效市场和优质读者，注意拓展重点区域，裁剪边缘区域，狠抓"高产田"，压缩"低产田"；依托读者数据库创新营销方式，拓宽征订渠道，强化大客户公关，分类开发市场，进而锁定优质读者，发掘新的订单，实现增量开发。同时，进一步加强督查管理，坚决遏制泡沫发行。对发行分公司的责、权、利进行清晰界定，将大征订奖励政策按照分数核定后，与目标任务完成情况直接挂钩打包下拨分公司，由分公司根据征订工作需要合理调配使用、优化资源配置，提升激励效果；管理层在紧抓发行数量的基础上，将征订质量贯穿大征订始终，建立从发行站、分公司、发行中心三级订单质量监管体系，订单质量分公司、发行站管理奖和岗位调整直接挂钩。从制度上、管理上坚决杜绝水分，确保订单质量真实有效。

《河南商报》实施"读者决定传播价值"的发行战略，以"从发行报纸转向发行影响力、保证读者质量、提高阅读率"为指导思想，积极调整读者结构。围绕党政机关、写字楼、沿街门店、批发市场、高档社区等，做深度开发，增加读者阅读质量，改善读者结构；征订工作在郑州市区和中原经济区其他城市订阅量再次实现大幅度提高，零售量稳步增长；除了日常征订、维护，发行中心还承办并运行商报的三大主力品牌"小记者训练营""高档社区文化行""百场电影进社区"，这些活动为报纸经营效果的提升奠定了基石。随着发行改革的顺利推进，《河南商报》发行服务工作对用户的定位更加清晰，提出"打造中原地区使用的微信群落"，重点打造了圈层建设，作为《河南商报》发行工作与用户之间沟通的一个窗口，用户可阅读内容，也可评议河南商报发行服务中心精选的销售产品质量，可了解并议论商报组织的各项活动。在"发行影响力"的指导思想下，《河南商报》发行工作实现了在逆境中保持增长，2015年《河南商报》在8月便完成了年度大征订工作。《东方今报》则致力于积极调整发行布局，精准投放，优化结构。在郑州市范围内率先启动报纸发行大征订工作，并以适当的价格策略、精准的产品策略、创新的渠道策略赢得先机；同时调整发行结构，通过高端发行、高密覆盖、高层影响，不断提高今报的影响力，如加强在高端人群和主要客户中的覆盖率，覆盖郑州机场所有始发航班、郑州所有始发高铁的商务座和一等座等，使《东方今报》品牌传播占据流动载体的有利位置。

洛阳日报发行公司在做好报纸发行主业的同时，做大做强多种经营。洛报发行公司与本地三家知名乳企合作，推出了牛奶免投递费配送到家项目，并利用线上线下开展了同城配送业务，300 多个生活必需品，订户一个电话就可配送到家，既增加了发行收入，又服务了订户；牵手联想集团推出增益快递项目，推出了"天天吃鲜蛋"、节日礼品配送等项目，最多一天配送鲜蛋 2000 份；联手德荣肉品推出春节配送活动，微信、短信、电话等各种销售方法并举，短短 10 天销售牛肉 3.3 万箱。2013 年以来，洛报发行公司联手洛阳市文明办、创建办、公安局、工会等部门，举办了"洛阳晚报社区文化行"活动。每周走进一个社区，除订阅报纸、销售同城产品外，还组织丰富多彩的文艺演出、民警面对面、律师面对面、记者面对面、社区达人秀、百万职工健身行等多项服务群众的活动，既提高了报纸的美誉度，新增了报纸订户，销售了同城产品，又拉近了各读者服务中心与社区居民的关系，一举多效。

报业发行产业化。为进一步整合发行渠道资源，河南报纸发行行业锐意改革，实现了报业发行的产业化，即报业依托报纸发行所建立的网络，充分利用并开发报纸发行渠道的客户资源、网络资源和品牌资源，形成"报纸发行—信息营销—物流配送"的产业链。在经营范围上综合化，在服务对象上社会化，在投资来源上的多元化，以及以此为基础的组织形式和经济运作方式的相对独立化。具体而言，在现有报纸发行网络的基础上，积极打造发行配送网络，呼叫中心和购物网站，积极抢占达到客户最后的"黄金一公里"，拓展报刊发行、物流配送、电子零售、速递直投、商品销售、旧报回收等业务，以信息化带动传媒业、服务业及商品物流等产业，力争实现营业收入过亿元。

河南大河发行公司推进商务物流网建设，其直复营销业务走在全国前列。同时，在郑州市场启动了快递配送业务，以商超配送为主的城市物流得到上游客户认可。2013 年《大河报》先后与京东、买卖宝、唯品会、易迅等全国知名电商达成合作，实现了配送业务量的三倍增长。大河发行公司所建设的物流网实现了网络覆盖到所有县级市，具备了在河南全境的配送能力。同时，河南日报报业集团将做大做强文化物流作为战略发展方向，实现对申通物流河南分公司的控股。大河文化物流园区建设积极推进中、物贸公司自主研发的仓库物流管理软件开始试运行，填补了国内报业物流管理的空白。《东方今报》在物流网建设方面亦是可圈可点，其利用发行网络，成立了东方益家社区服务平台，以服务《东方今报》读者和市民居家生活需求为目标，构建社区1公里微商圈，通过遍布市区的《东方今报》发行网络免费配送上门，让居民足不出户就能享受到免费、便捷的生活秘书式服务。

数字化发行渠道构建。为深入贯彻落实中办、国办印发的《关于推动传统媒体与新兴媒体融合发展的指导意见》精神，河南报社或报业集团在积极组建发行公司，做好做实终端的同时，以实网为依托，建立信息网络系统，利用发行软件系统，通过互联网将分散的发行站点、中心站与公司业务管理部门连接起来，构成发行网络的虚网部分。数字化发行渠道的构建可以使报纸内容资源得到二次开发、增值开发，实现纸质报进入新媒体的跨越。其中，建立自己的网站和推出报纸的电子版是河南报纸发行新的发展方向。2014年4月25日，河南手机报新版在河南日报报业集团上线，标志着河南手机媒体"一省一报"正式启动。新版河南手机报由河南省委宣传部主管、河南日报报业集团主办，是继《河南日报》、河南人民广播电台、河南电视台、大河网之后的省属"第五媒体"，全省手机报统一在新版河南手机报技术平台，统一接入移动、联通、电信三大运营商，搭建起覆盖全省、辐射周边的手机传播体系。2016年河南手机报加强县市版分刊发展，探索推广新模式，推行"手机报+"，即在现有分刊模式基础上，再创造平顶山莫斯、驻马店、濮阳等模式。实施"一校一报"战略，借鉴漯河职业学院和交通职业学院经验，努力打造省内高校"一校一报"的实施。河南手机报是河南省委、省政府整合全省资源，搭建手机全媒体平台的重要举措，对加快河南传统报业转型、推动互联网管理创新具有重要意义。2014年10月，大象融媒集团扬帆起航，在传统媒体报纸、广播、电视、杂志的基础上，融合映象网、手机广播、手机电视、IPTV（网络电视台）等新媒体业务，构建了一个形态丰富、品种齐全的全媒体布局。

《大河报》在探索数字化发行的过程中，提出"互融互粉"的发展理念。该理念在发行实践中表现为以人为本、用户至上，构建基于云计算、大数据技术的大数据分系统、自媒体订阅系统、生活服务系统等。根据用户的浏览记录，利用大数据分析系统，分析研究用户登录频率、浏览板块事件、浏览记录等操作数据，利用频繁模式和关联度挖掘，掌握用户的行为偏好和关注热点，主动向用户推动匹配度较高的新闻和服务。在技术层面，根据用户的个性化需求，在客户端开设"订阅"频道，为用户定制分众化、有针对性的信息产品，除独家媒体内部的发布外，通过自媒体平台引入更多原创内容，实现和用户的多渠道直接沟通。生活服务系统与自媒体平台相结合，鼓励包括衣食住行等多领域的商家入驻，将报纸上的信息转移到新媒体阵营，形成集信息发布、互动交流、社交网站、电子商务于一体的立体化生活信息服务平台。在探索媒体"互融互粉"发展的实践过程中，《大河报》搭建自媒体平台，拓宽传播渠道，实现渠道融合，有效增强了传播效果。例如，2013 年春节期间，《大河报》通过优势互补突破时空局限，发起"停刊不停报"互动，用新媒体平台弥补节日期间没有报纸的问题，大河报调动旗下官方微博、3G 手机网站、官方微信等新媒体平台，采编人员进入全媒体工作状态，春节长假七天 168 小时新闻不断点、服务不落幕。春节期间《大河报》记者原发新闻、资讯条数平均每天超过 50 条，满足了读者用户对资讯的需求，这一活动提高了《大河报》的传播力，在全国范围内引起热议。据新浪微博统计，在春节期间上网人数较日常下降了 40% 的情况下，大河报微博依然保持了较高的活跃度和影响力，转评数有三万条，日均浏览量超过 30 万。

总体而言，发行渠道是报纸到达读者的必由之路，报纸也只有通过发行网络才能到达市场完成第一次销售，进而影响第二次销售，获得广告收入，因此，发行网络是报纸发行的前提和基础。建立一个结构健全、功能完善、物畅其流的发行网络既是提高报纸发行量所必须，也是增强报纸生机活力的需要。改革开放 40 年来，河南报业发行在逆风中飞扬，在逆境中成长，完成了从"发行经营"到"经营发行"的转变，报纸发行不再是过去"卖报挣钱"的传统微利行业，而是通过拓展延伸信息流、物流服务，形成庞大的、稳定的客户群，以及互联互动、互相依存的密切的客户关系，建立起发行－信息－配送立体式、循环式的赢利模式。

在新的形势下，河南报业发行部门继续致力于充分利用在服务和营销中所形成的渠道网络和客户接触资源创造性地开展增值服务和营销项目，打造发行产业独立的产业价值链，进而具备更强的造血功能和市场开拓能力。同时，在丰富发行渠道的基础上，河南报业也应更加重视发行渠道品牌化建设。报纸渠道品牌的成功塑造，可以凝聚读者人气，提升报纸整体品牌资产，实现报纸与发行在读者心中的双品牌、双形象，进而把发行部门打造成自主创新、渠道开发的创利主体，逐步成为报业重要的经济增长点。

改革开放40年各类报纸内容分析

本部分具体研究 1978 年改革开放近 40 年来中原报业内容层面的发展历程，以郑州重点报业机构 40 年来的登载内容变迁为主体，辅以各地市所属重点报纸的内容分析。同时，省会郑州报刊以党报和都市报为例，分别进行报纸内容层面的研究。

一 党报报纸内容研究

（一）《河南日报》报纸内容研究

1. 报纸发展历程

《河南日报》创刊于 1949 年 6 月 1 日，一直担负着中共河南省委机关报的职能。它是河南省最具权威性与指导性的报纸，隶属于河南日报报业集团。本部分则以改革开放 40 周年为背景，重点研究《河南日报》自 1978 年改革开放至今的报纸内容特色，具体分为重大报道、典型报道、舆论监督报道、时评特色及版面、专栏、副刊特色几个方面。

2. 重大报道内容

1978 年，中国大地刚刚沐浴改革开放的春风，在对未来进行展望之时，为冤假错案进行平反、清理遗留问题成为步入新时期的中国率先考虑的事情。1980 年 2 月，中共十一届五中全会通过决议，为刘少奇平反昭雪。刘少奇在革命战争年代曾两次来河南工作，中华人民共和国成立后也多次来河南视察，河南人民对他怀有深厚的感情。《河南日报》从 1980 年 3 月初到 5 月底，对此集中连续报道三个月之久，共发表文章 40 多篇，其中具有代表性的有《少奇同志，河南人民怀念你!》《巍巍丰碑树中原——河南人民深切怀念刘少奇同志》，文章以深沉的笔触、真挚的情感，表达了河南人民对刘少奇同志的怀念①。

20世纪90年代初，在国际政治经济环境急剧变化之时，中国的改革与发展之路也面临瓶颈，进入十字路口。在此关键时刻，邓小平进行了南方谈话，明确回答了改革开放以来困扰和束缚人们思想的许多重大理论问题，扫除了国内对改革开放的种种疑虑。1993～1997年，《河南日报》围绕党的路线方针，深入宣传邓小平理论，开辟专栏学习中国特色社会主义理论，发表社论、评论员文章、理论文章270多篇，其对邓小平理论的解读深刻而独到，引起了广泛影响。

1997年7月1日，香港重回祖国母亲的怀抱，香港特别行政区同时成立。从6月1日起，《河南日报》开设"迎香港回归""今日香港"等专栏，报道全国人民和社会各界对香港回归的热切期望。

2001年，在中国共产党成立80周年之时，《河南日报》"社会周刊"开辟"纪念中国共产党成立80周年"专栏，全面介绍中国共产党在河南发展壮大的历史及中国共产党杰出领导者的事迹。陆续发表的文章有《烽火照中原——河南早期共产主义活动》《怒潮惊天地——中国共产党领导下的二七大罢工》《青山永不老——鄂豫皖革命根据地创立与发展》《茂竹写春秋——革命根据地小延安竹沟》《风雨兵车行——中原胜利突围记》《谈笑凯歌还——刘邓大军千里跃进大别山》等②。

2008年5月12日，四川汶川发生8.0级地震。地震发生后，河南日报报业集团领导紧急召开集团所属媒体和相关部门负责人会议，传达贯彻中央和省委精神，要求切实做好抗震救灾新闻宣传工作。集团为此成立了抗震救灾宣传报道领导小组，派记者深入抗震救灾前线，参加救援的同时进行现场报道。5月20日，《河南日报》《大河报》等河南报刊均在一版整版刊发天

---

① 参考朱夏炎、常法武《河南日报60年》，河南日报报业集团，2010，第142页。
② 参见朱夏炎、常法武《河南日报60年》，河南日报报业集团，2010，第316页。

安门前国旗降半旗哀悼汶川地震死难者的大幅照片，"今日社评"刊发《任何困难都难不倒英雄的中国人民》。6 月 11 日，《河南日报》一版刊发《丹心一片为人民——全省广大党员踊跃交纳"特殊党费"支援抗震救灾综述》。6 月 17 日，为配合河南对四川省江油市的对口支援工作，《河南日报》一版开设"灾后重建支援江油"专栏，6 月 28 日刊发长篇通讯《新时代的钢铁战士》，介绍济南军区驻渝某红军师士官武文斌烈士的英雄事迹，同时配发评论员文章《英雄的精神催人奋进》。

2011 年 3 月召开的全国两会上，中原经济区正式写入国家"十二五"规划，建设中原经济区上升为国家战略。《河南日报》于 9 月 14 ~ 18 日连续在一版刊发加快构建"中原经济区"的系列评述，同时配以照片，表达对中原经济区建设的希冀与展望。

2016 年全国两会期间，《河南日报》共转发习总书记参加政协民建工商联委员座谈和上海、湖南、青海、解放军代表团审议的稿件六篇，全部在一版头题做了突出处理。3 月 10 日，《河南日报》还在要闻版全文转发了总书记参加政协联组会时的重要讲话。随着习总书记重要讲话持续引发关注，《河南日报》3 月 11 日在要闻版开设"河南代表委员热议习总书记重要讲话"专栏。随后，连续在头版头条以导读的形式刊发"我省代表委员热议习近平总书记重要讲话"的稿件。3 月 14 日起，《河南日报》又在要闻版推出"我省社会各界热议习近平总书记重要讲话"专栏，将习总书记重要讲话精神的学习宣传持续推向深入。

与此同时，报纸的报道重点转到代表委员，尤其是基层代表委员的履职经历上。通过记录、还原他们参政议政、履职尽责的日常瞬间，用细腻的笔触、平视的镜头为报道注入情感和温度。《河南日报》开设的"我当代表委员这几年"专栏，前线记者沉下身子与代表委员"泡"在一起，讲故事，谈感受，找泪点，并拿起相机、录制视频。后方编辑剪辑后在版面生成二维码，读者拿起手机扫一扫，就可以看到现场故事。一个小小的二维码，让厚重的报道动起来、活起来，也扮靓了报纸的版面。

2017 年两会期间，《河南日报》首次动用"一报两微一端一网一码"

的全媒体平台参与两会。试运行的金水河客户端将两会作为练兵场，推出"两会进行时"专题，前方将鲜活报道第一时间传给客户端，后方开通中央"信息厨房"用稿权限。初试两会的240篇报道有模有样、有血有肉，做到了信息传播的"准快活"。河南日报官方微博开设"两会豫米观察团""720度全景看两会""两会豫报""两会豫言"等版块，运用全景摄影机、VR眼镜等智能终端，多角度聚焦两会。河南日报官方微信、河南日报网制作两会专题，及时转发重要报道，加上重要报道的版面二维码推送，实现了两会报道的多维度、立体化。

与此同时，《河南日报》还紧紧围绕省委、省政府中心工作，精心策划，在两会报道中不断放大河南声音。在郑州航空港经济综合实验区发展规划获批三周年之际，《河南日报》连续推出三篇"三年成规模"系列报道，以一个个经典案例、一组组翔实数据，回顾了郑州航空港积极融入世界经济大格局、带动全省产业升级、实现中原崛起河南振兴的辉煌历程。3月6日，又推出四个整版的"航空港三年蝶变"特刊，全面展示郑州航空港化茧成蝶的历程、经验和启示，展望了航空港美好的发展前景；3月7日推出的摄影专版，则用一幅幅生动画面，为读者呈现一个充满希望的真实的航空港。这组报道，从宏观到微观，有点有面，内容丰富，脉络清晰，对省委、省政府的中心工作进行深入权威的解读，充分发挥了党报媒体的核心优势，成为配合报道的亮点。《河南日报》3月4日起在理论版推出"国家战略的河南作为"策划，用《藏粮与地、藏粮于技厚植河南新优势》连续六个专版的理论文章，深入培析了"十三五"规划对河南经济社会发展的战略意义。六篇文章观点鲜明、论据充分、资料详细、版式大气，彰显了党报的权威、高度、责任和担当，成为两会成就性报道的重头戏。

2017年是重大政治年份，迎接好、宣传好、贯彻好十九大精神，是贯穿全年的重大政治任务和首要职责。《河南日报》充分发挥主阵地、主渠道、排头兵的作用，其宣传报道在规模、质量、形式、模式和效果上实现了多项突破。

　　"牢记嘱托,出彩中原"十篇大型系列述评紧扣"总书记怎么说,河南怎么做","点河南的题,破全国的局",经中央级、省级、市级300多家媒体平台共同转发推送,网上3100多个信息源转载,阅读量突破3.3亿,成为一款现象级融媒体产品。在整个十九大的宣传报道中,无论是会前的"砥砺奋进的五年"系列,还是会中既有"颜值"又有内涵的"报中报",或是大会闭幕当天就见报的学习体会文章"理论快闪",《河南日报》都精心设置选题、掌握节奏热点,所有媒体一起上阵、立体传播,以高度的责任感、使命感,推动习近平新时代中国特色社会主义思想深入人心,在时效方面走在全国省级党报的前列。

　　在事关河南省委、省政府工作大局的落实推进上,《河南日报》策划组织了一系列重大宣传,围绕"三区一群"、"四大攻坚战"、百城建设提质工程、"多式联运"等主题,持续开设专栏推出专题,进行多层次解读、多视角报道,发挥了举旗定向、舆论引领的作用。

　　《河南日报》八个版的"兰考脱贫记"特刊、万余字的长篇报告文学《兰考春光奏鸣曲》,以及"返乡下乡创业助力脱贫攻坚"等系列报道,引发强烈"社群共振"①;"空中丝绸之路"报道,反应敏锐,策划独到,含金量高……每遇大事要事,《河南日报》都能主动作为、主动担当,高起点、大手笔,拿出工匠精神,锻造新闻精品。

　　2017年,《河南日报》贯彻移动优先发展战略,媒体融合实现了跨越式发展,建成搭建起升级版的融媒体中心,从"你中有我、我中有你"向"你就是我、我就是你"的阶段加速转变,矩阵发生、精准引导的成效不断显现。十九大期间,河南日报客户端推出的"小薇"系列,开创了全国主流媒体学习宣传十九大精神的全新报道模式。2018年两会期间,《河南日报》又推出"小薇跑两会"系列,"小薇跑两会"系列产品通过河南日报客户端"网红"主播小薇穿梭于会场内外,带用户全方位聚焦河南两会。会

---

　　① 参见《2017年度河南日报社会责任报告》,大河网,2018年6月5日,https://news.dahe.cn/2018/06-05/319889.html。

期内，小薇在两场人大新闻发布会上均得到宝贵机会，被直接"点名"，一次率先亮相，一次压轴登场，代你提问，询问扶贫，关注民生。该系列视频产品如《"小薇跑两会"，端出最精彩》《小薇跑两会丨我为你代言》等则通过预热视频、问计代表委员的方式持续报道大会每日议程①。同样，以小薇漫画形象为代表的图解产品也大放异彩，"小薇跑两会"系列采用全媒体报道形式，其独特的视角、权威的内容已成为本次两会报道中的闪亮"名片"，这一系列新闻产品在全网的总点击量已经突破 620 万人次。与此同时，《河南日报》还连续推出"2018 河南两会特刊"，多次以连版加图解的形式，将两会的重要议题以简明鲜活的形式呈现。河南日报客户端还倾力打造平台纽带，推出"两会青春派·我的话题我做主"栏目，让青年观察员与代表委员进行思想碰撞。《共享单车，"成长的烦恼"咋解决？》《外地求学的"燕儿"，毕业后可愿意"归巢"？》分别关注共享单车、返乡就业等与青年人相关的小切口问题，得到青年群体的热烈回应，阅读量不断攀升。

3. 典型报道内容

《河南日报》自创刊以来，满腔热情地宣传报道了一批在全国起到带头作用的英模人物和先进典型。

民族英雄吉鸿昌是河南扶沟人，1984 年，在吉鸿昌将军英勇就义 50 周年之际，扶沟县在原烈士陵园基础上建成"吉鸿昌将军纪念馆"。11 月 25日，《河南日报》一版刊登消息《吉鸿昌将军牺牲 50 周年纪念大会 11 月 24日在扶沟举行》，并刊登聂荣臻元帅的题词手迹：民族英雄吉鸿昌烈士永垂不朽。26～27 日连续刊发纪念吉鸿昌将军的文章和照片，宣传其伟大革命精神②。

除了历史伟人，那些在自己的岗位上默默耕耘的行业先进，同样值得宣传赞扬。周礼荣就是医学界的突出代表，他于 1979 年创建了中国县级医院

---

① 《河南报业全媒体报道河南两会，新媒体产品百花齐放 全网阅读量已超 1.56 亿次》，大河网，2018 年 1 月 30 日，https：//news.dahe.cn/2018/01-30/263455.html。

② 参见朱夏炎、常法武《河南日报 60 年》，河南日报报业集团，2010，第 173 页。

第一个整形外科，能够进行断肢、断指再植、再造等组织游离移植手术，医术水平非常高。1983年1月，《河南日报》报道了周礼荣断指再造手术的成就，2月4日一版头题发表长篇人物通讯《开创第一流医术的农村医生——记邯郸县人民医院中年医师周礼荣》，并于2月22日至3月12日在三版开设"学习'人民好医生'周礼荣"专栏，发表评论、文章等十几篇，赞扬周礼荣医师的杰出贡献与高尚医德[①]。

寺河山是河南省农业战线的红旗单位之一，经过开发建造，昔日的不毛之地成为拥有两万亩优质果园的"花果山"，走出了自己独具特色的山区建设之路。1990年12月30日，《河南日报》一版转二版发表长篇通讯《寺河山人的创业史》，讲述寺河山人为发展农业经济、打造特色品牌而辛勤奋斗的历程，以典型鼓励全省人民不断奋斗，开创属于自己的美好生活。

进入21世纪，在抓取典型人物、典型事例，弘扬正能量的路上，《河南日报》一如既往地坚持。

任长霞1983年毕业于河南省人民警察学校，先后担任过郑州市公安局中原分局预审科副科长、法制室主任等职务，2001年4月任登封市公安局长。2004年4月14日，在执行任务途中不幸因公殉职。4月16日，《河南日报》刊登了任长霞因公殉职的消息，6月9日，《河南日报》在一版头题刊登消息《胡锦涛、温家宝等做出重要指示，希望全国广大公安干警向任长霞同志学习》，《河南日报》社会周刊用四个版的篇幅，分别以《同窗心中的任长霞》《战友心目中的任长霞》《亲人眼中的任长霞》《百姓眼中的任长霞》为题，介绍了任长霞的人生经历，宣传她全心全意奉献人民的无私精神[②]。

2018年1月19日，《河南日报》在一版推出长篇通讯《河南有个"塞罕坝"》，以宏大的气势、细腻的笔触，讲述河南商丘民权林场人牢记"绿

---

① 参见朱夏炎、常法武《河南日报60年》，河南日报报业集团，2010，第179页。
② 参见朱夏炎、常法武《河南日报60年》，河南日报报业集团，2010，第372页。

化祖国"使命，在黄河故道茫茫沙荒上坚守68年，培育出亚洲最大平原人工防护林之一、筑起豫东平原"绿色长城"的故事。文章以总书记对河北塞罕坝林场的重要指示为题记，开宗明义点出全文的主旨。在加快生态文明体制改革、建设美丽中国的大背景下，通讯通过对黄河故道治理历史、现在和未来的讲述，准确发掘这片平原林海的现实贡献和时代价值，反映了生态文明建设对推动可持续发展的极端重要性；通过民权林场的发展实践，生动诠释总书记生态文明建设的新思想、新理念[1]。《河南有个"塞罕坝"》是《河南日报》记者深入贯彻落实十九大精神，走基层、搞调研采写而成的突出典型报道。

4. 舆论监督报道内容

《河南日报》作为河南省委机关报，自创刊起，就紧紧围绕党的建设，宣传党的中心工作，开展批评与自我批评，纠正社会上的不正之风。身为党报，《河南日报》十分重视自己的舆论监督作用。

2005年12月2日，《河南日报》在二版以图文形式刊发报道《活化石——石人山冷杉发生大面积死亡》。报道一经发出，就立即被新华网、人民网、新浪网等全国主流网站转载，引起了社会的广泛关注。当天下午，省林业厅针对此报道专门致函平顶山市有关部门，要求采取有效措施，尽快拯救秦岭冷杉。河南报业网在"焦点网谈"栏目中推出专题：《旅游开发结恶果"活化石"石人山冷杉面临灭绝！——天敌不是虫，而是人！！！》。12月3日，《河南日报》刊发跟踪报道《省林业厅要求尽快拯救秦岭冷杉》，12月4日，推出报道《省旅游局及平顶山市有关方面对本报报道做出积极回应 整治景区环境尽力拯救冷杉》和"今日社评"文章《莫把旅游资源当"摇钱树"》，造成了广泛的社会影响。

河南日报报业集团还专门成立河南日报内参部，编发《内部参考》和《省内动态清样》，主要刊发读者来信和群众投诉中集中反映的问题，以加大监督力度，更及时准确地向省委领导传达人民群众的声音。

---

① 参见中宣部《新闻阅评》2018年第23期。

2004 年 7 月，《内部参考》由先前的一月一期改革为稿件随来随发，更迅速快捷地反映民意，协助省委与政府更具针对性地解决人民的问题[①]。

5. 时评特色内容

《河南日报》自创刊以来，一直注重加强报纸的言论工作，力图通过党媒传递党声，用事实说话，关注民生，以清晰有力的观点传递、引领社会主流价值观，营造积极的舆论环境。1997 年，《河南日报》在二版开辟"中州论坛"专题，针对现实生活中的一些现象，从理论的高度予以辨析，思想深刻而富有启迪性，给处于迷茫中的人民群众以启示与思考。

2004 年，《河南日报》的评论版块建设取得了突破性的进展，专门承担评论内容撰写的评论工作室成立，开辟了"中原时评"评论专版，既能从理性高度出发看问题，又兼具平民视角强调立足人民。2 月 10 日，评论工作室推出大型政论文章"何平文章"，自此成为《河南日报》最重头的评论形式。10 月 23 日，《河南日报》又推出"今日社评"栏目，设于"要闻"版，其栏目宗旨是传递党报编辑部的观点和声音，将党报的权威性、指导性与民生情怀相结合，打造自己独有的风格特色。

在迎接党的十九大胜利召开之际，《河南日报》推出"牢记嘱托，出彩中原"大型系列述评，回访习近平总书记2014 年两次考察河南期间到过的地方、牵挂的事、关心的人，全面展现全省上下认真贯彻总书记系列重要讲话精神取得的喜人成就[②]。十篇述评见报后，河南日报报业集团、河南广电各媒体、河南地市党报联盟均以全媒体形式推送，人民网、新华网、网易、腾讯等众多主流网站纷纷转发，大大增强了传播效果。点河南的题、破全国的局，是十篇系列述评的着力点所在。《春天的嘱托》写道："习近平总书记在河南考察的新闻报道中，'新常态'一词，在公众视野里第一次出现。

[①]　参见朱夏炎、常法武《河南日报60 年》，河南日报报业集团，2010，第 418 页。

[②]　中宣部《新闻阅评》第392 期。

这是以习近平同志为核心的党中央对中国经济发展阶段性特征的一个重大判断。"在调研指导河南工作时提出"新常态"，"这是因为河南的经济规模与人均指标、产业层次与产业结构、生产能力与创新能力等，都非常符合"新常态"的阶段性特征，而这些特征，又都与中国在全球经济版图中的地位非常相似，迫切需要通过转变发展方式跨过'中等收入陷阱'，从富起来，到真正强起来"。系列述评以河南的生动实践为例，体现了以习近平同志为核心的党中央治国理政新理念新思想新战略的科学性、引领性和指导性。系列述评运用大泼墨、大写意手法，在历史与现实交织中，突出一条主线，即"总书记怎么说，河南怎么做"。《谁持彩练当空舞》一文，从《清明上河图》写到海洋时代，从河南货运长期"借港出海"，写到激活优势打造国际物流中心，基于对历史发展规律的把握和对省情国情世情的认知做出正确判断。《鲜红的旗帜竖起来》一文，对"习桐"及其代表的新时期引领共产党人前进的旗帜进行了细致描画，树立了一位亲民爱民的大国领袖形象，让人过目难忘。①

6. 版面、副刊、专栏等内容

"新世说"是《河南日报》开辟的一个著名杂文栏目，于1995年1月4日正式推出。它一开始确立的整体价值取向，就是关注时代、关怀社会重大问题、关心群众疾苦，发挥传播媒介的舆论监督作用，使各级国家机关及其工作人员置于有效的监督之下。其所发表的文章深入人民群众生活，围绕的主题都是人民群众所关注的问题，在坚持正确舆论导向的同时敢于揭露和批评党政生活中的不端作风，维护人民群众的利益，使权力在阳光下运行。

在当代，《河南日报》仍旧重视副刊、栏目、版面等的创新与改革，力求将传递主流思想与立足群众需求相结合，发出新时期独具特色的党媒之声。

为更好地宣传习近平新时代中国特色社会主义思想，《河南日报》在文艺副刊"中原风"上陆续设置"增强文化自信、攀登文艺高峰""深入生

---

① 中宣部《新闻阅评》第392期。

活、扎根人民"两个专栏,强化主流意识形态宣传。多篇文章联系当今各种文艺现象,深入挖掘中华优秀传统文化中蕴含的先进思想理念、人文精神、道德规范,从古今中外大量经典文学作品中寻求借鉴,以广阔的视野谈古论今,切切实实地给当下文艺创作以指导。作者乔叶在《和杜甫一起看山》一文中,结合自己到巩义"深扎"时的感受写道:"作为诗人,如果都能像杜甫一样脚踏大地、心怀苍生,那么诗歌就会为更广大的人民所接受,就能经受住时间和岁月的淘洗,从而拥有持久的生命力。"这些阐述,积极影响广大文艺工作者深入生活、深入基层、深入群众,与广大百姓心贴心、同呼吸、共命运①。

随着媒体融合速度的加快,河南日报报业集团也不断利用新兴的媒体技术来丰富报道内容和报纸版面。2018 年两会期间,一种全新的阅读体验登陆河南。河南日报报业集团携手腾讯 QQ - AR 团队探索出"AR 看两会"的全新报道形式,即读者打开报纸,用手机 QQ 扫描报纸上的新闻图片,图片中的新闻人物和新闻场景立刻灵动起来,读者可以在手机上观看新闻图片背后的故事,极具现场感与冲击力。《河南日报》把 AR 技术应用到报纸版面的各个部分,2018 年 5 月 8 日,读者用手机扫描当天报纸的报眼广告,就可以看到静态广告背后的动态视频,版面"秒变"屏幕画面,二维与三维之间的界限被打破,"新视界"的大门被打开,非常吸引人。

(二)《郑州日报》报纸内容研究

1. 报纸发展历程

《郑州日报》是中共郑州市委的机关报,创刊于 1949 年 7 月 1 日。1963 年 10 月 22 日即郑州解放 25 周年之时,《郑州日报》改为《郑州晚报》出版。2002 年 5 月,经国家新闻出版总署和郑州市委批准,《郑州晚报》改版为都市报,《郑州日报》恢复出版,且两报同属于郑州报业集团。复刊后的

---

① 中宣部《新闻阅评》第 152 期。

《郑州日报》，主要担负市委机关报的职能，其办报宗旨为：以马列主义、毛泽东思想、邓小平理论和"三个代表"重要思想为指导，坚持政治家办报原则，当好党和人民的喉舌，认真宣传贯彻党的基本路线、方针和政策，服务于广大读者，成为党和政府联系广大人民群众的桥梁和纽带。

2007年2月，《郑州日报》在中原网上推出数字报，读者可以通过网络进行报刊的阅读，适应了互联网时代受众的阅读习惯。2008年10月16日，"郑州日报陇海大院爱心基金"设立，成为河南省第一家以媒体命名的公益性爱心基金。2012年5月30日，《郑州日报》改版十周年之际，推出了100个版的《盛世华章》纪念特刊，引发了广大读者的热切关注。2013年，在媒体融合的浪潮中，《郑州日报》致力于新媒体建设，设立了《郑州日报》官方微博，短短几个月的时间里，收获了大量粉丝。2014年7月1日，《郑州日报》创刊65周年之时，推出了百版纪念特刊《郑在巨变》，获得了业界和读者的盛赞，取得了经济效益与社会效益的双丰收。2015年，郑州日报官方微信公众号开通运营，新媒体客户端"郑州观察"盛装登场，在新媒体建设之路上迈出了新的脚步。

《郑州日报》自创刊至今，这漫长的几十年间，始终坚持同党和人民保持一致，成为党和人民的耳目喉舌，坚守舆论阵地，传播主流思想，弘扬社会主旋律。其对郑州陇海大院的爱心故事进行了连续七年的追踪报道，助推郑州陇海大院爱心群体荣获"感动中国"2014年度人物。《郑州日报》身为党报的同时，也深耕民生和时政报道领域，不断创新报道方式，以独有的责任和情怀发出最强声，引领中原人民不断奋进。

2. 典型报道内容

持续追踪报道七年的郑州陇海大院爱心故事是《郑州日报》典型报道的突出代表。2008年，《郑州日报》记者在"走转改"活动中听说了二七区陇海大院的爱心故事，随后便将这个故事上报到报社，报社认为这个故事有深度挖掘的价值，且故事的主题符合社会主流价值观，便决定成立一个专门报道小组，深入了解陇海大院的爱心群体。报道围绕高新海和邻居、战友们互帮互助一路走来的经历而展开。为了写好、写活这个故事，《郑州日报》的记者们日夜泡在陇海大院,与院子里的居民同吃同住,尽可能多地了解他们的经历,于细节处思考人与人之间的情义。就这样,消息《陇海大院32年书写人间大爱》诞生了,由心而发的文字讲述着朴素又深情的故事,人间情义深深感动了广大读者。随后,陇海大院系列报道持续推出,《郑州日报》采用消息、通讯、特写等多种报道形式,从多个角度来呈现这个故事,有长篇通讯《大爱无声》,还有整版的视觉新闻《被爱包围,他品尝快乐滋味》,富有表现力的新闻图片使郑州市民感受到这是发生在身边的温暖①。不仅如此,《郑州日报》还与河南交通广播联合主办特别节目《从陇海大院看邻里关系》,与郑州电视台《周末面对面》栏目合作,邀请大院的老邻居,现场讲述那一个个朴素又感人的故事,通过不同的传播方式,将人间真情播撒到中原大地的每一处。

2014年陇海大院进行拆迁改造,老邻居们都搬到其他地方,但《郑州日报》对陇海大院的报道却从未间断。2014年7月1日,《郑州日报》推出的创刊65周年百版纪念特刊《郑在巨变》中,就收藏了陇海大院的相关报道。

2008~2014年七年的时间里,围绕陇海大院的爱心故事,《郑州日报》先后发表文字报道30多篇、图片32幅、评论8篇。这些作品都受到了广大市民的热议与喜爱,在生活节奏越来越快的今天,人与人之间的真情显得越发珍贵,陇海大院里发生的都是最平凡的事情,可能是一次搀扶,可能是病中的照看,但这一个又一个平凡的事情汇集在一起,造就了陇海大院的不平凡,铸就了陇海精神。这种精神影响中原大地,渗透到了全国人民的心中,2014年,陇海大院爱心群体获得"感动中原"奖,登上中央电视台2014年度《感动中国》的领奖台。

因为平凡,所以感动。因为坚持,所以感动。因为信念,所以感动。陇海大院用平凡的坚守和信仰的力量感动了中国,而《郑州日报》也用长达

---

① 《讲述河南好故事 传播郑州好声音》,网易新闻,2015年2月28日,http://news.163.com/15/0228/03/AJGS6BUV00014AED.html。

七年的新闻跟踪，为弘扬主旋律、凝聚正能量贡献着身为媒体的力量①。

3. 时政与民生报道内容

《郑州日报》身为郑州市委机关报，必须坚定地站在党和人民的立场上，积极宣传党的基本路线、方针和政策，同时如实充分地反映人民的呼声，使自身成为连接和沟通党和人民之间关系的桥梁。为了履行好身为党报的职责，传递好党的声音，《郑州日报》十分注重时政领域的新闻报道，其秉承"三贴近"的报道原则，坚持"走转改"的工作作风，既积极主动地报道好党委和政府的中心工作，同时深入群众，培养记者走基层，体察老百姓的呼声与追求，力求找准党声和民意的结合点，从而增强时政新闻报道的可读性与服务性，不断提高党报舆论的引导力与影响力。

2010 年的两会报道中，《郑州日报》不仅全面、及时地跟进报道了会议全程，将党和政府的发言以"划重点"的形式报道出来，方便市民更深一步地了解党政新规，还开设了"议案提案精选"和"代表委员心声"栏目，及时报道委员提案和代表议案中关系民生的内容及代表委员建设性的建议意见，重点推出了《坚持科学发展不动摇》《始终把群众利益放在心上》《希望在新区》三篇特稿，进一步挖掘了整个报道的深度②。

在当前媒体融合的新时期下，《郑州日报》持续发力，不仅不断进行版面与报道形式的创新，还将严肃的时政新闻通过新媒体平台生成各具特色的新闻产品传递给受众，受到了广大读者的喜爱与称赞。2018 年的两会报道中，《郑州日报》推出 16 版大型特刊《磅礴伟力》展现河南省的发展变化。同时，《郑州日报》与《郑州晚报》、郑州人民广播电台、郑州电视台以及中原网联手组建了"郑州融媒体"宣传报道舰队。在习近平总书记关于舆论宣传重要论述的指导下，报纸、广播、电视、互联网及"两微一端"新媒体联动互动，全方位、立体化、多角度地报道全国两会，生产出了 H5《遇见总书记》《当郑州遇见纽约》《这里是河南》系列短视频等多

---

① 李春晓：《一场新闻的马拉松长跑》，《中国地市报人》2015 年第 7 期。
② 刘春兰：《创新党报的时政新闻报道》，《新闻爱好者》2010 年第 8 期。

个新闻产品，通过互联网的传播，这些作品得到了广大网民的点赞与转发，河南媒体人通过时政报道讲好了河南故事，传递出了党和人民最具共鸣的声音。

伴随着社会主义市场经济体制在我国的确立和城镇化脚步的加快，都市报雨后春笋般在我国各个主要城市涌现。进入21世纪，其更是以平民化的特点不断吸引着市民的目光，攻占了大份额的读者市场。《大河报》《郑州晚报》《河南商报》《东方今报》就是郑州最具代表性的四大主流都市报，这四大报不断进行版面与报道形式的创新，满足不同时期的受众需求，以不断成熟的姿态应对报业市场的挑战。彼时的党报，面对来自都市报的竞争压力如何吸引读者、争取市场，成为其迫在眉睫需要解决的问题。这一时期的党报，将民生报道摆在了重要的位置，写好民生报道，当好党和百姓之间沟通的桥梁，报纸才能赢民心、合民意。

为了写好民生报道，《郑州日报》放眼"大民生"，搞好重点策划报道。2006年，《郑州日报》重磅策划了《最满意、最难乘的公交线路》评选活动，以市民反映、记者体验等方式报道公交服务，最后由读者评选出最佳和最差的公交线路及公交司机。整个活动动员了广大市民参与，报纸收到了几千封市民来信和短信，获得了较好的宣传效果。①

2010年，由于地铁全面施工和城中村大规模改造等，郑州市区内交通拥堵，引起了广大市民的不满。为整治拥堵问题，省委与政府开展了"畅通郑州"工程建设，《郑州日报》作为党的发声者，有责任配合党委进行"畅通郑州"工程的宣传。报纸开展了"治理拥堵、畅通郑州"专题，推出主打报道《治理交通拥堵，郑州在行动》，还推出"聚焦畅通郑州"专版，传递党委领导的工作安排，反映人民的意见与建议，为党的工作营造了良好的舆论氛围，同时解决了市民的困扰，承担了其身为主流媒体的社会责任。

---

① 张云波：《论党报民生报道的价值取向》，《新闻爱好者》2012年第7期。

4. 评论特色内容

《郑州日报》身为郑州市委机关报，肩负着向市民传递党的声音，帮助市民了解政情的职责。为了加强报纸的立场性，提高舆论引导力，《郑州日报》十分注重评论文章的觉悟与水准，要求党报评论员具有极强的政治敏感性，力求做到准确解读党的政策的同时抓住人民的关注点，通过清晰的观点引导主流价值观，传递社会正能量。

历史悠久的报刊亭由于占压城市道路、超范围经营、亭外经营、乱设广告牌，大量私自转卖、转租，给城市管理带来了诸多问题。郑州市 2012 年开展报刊销售退路进店工作，群众对此刚开始也是议论纷纷。《郑州日报》5 月 3 日刊发评论《让事实说话》，配合报刊销售退路进店模式取得初效的新闻报道，有力地强化了这项工作的必要性，帮助公众拨云见日，事实证明这项工作得到了大多数市民的支持①。

2014 年全国两会期间，《郑州日报》全程聚焦会议进程，不仅详细报道解读会议内容，完成党报的宣传任务，还就两会所探讨的各类民生问题刊发颇具见地的评论文章。如《"依法办事"也是一种担当》就会议高频词"依法"做出解读，指出法治社会的合理性与必要性；《反腐败，决心和勇气不可或缺》则对党风廉政建设做出探讨，展现了中国持续反腐的决心；《"处长经济"是权力变现的怪胎》则对领导干部审批权力过大的现象进行批判；《银行自我革命，还需外压促进》针对央行行长周小川在会议上的发言就我国金融问题做出评论，这些评论文章紧抓社会热点，从人民视角出发，以专业的眼光，进行最深刻的解读。

5. 版面及栏目创新

自 2002 年复刊以来，为了跟上时代发展的新形势，使党报更具主流舆论引导力，《郑州日报》多次进行版面创新与改革，通过栏目的增设、版面的扩充丰富报纸内容，不断提升党报的旗帜引领作用。

《郑州日报》的版面既有以时政新闻为主题的"要闻综合"版，还有以

---

① 参考张永《省会党报评论的责任与情怀》，《新闻爱好者》2014 年第 11 期。

提供服务性信息为主的"金融理财""时尚消费"等版面，与此同时，报纸还开辟了"新郑新闻""新郑生活""新郑综合"等版面，将郑州下属县级市新郑市的新闻尽收其中，满足各地区读者的阅读需求。

值得一提的是 2014 年 7 月 1 日，即《郑州日报》创刊 65 周年之际，《郑州日报》推出百版纪念特版"郑在巨变"。从 1950 年毛主席为新生的《郑州日报》题写报头到 2002 年 5 月 30 日《郑州日报》恢复出版，特版以老郑州到新郑州的历史演进为主线，以一份报纸和一座城市的血肉联系为纽带，全方位多角度地梳理了郑州这座中原古城的发展脉络，充分展示了郑州 65 年来的沧桑巨变，同时铭记了那些推动这座城市发展进步的"郑"能量，刊载收录了大量《郑州日报》报道过的典型人物与典型故事，有《陇海大院 38 年写大爱》《绿城壮歌 民警徒手抓歹徒》《国策支撑 中部挺起经济区》……厚重的版面见证了厚重的故事，这份报纸的历史意义让人动容。

除了版面的开发，在报纸栏目的创新上，《郑州日报》也展现出了其身为党报的个性与特色。2011 年底，立足中原经济区崛起的大背景，《郑州日报》开辟《中原之子》大型人物栏目，对中原地区各个领域的杰出人物进行访谈，以深入的访问角度、成熟的采写水准，收获了读者的一致好评。

2012 年 1 月 5 日的《中原之子》栏目，以"我的中原心"为主题，采访了建业住宅集团有限公司董事长胡葆森，从胡葆森的成长经历到业余爱好，再到他对集团未来发展的展望，整篇通讯用平实真诚的笔触，向读者展现了一个真实爽朗的企业家的形象，同时以胡葆森的中原情贯穿全文，展现了豫商走向全国乃至世界的实力与自豪。

《中原之子》栏目立足真实的人物背景，选取各个行业的突出代表，报道其成就的同时更注重探究成果背后的故事。"不同的人生经历，相同的奋斗故事"是这一栏目想要传达给万千读者的价值观。2012 年 3 月 14 日的人物通讯《炎黄巨塑缔造者》就讲述了王仁民一辈子勤勤恳恳，怀揣理想，致力于保护炎黄文化，着手打造黄河风景区的故事。保护炎黄文化本是很多人接触不到的行业，但身为河南人民，成长于中原大地上，有必要了解与传承这一份身为炎黄子民的责任与情怀。《中原之子》栏目以厚重的文化底蕴，优质的采写水准赢得了广大读者的喜爱与关注。

二 郑州都市报报纸内容研究

（一）《大河报》报纸内容研究

1. 办报背景

改革开放以来，随着政治环境的日益宽松、经济的日益发展，人们对文化产品的需求更加多样化。20世纪90年代，社会主义市场经济体制的确立，更是意味着中国步入全面开放的新时期。彼时，党报的单一性使其不能彻底地反映多彩的市民文化生活，不能全面洞察社会生活的变迁，于是在全面发展的新时代下，都市报应运而生。

《大河报》作为中原大地都市报的代表，由河南日报社于1995年8月1日创刊，创刊初期名为《大河文化报》。当时的河南，身兼郑州市委机关报和晚报双重身份的《郑州晚报》凭借活泼亲切的形式和周到的发行服务赢得了市民的欢迎。而河南省委机关报《河南日报》却在经济效益上远远落后于《郑州晚报》。在这种形势下，河南日报社决定创办一份更加贴近市民生活的省级晚报来为自己占据市场。《大河报》便顺势而生。

2. 报纸内容

《大河报》早在筹备阶段，就明确提出了自己的办报宗旨，那就是"采缤纷天下事，入寻常百姓家"，并树立了为人民服务的思想，注重从人民的需求出发来选择和报道新闻。《大河报》诞生于中原地区，它像北方人一样地仗义执言，希望自己能更贴近群众，能切实地反映群众的声音。这一特点决定了早期《大河报》的舆论监督报道尤为出彩。例如，1997年的"张金柱案"，《大河报》对其进行了追踪报道，前后发稿近10万字，引发了强烈的社会反响；《救护车，千呼万唤难出来》这一系列报道，助推了郑州市急救系统的尽早建立①。应当说，《大河报》早期的舆论监督报道不仅深入人心，更是推进了社会方方面面的建设和完善。这也使《大河报》的声誉和发行量与日俱增，成为中原地区极具影响力和公信力的都市大报。

而进入 21 世纪，随着报业环境和读者市场的变化，各类报刊涌现，信息更具多样化，读者的阅读需求也由微观事件转向宏观格局，大众渴求更加理性与主流化的报道。《大河报》作为主流大报，更是肩负着传递主流声音的责任，应自觉成为党和人民的喉舌，深入贯彻马克思主义新闻理念，主动积极地投入中国特色社会主义道路的建设。《大河报》的办报理念也由 90 年代的"针砭时弊，激浊扬清"转变为"以信息传播为主，让党和政府满意，让人民群众信任"，并于 2002 年明确提出了探索"正面炒作"为主的操作模式，以适应整体环境的变化。

与此同时，为了扩版，争取更多受众，加大市场占有率，《城市早报》与《大河报》进行强强联合。《城市早报》融入《大河报》，设置了《大河报郑州市区版》，并以"读两份不重复"的原则来设置版面。这样一融合，就使原本爱看《城市早报》的读者更加关注融合后的《大河报》，《大河报》有了更多受众，吸引了更多的广告投放，自然具备更强的市场竞争力，在报业发展如火如荼的局势下，具备更加长久的生命力。它对丰富中原人民的精神文化生活，推动河南报业市场的发展起了很大作用。

根据《大河报》的发展历程与报纸特色，笔者从以下几个方面具体探究《大河报》的报纸内容特点。

（1）舆论监督报道内容

《大河报》创刊伊始，就秉承"舆论监督，针砭时弊，激浊扬清"的报道理念，决心深入市民生活，关心市民之所想，解决市民之所难，着力通过挖掘信息资源成为真正为人民发声的都市大报。凭借对这一理念矢志不渝的坚持及新闻工作者优秀的业务实践能力，《大河报》的过往篇章中，留下了

---

① 马国强：《"正面炒作"亦生辉——2002 年〈大河报〉新闻操作取胜之道》，《新闻战线》2003 年第 8 期。

许多深入人心的舆论监督报道。其中最为典型的，就是 1997 年对"张金柱案"的系列追踪报道。

1997 年 8 月 24 日 21 时 45 分，郑州市，一辆白色皇冠车撞倒一对骑自行车的父子，并在撞倒人后疯狂逃逸。在逃逸过程中，男孩的父亲及自行车被卡在汽车轮胎间，被拖行了 1500 余米。皇冠车此举遭到很多出租车司机的围追堵截，最终迫使其停车。被撞男孩则因抢救无效死亡。案件发生后，《大河报》记者第一时间了解情况，连夜赶稿，并在当时报社领导的指示下，对这一案件进行追踪报道。时任《大河报》副总编辑的马云龙，更是亲自写下了评论《愤怒之余的欣慰》，此文中写道："……现在，还不知道开车的是何等人物……请记者务必追踪调查一下，将此车此人的'来头'公之于众，让他在太阳底下亮亮相！……一定要把这个人找出来，挖地三尺也要让他在太阳底下亮亮相。不这样做，对不起读者，对不起市民！"文章态度的强硬不仅体现了事态的恶劣，更是体现了《大河报》绝不容忍、找真相说真话的底线。后续的追踪调查中，记者很快获知肇事者的姓名和身份，但是报纸并没有急于曝光，而是协助公安部门，直到张金柱被郑州市公安局逮捕，才于 27 日公布了肇事者的详细信息，给了人民群众一个满意的交代。此案件在当时轰动全国，民众都在时刻关注案件进程，因此，在后来的案件审理过程中，《大河报》顶住压力，紧跟案件动态，到 1998 年 1 月 12 日郑州市中级人民法院判处张金柱死刑，《大河报》前后发稿近 10 万字。

"张金柱案"的顺利报道，让人民群众看到了报纸舆论监督的力量。《大河报》仗义敢言的形象，也愈加深入人心。伴随报纸发行量的剧增和声誉的壮大，"有事找大河报"成为市民在遇到难题时想到的依靠与力量。赢得人民的信任！这无疑是对《大河报》最大的肯定。

20 世纪 90 年代的郑州，正值市场经济发展的新时期，面对人口的大量涌入和城市规模的不断扩大，郑州的医疗急救系统却很不完善，这无疑耽误了市民看病治疗的时机，给市民生活造成很大不便。彼时，《大河报》记者体察民情，积极关注这一民生问题，经过多方调查采访，写出了《救护车，千呼万唤难出来》这一系列报道。报道见报后即引起郑州市政府的重视，从而加快推动急救系统的建设与完善。

除此以外，1998 年的《危楼，谁为他负责》《这所学校"传销"司法干部》《昨晚，疯狂普吉闹南阳》《走进票贩子——对郑州火车站车票黑市的追踪调查》《科学向"胡大师"宣战》《呼唤蓝天白云——聚集省会大气污染》等监督报道，都体现了《大河报》"敢为天下先"的精神，这是报纸扎扎实实走群众路线的体现，更是《大河报》勇气的象征。

（2）正面宣传报道内容

不可否认，《大河报》创刊初期的"敢言"确实为报纸积累了大批的忠实读者与广告市场，在都市报如雨后春笋般涌现的 20 世纪 90 年代聚焦了大量目光。然而，进入 21 世纪，伴随着政府职能的完善和受众阅读需求的改变，整个社会呼唤主流，折射在传媒环境中，就是要求报纸回归职能本位，加强主流思想宣传，切实成为党和人民的耳目喉舌。

这一时期的《大河报》顺应时代变化，在加深对马克思主义新闻观学习的基础上，提出了崭新的新闻理念。2001 年，《大河报》将此前的"针砭时弊，激浊扬清"调整为"以信息传播为主，让党和政府满意，让人民群众信任"，提出要办成让党和人民都满意的主流媒体，明确树立"正面炒作"的新闻理念。《大河报》之所以能明确"正面炒作"的新闻理念，不仅在于其自身认识水平的提高，即报纸要牢牢把握党的思想路线，将其放在报道的第一位；更因为随着时代进步，我国政府的各项职能不断完善，报纸需要成为沟通政府和民众的桥梁。报纸应将政府的政策及时传达于民众，促进民众对政府工作的理解；同时真实地向政府反映民情，推动政府更好地履行服务职能，从而实现双方的良性互动。

2002 年 8 月，我国出台《医疗事故技术鉴定暂行办法》，这一政策事关老百姓的切身利益，出台之初就引起了广泛讨论。为了更好地传递党政声音，为老百姓答疑解惑，《大河报》于 8 月 6 日以一个整版对此政策进行了详细的解读，包括院方在事故中承担责任的范围、从事技术鉴定的人员选拔标准等。

在政府与群众因沟通不及时而互相不理解时，《大河报》更是积极地调解问题，力求化解矛盾，消除群众对政府的不信任感，从而促进政府工作的顺利开展。2002 年，河南省为解决大气污染及库存的陈粮问题在郑州、南阳、洛阳等地强行推行乙醇汽油，但在推广之初，有相当数量的司机尤其是出租车司机因对乙醇汽油心存疑虑而产生抵触情绪，在相当长的时间内，郑州市区加油站销量下滑。《大河报》得知这一情况后，当即组织记者兵分几路，走访政府职能部门、组织专家对乙醇汽油有无负面作用进行座谈、走上街头了解广大司机的种种顾虑，及时推出了一系列重点报道，有常识性内容，有政府官员答疑，有专家细致透彻的分析，有持肯定态度司机的"现身说法"。这些报道很快打消了司机的疑虑，使乙醇汽油的推广工作得以顺利开展①。

此外，《大河报》在"郑汴一体化"的大背景下，专门开设绿城新闻版，加强两地信息传播，沟通两地人民心声，扩大两地居民对"郑汴一体化"建设的认同度。这无疑也是其宣传党政声音、展现人文关怀，以及增强人民内部向心力的体现。

2016 年 2 月 19 日，习近平总书记在党的新闻舆论工作座谈会上提出了"高举旗帜、引领导向，围绕中心、服务大局，团结人民、鼓舞士气，成风化人、凝心聚力，澄清谬误、明辨是非，联接中外、沟通世界"党的新闻舆论工作的职责和使命。《大河报》在新的历史时期下，深入学习习近平总书记的舆论宣传观，积极传播主旋律，弘扬正能量，推出了一系列正面报道，塑造了一个个鲜明的人物形象，有 95 岁仍坚持坐诊的"最美医生张效房"、"三入火海英雄王锋"、"维和牺牲战士申亮亮"等，并于 3 月 5 日至 11 日，开辟"文明河南志愿服务进行时"专栏，推出系列报道，从凡人善举看大爱，引领社会向善风气。4 月，《大河报》又推出"寻找身边的感动"系列策划报道，联动新老媒体，邀请读者讲述和陌生人间的暖心故事，

---

① 马国强：《"正面炒作"亦生辉——2002 年〈大河报〉新闻操作取胜之道》，《新闻战线》2003 年第 8 期。

汇集人间大爱。

作为河南主流媒体，挖掘更多的河南好故事是《大河报》人的职责所在；向中国乃至世界讲好河南好故事，是新背景下大河报人的时代使命。95岁仍坚持坐诊的我国眼外伤和眼内异物摘出的奠基人和学术带头人张效房，2016年3月被评为全国最美医生。《大河报》3月15日用三个版面的篇幅报道张效房的感人事迹。而对张效房教授的采访报道早在2015年初就开始了，《大河报》曾12次跟踪采访，刊发7篇报道、评论，用真挚感人的故事"捧红"了这位全国年龄最大的"最美医生"。还有帮助多名新疆脑瘫患儿康复的河南仁医宋兆普，列车上救助老人起死回生的漯河护士李晓迪，登上联合国演讲台的柘城县打工妹王茜，抗癌19年坚守工作一线的郑州交警周永斌……这些不断涌现的河南好人、好故事，通过《大河报》的深入报道，闪耀着动人的光芒，温暖、感动、鼓舞着无数人[1]。

（3）重大时事报道内容

2013年7月，首班郑欧班列顺利开行，让古老的"丝绸之路"重新响起了中欧贸易新时代的驼铃，15天时间完成10214公里旅程，提升了广大客户的业务合作信心。8月28日，第二班郑欧班列从郑州出发，标志着郑欧国际铁路货运班列由成功打通亚欧物流大通道向常态化开行迈出重要一步。同时，由河南日报报业集团和旗下大河报社主办的"郑欧国际班列跟车采访万里行"也正式启动[2]，《大河报》派出专门的记者编辑队伍，登上郑欧班列，进行了全程的跟踪采访报道。记者队伍穿越六国历时18天行程10214公里，通过记录过程中的见闻感受，写出了"万里追行郑欧班列"系列报道，回应了读者的期待，更好地向全国乃至世界宣传了河南。

"行进中国·精彩故事"大型主题参访活动是2015年新闻战线深化走转改活动的重要举措。活动开展以来，大河报"都市追梦人"系列报道挖

---

① 杨青、李文红、卢红：《〈大河报〉：挖掘更多好故事 用心传播正能量》，《中国记者》2016年第8期。

② 《郑欧国际铁路货运班列第二班从郑州出发》，高铁网，http：//news. gaotie. cn/guoji/2013-08-29/95944. html，最后访问日期：2018年6月26日。

掘了一批批普通老百姓的追梦故事，这些河南好故事接地气、感动人、激励人，赢得了社会各界的广泛好评。像《周口女孩励志奋斗史从保姆到管理层》《河南版"许三多"26 岁有车有房》等报道都是从当前的社会实际出发，实事求是地深入挖掘普通人身上的感人故事、普通人的不懈追求，以及能让绝大多数人感动、感悟的情怀和经历，让人读后有所启发，激发了普通老百姓积极向上的动力①。同时，这些报道不仅在报纸上刊发，还通过大河报客户端等新媒体平台进行更大范围的传播，以留言、转发、点赞等形式增强媒体与网民之间的互动，引导沉默的大多数人拥有正确主流的价值观，把更多的老百姓团结在一起，增强了社会的向心力。

2015 年春节期间，围绕"丝绸之路经济带"这一主题，由《大河报》发起，《扬子晚报》《三秦都市报》《兰州晨报》《重庆晨报》《成都商报》《新疆都市报》等七个省份七家都市报共同参与的"一带一路"联动报道组成。这七家都市报统一使用的一个 QQ 群、一个微信群，就是它们的"办公场地"，负责 24 小时不间断投稿、零时差讨论配稿。3 月 3 日开始，"一带一路"联动报道强势登陆七大主流都市报，《大河报》以两个整版的篇幅，拉开了"豫满丝路　梦起中国"七城联动大型报道的序幕②。"豫满丝路　梦起中国"大型联动报道通过多角度、全方位介绍七个重要省份的发展现状与未来规划，为企业投资、政府决策提供参考。同时，《大河报》子微信号"郑欧班列"推出"郑小欧讲丝路故事"板块，以亲切近民的叙述方式，讲述河南省融入丝绸之路经济带的发展与建设中的典型故事。从 3 月 3 日至 16 日，《大河报》"豫满丝路　梦起中国"大型系列报道刊发版面 15 个，发出报道三万余字。它在报道好国家大事的同时，立足本地特色，将全国与地方相结合，强有力地宣传了河南省在"丝绸之路经济带"中的重要地位，发出来自中原地区的声音，体现了地方媒体在国家战略中的责任和担当。

---

① 崔金福：《全媒体时代下的"走转改"》，《记者摇篮》2013 年第 12 期。
② 魏佳：《〈大河报〉全国"两会"报道研究》，硕士学位论文，河北大学，2015。

2016 年全国两会期间，《大河报》于 3 月 5 日和 7 日分别在要闻版转发习总书记参加政协联组会议和上海代表团审议的消息，大河网在首页头题、手机报在封面报道中对习总书记的重要活动及时进行转发和链接。这些重要稿件转发及时，版面到位，彰显了党报媒体的大局意识，为两会报道树起了风向标。同时，《大河报》、大河客户端推出"直击两会"专题，大河网推出"描绘新蓝图"两会专题。这些栏目每天持续刊发大量的两会热点资讯，有提案议案的评析，也有代表委员的呼声。有两会现场的及时传递，也有热点问题的鲜活评论。高铁提速、环境治理、教育改革、推进反腐等一个个精彩报道，全方位呈现给读者最关注的两会热点。《大河报》针对政府工作报告中提到的中部崛起十年规划内容，精心策划了"智库"行动，邀请九位国家级"最强大脑"，共同为河南发展中原振兴献计问策。这些报道主题鲜明，各具特色，突出了河南元素、放大了河南声音。《大河报》还精心策划了"豫满丝路 梦起中国"第二季，在 2015 年七家主流都市报的基础上，新增加《新安晚报》，八家主流都市报与集团参与两会报道的八家媒体一起，组成"8+8"黄金组合，再次聚焦"一带一路"。从 2015 年的"七剑下天山"策划，到 2016 年的"八仙过海"，一个主题，八篇稿件，同时登陆八大主流都市报，在经过媒体微信、客户端推送后，形成联动报道的强势，为今后的主题报道探索了新的路径和方法。

（4）时评内容

《大河报》诞生于都市报兴起的 20 世纪 90 年代，与以往机关报占领市场一家独大的背景不同，报业环境的市场化也决定着报纸竞争的激烈化。为了能打入市场，最大限度争取受众，报纸纷纷进入"读图时代"，即在版面中安排具有视觉冲击力的新闻图片来吸引读者关注，以此扩大销量。《大河报》在角逐中也不例外，为实行头版半封面化，取消了著名评论栏目《大河晨钟》。除了市场因素，在主观层面，由于我国都市报办报时间短，人员流动量大，加之办报初期普遍不太重视评论人才的培养，导致评论板块一直不是我国都市报特别出彩之处。

但是，早期的《大河报》在众多都市报放弃评论的大环境下，仍能拾起评论武器，为报纸报道增添色彩，这是其难能可贵的一点。先有《大河晚钟》，后有《大河晨钟》，《大河报》的新闻评论实践为都市报的评论发展进行了难能可贵的探索。

《大河报》虽然定位为都市报，但是其评论颇具风骨，态度鲜明，语调激昂。例如，在《别忘了你是中国人》中，就紫荆山百货摆出第二次世界大战时期日本军舰模型玩具进行售卖一事，评论道："奇怪的是，生产和出售这些日本军国主义'玩具'的，竟是些中国人—那些曾被日寇蹂躏、屠杀，并与侵略者作殊死战斗的老一辈中国人的后代！……有些人为了赚钱，什么都卖，太没有民族气节了。"同时，不同于党报的模式化与程序化，《大河报》的评论语言风趣幽默，常常采用散文或杂文的创作形式，极具耐读性。并且，在"张金柱案"造成极大社会影响之时，为了防止群众对公安系统的误读与抵触，《大河报》及时发出评论《再呼公安万岁》，赞扬河南公安的英雄事迹，坚持正确的政治方向，及时把握并引导社会舆论。除了内容层面，在形式上，《大河报》还设置了评论专版"时风眉批"及"热线点评"，及时地表明立场，引导群众对事件的正确认识①。

（5）报纸版面内容

《大河报》在创刊初期，以传统晚报版面安排为参考，采取"小标题，多内容"的思路，用丰富的信息量来充斥版面。后来，又学习了《扬子晚报》《羊城晚报》《北京晚报》等都市大报的版面设计，突出标题及实行"头版半封面化"来抓住读者眼球。2003 年《大河报》实现了新闻板块部分彩色印刷，又是其版面设计探索的一大突破。

一份报纸的版面，最重要的部分在于它的头版头条，《大河报》的头版头条就具有三个明显的特点。首先，它在内容选取方面，将新闻价值要素放在首位。由于《大河报》是河南的主流大报，面向的受众更多是省会郑州及其他地市的人民，这就要求它在选取内容时要考虑到自己的区域定位，将时事热点与河南省相结合，选择发生在省内、省内读者最关注、对省内读者

---

① 张玉川：《〈大河报〉特色研究与分析》，硕士学位论文，四川大学，2003。

影响最大的新闻事件作为头版头条，就像 1942 年《解放日报》改版，将发生在边区的新闻放在头版，适应了读者和政策的要求。其次，在制作编排头版头条时，《大河报》也多采用复合型标题传递新闻事件的主要信息，从而达到完整清晰又不失简练的双重目的。最后，《大河报》头版头条的标题通常会采用黑体加粗加大的形式，与头版其他导读性新闻标题进行区分，以增强冲击力，突显其重要性①。新闻图片也经常被运用到头版头条中，起到抓人眼球和呈现新闻真实性的作用。

《大河报》自创刊以来，一直强调要贴近群众，走进群众，强调报纸要有融入精神。创刊初期就推出了"记者打工""记者做客"等栏目，让记者走入群众，体验群众生活，尤其体验了一些平时被大家忽视的一些特殊职业，如殡仪馆殡仪工、精神病院护士、冷库搬运工等，回来后就写成体验式报道，成为报纸版面的一大亮点。

《大河报》的发展伴随着市场经济的不断完善，人人都参与经济生活，报纸必须开辟财经版面，加强财经新闻报道。早期的《大河报》由于办报环境限制和缺乏专业性新闻人才，财经报道并不出彩。进入 21 世纪后，报纸资源、办报环境等因素的具备促使《大河报》在财经领域开辟出新的一片天。报纸将以往一个版的财经新闻扩展成两个版，把专版《投资金页》由两版扩为四版，并于 2001 年创办了中原地区首个综合类财经周刊《七日财富》。在彩票丰富人们业余生活之际，《大河报》开辟专版"大河彩市选号秀"与读者互动，大大提高这一版的阅读率。

除了开辟财经类版面，在文化版面及副刊的探索中，《大河报》同样熠熠生辉。早在创刊之初，《大河报》就坚持要打造高品质的文化副版，《河之洲》《大观园》两个代表性文化版面就此诞生。并且，与其他都市报文化娱乐版一体化不同，《大河报》坚持将文化与娱乐分开，专门开辟《文化空间》，深度报道社会文化现象。2002 年，《大河报》郑州市区版推出《郑州解读》文化专版，以文化展现郑州的历史厚度。在《郑州解读》的基础上，

---

① 邢悦：《浅析〈大河报〉头版头条编辑策略》，《漯河职业技术学院学报》2016 年第 1 期。

《大河报》又推出《厚重河南》专版，旨在宣扬河南的历史文化，由古及今、以今溯古。

《大河报》还注重增加生活服务类的专刊来服务大众。2000 年前的《大河报》，共推出过 30 多个专、副刊，其中比较有代表性的有《河之洲》《大观园》《老人天地》《房地产》等。步入 21 世纪，伴随着市民生活的丰富和多样化，《大河报》作为省内都市报的领头羊，意识到应该更进一步开辟生活服务类的专刊，满足受众需求的同时增强报纸的服务性、可读性。比如，此前的《房地产》专版由 2 版扩为 16 版，并更名为《大河楼市》；《汽车时代》由原本的 4 版扩为 10 版，并更名为《大河车城》等。《大河报》不断提高自身的社会服务职能来吸引读者，从点滴关怀中渗透市民生活，提高了自身的公信力和影响力。

（二）《郑州晚报》报纸内容

1. 报纸发展历程

说到《郑州晚报》，就不能不提到《郑州日报》。《郑州日报》是中共郑州市委的机关报，创刊于 1949 年 7 月 1 日。1963 年 10 月 22 日即郑州解放 28 周年之时，《郑州日报》改为《郑州晚报》，并于 1967 年 1 月停刊，当时发行量为四万份左右。1980 年 6 月，郑州市委决定恢复出版《郑州晚报》，并于 1986 年 1 月 1 日改为对开四版日刊。2002 年 5 月，《郑州日报》恢复出版，《郑州晚报》全面改版。

《郑州日报》的办报宗旨为：以马列主义、毛泽东思想、邓小平理论和"三个代表"重要思想为指导，坚持政治家办报原则，当好党和人民的喉舌，认真宣传贯彻党的路线、方针、政策，服务广大读者，成为党和政府联系广大人民群众的桥梁和纽带。

改扩版后的《郑州晚报》办报宗旨为：把握正确舆论导向，关注百姓生活，侧重报道社会生活中的知识性、趣味性、服务性新闻；突出新闻性、可读性、实用性。在继承、发扬品牌优势的基础上，以全新的办报理念、全新的版式设计、全新的内容，打造中原地区新主流媒体。

笔者从《郑州晚报》的典型报道、《郑州晚报·社区报》的发展历程、《郑州晚报》版面变化等方面研究报纸的内容特色。

2. 典型报道内容

正如《郑州晚报》自身的定位一样，作为郑州市数一数二的都市类报纸，《郑州晚报》立足百姓生活，从市民中来，到市民中去，同时坚持正确的舆论导向，以正确的价值观鼓舞人、激励人。因此，《郑州晚报》的典型报道也多从人民群众中来，挖掘平凡人的不平凡事，用典型传播正能量。

挖掘平凡人中的不平凡，就要善于寻找新闻线索，这就要求记者具备敏锐的新闻发现力。2009 年 6 月 17 日下午，《郑州晚报》记者发现了网友在网上发出的帖子：一名乡村女教师在郑州街头某小区门口收购旧教辅书。当天，记者第一时间迅速前往第一现场核实，并于次日热点版面刊发《她是谁？网友和我们都在寻找》。6 月 18 日，在率先发出寻找的新闻后，记者兵分两路，一路赶往周口淮阳乡村寻找这位乡村女校长李灵和她的小学，一路继续在郑州街头寻找，终于找到了感动人心的乡村女校长李灵，并重磅刊发五个版的报道《收教辅的女教师找到了》等，并将李灵称为"最美乡村女教师"。报道刊发当天，李灵雨中收书归来的大幅照片迅速走红全国网络，催人泪下，并引发全国乃至海外媒体的持续关注和报道热潮。

"洪战辉"系列报道也是《郑州晚报》十分深入人心的典型报道。故事的主人公洪战辉，13 岁时家庭接连发生不幸，父母无从依靠，他带着捡来的妹妹继续生活，在其他同龄孩子无忧无虑地学生生活时，他需要照顾父亲，看护妹妹，养活全家……就这样，他靠着顽强的毅力，克服种种困难，带着妹妹求学 12 年，自强自立，成为榜样。《郑州晚报》记者在接触到洪战辉，了解到他的故事后，为了向社会传递正能量，以榜样的力量激励年轻人，于 2005 年 12 月 6 日在报纸的《独家责任》栏目中，以两个版的篇幅推出报道《大学生带着捡来的妹妹求学 12 年》。与此同时，为了不神化洪战辉的人物形象，《郑州晚报》从多个侧面，多角度全方位地展现洪战辉真实的人生经历，推出整版报道《洪战辉携妹求学曾有两次动摇》。《郑州晚报》还推出彩色图片专版，用更多新闻图片塑造了更为立体化的人物形象，抓人眼球，影响广泛。并且在《独家责任》栏目刊登了洪战辉系列报道之时，新浪网、新华网、人民网等主流网站也同步进行了转载传播，新闻经过网站的发酵，更快速、更广泛地传播到全国乃至世界，得到了全球华人极大的关注与反响。经过媒体的传播，洪战辉的故事感动了无数中国人，他自强自立、积极进取的精神通过传播再一次深深地烙印在我们心中。

在新媒体技术日益发展的今天，《郑州晚报》紧跟时代变化，在重大事件报道中多采用全媒体进行联动式报道。2013 年雅安地震报道中，《郑州晚报》第一时间成立雅安灾区前方报道组，深入灾区，了解灾情，并于 4 月 21 日推出 16 个专版，深入报道救灾情况。与此同时，中原网、《郑州晚报》官方微博、《中原手机报》等新媒体平台第一时间关注灾情，与《郑州晚报》相配合，第一时间发布消息，同时通过互联网进行线上线下的及时互动，将灾区情况及时传递给读者。

3.《郑州晚报·社区报》内容

随着互联网的发展，越来越多的人可以通过手机，电脑等新媒体工具随时随地地阅读新闻，网络的海量信息资源和碎片化的传播方式适应了现代人"快餐式"阅读的需求，传统纸媒在新媒体的冲击下，逐渐失去了市场和受众。为了争夺读者市场，传统媒体必须找到新的突破口，以自身拥有的信息资源优势和专业化媒体人才打造精品产品，重新塑造报纸的权威性与公信力。与此同时，随着城市的发展，社区越来越成为一个城市中的重要板块，社区居民构成了社区的主体，并且随着居民的增多，社区与居民之间的联系越来越紧密，《郑州晚报》敏锐地发现了这个切入点，即可以利用其都市报的定位开拓社区报，拿下社区市场，重获读者的喜爱与认可。在此考虑下，《郑州晚报》于 2013 年 4 月 25 日正式推出《郑州晚报·社区报》，发行范围遍及郑州市各个社区。为了争取受众，办成更加亲民近民的社区报，《郑州晚报·社区报》实行免费发行战略，同时积极培养"市民记者"，挖掘社区邻里身边的新鲜事，力图将报纸办成一份人人参与、老百姓都喜爱的社区报纸。

为了办好报纸，抓住社区居民的需求，《郑州晚报·社区报》开设了很多独有的专版。像"金水全景""郑州梦·我的梦""社区帮办""我爱拍拍""市民记者"等版都是其代表性的版面，这些版面与一般的都市类报纸相比，更具有针对性，以郑州本地新闻为主，上到市政新规，下到家长里短，只要你的身边有新鲜事，社区报就能将它一网打尽。"我们的办报理念，就是某天当你打开社区报，你会发现邻居的名字，家门口街道名称的来历，甚至小区昨天的篮球赛都见报了"①，办最社区的报纸，这就是社区报的办报初衷。与此同时，《郑州晚报·社区报》还十分注重与读者进行互动，深入贯彻党中央"走转改"的宣传理念，打入群众内部，倾听居民的声音。与以往报纸作为大众传媒单方面地进行传播相比，互动无疑调动了市民参与与发言的热情，报纸自然也得到了更多的关注。及时的信息咨询，贴心的服务互动，好口碑在居民间人人相传，《郑州晚报·社区报》打开了全新的市场，成为本地居民心中"郑味最浓"的报纸。

4.《郑州晚报》版面变化

《郑州晚报》于1963年10月22日创刊，1967年1月停刊之后，在郑州市委的支持下，于1980年6月恢复出版至今。其间报纸经历过三次重要改版，分别为1998年的改版、2002年的全面改版和2012年与南方报业集团合作进行的改版。1998年的改版立足中国发展市场经济，城镇化速度的加快和都市报兴起的大背景，增加新闻数量，丰富与扩展版面内容；2002年的全面改版则是为了应对报业市场激烈的竞争，在《大河报》《河南商报》等郑州本地新兴都市报大放异彩之时，《郑州晚报》要留住读者与市场，必须开发更为全面的版面，进行全方位的改革；2012年，在新媒体不断冲击传统报业市场之时，为了更加和市民产生共鸣，使报纸内容更加贴近社会与实际，《郑州晚报》选择再一次进行改版。

1998年1月1日，《郑州晚报》由原先的对开八版扩为早晨和下午各八个大版，进行新闻的不间断刊发，这既增加了版面数量，又保证了新闻质量。并且，晨版作为报纸新增的版面，多刊发软新闻，以知识性和趣味性为

---

① 石大东：《我们一直在你身边——郑州晚报社区报探索》，《中国报业》2013年6月（上）。

特点，抓住市民追求愉悦舒适休闲的心理需求，将都市报深入市民的品格发挥到极致。下午版的《郑州晚报》则强调报纸的新闻属性，刊登当天及前一天发生的最具有价值的新闻，范围涉及国际、全国及本地，满足了市民的信息需求。《郑州晚报》由8版改为对开16版，并于早晚连续发行，这就使市民能在一天之内两次看到报纸，无形中提高了报纸的市场占有率。与此同时，休闲趣味的服务性信息和及时准确的新闻报道同时送达市民手中，版面和内容的丰富程度极大地满足了市民的精神需求，《郑州晚报》自此在同类都市报的竞争中脱颖而出，攻占了郑州市主流报业市场。

进入21世纪后，随着我国城镇化速度的加快，郑州作为崛起中的省会城市，具备天然的吸引力。伴随着城市人口的增多，都市报也从20世纪90年代的初步探索期发展到更加成熟与专业化的阶段。《郑州晚报》在1998年改版之后，为了更加满足市民的不同需要，于2002年再次进行改版，2002年，《郑州晚报》首次突破对开出版的模式，将对开改为四开大版进行出版。同时，为了适应不同类型读者的阅读需要，《郑州晚报》增加了更多主题的栏目，有《娱乐星云》《体育综合》《证券行情》《环郑新闻》等，栏目种类达60多个，涉及市民生活的方方面面。在这些各具特色的栏目中，《独家责任》栏目是《郑州晚报》主打的品牌栏目，于2004年9月1日开创，主要刊发国内焦点新闻的深度报道，除周日外，每天一期出版。自开创以来，栏目推出了《"豫花"面粉蒙冤全调查》《十问巨能钙双氧水（过氧化氢——编者注）焦点问题》《河南大学生带着捡来的妹妹求学12年》等数篇极具影响力的深度报道，以独特的视角和多元化的表达，发出独家声音，突出本地地域特色，探索地方性媒体深度报道的新模式，以主流彰显风格。

2012年，在南方报业集团的支持下，《郑州晚报》与其进行跨地域合作，再次进行了改版。改版后的《郑州晚报》，主打精细化新闻产品，将以往的一般性新闻抽去，把重心放在了老百姓最喜爱的版面上，踏踏实实深入群众，贯彻落实群众路线，报纸的可读性不断增强，口碑越来越好，读者自然越来越多。除此以外，全新改版的《郑州晚报》版式设计大气简洁，版面风格清新时尚，十分符合现代人的阅读习惯，也体现了报纸立足中原的开放精神。

（三）《河南商报》报纸内容研究

1. 报纸发展历程

《河南商报》创刊于 1983 年 8 月，于 1997 年 7 月正式改为综合性都市日报；2004 年 9 月 1 日，归属河南日报报业集团主管主办。

2005 年 8 月底，《河南商报》成功改版扩版，由原先的对开 8~20 版改为四开 48 版，并且突出其经济类报道，以"兴商润民，影响河南"为宗旨，打造省内特色都市报品牌。2012 年，百度和《河南商报》联合打造"河南一百度"，这是百度首个地方门户网站，它成为本地网民"最温暖，最郑州"的生活交互平台。2015 年，在新媒体冲击传统报业市场的背景下，《河南商报》再次改版，找准核心受众，联动新媒体生产模式，打造全新的媒体产品，搞活报纸的服务功能。

在新闻报道方面，《河南商报》曝光的"巨能钙事件"及"聂树斌案"树立了报纸敢于监督、绝不纵容的正面形象，其对"聂树斌案"的率先曝光和坚持追踪调查报道，更是代表了报纸的勇气。

2. 舆论监督与正面宣传的统一

《河南商报》对聂树斌一案从率先关注到追踪报道直至结案，历时整整 11 年。这 11 年间，商报就此案发表了 100 多篇报道，从始至终坚持了舆论监督与正面宣传的统一，商报等报纸对此案的关注引发了群众对案件的热议，舆论的呼声推动司法机关彻查此案、重新结案，维护了法治社会的公平正义。

2005 年，在王书金被河南荥阳市警方扣押后，《河南商报》记者迅速了解案情，并写出通讯《河北"摧花狂魔"荥阳落网》。随后，王书金被河南警方移交给河北警方，其在审讯过程中交代了早已结案的聂树斌案的真正经过，承认自己才是当年犯案的真凶。《河南商报》对王书金一直保持着密切关注，一案两凶？《河南商报》意识到此案具有极高的报道价值，在充分调查了案件情况后，写下了《一案两凶，谁是真凶?》，在《河南商报》上刊发，这是关于聂树斌案的第一篇舆论监督报道。并且，为了扩大报道的影响力，扩大社会对此案的关注度，《河南商报》将此稿传给全国多家主流媒体，明确表示"欢迎刊载，不要稿费"。此举得到了多家媒体的转载呼应，聂案一时间成为全国的热点新闻。

从 2005 年 3 月案件披露到 2016 年改判结案，这 11 年多的时间内，《河南商报》就聂案刊发了近百篇报道。在 2013 年 6 月"王书金案"开庭审理之时，《河南商报》刊发报道《纠结多年，"聂树斌案"有望峰回路转》；2013 年 10 月刊发报道《聂树斌案最新动态：聂家 4 位律师要求查阅卷宗》；2014 年 6 月刊发通讯《一组跨越十年的追踪报道》①。聂案未果，媒体追踪与监督的脚步就不会停止。

在整个聂树斌案的报道过程中，《河南商报》充分利用其身为媒体的传播优势与影响力优势，引发社会对此案件的参与与讨论，并且及时引导舆论，呼唤社会的正义与良心，激发民众对聂树斌的同情和对真凶不放过严惩的决心。整个社会对聂案的追究促进司法部门办案过程中更加透明与公正，最终实现了案件改判。虽然在报道中，《河南商报》将相关部门的回应与案件审理过程全透明化呈现给大众，这是媒体监督的过程，是媒体应履行的职责。同时，《河南商报》立足大局，不刻意渲染、感情化叙述案情，其报道重点是解决问题，为聂树斌洗刷冤屈，力求我国的司法环境不留下污点，从而坚守住法治社会的正义与良心。从这一层面说，这是《河南商报》维护自身的公信力与权威性，坚持舆论监督与正面宣传相统一的体现。

又如，此前对"巨能钙事件"的报道，也是《河南商报》履行其监督职能的体现。2004 年 11 月 16 日，一篇《消费者当心：巨能钙有毒!》的报道在《河南商报》上以醒目大字标题的形式发出，引起了轩然大波。《河南商报》认为过氧化氢有毒，巨能钙含有过氧化氢，因此巨能钙有毒，而巨

---

① 刘良龙：《从聂树斌案报道看舆论监督和正面宣传的统一性》，《新闻知识》2016 年第 12 期。

能公司则承认巨能钙含有过氧化氢，但并没有也不会对人体造成危害。《河南商报》为了"帮助广大读者明白真相，辨明是非"，决定以每天一篇评论员文章的形式来澄清大众对于巨能钙的认识。虽然在第三方机构对巨能钙的检测出来之前，媒体与巨能公司如此回应争论确实有失稳妥，但站在《河南商报》的立场来看，其初衷确实是为了引起消费者的警惕注意，希望通过媒体的力量来促使有关部门解决问题，保障食品安全，维护消费者的合法权益。

3. 财经新闻及其版面开发

《河南商报》在创刊之初，定位为综合性都市日报。2004 年并入河南日报报业集团之后，面对中原报业市场各类报纸层出不穷、各有所攻的大环境，《河南商报》意识到需要打造自己的特色与品牌。在集团"双雄战略"的指引下，《河南商报》在 2005 年进行了全面升级改版。改版后，明确以"兴商润民，影响河南"为办报宗旨，旨在将自身打造成省内一流的经济类都市报纸。

与此同时，商报将此前的对开 8～20 版改为四开 48 版，将报纸分为 ABC 三叠，A 叠为"综合新闻"、B 叠为"新锐视野"、C 叠为"经济蓝皮书"。C 叠经济蓝皮书找准了报纸的核心受众，专门向其提供各类财经新闻和咨询，包括"经济信息汇""关注""调查""话题""动态版""创富""证券""鉴宝"等各具特色的版面。这些版面立足受众需求，抓住消费者消费心理，以生活服务类的经济信息为主，致力于提供最全面、最实用、最新鲜的第一手经济资讯。

2008 年，《河南商报》再次改版，经济蓝皮书由 C 版改为 B 版，继续适应时代变化，紧抓消费前沿，引导与开创经济行为。2013 年，面对手机、电脑等新媒体的冲击，B 叠经济蓝皮书取消"行情"版，重新推出"操盘手""生意经""财富眼"等十大新版面。商报立足读者由"受众"到"用户"的身份改变，开始注重报纸与读者之间的互动式传播，将报纸打造成一个平台，它不仅提供信息，更提供服务。B 叠经济蓝皮书在一次又一次的升级中，成为企业、商户、普通市民都信赖的经济信息交流共享的平台，与此同时，商报也跟紧政策形势，将政府政策信息以及解读及时地传递给受众，引导其消费。

就如同《河南商报》自己说的："无论你是创业菜鸟、批零商人、业界大佬还是普通读者，总有一个版块是你关注的。无论你在哪个圈子，无论你通过何种渠道获得信息，无论你生活中有怎样的需求，你都会想起《河南商报》。"

4. 时评内容

《河南商报》时评版创办于 2005 年 9 月 1 日，主要由"主流评论""世象漫议""公民声音""读者来信""更正"等栏目组成。

"主流评论"栏目是评论版最主要的板块，代表了报纸的社论，通常以《河南商报》评论员署名的形式发表针对时事的独家评论。随着报纸平民化意识的增强，该栏目逐渐向所有作者开放。"公民声音""读者来信"等栏目则是专门刊登普通读者来论的栏目。"甲方乙方"和"商报圆桌"是把社会生活中不同倾向的观点在报纸上展现出来①，使报纸成为"意见的自由市场"，报纸不会因为一方观点的展现而忽略与其相反的观点。这是《河南商报》包容性的体现，其多元化的栏目设置也为报纸开拓了更为广泛的市场。

评论版颇引人注目的一个栏目是"世象漫议"，它以漫画的形式来展现新闻事件，第一时间抓人眼球，同时以简要文字来进行说明，三言两语表明观点，给人以警醒。

评论版的下方还设置了"更正栏"，及时更正报纸出现的不实报道或错误信息以求新闻坚持真实客观公正的原则。这是《河南商报》严谨的工作态度的体现，无形中提高了报纸的权威性，增加了读者对其的信任感。

在版面安排上，《河南商报》开辟独立的时评版，以四开为一整版，每日出版。在都市报以报道新闻为主，追求"快餐式阅读"的大环境下，《河南商报》将新闻评论放在报纸的重要位置，将评论独立出来，足可见其对

---

① 杨天瑜：《把报纸的旗帜举得更高——〈河南商报〉新闻时评分析》，《新闻爱好者》2010
年 7 月（上）。

报纸深度的坚持。报纸的言论代表了报纸的立场，《河南商报》通过评论影响读者，传递主流价值观，同时通过评论来履行监督职能，敦促党政机关更好地解决社会问题，为人民服务。

随着办报环境的变化，《河南商报》进行过多次改版，但其始终没有放弃评论板块。2015年改版后，《河南商报》将评论版设置在A06版，名为"锐评"，主要由"商报声音""高手在民间""个论"等栏目组成。虽然对栏目进行了删减，但刊发的评论文章更为精选，并且保持日更的频率，说明《河南商报》对评论版一如既往的用心。

在评论内容方面，《河南商报》作为省内主流都市大报，关注的重点自然在市民生活，其评论内容多反映社会问题并提出解决方案。因此，舆论监督类和政府执政类的新闻评论是《河南商报》评论的主流内容。与此同时，为响应国家"人才强国、文化强国"战略，提升河南省的文明程度，《河南商报》刊发了大量的文化教育类评论，通过文字的力量来影响市民，

《河南商报》作为省内主流都市报，以郑州市民为读者主体，考虑到市民阅读需求，其评论文章语言风格平易近人，生动耐读，力求"接地气"。与此同时，其评论观点明朗，通常三言两语犀利指出，不拖泥带水和过多铺垫。评论板块的各个栏目更是不断进行改革创新，广开言路，不断扩充作者数量，挖掘培养高水平的评论人才，加快评论文章的更新频率，及时准确地传递报纸立场，引导受众思想。因此，市民对《河南商报》评论版的接受度与认可度十分高。

5. 版面内容

《河南商报》自创刊以来，为适应市场和政策的变化，对报纸进行了多次改版。其中最新和改革幅度最大的一次，是其在2015年为抵御新媒体的冲击，寻求传统报业出路，加强媒体融合所进行的改版。正如《河南商报》自己所言："此次改版，更确切地说是改造，是以报纸版面改革为基础，立足核心用户需求，围绕用户做内容，将报纸打造为一个更具服务性的平台。"《河南商报》立足其打造省内一流经济类都市报这一基点，在商言商，将报纸的主流目标受众确定为商人、女人和公务员。针对这三类目标受众，

《河南商报》开发了别具特色的版面和副刊。例如，针对商人，有报纸的专属周刊"经济蓝皮书"及 A 叠独立版面"财经资讯"、B 叠"财富"版等；针对女性用户，则是在 B 叠和 C 叠设置了大量版面，B 叠有"咱爸咱妈""幸福大晒场"等独立版面，C 叠则以"旅游""食尚"版为主打，紧抓女性读者眼球。与此同时，还有独立的垂直性微信公众号"家有小宝""郑州女人 Hi"等为女性量身打造；针对公务员，则在 A 叠设置"政事""商报聚焦"等栏目，关注政务动态，解读政府政策。

近年来，随着报纸阅读量减小，报业单位纷纷开拓新媒体平台，进行新老媒体融合发展，同时不断缩减报纸版面。《河南商报》也精简到只保留 A 叠 20 多个版面，其中的"经济蓝皮书""陪你去办事儿""家居""食尚""健康""地产""金融"等版面作为经典版面，迎合了受众需求，被完整保留了下来。

《河南商报》还有一个知名版面是"小记者训练营"，是全省报业市场中最具知名度与影响力的小记者活动。《河南商报》一直坚持小记者的招募活动，定期组织小记者们进行采访活动，鼓励小记者们积极主动采稿写稿，并且单独为小记者开拓版面，刊发优秀的报道文章。《河南商报》对小记者认真负责的态度造就了小记者品牌的成功，很多为人父母的市民们格外关注小记者版，小记者版面成为《河南商报》的一大特色，这无形中增加了报纸的阅读量，也使人们养成了定期阅读报纸的习惯。小记者版犹如《河南商报》的一张响当当的名片，市民通过它和《河南商报》进行交流，从而更深入地了解《河南商报》、认可《河南商报》。

（四）《东方今报》报纸内容

1. 办报历程

《东方今报》创刊于 2004 年 9 月 1 日，由河南电视台主管主办，是全国广电系统唯一的综合性都市类报纸。《东方今报》倡导"用都市报眼光报道主流新闻"，其办报宗旨是"贴近城市市民，反映城市生活，传递信息，服务社会"，它是以河南省中心城市和广大城镇的城市人口为读者对象的综合性都市类报纸。

《东方今报》以"办百姓信赖的都市报"为核心办报理念,读者定位在河南省县级城市以上城市市民。创刊以来,坚持"从平民立场出发,以平民视角观察,用平民语言叙述,为平民民生服务,用平民新闻立报",力图打造一份贴近城市、贴近民生、贴近百姓、视角新颖的新锐都市报①。

《东方今报》的平民化策略也使其在与《大河报》《郑州晚报》《河南商报》的竞争中立于不败之地。其在 2010 年更是以时政报道为创新突破口,探索报道新方向,同时为应对新媒体的冲击,《东方今报》也紧抓评论和深度报道版块内容,力图加强其作为传统媒体的权威性。《东方今报》更能适应时代变化,利用广电媒体优势资源,积极与河南电视台、河南人民广播电台进行合作,率先打造全媒体平台,实现报纸、电视、广播之间的资源共享,它用优质的内容和贴心的服务不断"吸粉儿"。

笔者从《东方今报》的时政报道、深度报道、评论特色及版面变化几方面研究报纸的内容特色。

2.时政报道内容

《东方今报》于 2004 年创刊,相较于《大河报》《郑州晚报》等河南省主流都市大报,它创刊时间晚,市场占有率低,知名度和影响力均难与其他主流都市报相匹敌。因此,为了迅速攻占市场,《东方今报》必须有自己独有的办报理念。初期的《东方今报》以"平民化"为切入点,"站在平民的立场上,从平民的角度出发看问题"是其一以贯之的理念。进入 2010 年,《东方今报》找准时政报道的缺口,提出以"都市报的眼光报道主流新闻",贴近平民的同时传递主流,积极宣传主流价值观,准确解读党政新规,以平民打开市场,依主流站稳脚跟。

2010 年 7 月 21 日,卢展工作为河南省委书记在河南广电系统调研,提出了一系列有关于媒体发展的新举措,《东方今报》利用这次机会,深入采

---

① 梁廷耀:《办百姓信赖的都市报——〈东方今报〉的创办和发展思路》,《传媒》2005 年第 4 期。

访了卢书记，并于 7 月 22 日推出大型人物报道《细节卢展工》，从六个方面抓住了书记的特点，展现了省委书记的亲民形象。《东方今报》以平民化理念为出发点进行采访，新闻报道则紧抓时政热点，再用创新、独特的新形式传递党政声音，打破了以往都市报对时政新闻的常规化报道，使自身更具市场吸引力。

而后，《东方今报》一直致力于提高自己的时政报道能力，力图将其变为自己的品牌优势。其"要闻"版主打时政报道，通常在封面之后，占据 2～3 个版，封面也将时政类报道标题醒目呈现，充分展现报纸特色。不同于传统党媒对时政新闻公式化地呈现，且通常以流水性会议报道或领导访问报道为主，《东方今报》总能站在人民的立场上，分析老百姓最感兴趣的时政要点，结合本地情形和报纸定位，准确又深入地刊发最"戳心窝儿"的政务报道。例如，2015 年 5 月 11 日的《东方今报》封面即以"习大大一年前来河南，他走过的地方都有些啥变化"抓住人眼球，紧跟着要闻版刊发社论"下好'稳增长'这步关系全局的大棋"和报道《习大大去年来河南到过的厂矿和田野如今都怎么样了》，评论和报道相结合推出，有利于读者对新闻事件的全方位把握。同时，报纸立足习主席来河南一周年的时间点，找准了一个很好的新闻由头，从而顺理成章地突出省内发展的阶段性成果，进而起到宣传党的政策、宣传河南发展的作用。并且，传统纸媒采用"习大大"这一称呼，拉近了与市民的距离，这是《东方今报》平民立场的体现。

2018 年 4 月 10 日的《东方今报》则用七个"重磅阅读"专版讲述固始县的故事。固始县作为河南省第一人口大县，同时是省内的贫困县，伴随大别山区域振兴规划的出台，固始县作为区域副中心城市，承载着振兴中原、决胜河南省全面建成小康社会的重要使命。固始县的振兴与发展影响河南省的前进方向，它的发展在新时期下有重要的历史意义。

《东方今报》分别从规划整体解读、义务教育改革、返乡创业创收、政府帮扶脱贫、固始人文情怀、未来规划展望等几个层面详细地展现了固始县的全貌，让省内人民认识到它的现状与未来，增进了省内人民对固始县的认同度。这是《东方今报》将政策解读与地域发展相结合的典型报道。

2017年10月18日，党的十九大在北京召开，《东方今报》在17日就为党的十九大进行了预热，刊发的版面增加了"十九大时光"和"聚焦十九大"，展现了河南广电全媒体工作室在北京为即将召开的十九大所做的准备工作。18日刊发的报纸中，《东方今报》以"十九大时光"版详尽报道了十九大会议的盛况，占据报纸四个版，紧紧安排在封面之后。今报也紧抓报纸特色，利用河南省广电厅的资源优势，采访报道了出席十九大的省委常委们对广电厅在京工作人员的看望慰问。这是一个新的切入点，政务报道要做好，就需要将全国和地方结合起来，十九大是全国性的会议，其中有关地方的信息与政策，才是地方媒体、地方老百姓最关注的。

3. 深度报道内容

《东方今报》虽然创刊时间较晚，其宗旨也是"从平民的立场出发"，力求深深贴近群众，反映人民的呼声，但其也十分清楚，要创办一份真正让老百姓喜爱的报纸，从根本上讲需要有优质的内容。因此，《东方今报》一直将深度报道放在一个重要的位置上，它希望能用深度的内容引发读者的思考，让读者更加了解郑州、了解河南。

《东方今报》的深度报道主要安排在"重磅阅读"和"深悦读"两个版面中。"重磅阅读"版以人物、事件的深入采访为背景，从若干个侧面展现事物的全貌，"深悦读"版则会以报道配评论的方式就一段时间的社会热点展开解读。2017年9月至10月的"重磅阅读"版，就以"县之荣耀"为主题，通过记者多路采访，深入全省县域经济建设第一线，全方位展现了河南好几个文化古县的脱贫致富之路，以好故事传播正能量。例如，2017年9月15日这一版，就以中华第一古县——息县为中心，从它穷困的过往到历时五年的蜕变，从领导带头实干到全县人民万众一心，通过一个个事例，描绘了息县人民的美好生活图景，并且抓住了息县的主要致富产业，即生态主食厨房，以报道《从田间到舌尖，"生态主食厨房"如何做大餐？》《变"大粮仓"为"大厨房"，为全球定制美食半成品》为主打，详细描述了专属于息县的发展之路。这正契合了国家与党的发展之路，不断奋进，勇于开创，同时是党的十九大精神的体现。

除此以外，罗山县、卢氏县等一批代表性老县城都在"重磅阅读"版中焕然一新，《东方今报》用心地深入采访很多人不会注意的地方，运用最朴实的文字，采写出中原人民不断进取的风貌。在关于罗山县的报道中，《东方今报》突出它身为革命老区、毗邻大别山的历史厚重感，以《多彩田园产业扶贫，因地制宜做"山""养"大文章》报道为代表，描述了罗山县搞田园产业，打造山清水秀新型城镇的发展路径。而对河南省贫困大县卢氏县的报道中，《东方今报》用"三把金钥匙"做比喻，揭示卢氏县"蝶变"的经历。这些"揭秘"不仅体现了《东方今报》认真做内容的初心，其中提到的各县经济发展之路也是中国特色发展之路，为全国县城的脱贫致富工作提供了经验。

"深悦读"版并不是每期都有，相较"重磅阅读"版，"深悦读"版更注重对事件的解读，报纸出彩的评论通常放在这一版。"深悦读"版的内容也涉及生活的方方面面，这里没有很多本地新闻，更多的是对国家社会某一现象的深入调查与解读。

与此同时，"专版""独家调查"等版面也是深度报道常刊发的版面，这几个版面也不是每期的固定版面，而是依据当天的新闻量进行扩缩。

4. 评论内容

随着时代的发展，市场的需求和报业环境的变化，越来越多的报纸开始注重新闻评论能力，上到党报党刊，下到都市类报纸，都积极培养评论型人才，开辟新闻评论版面。《东方今报》也不例外，在河南省广电厅的支持下，力求不断创新与提高报纸的评论能力。报纸专门为评论文章开辟"象声"与"深悦读"版面，"象声"版多转载《人民日报》《南方都市报》等报纸的优秀社论，也有《东方今报》首席评论员的文章。"象声"版评论内容多围绕国家大政方针和一些深层面的社会问题，具有启发、引导读者价值观，宣传主流舆论的效果。例如，2017年8月15日的"象声"版刊载了三篇评论，一篇是转载自《人民日报》的评论《人民日报点名万达乐视四大行：莫把工具当目的》；一篇转载自《南方都市报》，是《打击传销的法网，要撒得更开织得更密》；一篇则来自本报首席评论员，为《二线城市给钱给户口，"抢"回的人才靠什么才能留得住》，评论方向都是跟着党的政策，在涉及国计民生的问题上表明立场。"深悦读"版涉及的内容则更为多元多面，文章形式也更丰富，更为耐读和具备趣味性。例如，2017 年 9 月 6 日的"深悦读"版，刊载《"一块钱"的 N 种玩法，馅饼还是陷阱》和《挣多少钱才能说出"我养你"，这句话为何杀伤力这么大》，光是看题目就非常吸引人阅读，这也是《东方今报》不断求变、内容紧跟时代、追求多元与创新的体现。

值得一提的是 2012 年，中原经济区不断受到党和国家的重视，上升为国家级区域发展战略，4 月 12 日起，《东方今报》就此事在报纸头版刊发系列评论《建设中原经济区关键在做》，连续发表了 30 多篇。除了报纸，广播、电视、网站、手机等新老媒体联合进行转发与传播，扩大了《东方今报》的影响力，增强了读者对报纸的认可度。

2017 年的十九大报道中，《东方今报》就提前开启预热，以"我们的十九大""十九大时光"等版面详细报道会议进程和解读内容，同时刊发评论配合报道。像《全面从严治党，不是要捆住干部干事创业的手脚》《"坚如磐石"就是我们反腐败的态度》等就是会议期间刊发的颇为出彩的评论。2018 年 3 月全国两会期间，《东方今报》同样以大幅版面进行会议的报道与宣传，期间刊发《学费比幼儿园低不是大学学费涨价的借口》《中国的高等教育已然"宽进"，接下来需要的是"严出"》等评论文章，利用评论观点反映民生问题，引导主流舆论，扩大了报纸的影响力。

5. 版面内容变迁

《东方今报》自 2004 年创刊以来，与《大河报》《郑州晚报》《河南商报》形成了竞争关系。为争取受众与市场份额，《东方今报》不断推陈出新，分析读者需要，进行版面改革。

站在报纸"一切从平民的角度出发"的立场上，《东方今报》设置了大量有关市民衣食住行的生活版，这些版面立足市民需求，以丰富的服务性讯息充实版面，为市民生活提供了便利。例如，"金牌金融"版、"金牌家居"版、"金牌健康"版、"金牌教育"版、"文娱"版、"大城无小事"版都是

《东方今报》典型性的针对不同受众而设置的服务性版面。"金牌金融"版立足市民的经济投资需要，为市民提供了大量经济讯息，包括股票行情、投资方向、经济政策动向分析等讯息内容；；"金牌家居"版则站在市民生活日益丰富的角度，立足郑州本地，将郑州本地的家居生活信息一网打尽，为市民进行家装选择时提供意见指导，《做有情怀的装修公司，沪上名家未来路生活馆开业》《红星美凯龙宣布"1001 战略"，车建新领舞互联网＋2.0》等报道都是立足郑州本地家居市场环境，将最新最全的信息展现给市民；"金牌教育"版则报道一些郑州市内的教育新闻，提供一些学习方法，对广大家长十分有用；"文娱"版则刊登一些娱乐圈的动态信息，满足了市民娱乐与放松的需求。

值得一提的是，《东方今报》还推出"河南新闻"版，不仅报道郑州本地的新闻，还有开封、洛阳等其他地市的大小新闻，这也可以看出，《东方今报》力求在国家大事和地方新闻报道之间取得平衡。

在高考期间，为了给考生和家长提供方便，《东方今报》推出专版"家有考生"，第一时间报道高考期间的各类新闻，上到出行，下到考生注意事项，满满的干货，为河南省考生加油鼓劲。

《东方今报》版面中最能代表报纸特色的就是"象声"版和"要闻"版。"要闻"版多刊登国家的重要新闻事件，以政务类新闻报道为主要内容，如 2016 年 6 月 17 日的"要闻"版刊登报道《李克强：信用绝不是用保证金来维系的》，报道了国务院常务会议对取消保证金所做的一系列决定。"象声"版以政务新闻报道为主，同时配以评论，通常就政府政策做出解读，如评论《盐体制改革，被压抑的市场活力会回来吗？》就是《东方今报》首席评论员就国务院发布的《盐业体制改革方案》所做的评论文章。"要闻"版和"象声"版以《东方今报》"紧抓政务报道"的宗旨为指导，站在人民的立场上，以平民眼光分析政事，增加了报纸的耐读性，展现了报纸的独家特色。

与此同时，《东方今报》的头版生动活泼，总能利用新闻图片巧妙地反映新闻事件，报纸的娱乐体育版的图片运用则呈现"杂志"化的特点，就是利用漫画恰当地表达抽象意义及运用视觉语言来突出报纸的视觉中心，进而达到吸引读者阅读的目的。《东方今报》所采用的新闻图片总能体现出报纸的人文关怀，其版式设计也符合市民的阅读习惯，图片运用中注重整体性策划。《东方今报》也自觉肩负社会责任，留出空版刊登公益广告，十分注重自身形象价值的建设。①

三 其他地市重点报纸内容研究

除了省会郑州，中原其他地区的报纸也在时代变迁的浪潮中不断创新与发展，坚持发出党媒声音，增强本地服务功能，在改革的道路上迈出坚定的步伐。本部分以开封市、洛阳市、安阳市的重点报纸为研究对象，分别研究其内容特色。

（一）《开封日报》《汴梁晚报》报纸内容研究

1. 报纸发展历程

《开封日报》创刊于1948年11月6日，是中共开封市委机关报，是中国地市党报品牌影响十强。以"主流媒体、政经权威、地域特色、民生关怀"为办报理念，努力打造一张新型的现代城市党报。2012年11月6日开封日报报业集团成立，开封日报社与其实行一个机构，两套牌子。

《汴梁晚报》创刊于1994年6月1日，是河南省"十佳报纸"。近年来，《汴梁晚报》办报质量不断提高，新闻寻求深度，资讯服务民生，文化展示古城，采写讲究角度，版面亮丽出彩，引领流行时尚。

两份报纸中，《开封日报》突出言论，把"开言"打造成日报的品牌；《汴梁晚报》突出难点热点，做深民生民情报道，加强对民生新闻的深度关注、对开封历史文化特色的深度挖掘。两份报纸相互配合，以互补的职能特色打入开封读者市场，成为开封市民信赖与认可的报纸品牌。

---

① 崔伟伟：《〈东方今报〉图片运用策略解析》，硕士学位论文，郑州大学，2008。

2. 重大时事报道内容

2013年是贯彻落实党的十八大与十八届三中全会精神的一年，为认真学习贯彻党的十八大、十八届三中全会精神，坚持解放思想、实事求是、与时俱进、改革创新，《开封日报》和《汴梁晚报》始终坚持"团结、稳定、鼓劲，正面宣传为主"的工作方针，唱响主旋律，打好主动仗，牢牢把握舆论导向，为开封经济社会发展营造浓厚氛围。

《开封日报》围绕中心，引导舆论，浓墨重彩报道重大主题，在服务大局上有新提升，策划组织了"风生水起兴工业""看横店、找差距、促转型""文化盛宴、最美开封""开封文化产业发展启示录"等一系列体现市委战略意图、高扬主旋律的战役性报道，正式出版了《责任〈开封日报〉重大主题报道经典案例》一书。在评论内容方面，推出"新春伊始话发展"系列言论、"风生水起兴工业"系列言论、"收心聚力抓发展"系列言论，并出版了《汴平二年》一书，以激昂的言论观点引领主流价值观。在典型报道方面，《开封日报》开门办报，创新报道，开展了"圆梦大中原·中原经济区18城市发展行"大型异地采访活动，在新闻传播力上有新提升，进一步增强了党报的互动性、贴近性、服务性、引导性①。

《汴梁晚报》结合报纸自身特点，策划推出"从开封到封开"万里寻踪客家路大型系列采访活动，出版图书《万里寻踪客家路》，举办了万里寻踪客家路摄影展。与此同时，《汴梁晚报》深入贯彻走转改，贴近群众，服务民生，启动了"记者挂职社区主任助理"活动，开展了"走基层·转作风·看变化"大型系列采访活动。同时开通热线，强化监督，与开封市效能建设年领导小组办公室联合开展了职能部门负责人接听"转变作风 提高效能"专题热线活动，拓宽了报道领域，提高了办报质量。为凸显地域优势，传播先进文化，《汴梁晚报》还举办了文化大讲堂活动，推出了《图说开封》版面，开设了《开封人文古迹巡礼》栏目。

《开封日报》坚持政治家办报思维，在做好日常报道的同时，许多大型

———————

① 引自开封日报报业集团《开封年鉴》（2013年）。

策划活动取得了良好的宣传效果，其强化品牌立报意识，着力打造深度报道、评论等品牌，发挥评论旗帜引领作用，全面带动报纸质量的提升。2015年，围绕"一带一路"城市旅游联盟成立大会暨国际旅游分享会，《开封日报》策划了"新丝路　新旅游　新合作"特别报道。"开封历史文化大观系列报道"，将"一条中轴线、两座古塔、三重城池、四水贯都、五大湖泊、六城叠加、七张名片、八朝古都、九个称谓、十种文化"融入标题，数字递进，气势磅礴，全面深入阐释了开封这座历史文化名城的厚重文化，让人耳目一新、印象深刻。

与此同时，2015年8月，开封日报《党报在线》正式启动。这是开封市首个全媒体平台，也是《开封日报》促进媒体融合转型的一大举措。《党报在线》宗旨是沟通、互动、为民、促政，主要围绕党委、政府的中心工作，围绕大服务、大热点、大难点、大焦点、大民生，通过组织、介入、引导、传递、反馈等一系列措施，有效放大党报权威性强、影响力大、公信度高的优势，让党报的影响力由传统纸媒延伸至新兴网络，实现对受众的有效传播。

《汴梁晚报》则充分挖掘开封深厚的文化资源，加大文化报道力度，许多策划活动引起社会广泛关注。其推出"大美开封　风雅汴梁""宋韵中国　茶和天下"大型文化主题报道，打造"开封文化新名片"，体现了文化责任担当。2015年3月份推出的《寻访抗战老兵》、《为开封籍抗战老兵后裔寻亲》、《寻访开封抗战遗迹》和《画说开封抗日史》四个主题报道栏目，在社会上引起了强烈反响，体现了历史责任担当。

2017年5月8日、9日，中共中央政治局常委、国务院总理李克强到开封考察。为做好李克强总理开封之行报道，《开封日报》分步骤、抓重点，全力以赴做好宣传报道工作。5月8日，《开封日报》从"三双"战略、脱贫攻坚、自贸区建设、郑汴一体化等方面，对开封近年发展成就进行综述；5月9日，围绕总理关于开封的重要指示，《开封日报》第一时间推出汴平言论《以"古"闻名更要以"新"出彩》，成为整个报道的点睛之笔；5月10日，在总理结束考察之际，《开封日报》策划推出八个版的"强彩中原"

特刊，图文并茂展示了总理河南之旅开封之行。连续三天，《开封日报》围绕总理开封之行，刊发稿件 40 篇、图片 67 幅，刊发整版 13 个，造成广泛的社会影响力。

为庆祝党的十九大顺利召开，《开封日报》开设《砥砺奋进的五年》《喜迎十九大》等相关专栏，做好迎接十九大报道；重点策划了《砥砺奋进的五年·牢记嘱托 出新出彩》系列回访报道，围绕习总书记在开封"考察调研过的地方、最牵挂的事、最关心的人"进行回访报道；同时转发好《人民日报》、新华社、《河南日报》一系列重要稿件，坚持正确传达中央声音，担负党报宣传职责。

在党的十九大召开期间，身为都市报，《汴梁晚报》推出《砥砺奋进的五年·阅读开封新地标》系列报道，以"新地标"为切入点，用生动的文字，鲜活的画面，讲述开封故事，解读开封奇迹，还推出《新时代 新气象 新作为》等专栏，通过"蹲点采访日记"等形式，推动十九大精神落地生根。

2017 年，《汴梁晚报》推出《大美开封》（非物质文化遗产篇）系列，使大美开封系列报道成为《汴梁晚报》一个文化品牌。2017 年 3 月 7 日起推出的《画说开封解放史》系列图文专版，以纪念 2018 年开封解放 70 周年这一具有重大历史意义的时刻。与河南大学新传院联合打造了《大学城》专版，以校媒融合的形式，为在校学生提供了一个产学对接的平台，拉近《汴梁晚报》和大学生的距离，有效拓展了其的影响力和传播力①。

（二）《洛阳日报》报纸内容

1. 报纸发展历程

洛阳日报报业集团，是依托中共洛阳市委机关报《洛阳日报》，于 2009 年底挂牌成立的，集团麾下有《洛阳日报》、《洛阳晚报》、《洛阳商报》、《河洛生活导报》、洛阳网、洛阳手机报、河图网"五报两网"及 20 余个经

---

① 引自开封日报报业集团《开封年鉴》（2017 年）。

营实体。

《洛阳日报》创刊于1948年4月9日，在洛阳解放的第五天诞生，是我国较早创刊的地市党委机关报之一。1964年12月，毛泽东主席亲笔为《洛阳日报》题写了报头。1994年1月，《洛阳晚报》创刊。创刊65年来，《洛阳日报》始终坚持鲜明的党性原则，秉承"凡人民所需者，莫不全力而为"的办报宗旨，忠实记录了洛阳解放、建设、改革开放的光辉历程。

近年来，《洛阳日报》紧紧围绕洛阳市委、市政府中心工作，坚持团结稳定鼓劲、正面宣传为主，注重报道策划，强化舆论引导，形成"权威、高度、严谨、大气"的党报风范，社会影响力和品牌形象得到各界广泛认可。《洛阳晚报》秉承主流、责任、贴心、实用的办报理念，重本土、重深度、重服务、重读者，牢牢占据洛阳报业市场第一品牌地位。

2. 报纸版面变迁

1985年1月1日，《洛阳日报》由四开一张四版增至四开二张八版，版面容量较之前扩大了一倍多，发行量也由过去的六万多份发展到12万多份。在内容上，不断扩大报纸信息量，同时提供更为丰富的知识和服务，改变封闭式办报，熔"国事、家事、天下事"于一炉，不断满足读者的需求①。

报纸版面也进行了改革，一版为要闻版，即配合党委工作向读者提供重大信息；二版则是社会新闻版，贴近群众，从百姓生活中发掘大家都关注的事情；三版以经济新闻为重点，报道经济讯息，为经济生活提供决策。同时，报纸还增设了文体版、社会综合版等大量服务性版面，从实际出发，为百姓生活提供便利。

步入21世纪，随着移动互联网的发展，新媒体的不断冲击，传统纸媒要想留住受众市场，必须不断进行自我变革，在坚持权威、专业、理性的基础上，增强报纸的服务性、娱乐性、实用性和互动性。《洛阳日报》在坚持新闻权威性与深度解读的基础上，进一步开发服务性版面，增设"洛阳民

---

① 马树军：《洛阳牡丹争芳菲——访改革中的〈洛阳日报〉》，《新闻爱好者》1986年第9期。

生""洛阳县区""人文洛河""读家"等版面，同时这些版面的表达更具视觉性，综合运用图片、图表、漫画、点、线、面等视觉元素，使读者阅读体验更为直观和愉悦。

与此同时，《洛阳晚报》从 2010 年开始，先后通过三次改版，形成"三叠五块"的功能设置格局："三叠"是指报纸分叠编排，均以封面引领，既方便读者阅读，又提升广告宣传效果；"五块"则是指内容功能分块设置，分为本地新闻、时事新闻、领域新闻、副刊和周刊，以多元化的功能满足不同读者的需求①。

（三）《安阳日报》《安阳晚报》报纸内容研究

1. 报纸发展历程

《安阳日报》是中共安阳市委机关报，创刊于 1958 年 1 月 1 日，1960 年 2 月停刊。1984 年 5 月 1 日复刊，为四开四版，1994 年 1 月改为对开四版。《安阳日报》以传递权威信息资讯，引导主流舆论为己任，具有指导性、权威性、综合性、群众性的显著特点，它既是党、政府和人民群众的耳目喉舌，又是广大读者的忠实朋友。《安阳日报》以马克思主义、毛泽东思想、邓小平理论和"三个代表"重要思想为指导，集党报的权威性、都市报的服务性、晚报的娱乐性于一体，以广泛的新闻覆盖、深度的观察思考、丰厚的文化底蕴、精美的制作品质，为广大读者提供丰富多彩的精神食粮，全方位宣传安阳，提高安阳的知名度。

2. 重大时事报道内容

2016 年，为践行习近平总书记"2·19"讲话精神，加强党报的舆论引导力。《安阳日报》深化主题宣传，围绕市委、市政府的中心工作和重点工作，加强主题报道策划，做有"温度"、有"深度"、有"故事"、带"建设性"的新闻，切实提升舆论引导水平。报纸一版开设了"转型发展　重返第一方阵　我该怎么办""打赢脱贫攻坚战""加快转型发展　建设出彩

---

① 张留东：《从"读者时代"到"用户时代"》，《中国地市报人》2015 年第 3 期。

安阳""走进百姓家·彰显真善美"等栏目，二版的"众创空间"、三版的"弘扬社会主义核心价值观""家风故事"，五版的"向忠诚致敬"，六版的"焦点""时评"，七版的"知天命　吐箴言"等栏目，颇受读者欢迎。

《安阳晚报》则突出特色，抓住典型，让正能量在古城传递爱心，如"一碗饭温暖一座城"引发尊重劳动者的大讨论，安阳市救助站站长许帅同志的先进事迹等，都弘扬了正能量，受到社会各界的广泛关注。尤其是"7·19"洪灾发生后，集团领导走在前面、干在实处，写出了《"决口堤坝就是我们的阵地"》《哭泣的都里　不屈的都里》《责任担当铸大船　一方百姓保平安——我市抗击"7·19"特大洪灾纪实》等大量的饱含血与泪的文章，感染了很多读者，也为市委、市政府正确决策和救灾工作提供了舆论支持。

2017年，为迎接、宣传党的十九大，贯彻党的十九大精神，《安阳日报》当好市委喉舌，围绕中心、服务大局，占领宣传舆论主阵地；《安阳晚报》注重服务，当好百姓生活秘书；新媒体积极拓展新的传播渠道和终端，把影响力向网络空间延伸。党的十九大召开前，各媒体积极做好"砥砺奋进的五年"主题宣传报道活动，生动展示党的十八大以来人民群众生活的新变化和实实在在的获得感。十九大召开期间，全媒体联动，形成合力，完成大会新闻报道任务。十九大召开后，《安阳日报》首先组织专家权威解读报道，推出系列访谈，刊发系列理论文章，大力宣传十九大提出的新思想、新观点、新目标、新举措。其次做舆论引导的主力军。通过策划"推动十九大精神落实生根""十九大精神在安阳"等栏目，推动"新时代、新气象、新作为"大型主题采访活动蓬勃开展，努力以有思想、有温度、有品质的新闻作品宣传党的十九大精神，让党的十九大精神传播鲜活闪亮。

2017年，针对安阳市几大攻坚战，《安阳日报》注重宣传主题，创新报道视角，打造优势栏目，促进报网融合互动。在脱贫攻坚方面，《安阳日报》以"打赢脱贫攻坚战"专栏为依托，及时报道全市扶贫工作方法、特点，挖掘精准扶贫各类先进典型，从各个角度反映安阳市扶贫工作取得的成效。在转型发展攻坚方面，2017 年将原有的"打赢转型发展攻坚战"专栏升级，开设子栏目"'转型发展，我们怎么转'大讨论"，着重宣传各单位推动转型发展的新思路、新举措与新成效。在环保攻坚方面，主要报道市委、市政府关于"蓝天工程"的重要决策部署，积极营造"同呼吸、共责任、齐奋斗"的社会舆论氛围。在国企改革攻坚方面，着重宣传了安阳市推动改革的新思路、新举措与新成效。在创建全国文明城市提名城市方面，通过"创建全国文明城市提名城市"专栏，对"八纵六横"道路建设、治理门头牌匾、清除非法小广告等创建活动进行全方位、多层次、广视角的报道，大力营造全民动员、人人参与的浓厚创建氛围。

3. 栏目创新及媒体融合建设

为了增强报纸的舆论引导力，更加契合读者的需求，增强市民与报纸的互动性，《安阳日报》与《安阳晚报》积极进行栏目创新，研发操作性强、受众参与热情高的栏目。2016 年，日报推出品牌栏目"走进百姓家·彰显真善美""民生·民声""众创空间""民生·热点·互动""文明·节约·互动""话题"，品牌版面"民生网事""知天命 吐箴言"等。晚报则以增强报纸的服务性为目标，推出"民生""城事""沟通"等专版。安阳日报报业集团的"民生网事""走进百姓家·彰显真善美"系列栏目等都获得了河南新闻奖名专栏称号。

在媒体融合的时代背景下，安阳日报报业集团新兴媒体不断完善完善，主要构架包括安阳网、大鼎手机报、云报纸、集团微博群、安阳网微信公众平台和鼎成传媒公司的城市电视等。在内容方面，传统媒体与新兴媒体在新闻线索上共享，在报道策划上共商、在素材使用上共用，然后根据不同角度和受众特点，采用不同的报道方式。在媒体互动上，新兴媒体通过网站、微博、微信、手机报等多种传媒渠道，收集群众反映的热点问题和网友提供的线索信息，然后将分析整合出的话题内容传给《安阳日报》的政教版、社会新闻版、专题新闻版等，开设"互动话题"栏目和"民生网事"专版，组织记者深入调查，把网络上讨论的热点话题和网友评论，整理后发表在党报上，从而打通了传统媒体和网络媒体"两个舆论场"。

图书出版业篇

1977 年，改革开放之前夜，我国出版图书 12886 种，百万人均图书品种 13.57 种（发达国家 300~800 种），图书总印数是 33.08 亿册，每人每年可分得图书 3.5 册。到 2016 年，我国全国共出版图书 499884 种，百万人均 361.52 种，总印数 90.37 亿册（张），每人可分得图书 6.53 册，这个成就是在我国人口增长了 4 亿多这样的背景下取得的。1978~2016 年，我国共出版图书 6430991 种，2541.95 亿册。不仅极大地满足了人民群众对图书的需求，根本扭转了改革开放初期存在的"书荒"的局面，也快速地缩短了中国人均图书品种册数与发达国家之间的差距。目前中国是世界上年出版图书品种与印数最多的国家。①

1978 年的改革开放给经济发展带来巨大变化的同时，也给中国文化出版事业带来了一次新的转型和调整。尤其是 1983 年中央做出的《关于加强出版工作的决定》，对促进当时和此后中国图书出版业的繁荣和发展产生了深远的影响②。与此同时，河南出版界坚持党的基本路线，贯彻为人民服务、为社会主义服务的方针，积极审慎地推进出版改革，努力提高图书质量，使豫版图书在品种、印数和质量上，都有了突破性的变化和发展，促进了社会主义出版事业的发展和繁荣，从而进入了河南出版史上前所未有的全面发展的新阶段。③

---

① 魏玉山：《出版改革开放 40 年回顾与总结》，《编辑学刊》2018 年第 3 期。
② 马静、黄曼丽：《改革开放以来我国图书出版业的发展与变迁》，《武汉大学学报》2008 年第 11 期。
③ 海继才：《改革开放中前进的河南出版事业》，《出版工作》1990 年第 7 期。

改革开放以来中原出版业基本情况

一 改革开放初期的中原出版业状况

改革开放初期，出版改革取得了显著的成效，并继续健康地向前发展。其步骤有三。第一步，1979年，适应社会主义建设和改革开放的新形势，出版方针由过去的"地方化、群众化、通俗化"，发展为"立足本地，面向全国"。这是引起出书结构、出书层次、出书范围等一系列巨大变化的大转折。第二步，1985年，河南各专业出版社相继独立。这对实现出版社由生产型向生产经营型的转变，推进河南出版事业向深度和广度发展，产生了积极的影响。第三步，从1987年起，河南出版各部门与省财政厅签订了上缴所得税承包合同。与此相配套，省直属出版社、印刷厂、印刷物资公司和书店分别试行了社长、厂长、经理负责制，推行了目标管理责任制，为深化出版改革进行了有益的尝试和探索。

在改革开放中，河南出版事业得到迅速发展，已形成编、印、发、物、职工技术教育、出版理论研究配套齐全的体系。河南的出版社由原来一家综合性出版社发展成九家独立的出版社，编辑队伍由1987年的100多人发展到1990年的500多人。河南省新闻出版局两个直属印刷厂，拥有职工2700多人，装备着一流水平的电子分色机和激光照排系统，书刊的印刷能力和印制质量不断提高。全省县级以上新华书店已发展到130多家，职工队伍发展到6500余人，年图书销售额达3亿多元。此外，全省集体、个体书刊发行网点已达3000多个，形成一个以新华书店为主体、多种形式、多渠道的图书发行机制。河南印刷物资公司，拥有相当的储备、运输、供应能力，保证了以纸张为中心的各种印刷物资的供应。河南出版职工中等专业学校，担负着为出版部门培养和输送人才的任务。1987 年河南省新闻出版局成立，统一领导和管理全省新闻出版事业，促使全省新闻出版事业更加协调地发展。

改革开放以来，豫版图书的品种和印数大幅度增长。1979～1989 年共出版图书 12856 种，印数 320574 万册（张）。1989 年出版图书 1748 种，印数 31879.97 万册（张），比建社时的 1953 年品种增长 22 倍，印数增长 86 倍；比"文革"前的 1965 年品种增长 10 倍，印数增长 7.8 倍；比十一届三中全会以前的 1978 年品种增长 7 倍，印数增长 5.2 倍。图书的结构更加趋向合理，出书领域逐年拓宽，直接为两个文明建设服务的图书品种不断增加，反映新思想、新知识、新技术和当前伟大变革故各类读物不断涌现，各类丛书、套书引人注目。对推动两个文明建设、满足社会不同层次读者的需要起了积极作用。

1979～1989 年，豫版图书的质量显著提高，社会影响逐步扩大。获省级以上奖的优秀图书，1979 年以来累计为 579 种。获奖层次不断提高，获奖数逐年增加。1989 年获省级以上奖为 241 种，而 1979 年仅有 6 种。进入国际市场的图书，1979 年以来累计为 1459 种，1989 年为 188 种，而 1979 年仅 15 种。重印书累计为 4058 种，1989 年为 486 种，而 1979 年仅 23 种。经过遴选参加第二届全国书展的品种为 1973 种，而首届全国书展仅 600 余种。据不完全统计，专家、学者在全国报刊上发表有关豫版图书的评论或报道文章 550 余篇，豫版图书被高等院校选为教材的 185 种，其中全国大专通用教材 36 种。这些图书在群众生产、科研、学习以及思想、生活等方面产生了良好的影响和效果，赢得了海内外读者的好评。

1979～1989 年，河南出版界在坚持正确的出版方向的前提下，立足自身优势，从需要和可能出发，努力按照自己的主体思想出书，使几个门类的图书初步形成可观的阵容和鲜明特色。第一，政治理论类书籍推出了一批引人注目的学术专著和普及读物。如获第二届全国通俗政治理论读物二等奖的《思想政治工作通论》等。马列主义理论和相关著作的出版受到重视（见《河南人民出版社巡礼》）。第二，农村读物特别是通俗实用的农业科普读物，特色鲜明，仅丛书就出了 18 套，200 多种。如"农业新技术丛书""农业科技咨询站丛书""农作物高产栽培技术丛书""家庭饲养技术丛书"等，应用范围广，针对性强，社会效益显著，被农民誉为"脱贫的好参谋""致富的金钥匙"。新华社以《一本科技书致富收入两万五》，专题报道了临汝县女青年冯凡靠河南科技版的《家庭饲养手册》搞养殖业，一年收入2.5万元，成了"三八"红旗手的事迹。第三，史学类图书，不论是数量和质量，都是整个豫版图书中一个强项。尤其是中国现代史、中华民国史、中国外交史、中国史学史等方面的著述，反映了这些领域研究的新成果和新水平，受到国内外专家学者的广泛重视。在史学类图书出版中，为更好地体现时代精神，还非常注意出版总结社会主义革命和建设经验教训的图书，同时注意通俗读物的出版（如《河南人民出版社巡礼》）。第四，美术书法类图书，艺术风格多样，品种丰富，印装精美考究。如《中国高等美术学院学生研究生作品集》（7册）、《现代山水画库》（13册）、《世界雕塑全集》、"河南汉画丛书"等，在全国第二届书展上被誉为"全国同行中之佼佼者"，"艳压群芳"。特别是集历代书萃的《中国书法通鉴》和世所瞩目的未刊手迹影印的《康有为先生墨迹》等，堪称"国之粹，墨之宝"。第五，作文类图书，河南在这方面拥有全国一流的作者，出版了中小学《作文》教材、《作文年鉴》、《作文研究》等一大批一流水平的图书，年发行量达2000多万册。第六，少年儿童读物。河南主要出版孩子们喜闻乐见的中长篇小说、故事、童话、寓言、诗歌、民间故事、科普读物、低幼读物、中小学生课外读物等，向少年儿童进行思想品德教育，传播科学文化知识，启迪开发少儿智力。这方面的图书质量越来越高，仅1989年获省级以上奖的图书就有33种（套）47奖次。《陌生的来客》、《最丑的美男儿》、"十大将传记丛书"及被称为"十家丛书"的"中国儿童文学艺术丛书"等，都是其中的佼佼者。

二　市场经济发展中的中原出版业状况*

　　1983年中央做出的《关于加强出版工作的决定》，对促进当时和此后

---

　　* 本部分参见马静、黄曼丽《改革开放以来我国图书出版业的发展与变迁》，《武汉大学学报》2008年第11期。

20多年中国图书出版业的繁荣和发展都产生了深远的影响。20世纪90年代是我国图书出版业进一步繁荣发展的阶段，并开始走上立法化、国际化、多媒体化、多元化及集团化的发展进程。

党的十四大以后，国务院先后颁布了《出版管理条例》《音像制品管理条例》《印刷业管理条例》，明确了出版者、印刷者和发行者的权利和义务。1990年我国正式颁布《著作权法》，并于次年开始实施。1992年我国加入《伯尔尼公约》和《世界版权公约》，正式进入全球化时代的图书业出版角逐。这一时期的图书出版开始受到法律约束，对以引进出版海外作品为主的出版社影响巨大。自1995年至1999年4月，我国与国外的图书版权贸易超过1.5万项，购买对象国也从美、英、日等少数国家拓展到更多国家。20世纪90年代初，王朔小说成为阅读和出版的热点，中国文坛出现了竞相谈论王朔的文化景观。此外，80年代后期开始兴起的先锋文学，比如苏童、余华等人的作品，到90年代成为一种时尚符号。随后出现了张爱玲热、林语堂热、梁实秋热、王小波热，还有周作人的散文等，构成了消费文化的"精品"。此外，90年代的市民化书写、市民审美趣味在很大程度上决定了出版业走向。譬如，以池莉为代表的"新写实"作品大受欢迎。同时，名人传记大量出现，迎合了90年代大众偶像崇拜心理，如赵忠祥、倪萍、杨澜等人的个人传记，引起了追星族的广泛关注，印数达几十万册甚至上百万册。

2011年以来，在新闻出版总署和河南省委、省政府领导的领导下，河南省新闻出版工作坚持以邓小平理论和"三个代表"重要思想为指导，以科学发展观和党的十八大精神统领新闻出版工作，认真贯彻实施《新闻出版业"十二五"时期发展规划》（以下简称《规划》）和《河南省新闻出版业"十二五"发展规划》（以下简称《河南省规划》），大力落实文化强省战略，全省新闻出版产业改革开放全面推进，产业规模逐步扩大，行政监管不断加强，新闻出版产业稳步发展，在文化强省建设中的主力军地位进一步巩固。

2011年，《规划》和《河南省规划》的出台，进一步明确了新闻出版产业发展的目标任务和主攻方向，为河南省新闻出版产业实现科学发展创造了新的机遇和条件。经过努力，2011 年，全省新闻出版产业总产出 319 亿元，实现增加值 87.66 亿元，营业收入 311.2 亿元，人均书报刊用纸量 7.17 千克。2014 年，总产出达到 420 亿元，实现增加值 113 亿元，营业收入 409 亿，人均书报刊用纸量 7.74 千克，比照《河南省规划》中目标数据进度分别为的 57%、49%、59% 和 100%[①]。2011 年河南省共出版图书 5557 种（套），总印数 21157.4 万册，人均拥有图书数量 2 册。2014 年，河南省共出版图书 7705 种（套）。2014 年全省出版图书总印数共计 19714 万册，完成了《河南省规划》目标的 82%；人均拥有图书数量 1.85 册，完成了《河南省规划》目标的 31.35%。全省列入国家"十二五"重点图书、音像、电子出版规划项目 37 个，其中已出版完成的项目 10 个，拟于 2015 年底出版完成的项目 16 个，部分完成的项目 2 个，推迟至"十三五"出版的项目 5 个，撤销的项目 4 个。

近几年在人民群众文化需求日益增长和互联网及信息技术迅速发展的大背景下，河南省的新闻出版单位通过产业整合、融合发展，转型升级已经取得初步成效，为打造"四个河南"，实现中原崛起、河南振兴提供了有力的新闻出版支持。传统出版单位通过改造旧的出版流程，开展网络出版业务，以及设立完全市场化的数字出版公司实现数字化转型。中原出版传媒投资控股集团有限公司设立的全媒体数字加工中心引进高端扫描设备及相关技术，实现了大幅面、高精度、高还原的图片资源数字化。目前，数字加工中心年加工文字 20 亿字、图片 100 余万张。经过硬件设施完善和技术力量加强，将达到年加工 10 万册以上图书及音频、视频等数字文件的能力，有效实现了内容资源的全媒体数字化。河南作为全国三个 MPR（多媒体印刷读物）出版物技术推广应用试点省份之一，中原出版传媒投资控股集团有限公司将 MPR 试点工作作为战略发展工程和每年度的重点工作，将推进 MPR 复合数

---

① 《河南省新闻出版业"十二五"时期发展规划实施情况总结评估报告》，河南省新闻出版广电网，2015 年 12 月 29 日，http：//www.hnxwcb.com/web/ghjh/fzgh/12/50057.shtml。

字出版作为加速传统出版特别是教育出版数字化转型的突破口，制定了一系列发展规划，积极推动 MPR 技术推广应用工作扎实开展，该集团 MPR 出版物陆续出版发行，在北京举办的第五届中国数字出版博览会上，展会效果十分明显。以河南科学技术出版社为代表的传统出版单位的转型升级实现了数字出版产品的立体化、系列化、品牌化，通过打造"中国国际手工文化创意产业博览会"、"HOOHUU（两只老虎）儿童艺术手工"等线上线下一体的手工、少儿教育成长平台，打破了数字出版只有投入没有收入的尴尬局面，起到了良好的示范带动作用。

河南出版业取得的成绩

近年来，河南出版业以改革创新为动力，以数字出版发展为突破口，不断推动传统出版与数字出版的融合发展，取得了可观的业绩。

一 规模和实力不断增强

2017 年河南统计年鉴显示，2016 年河南省图书出版种数达 7410 种，总印数达 24608 万册；期刊出版种数 241 种，总印数达 8166 万册；报纸出版种数 121 种，总印数达 192659 万份；音像及电子出版物种数 202 种，发行数量 226 万盒[1]。无论是出版规模还是出版绩效都有明显进步与提升。截至 2014 年底，新闻出版产业总产出达 420 亿元，实现增加值 113 亿元，营业收入 409 亿元[2]。在移动网络迅猛发展的背景下，河南出版业的出版种数和规模逐年增长。这些出版集团以及出版单位不断为出版产业的发展注入新活力。

二 积极探索数字化转型

截至 2015 年，河南公共图书馆中电子图书有 1015.88 万册[3]。中原出版传媒集团的数字加工中心年加工文字 20 亿字、图片 100 万余张，具备年加工 10 万册以上图书及音频、视频等数字文件的能力，有效实现了内容资源

---

[1] 参见《河南统计年鉴 2015》，http：//www.ha.stats.gov.cn/hntj/lib/tjnj/2015/indexch.htm。

[2] 《河南省新闻出版业"十二五"时期发展规划实施情况总结评估报告》，河南省新闻出版广电网，2015 年 12 月 29 日，http：//www.hnxwcb.com/web/ghjh/fzgh/12/50057.shtml。

[3] 参见《河南统计年鉴 2015》，http：//www.ha.stats.gov.cn/hntj/lib/tjnj/2015/indexch.htm。

的全媒体数字化；河南科学技术出版社通过打造"中国国际手工文化创意产业博览会""HOOHUU（两只老虎）儿童艺术手工"等线上线下一体的手工、少儿教育成长平台，实现了数字出版产品的立体化、系列化、品牌化；河南人民出版社于 2016 年 6 月 1 日开通微信公众号，开辟出新的阅读方式和营销方式，在线介绍新书、阅读书目、书评等，与线下相结合，是河南传统出版积极迈向数字化出版的关键一步。

三 文化传承硕果累累

河南出版业传承中原文化，出版了许多有影响力的好书。比如河南人民出版社出版的《河南通史》，以通史的形式记录了河南的发展脉络；《河洛文化研究》，以丛书的形式反映了河洛文化的方方面面。中州古籍出版社的《中原文化大典》，由河南省近 300 位专家学者参与编写，系统总结了中原文化各个领域的研究成果；《厚重河南》，从新闻的角度再现河南历史文化的厚重感。大象出版社的《中华姓氏文化大典》、"古都郑州丛书"（全 12册）、《郑州商城遗址考古研究》、《经典河南》等，用图文并茂的形式记录河南地区数千年的历史文化，揭示了中原文化源远流长的发展脉络，成为人们喜爱的出版精品。

四 版权理论研究和机构建设

近年来，郑州市版权业获得快速发展，已初步建立了独具郑州特色的版权法律制度、版权行政管理、版权司法保护、版权公共服务、版权贸易体系，为促进郑州文化、科学、艺术事业的发展与繁荣做出了应有的贡献，版权业对推动郑州经济社会持续发展的贡献越来越大。目前已涌现一批知识产权及版权理论研究、培训中心（基地）和著作权登记、版权维权服务的机构公司；形成国家中原广告产业园、863 软件产业园、微软教育云计算产业园等一批新闻出版、广播影视、广告设计、计算机软件、工艺美术等版权产业群和产业园区；打造了一批拥有自主版权的文化精品，如《琵琶记》《都市阳光》《清风茶社》《风中少林》《水月洛神》《黄帝史诗》等，这些剧目获得许多省级及国家级大奖，多次代表国家赴国外进行交流演出。可以说，郑州市版权产业的发展适应了推动文化大发展、大繁荣的新要求。在经济发展新常态下，进一步加快版权产业发展，已经成为摆在我们面前新的重大课题，这就需要我们在确立新目标、新思路上下功夫，在探索新方法、新举措上做文章，持续推进郑州版权产业的科学发展。

五　硬件配套设施（园区）的建设

省级版权示范城市、示范单位和示范园区（基地）的创建，实际上是从不同的层面上做的分类，示范城市主要是针对地市级政府，需要政府出台一些措施，营造良好的版权环境。版权示范单位侧重的是具体某个单位，此类单位包括在版权创造、运用、保护和管理等方面做出优异成绩的版权相关企业、教学科研单位和管理部门，这些单位需要具备的一个硬性条件就是软件正版化率要达到100%，同时要有配套的各种制度；而版权示范园区（基地）偏重的是产业集聚区，包括在推动版权保护和版权产业发展等方面表现突出的产业园区和产业集群，其硬性条件要求是实际运营两年以上，拥有可独立支配的产业园区，建筑面积2万平方米以上，入驻企业20家以上，80%以上的企业在产品、服务、技术、人才等方面与版权有实质性关联，同时也要具备完善的配套制度。

六　行政执法等相关措施的保护

加强版权行政保护，组织开展各类集中（专项）版权执法行动。与"扫黄打非"、知识产权、商标、公安等部门密切配合，运用多种手段，集中开展"反盗版百日行动""反盗版天天行动""剑网行动""双打"等形式多样的版权执法行动。据统计，仅 2010 年以来，郑州共出动执法车辆 19450 辆次，检查印刷复制发行经营单位 18573 家次，先后查处收缴 65 万余册（张、盘、份）非法出版物，其中侵权盗版制品占近 45%，多达 29 万册（张、盘、份），共立案 1590 多起，结案 1576 起。这些案件的查处，为净化版权市场，保障版权产业的发展提供了良好的环境。[①]

七　新华书店的渠道改良和卖场复合扩张[**]

2011 年 11 月，河南省新华书店发行集团出台的《关于切实加强渠道建设提升全省新华书店核心竞争力的意见》明确提出：建设以现代复合式书店为基础，以城市文化综合体为骨干，以城乡经营服务网点为补充，以先进的信息技术、物流、连锁经营体系为支撑，形成图书主业突出、文化特色鲜明、经营理念先进、综合效益明显、贯通河南城乡的新华书店现代渠道，推动新华书店实现经营内容和经营方式转变和由传统书店向现代书店转变，大幅提升新华书店核心竞争力，进一步发挥新华书店在文化强省建设和中原经济区建设中提升文化软实力和支撑力的作用。表明了河南省新华书店发行集团加强发行渠道建设的具体举措。

城市实体出版卖场建设的基本方向，全面推动现代复合式书店建设，主要是通过扩大规模、扩展功能、提升技术等手段，建设既具有传统介质出版物销售服务功能，又具有现代数字介质出版物销售服务功能，还具有其他多种文化产品销售服务功能的现代复合式书店，以形成全省新华书店渠道和经营现代化的基础。大力加强城市文化综合体建设，就是要建设若干个包含现代复合式书店在内的、更大规模的综合经营平台——城市文化

---

① 郑州市文化产业出版局网站，http://www.wgx.gov.cn/。
* 本部分参见李智《河南省新华书店发行集团发行渠道建设》，硕士学位论文，河南大学，2014。

综合体，作为全省新华书店现代渠道和经营的骨干和龙头，推动新华书店由单一图书销售商向文化产品整合商和服务商转变目标的实现。一是实施全省新华书店卖场倍增。到"十二五"末，使全省卖场总规模实现倍增。以扩大卖场面积、扩展卖场功能、提升卖场效益和形象为目标，扩建一批传统书店；统一规划，重新设计、装修，改造一批传统书店，使之具备现代复合式书店功能；新建一批现代复合式书店。"十二五"期间，通过新建、扩建，每年建设面积不低于 5 万平方米、总投资 1 亿元以上的卖场。要在省会规划建设面积在 10 万平方米左右的大型城市文化综合体，建设两个超 1 万平方米的大型现代复合式书店；在市级中心城市规划建设个三商业卖场面积达 2 万平方米以上的城市文化综合体；在县级城市规划建设10 个以上、商业卖场面积在 1 万平方米以上的中型城市文化综合体。二是实施"1+1+X"卖场功能复合计划。现代复合式书店的特征从定位上讲主要包括了两大复合：介质复合和功能复合。其中介质复合主要指图书发行，既要提升传统纸质图书的发行，也要引入数字介质出版物的发行和电子发行方式。纸介质加数字介质可以简称"1+1"。功能复合主要指在图书文化消费的基础上，引入包括教育培训文化消费、影视游戏文化消费、休闲健身文化消费、文化艺术品文化消费、餐饮旅游文化消费和广告媒体功能、社会服务功能等多个板块的内容，这些功能板块可以根据实际进行选择组合。因为其是个变数，可以把它称作"X"。介质复合（"1+1"）再加上功能复合，简称"卖场功能复合计划"，通过这个计划的实施，达到文化产品和服务聚合、便利的目标，实现一业为主、多元经营、相互支撑、共同发展的产业新格局。三是实施全省城市中心卖场"五改升级"计划。针对全省城市中心卖场"小、单、散、旧、差"的现状，因地制宜，一店一策，启动以"扩规模、增功能、新装修、全连锁、河南省新华书店发行集团发行渠道建设强效益"为内容的"五改升级计划"。推动全省新华书店传统中心卖场全面升级，到"十二五"末，使全省新华书店传统中心卖场全部得到扩建和改造，全面实现卖场经营内容和经营方式现代化。

八 河南本土出版业数字化：河南网上
发行渠道建设——云书网

数字技术、网络技术等一系列技术的发展给传统出版方式带来了巨大的变革。一方面，数字技术的发展和广泛应用给传统出版带来了巨大挑战。近几年来，全国图书销售总册数一直呈徘徊状态，图书市场从整体上看已步入一个成熟期，造成这种情况的主要因素就是以电子书为代表的新型出版物分流了大量原来属于传统出版物的潜在购买力。同时，资金和人才成为制约规模相对较小的出版社应对数字化挑战的重要因素。此外，在这场技术浪潮中，各通信商、技术商、在线零售商都在凭借自身所具有的优势，开展电子书的零售和出版，新式出版商的介入使传统出版社发行行业的生存空间受到挤压。另一方面，数字技术给出版业也带来了新的发展机遇。传统出版物上的内容可以比较容易地转化为数字形式，出版的发展空间以新的形式得到拓展。同时，互联网技术的应用拓展了传统出版的销售渠道。发行渠道数字化的内涵面对数字化不可阻挡的浪潮，发行渠道的数字化是传统出版行业必须采取的应对之举。

发行渠道数字化包括两个方面。一是对现有渠道的数字化改造。在现代卖场渠道建设中，要创新渠道形式，积极探索传统渠道的数字化改造途径。通过在卖场引入数字多媒体终端，在城市社区设置便民图书销售终端等形式，实现图书的在线推荐、查阅、检索、订购功能，提高传统发行渠道的数字化服务水平和拓展能力；加快图书电子商务网站建设，开设网上书店；探索建立统一客服号码和呼叫中心，缩短新华书店与读者的距离；充分利用实体书店的配送功能和网络优势，借助数字平台和手段，迅速拓展传统出版物的发行渠道。二是对数字化发行的网络构建，其实质是数字介质出版物和数字内容的传播与销售渠道问题。积极探索在卖场内建设数字体验区或数字书店，积极实践电子推介、数字展示、内容订制、内容销售、按需印刷（POD），以及网络体验、有偿阅读、付费下载等新型销售形式，开辟数字内容发行的新渠道，形成新的增长点。中国的电子商务经过十多年的发展，目前正呈现五大特点，有喜有忧。其一，电商交易的规模依然在不断增长，行业总量持续扩大；其二，电子商务的交易产品类型更加多样化，平台更加综合化；其三，电商市场结构转型，扩张加速，但贡献仍远低于B2B。其四，电商与社会化媒体的合作加强；其五，市场竞争加剧，电商风险不减。

（一）云书网的价值"垂直区域"的定位

在特色（独有）商品方面，云书网在起步阶段重点考虑发展地方性特色商品，并且努力将地方优势和刚性需求相结合。同时与上游出版商（尤其是本地出版商）的合作延伸到产品（图书）策划阶段，积累独有产品。此外，云书网积极拓展定制化产品，如按需印刷（POD）产品。在数字产品方面，定位于海量内容的深度服务，不拘泥于单一的电子书，还包括可获取的期刊数据库、工具书等。在商品类目规划方面，云书网采取类目适当交叉的方法。因为商品与分类的关系可以是一对多及多对一，所以商品类目应该适当交叉，尤其是次级类目可以多设交叉，这是实体店所不可能具备的优势。适当的交叉有助于图书发现，有助于产品推荐功能发挥作用。云书网的图书类目设计除了按照常规办法，也可以按照读者习惯和读者细分等新的维度进行创新设计，使之更加人性化，更有针对性，并区别于其他网店。特别是进行了各种不同纬度的类目设置之间的对应，可由读者进行方便的切换和选择。建立强大的商品推荐系统会在竞争中获得明显优势。商品推荐系统的目的是降低读者选书成本，以留住读者。

（二）规范化、高质量的商品属性（元数据）设计及 SEO 设计

云书网网站上同类商品推荐系统的实现建议同时采用两种方式：一是按照货品信息的相关性进行关联和匹配；二是通过分析顾客浏览习惯，进行类比关联和匹配。另外，推荐体系中还包括主动推荐机制，比如定期制作专题书单，如节日书单、领导书单等。同时网店平台还可通过增加社交互动功能

来作为完善推荐系统的补充。云书网与实体书店发行渠道建设互为补充。英国瓦特斯通连锁书店和我国台湾诚品书店的成功案例，给书业经营者的启示是体现地面店的价值和出色的服务设计。首先是地面店的转型。网店与地面店在功能设计和服务设计上应进行有效整合。云书网在明显位置放置地面店活动介绍（通知和报道），建立地面购书指南频道（能方便查找某一个地面店是否有某本书），并且网店组织的所有线下文化活动都以地面店为场地。如河南省新华书店地面店转型为体验中心和社区文化服务终端、营销活动和文化服务场地，充分发挥其展示的功能。如果书店地处社区中心、交通要道的，可以发挥物流配送功能。其次是服务的专业。云书网整合现有的图书、期刊以及数字产品的海量内容，建立一个连接海量数字内容资源和终端读者的以主题为线索的内容定制系统，按照一定的模式，将上游（出版商、数字内容提供商、云服务商）的内容按个性化、针对性的原则组装成动态产品，可以满足订阅模式、升级模式等诸多创新业务和专业服务的需要。

河南省的新闻出版产业取得了一定成绩，但产业基础较差，规模较小，整体实力较弱，市场竞争力不强。目前《河南省规划》中部分指标已经完成目标任务，但仍有个别指标进度较落后，主要有以下几点原因。一是体制机制创新还不能适应市场经济的要求。转企改制后的新闻出版企业在经营活动中，还习惯于原有的经营方式，在机制创新方面缺乏活力。二是增长方式不尽合理。图书出版过度依赖教材教辅读物，自主创新和自主研发能力薄弱。报刊出版仍固守原有发行渠道和盈利模式，发行数量处于下降通道，报刊版面的经济价值在明显下降。三是产业结构不合理。新闻出版单位盲目追求小而全，企业资产规模小，新兴出版产业发展慢，缺乏品牌意识，应全面提高"规模化、集约化、专业化"水平，打造名牌企业、名牌产品、名牌工程、名牌市场。四是产业转型任务繁重，产业持续竞争能力较弱。面对互联网经济的浪潮，河南省新兴出版业务整体实力不强，虽然近年来在强力推动下取得了一些进展，但由于起步比较晚、转型不够快、缺乏资金投入，尚未产生足够规模的经济效益，没有形成真正的经济支撑和持续发展的合力。

五是市场秩序有待进一步规范。盗版、盗印现象时有发生，版权保护意识有待进一步提高。六是新闻出版人才队伍建设亟待加强。人才结构不尽合理，尤其是缺乏懂经营、善管理的高端复合型人才。七是尚须建立有利于新闻出版业发展的投融资体系，在政策上引导和扶持包括非公有资本在内的社会力量参与新闻出版业建设。

中原出版业（出版社）的
发行渠道和盈利模式

一　国内出版销售背景

1949～1982 年，我国的图书销售行业全部为政府所掌控，而新华书店则是国内唯一的图书发行商和零售商，新华书店的发行网络也是遍布全国各个城市和地区。因此，在这段时期我国的出版发行行业不存在竞争的现象，采取单一的"统购统销"的交易方式。直到《国家出版局关于图书发行体制改革问题的报告》出台，民营书业才开始崭露头角。

民营书业与新华书店相互竞争的态势逐渐形成。随着人们的阅读习惯越来越倾向于电子化、数字化，以及网上书店的迅猛发展，国有书店特别传统的国有新华书店的实体卖场遭受到了巨大的冲击。而网络书店不需要实体卖场，极大地减少了运营房屋租金的压力，一些网络书店为了达到以增加点击率来宣传电子商务平台或网页广告的目的，极大地压低图书售价。同时网络书店借助信息技术的智能化优势，提供丰富的书目信息、便捷的检索方式和人性化的服务等是实体书店无法比拟的。

二　河南新华书店发行渠道的现状

河南省新华书店及其所属 18 个省辖市新华书店、110 个县（市、区）新华书店及 1300 余处城乡网点，构成了上下贯通、遍布全省的强大出版物发行网络。但河南省新华书店系统渠道建设相对滞后，卖场规模小。据统计，截至 2011 年底，全省 3000 平方米以上的卖场只有 8 个，绝大多数网点面积在 300 平方米以下；功能单一，大多只经营纸质图书；设施落后陈旧，许多书店仍然是 20 世纪八九十年代的破旧房子；网点少，特别是基层网点少；经营效益差。

《2013 年出版物发行产业发展报告》显示，在 125467 家各类发行单位中，按所有制形式划分，国有 10331 家，占 8.3%，民营 114972 家，占 91.6%，民营发行单位数量约是国营的 11 倍。同时，我国出版发行产业链的更加成熟和细化，形成书商、批发商、零售商等各个产业环节，产、供、销体系进一步完善。近些年更是出现了一批大型民营资本，如北京世纪锦绣图书连锁有限公司近年来相继投资 2600 万元，分别在全国十大城市设立十多家营业面积为 1200～7000 平方米的直营店，而国内最大的民营书店席殊书屋目前已有 560 多家连锁店，具有民营背景的上海复星书刊发行公司的销售网络也已辐射上海市个 2000 零售终端。

三　河南省私营书店的发展

据《2013 年出版物发行产业发展报告》，截至 2012 年底，河南省共有 7603 家发行单位，8938 处发行网点，其中民营发行单位约占全省发行单位数量的 63.7%。以郑州市为例，目前郑州实体书店总数在 1000 家左右，新华书店系统的零售网点 20 多家，余下的是小而散的集体和民营书店。在图书批发市场，主要以河南省新华书店出版配送中心和民营批发市场郑州图书城为主，数据显示郑州图书城内有图书二级批发单位多家，每年向周边地区及省内各类书店发行图书码洋 10 亿元以上，是新华书店物流配送中心发行码洋的近五倍。

目前，河南省内实力较强的民营图书经销商有三毛书城、华腾、城市之光、河南树人、河南普乐、河南黄河等。2010 年 9 月，营业面积达 12000 余平方米，经营品种超过 15 万种的三毛书城正式营业，它依托超市售书成功运作的基础，成为河南省规模最大、品种最全的综合性购书中心之一。目前，三毛书城 50%～70% 的利润来自图书销售以外的环节。

四　国内出版发行市场发行方式格局

目前，国内市场主要的发行方式可以分为总发行、批发、零售、连锁经营，主要的发行主体为新华书店、民营书店、外资书店、网上书店及出版社自办发行等。2015 年，全国共有出版物发行网点 163650 处，与上年相比下降 3.52%。其中新华书店及其发行网点 8918 处，与上年相比下降 0.04%；供销社发行网点 537 处，与上年相比下降 23.29%；出版社自办发行网点 425 处，与上年相比下降 4.28%；文化、教育、广电、邮政系统发行网点 37586 处；上述系统外批发网点 8368 处，集个体零售网点 107816 处。其中，新华书店因各地的连锁网点多、自身品牌和拥有自有产权的房屋土地等因素，在图书发行上具有非常明显的优势，且目前绝大多数教材发行都由各地的新华书店完成。同时，近年来国内网上书店发展较快，较成功的有当当网、亚马逊、京东、天猫等。同时，随着很多出版社、书店、大型零售连锁机构开设自己的网上书店，网络销售领域竞争将更加激烈。

中原图书出版业的发展趋势

随着我国文化产业的不断发展，图书出版业面临新的机遇和挑战，出现了许多新的发展趋势：从无序化到差序化格局的发展，从粗放型到精细型分工的发展；从国有独营到国有民营结合的发展，从版权引入到版权引入输出并存的发展，从纸媒传统出版到多媒体数字出版的发展，从事业单位向企业单位公司化治理的发展，等等，这些新趋势将会为我国的图书出版业带来新变化。

一　从无序化到差序化格局的发展

随着改革开放的逐步深入，市场经济的不断发展，出版格局也不断发生新的变化，不断发生分化，逐渐形成从无序化到差序化的新格局。原先的归属于各政府机关、大学的出版社，在走向市场的过程中，引进了新的人才，进入了新的市场，在原有国家计划经济体制下形成的各综合出版社与专业出版社的基础上，逐渐形成面向市场化的综合出版社与专业出版社，专业出版社又细分成许多更加精细化的针对不同目标市场的出版社。

二　从粗放型到精细型分工的发展

随着国家改革开放的整体推进，外来文化的不断渗透，过去出版社粗放型的经营模式已经远远不适应时代的发展要求，转而进入精细型分工的阶段。无论是装帧设计、制版印刷、印刷用纸，还是编辑加工、发行体制、发行模式都发生了很大变化。实施精品战略，成为出版社可持续发展的必由路径。随着竞争观念的引入，打造出版社核心竞争力也成为出版作为文化产业的内在动力。图书内容越来越专业化，各出版社也逐渐形成了自己特色的图书品种，培养了一批专业化的图书编辑。发行市场也越来越精细化。细分市场的形成标志着图书出版业在走向成熟，即针对不同读者群设定发行领域，将合适的书在合适的时机以最快时间送到合适的读者手中。

三 从国有独营到国有民营结合的发展

改革开放以来，民间资本逐渐冲破行业壁垒，并且不断发展壮大。从市场大潮中闯荡出来的民营公司，真正获得了生命力。新闻出版总署署长柳斌杰曾经在央视二套《对话》栏目中明确表示，民营图书公司及工作室是"新的出版生产力"，公开承认了民营资本在出版业的合法地位，这是我国出版体制改革一个重要的突破。目前，国内已有许多家出版社和民营公司在过去建立的合作关系的基础上，共同出资组建新的二级法人实体，并将公司设在北京、上海等文化发达的大城市，以签约形式推出并打造明星作者，这是出版业走向市场化的必然结果，也会进一步推动出版改革向纵深发展。从国有独营到国有民营结合的变化显示出版业多元化发展的时代已经到来。国有与民营、国有民营共营等多种营业形态将成为普遍现象，那些固守计划经济时代的惯有思维，不思改革的传统出版社的经营环境将会进一步恶化，甚至会被兼并重组。

四 从版权引入到版权引入输出并存的发展

1992 年，中国正式加入《保护文学和艺术作品伯尔尼公约》和《世界版权公约》，版权问题正式进入出版视野。改革开放 40 年来，大批国外优秀作品被引入国内，满足了人们了解世界的需要；同时，随着中国在国际舞台上扮演着越来越重要的角色，中国传统文化也走出国门，中国开始成为版权输出国。这种双向的版权交流意味着中国开始融入世界大家庭，也意味着中国的出版社开始以版权输出的方式被世界了解。从目前版权输出情况来看，输出最多的仍然是中国传统文化方面的书籍，而具有现代先进文化特点的，真正走在世界思想前列的图书很少，还有赖于作者水平的提高和出版社的扶持，更需要政府层面的大力支持。同时，出版社也需要通过兼并重组增强实力，扩大在国际市场的影响力；需要深入了解国外市场，开发有针对性的优质图书，依靠市场手段走出去，在国外图书市场生根。

五 从纸质出版到数字出版的发展

进入21世纪，多媒体向着广阔的空间发展。电子书的出现，改变了出版前景。美国的电子书研究部门经过多年研究，已经开发出与纸质图书显现效果相近的电子墨水技术并应用于电子阅读器。由亚马逊公司开发的Kindle，已经成为风靡世界的电子阅读器，苹果公司不断推出的iPhone与iPad等系列产品，更是彻底改变了传统出版的利益格局。手机的普及也使手机阅读成为年轻人的日常行为。在地铁等交通工具上，都可看到许多人通过手机进行游戏或阅读。这种碎片化阅读已经改变了很多人的阅读习惯。数字出版已经成为全世界都在关注和追逐的新兴出版趋势。我国数字出版业方兴未艾，高速发展。

六 从事业单位向企业单位公司化治理的发展

传统图书出版业一直属于国家控制下的事业单位，作为具有中国特色的出版业，改革开放以来，"事业单位，企业管理"是一种通俗意义上的经营方式。为进一步推进新闻出版体制改革，加快新闻出版事业和产业发展，新闻出版总署于2009年印发了《关于进一步推进新闻出版体制改革的指导意见》。该意见提出推进公益性新闻出版单位体制改革，构建新闻出版公共服务体系；推动经营型新闻出版单位转制，重塑市场主体；推进联合重组，加快培育出版传媒骨干企业和战略投资者；引导非公有出版工作室健康发展，发展新兴出版生产力；扩大对外交流，积极实施走出去战略。截至2011年底，包括地方出版社、高校出版社、中央各部门各单位出版社在内的全国所有经营性出版社已全部完成转企，出版业进入新时代，国有出版集团的跨地区兼并、民间资本与国有出版企业的合资合作、走出去到国外收购当地的新闻出版企业成为近年来行业发展的重点。党的十七届六中全会以来，文化大发展大繁荣更成为重要的政策推动力。中央和地方出版集团上市融资，已经成为行业发展趋势。上市之后的出版企业，运用资本杠杆进行跨地域并购重组，不断做大做强，也成为出版业的新发展方向。可以说，出版业在政策和市场的共同作用下，正处于产业发展的变革期和活跃期，虽然竞争进一步加剧，但是由此带来的活力也会给整个出版业带来新的发展空间。深入研判和准确把握出版业发展的前沿热点和重点难点，正确定位自身的发展战略和方向，就会给出版企业带来前所未有的新的发展机遇。

七 图书细分市场结构变化，逐渐向大众图书倾斜

根据开卷信息的分类方法，图书市场按照内容与功能的差异可以区分为教辅教材、社科、文学、艺术、少儿、语言、科技、生活、传记、综合图书10个细分市场，各细分市场的产品特点、消费群体、竞争程度、市场周期都有所不同，伴随图书出版行业市场化改革进一步深入，文化消费升级及新媒体的发展，图书市场呈现明显的向大众图书倾斜的趋势。开卷信息2016年数据显示，社科、文艺、科技、少儿、生活休闲、综合图书六大类大众图书合计占据图书销售总码洋的77.27%，大众图书成为图书市场的主体。

八 线上与线下渠道格局趋向稳定

近年来，当当网、亚马逊、京东、新华在线、淘宝店等线上图书销售规模呈现明显增长趋势，在做大整体市场规模的同时，对线下书店的分流作用明显。线上渠道相比线下，在面向消费者时具有价格低廉、品种丰富、配送便捷、活动促销刺激消费作用强等特点，同时具有无租金成本、信息化程度高、采购仓储物流的规模效应等优势。根据开卷信息统计，2016年全国图书销售码洋超过700亿元，其中实体书店销售码洋336亿元，较2015年有

所下降，实体零售市场总体保持平稳态势；线上渠道销售码洋约 365 亿元，同比增速约 30.36%，预期未来将保持稳健增长。

可以预见，未来线上渠道将持续分流实体店份额，但实体书店提供的阅读体验式消费并不能被线上渠道完全取代，线上对线下的分流会遭遇增长极限。最终线上线下渠道份额会稳定在一定比例，形成互为补充的市场格局。

九　行业集中度提升，大型传媒集团成为发展趋势

据统计，截至 2015 年末，全国共有出版社 584 家，其中 32 家出版集团下属出版社 236 家，32 家出版集团市场码洋占有率合计达 49.36%，较 2014 年增长 1.92%，大型出版集团竞争力进一步增强。随着国家关于推动文化企业并购重组、组建大型出版传媒集团的发展规划初见成效，出版集团之间走向跨地域、跨类别的直接竞争，图书发行市场的地域分割、市场分割格局逐渐被打破，竞争程度日趋激烈。

从行业关联性看，图书出版、印刷、发行和物资供应四个环节组成了出版发行行业的产业链，以出版环节为龙头，带动印刷、发行和印刷物资供应发展。出版发行行业的一般模式为：出版社把内容产品交由印刷企业，物资供应企业提供印刷物资，印刷企业完成印刷，由出版社或独立发行商实现销售，发行环节下游则直接面对消费市场（见图 1）。

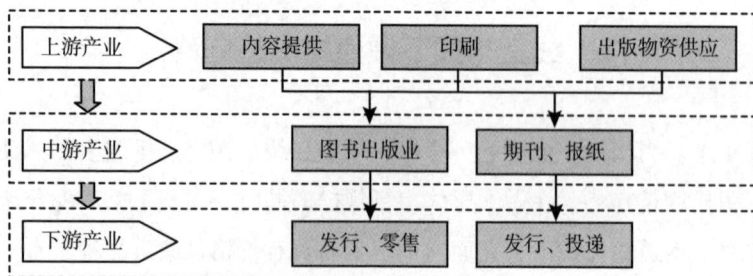

图 1　出版发行行业产业链

资料来源：《2017 年中国出版行业发展现状分析及未来发展趋势预测》，中国产业信息网，2017 年 8 月 9 日，http://www.chyxx.com/industry/201708/548812.html。

典型案例介绍

一　官方性质出版社：河南人民出版社

（一）概况

河南人民出版社成立于 1953 年，由河南省新闻出版局主管、主办，主要出版马列主义、毛泽东思想理论著作；以马克国思主义为指导的哲学、政治、法律、经济、历史等研究著作；上述各单门类辞书、工具书及通俗政治理论读物、青年思想教育读物。河南人民出版社出版书籍包括人文社科、文学精品、国学经典、民间文化、中国功夫、艺术、名人传记、少儿读物、教育等方面；年均出版图书 300 余种。

（二）组织构建:五处一社

河南人民出版社现有政治理论读物、经济读物、文史读物、青年读物、译文五个图书编辑处和《作文指导报》社。

（三）大事记

1. 1985～1990年

（1）河南人民出版社在国内书展中的崛起

1985 年，在香港举办的全国书展中，河南人民出版社默默无闻。由于加强了重点书和宣传工作，河南人民出版社在 1986 年 5 月的全国书展后进入国内大众视野。

截至 1989 年，河南人民出版社出书数量和质量稳步提升，出版图书

318 种，比 1985 年的 87 种增长了 265%。1989 年进入国际市场的图书 99 种，比 1985 年的 11 种增长了 8 倍；1989 年获得省级以上奖的图书 61 种，比 1985 年的 16 种增长了 281.2%，初步形成一个比较系统完整的图书体系。

（2）河南人民出版社具体出版理念及措施

第一，重视出版马克思理论相关书籍，提出出版马克思主义系列丛书，以满足社会成员阅读和学习需求。第二，重视社会主义革命和建设经验教训图书的编撰和出版。第三，重视多学科，尤其是新学科图书的编撰和出版。第四，提出出版大型妇女研究丛书，涉及多个人文学科。第五，重视出版现代史学著作。第六，重视出版历史通俗读物，出版了诸如《中国历代名君》等"三名"丛书，《昏君传》等"三传"丛书，影响深远。第七，注重古今文化积累，出版了大批重点图书。

（3）河南人民出版社具体出版工作中得到的经验

第一，适应时代，参与时政，为民请命，为国献计；第二，优化选题，保质保量；第三，坚持社会效益第一，社会效益和经济效益相统一；第四，坚持正确的出版方向[1]。

2. 1997～2002 年

1997 年，河南人民出版社面临的情况十分严峻，由于长期受计划经济体制及其思维的束缚，体制落后、财政困难、矛盾突出、人心涣散。自 1997 年 9 月河南人民出版社领导班子组建以来，带领全社职工学习邓小平理论，坚定不移贯彻和执行党的十五大提出的"加强管理，优化结构，提高质量"，推进改革，强化管理，抓住机遇，开拓进取，以改革促发展。

（1）1997～2002 年五年步伐

一是加强领导班子自身建设，民主集中，核心带动。具体而言，制定和

---

① 任文：《从默默无闻到新的崛起——河南人民出版社巡礼》，《中国出版》1990 年第 7 期，第 35～39 页

实施了《领导干部廉洁自律工作安排意见》《纪检监察工作要点》《党风廉政建设责任目标》等制度，把领导班子的职责、工作、任务和考核奖惩办法以制度的方式固定下来，公之于众，接受监督，得到了群众的普遍信赖。领导班子走进群众、走进基层、走进一线，起好带头作用。同时该社制定了《河南人民出版社领导班子工作条例》，接受大家监督。

二是抓好政治组织思想工作。具体表现为完成党委换届选举；组建调研队伍，走出去、请进来、定制度、抓落实。奔赴多地考察，制定出适合自身情况的改革方案，提出"三年三步走"的发展规划。开展讲学习、讲政治、讲正气的教育学习，倡导和营造"团结、敬业、严谨、创新"的社风，大力开展调查研究，提高素质，狠抓落实。

三是制定和完善各项规章制度，强化管理，改革创新，激发活力。制定了从编辑发行到行政人事等方面的 20 多项新的管理办法，明确各岗位职责，百分之百考核，按成绩分发奖金，设立"金点子奖""突出贡献奖"等激励内部创新。

四是深化干部人事制度改革，选贤任能，合理配置，优化组合，动态管理。

五是树立全新的现代出版管理理念。形成"书出精品，社创一流"的出版理念，从"等稿来"向主动策划图书出版转变，稳固推进图书出版市场化；形成定期的市场调研；改革出书选题论证方法；深入一线，认真把握重印率这一关键要素；提升图书编校质量；推动图书版权贸易工作，1995年以来达成贸易版权项目 37 项（套），其中版权输出 15 项（套），版权输入 22 项（套）；抓好小学初中《思想品德》课本的出版；推动图书出版的稳步发展。

（2）1997～2002 年五年成就

截至 2000 年 8 月末，一是资产总额比 1995 年翻一番；二是销售收入年均增长 24.98%，总利润年均增长 14.29%；三是国有资产保值增值率平均增长 30.5%，是 1995 年的 4 倍；四是出版成绩，五年来出版社出版图书 1500 余种，获得省级以上奖励 203 次（种），其中获得全国奖项 8 种，省

171

"五个一工程"和省优秀图书奖 20 种，各类获奖数量均呈上升趋势；五是内部管理，其间加强和改进了内部管理，建立了内部规章制度，出台了建社以来的第一套比较系统完整的目标管理制度和年终考核办法，各项管理工作逐步走上制度化、规范化、科学化的道路。

同时，实现了三个突破。一是干部人事制度改革的突破。引入了竞争激励机制，公开公正，择优录取，对一般干部实行动态管理，双向选择优化管理。二是经营多交角化的突破。启动了社刊工程，《作文指导报》当年创办，并于创办当年实现盈利。《经营与消费》报也初见成效。组建河南文天工贸有限公司。三是基础设施的完善与突破。投入 500 余万元推动办公手段现代化。启动"金版工程"，完成局域网硬件系统的综合布线，推动全社工作效能的提升。①

3. 2017年6月6日成立河南人民出版社豫北分社

为繁荣发展文艺事业和促进图书出版工作，经河南人民出版社考察，就豫北地区的图书出版活动事宜与新乡市文联达成战略合作关系，成立河南人民出版社豫北分社。

二　教辅图书背景的出版社：大象出版社
（前身为河南教育出版社）

（一）概况

大象出版社，中国优秀出版社，其前身是河南教育出版社。大象出版社自 1983 年成立以来，已出版图书 3500 余种，发行逾 10 亿册，有 400 余种图书获得包括国家图书奖、中宣部"五个一"工程奖、中国图书奖在内的各类优秀图书奖项，有 300 余种图书进入国际市场。

---

① 豫人：《跨越与突破——"九八"河南人民出版社改革发展纪实》，《中国出版》1999 年第 3 期，第 12～13 页。

1996 年 10 月经国家新闻出版署批准更为现名。大象出版社主要出版大中小学各类教材、教学参考书、教学辅助读物、学生课外读物及教育理论著作、工具书与有关学术著作。

（二）组织构建"965"

出版社设有教材、教辅、中小学教育、综合、电子读物编辑室和审读室、装帧设计室、校对科等九个业务部门；设有办公室、总编室、财务科、出版科、宣传营销部、储运部六个职能部门；设有发行科、大象出版贸易公司、大象出版技术服务公司和《寻根》杂志社、《今日英语报》社五个经营部门，已基本形成编、印、发、物配套齐全，书、报、刊、电子读物良性互动的多元化发展格局。

（三）大象出版社的组织改革和出版体系

1. 组织改革

为提高集约化经营程度，大象出版社对内部资源和出版资源进行了重新配置和整合，将 20 个科室划分为职能部门、业务部门和经营部门三类，成立宣传推广部、技术服务公司对出版流程进行改造。加强与省内作者资源的联系，聘用国内外知名人士作为顾问，促进本社的市场化进程

2. 出版体系

以教辅类图书的开发出版为重点，以精品图书为品牌骨干，服务教育，方便学生。多种媒体并用，走市场化道路，逐步建立教材教辅市场型学生用书、品牌用书、连续性出版物、报刊出版、电子出版物、工具书、引进版图书等九个出版体系。大象丛书包括大象系列丛书、教辅系列丛书、考古系列丛中国重点精品系列丛书等。

（四）大事记

1992 年大象出版社率先在河南省出版界进行了"转换内部经营机制"的改革。

1995 年河南教育出版社（大象出版社前身）出版了"八五"规划《中国科学技术典籍通汇》。

1996～2000 年"九五"期间出版了"九五"规划《中国近现代科学技术史》、《中国传统工艺全集》、古籍影印本《清代匠作则例汇编》，特别是建立宏大的数学出版工程《中国数学史》。

2001 年大象出版社率先进行体制改革。2001 在全民所有制职工中实行全员聘任制，全部实行岗位目标责任制，岗位工资制劳动保障制度；实行定岗定员，绩效挂钩，全民所有制职工和聘用制职工同工同酬，建立完善的岗位人才培养制度、激励机制、淘汰机制、社会保障机制、制度化管理机制。

2009 年建立大象出版社官网及网上书城。设立特色数字增值服务电子期刊电子杂志等业务。

2013 年，大象出版社出版了《大象学术丛译》，推进学术进入大众视野。大象学术译丛第一编包括《教育与科学理性的功能》《拜占庭：东罗马文明概论》《关于我们崇高与美观念之根源的哲学探讨》《从部落到帝国》《语言和历史描写——曲解故事》《大秦国全录》《话语的转义》《维柯的哲学》《实在主义的形而上学》《罗马与中国》共十本。

（五）大象出版社教辅类图书质量把控

1. 创作源头的质量把控

（1）作者的选取

多年来，大象社非常重视作者队伍建设。一方面，该社积极与河南省基础教育教研室、河南名师工作室、各地市教研室建立密切的联系，寻找较为熟悉一线教学实际和客观需求的优秀作者资源，不断健全完善全国一线优秀教师和各地教研员数据库。另一方面，该社积极发展新作者，为教辅图书的编写注入新鲜血液，以保障作者市场的必要竞争和优胜劣汰。此外，大象社还要求入选教师或教研员必须深入研究课程标准，结合一线教学授课疑点难点认真编写书稿，在保证图书质量上做到精益求精。

（2）探索推行作者考评制度

在积极维护作者资源的情况下，大象社不断健全作者考评工作制度，对作者撰写的"基训"丛书从选题策划、组稿、初审、复审、终审等环节分别进行打分，填写"基训"丛书作者使用情况评价表，以此来评价作者。大象社每年评选出分数较高的作者，然后对高分数的作者进行奖励；分数较低的作者，第二年新编或修订时通常不会再予以选用，从而不断更新作者资源库，使大象社的作者资源库成为河南名师的"档案室"和教学新秀的"培养室"。这样的作者评价制度提高了作者的责任心、积极性，对提高图书质量起到了重要作用。

（3）编辑提前介入，全程"盯梢"作者

通过把控作者的稿件源头来保证稿件质量诚然非常重要，但在实际产品生产过程中还远远不够，编辑应该积极主动地提前参与作者编写稿件的过程。

在创作过程中，大象社编辑全程"盯梢"作者，作者每创作完成一单元都要及时发送给责任编辑，由责任编辑启动相关工作流程，根据样片对其进行总体评价，如样片是否有政治性问题、是否符合编写方案、是否与教材配套、是否符合编写的内容结构要求、是否具有科学性、是否有知识性差错等。责任编辑把发现的问题及时反馈给作者，与作者始终保持沟通，帮助作者在宏观上保持"清晰思路"，在微观上做到"明察秋毫"，这样既保证了书稿全部创作完成之后，到达编辑手中的是"齐、清、定"的高质量书稿，又"步步为营"地切实做好了作者创作环节的质量把控工作。

2. 编校合力

在大象社的图书生产线上，"基训"丛书历经"作者源头质量把控"环节后，紧接着便要转入"打磨、上色"环节。在教辅图书"创作"的中期阶段，大象社严格按照"三审、三校、一通读"原则对"基训"丛书的稿件进行审校，严把内容质量关，坚决反对以审代编、以校代编、压缩"三审、三校、一通读"的现象。

（1）三审三校一通读

扎实做好初审工作。"基训"丛书的稿件按照时间要求编写完成之后，大象社要求责任编辑从多方面对稿件进行内容质量把关，从稿件是否有政治性、知识性差错，是否与配套教材内容严格同步，知识结构是否科学、严谨，重难点是否突出，语言文字、结构是否符合出版规范，是否符合学生的认知特点等方面进行初审鉴别。

严把复审关卡。大象社要求"基训"丛书的复审编辑实务编辑必须具备多年的教辅编辑工作经验，要求他们对初审编辑的审稿意见进行评价认定，认真复核初审编辑的初审稿件，发现问题的必须及时与初审编辑沟通，积极消弭图书中的质量差错。

死守终审底线。大象社要求终审编辑必须从政治性、思想性、同步性等方面，对初审编辑、复审编辑审阅的稿件进行总体评价认定，对稿件中仍然存在的问题提出修改意见，并对反馈结果进行及时跟踪和有效处理，切实守住终审底线。

切实履行校对职责。校对是出版流程中的重要环节，大象社要求不同层级的校对人员必须分多个环节对"基训"丛书进行地毯式校对。校对人员不仅需要"校异同"，以消除排版过程中的差错，还要"校是非"，以消灭稿件中的内容差错。通读是校对过程中最后的校次，大象社要求校对人员脱离原稿，直接通读校样，消灭校对过程中遗留的差错。

（2）创新"周报"制度

"三审、三校、一通读"看似简单，真正落实起来其实是一项巨大的工程，需要制度的创新来提高各个环节对图书质量的监控水平。大象社每周都对"基训"丛书在复审、终审、校对环节发现的内容质量问题进行统计，并在大象社教辅QQ群及内部网站上公告（以下简称周报制度）。每周一，大象社教辅编辑都会第一时间去看内容质量问题每周统计表（周报表）。这些表格内容翔实，涉及"基训"丛书内容质量的方方面面，可直观地反映责任编辑的审稿情况及审稿过程中未发现或处理不当的问题。这项措施的实施，强化了责任编辑的责任意识，同时，后一环节对前一环节的编校监督也强化了前一环节编校流程的把关、责任意识。

由于该套丛书版式的统一性，很多问题在一本稿子中出现，也可能在其他图书中出现，所以周报制度不光是对以往错误的总结，也是对未来可能会犯的错误的警醒。周报制度极大地降低了相同错误重复出现的概率，同时也为新任编辑的系统培养和快速成长提供了很好的素材。通过多年来的推广，贯彻落实周报制度已经成为大象社各个环节工作人员的一项重要工作习惯和必要工作流程。

在"三审、三校、一通读"的过程中，利用周报形式进行质量评估，不仅是大象社质量评价体系的一种创新，也是大象人常年不懈坚持将图书质量视为生命和信誉的一种切实体现和集中展示。

3. 质检补救

（1）印前质检

印前质检是教辅图书成书前的最后一道"质保屏障"。大象社设立了专门的质检部门对"基训"丛书进行印前质量检查，印前质检合格的书稿方可出片下厂印刷。质检部门相关质检人员对"基训"丛书中的每一本书都会进行检查，检查包括必查内容和抽查内容。必查内容包括版权页、编写说明、使用指南、目录、书眉、后记等，抽查内容是质检人员随机抽查连续页面的 2 万字。印前质检的图书会按照《图书质量管理规定》计算图书差错率，如果图书被认定为不合格，质检部门会要求责任编辑重新审读稿件，如果第二次质检仍不合格，科室主任会与该书的责任编辑进行沟通，如果第三次还是不合格，社主管领导会对责任编辑进行批评教育。三次以上都不合格，责任编辑可能会被调岗。

（2）积极实行奖惩机制

大象社参考印前质检结果，通过奖惩机制来约束责任编辑行为。大象社对"基训"丛书质检合格率较高、信誉好的责任编辑进行工作量上的奖励，如在某本图书原有工作量基础上奖励 50% 或 100% 的工作量，对质量不合格率较高的责任编辑扣除相应比例的工作量。工作量的奖惩不是目的，而是一种提高责任编辑责任意识的手段。通过质检部门的质量监控及奖惩机制的制约，大象社充分发挥印前质检及时发现问题、及时补救的积极功效，有效避免了可能存在的图书质量问题，切实封堵了不合格的"基训"丛书流入市场的通道。

（3）行业专家评议 + 师生社会监督

"基训"丛书的内容质量监控除了需要出版社练好内功，如前期把控作者源头质量、中期编校合力、后期质检补救等，还需要充分发挥外部力量的评议和督促有效作用。

一是行业专家评议——有效发挥外部监控功效。《中小学教辅材料管理办法》指出："从专家信息库中随机抽取专家担任本次评议工作的专家委员，组成专家评议组，对资格审查合格的各学科教辅材料从知识性、科学性、适用性等方面进行评议，并提出评议意见。"河南省成立"河南省中小学教辅材料评议委员会"，负责全省中小学教辅材料的评议工作。该评委会由中小学教师、校长、教研员等专家组成，具体负责对各学科教辅材料内容质量进行评议。大象社要求"基训"丛书必须报送河南省中小学教辅材料评议委员会，将专家评议组的评议意见提交评议委员会审定。专家评议组在对大象社"基训"丛书的内容质量进行肯定的同时，也提出了一些细节性的建议。大象社根据评议意见对该套丛书的内容进行整改，切实保障"基训"丛书的图书质量。

二是师生监督——积极动员社会督促力量。大象社一直非常重视广大教师和学生对"基训"丛书的质量评价，专门建立了一套内容质量评价体系，还根据各个学科特点有针对性地收集整理评价意见和建议，从而为该套丛书的后期质量改进提升积累基础数据和客观认知。大象社的师生评价体系，要求从市、县、乡三级选取不同层级学校的教师对该套丛书进行评价，每学完一个单元就对该单元进行评价，并发送给责任编辑。责任编辑根据评价的结果，认真分析研究总结，以备第二年修订或新编时提高图书质量。该评价体系具有点面结合的特点："点"方面，具体到每一道试题的评价，评价教师从同步性、创新性、正确性、难易度等方面对每一道试题进行评价；"面"方面，侧重于对某一单元甚至是整本书的整体评价，学生每学完一个单元，评价教师会进行整体的内容评价，提出相应的建议，使用完整本书后，评价教师也会针对整本书做出评价。

同时，"基训"丛书的封底处还设有"敬告读者"一栏，方便师生反馈内容质量情况，如图书的优点、问题与不足以及改进建议等。广大师生可以通过发送电子邮件或邮寄纸质信件的方式与大象社联系，反馈意见建议，以提高图书质量。同时，大象社公众微信平台也可方便快捷地接受师生的反馈意见，与广大师生进行在线互动。

此外，为有效激发广大师生监督的积极性，大象社每年还会组织教辅编辑到使用该丛书的学校进行质量调研，及时收集师生们的意见建议，为第二年的新编或修订做好准备。教辅图书承载着育人功能，教辅图书的内容质量关系千万学子的成长，大象社一直秉承"服务教育，介绍新知，沟通中外，传承文明"的理念，不断提升教辅图书"基训"丛书的质量，多维把控教辅图书质量，持续为读者提供高品质的图书。①

三 河南出版行业（出版社）相关工程、管理机构

1. 硬件工程：河南出版大厦工程（2006～2008年）

该工程是河南出版产业基地的核心工程，它的建成促进了河南出版产业的发展，成为出版行业的标志性建筑。作为河南出版产业基地，集编辑、出版、教材研发于一体，是河南省大力发展文化产业、建设文化强省的重点建设工程项目。河南出版大厦于2006年6月28日开工，2008年9月30日竣工，由河南出版集团投资建设，郑州大学综合设计研究院设计，河南海华工程建设监理有限公司与达华工程管理（集团）有限公司监理，河南省第一建筑工程集团有限责任公司施工总承包。

2. 行政管理机构：河南省新闻出版广电局（河南省版权局）（2014年）

根据《中共河南省委河南省人民政府关于省政府职能转变和机构改革的实施意见》，设立河南省新闻出版广电局（河南省版权局）（2014），为省

---

① 燕楠：《教辅图书内容质量监控——以大象出版社教辅图书"基础训练含单元评价卷"丛书为例》，《出版广角》2016年第7期。

政府直属机构。根据政府职能转变的要求，取消了 20 多项原有审批职能。河南省新闻出版广电局（河南省版权局）共有办公室（交流合作处）、政策法规处等 20 个内设机构，机关行政编制 147 名（含单列编制 1 名）。河南省新闻出版广电局（省版权局）设立后，根据职能转变的有关要求，20 多项原有职责被取消，其中包括音像制品经营许可；组建出版物交易市场审批；进口出版物经营发行审批；外商投资图书、报纸、期刊分销企业设立审批；版权贸易合同登记；期刊出版增刊审批；被关闭光盘厂生产线和被查缴非法光盘生产线处理审批；电子出版物制作单位接受境外委托制作电子出版物审批；省内出版物连锁经营单位设立、变更或兼并、合并、分立审批；可录光盘类生产设备引进审批；从事出版物总发行业务的单位变更《出版物经营许可证》登记事项，或兼并、合并、分立审核；只读类光盘生产设备引进、增加与更新审核；举办全国性出版物订货、展销活动审核；在境外展示、展销国内出版物审核；设立出版物全国连锁经营单位审核；从事出版物全国连锁经营业务的单位变更《出版物经营许可证》登记事项，或兼并、合并、分立审核；著作权集体管理组织章程修改审核；出版物总发行单位设立、变更审核；期刊变更登记地审核。取消一般题材电影剧本审查，实行梗概公示；取消出版物发行员职业资格考核鉴定职责，工作由相关协会、学会承担；图书出版单位等级评估职责，工作由省出版工作者协会承担；取消报纸、期刊综合质量评估职责，工作分别由省报业协会和省期刊协会承担；涉外著作权登记服务职责。

期刊出版业篇

改革开放以来中原期刊出版业基本情况

一　改革开放初期的中原期刊出版业状况

改革开放初期到 20 世纪 80 年代，十一届三中全会为党和国家的事业开创了崭新的局面，河南省期刊进入崭新快速的发展时期，许多一度停刊的期刊都纷纷复刊，《党的生活》杂志继续发挥了传播方针政策、服务党的工作、关注时政热点、反映民意民声的作用。1979 年 6 月，河南团省委主办的《时代青年》杂志复刊，担任起青年鼓与呼的时代责任，成为党和共青团教育引导青年的重要舆论阵地，成为河南青年的精神家园。

这一时期，一批生活类杂志也纷纷浴火重生。1982 年，河南省妇联主办的社科文化期刊《妇女生活》复刊，该刊物坚持正确的政治方向和舆论导向，以文明、健康、积极的宣传基调，强调品味建设，具有贴近性、可读性强的鲜明特色，吸引全国读者的关注，连续六次荣获国家级大奖。

同时，学术类期刊崭露头角。1979 年创办的《学术研究辑刊》，于1981 年更名为《中州学刊》，1984 年第一期由河南省社科院主办，面向国内外公开发行，在学术界享有盛誉，成为中原学术交流的新窗口，发行范围遍布亚洲和欧美。河南省博物院主办的《中原文物》期刊也于 1977 年创刊，现已发展成为全国中文核心期刊，河南省一级期刊。

二　市场经济发展对中原期刊出版业的影响

改革开放后，我国的经济体制由计划经济转向市场经济，市场经济对河南省传媒期刊产生了巨大的影响，期刊作为社会主义市场经济的组成部分，部分期刊开始追求盈利，企业化运作，逐渐成为市场竞争主体。

大众文化生活类期刊不断崛起，涌现《妇女生活》《人生与伴侣》等一大批大众文化品牌期刊，期刊发行量逐渐增大，经济效益良好，拥有较大的受众群。这些期刊以内容丰富，格调高雅，风格清新为特色，根植于深厚的本土文化，为大众提供雅俗共赏的佳文，以情感性的纪实故事吸引了读者。

同时，市场经济的高速发展促进了人们对时尚期刊的追捧，这些印刷精美的时尚生活类期刊内容侧重于服装、美容、情感、都市生活，主要面对白领阶层。在时尚的栏目下又划分出家居、健康、旅游、汽车等内容，以精美而华丽的设计，引领读者享受高品质的生活。

市场经济的高速发展同时促进了人们对财经期刊的需求，《销售与市场》等一批关注市场营销，不断提炼实战案例，为中国企业指引方向。

根植于河南悠久的传统文教事业，教育类期刊也层出不穷，以《河南教育》《中学生阅读》等为代表的文化教育类期刊在市场中也逐渐获得了广大受众，为河南省教育事业的发展添砖加瓦。

与此同时，非营利性期刊，如学术类期刊与时政类期刊也受到了市场的冲击，将学术研究、政治论文与市场的热点相结合，增强了刊物的理论和实践意义。

中国的期刊出版处于市场经济风云变幻的转型时期，中国期刊出版计划与市场互相博弈，由事业向企业转轨，从产品经营到资本运作的尝试，期刊出版社开始致力于市场环境中的改革探索以寻求前进的方向。在改革开放的浪潮中不断试验，整个期刊出版行业基本实现了转企改制、股份制改造上市、版权输出及出版产业化转型。

三　媒介技术发展对传统期刊出版业转型升级的推动

媒介技术的高速发展对传统期刊的出版和发行产生了巨大的影响，期刊的采编方式发生了转变，由传统的线性采编模式转向新媒体多平台采编，实现了高效率的作业。期刊的发行方式也发生了巨大的转变，传统期刊通过邮政发行、报刊亭发行，使受众只能拘泥于较小的空间范围，且导致发行迟缓，从定稿、发排到邮寄至读者的手中需要几天甚至更长时间。新媒体的出现使期刊到了数字发行、网络发行时代，改变了传统的线性传播方式，通过数字化媒体的传播，将期刊的内容同时传输到全国各地，缩短了传播环节的时间，方便读者订阅与阅读，增强了期刊内容的传播效果。

数字化出版技术可以将期刊的内容进行横向或纵向的聚合，实现期刊内容文本的增值效益，特别是科技类期刊，通过期刊网站的数字化建设，有利于提升科技类期刊的影响力。近年来，政府不断加强政策扶持，积极支持科技期刊的集约化、数字化建设，河南省期刊质量和影响力不断提升，目前全省241种期刊中，自然科学、技术类科技期刊就占111种，被中国知网、万方数据等收录的有192种，同时有16种期刊在海外发行。一批期刊综合指标和学术价值位于全国同类期刊前列，被国际知名检索系统收录，河南已打造出一批市场定位准确、栏目特色鲜明、学术水平较高的期刊集群，并进一步推动学术期刊集约化、数字化发展试点工作的深入开展。

期刊出版业政策环境

一 期刊出版业管理政策

改革开放以来，我国期刊业取得的一项重要成果就是初步构建了宏观的管理体系。《期刊管理暂行规定》《科学技术期刊管理办法》《中国社会科学期刊质量管理标准》《科技期刊质量要求及评估标准》、《出版管理条例》《关于在出版行业开展岗位培训实施持证上岗制度的规定》《电子出版物管理条例》等一批管理规章陆续颁布，初步形成了预报机制、引导机制、监督机制、责任机制、约束机制、奖罚机制、保障机制等，这一系列机制日益发挥其职能，期刊工作开始步入法制化、规范化的轨道。

2011年以来，在原新闻出版总署和河南省委、省政府领导的领导下，河南省新闻出版工作坚持以邓小平理论和"三个代表"重要思想为指导，以科学发展观和党的十八大精神统领新闻出版工作，认真贯彻实施《新闻出版业"十二五"时期发展规划》和《河南省新闻出版业"十二五"发展规划》，大力落实文化强省战略，全省新闻出版产业改革开放全面推进，产业规模逐步扩大，行政监管不断加强，新闻出版产业稳步发展，在文化强省建设中的主力军地位进一步巩固。

河南省新闻出版广电局对河南省期刊的发展制定了相应的规定和扶持政策，为有效实施项目带动战略，推动新闻出版业大发展大繁荣，河南省新闻出版产业单位积极申报国家新闻出版改革发展项目，2010年以来，河南省共有41个项目入选国家新闻出版改革发展项目库。这些项目的实施大力推动了河南省新闻出版业从传统出版向数字化转型，从传统印刷向绿色印刷、数字印刷转型。2015年河南省委宣传部、河南省文化厅提供省级高成长服务业专项引导资金，促进新闻出版类项目的发展，扶持文化产业项目。河南科技期刊集团的河南省科技期刊创新云服务平台等项目顺利入选。

"十三五"规划发展期，河南省新闻出版业发展将在增长速度、产业结构、发展方式等方面呈现新常态，发展速度和发展质量将更加协调，转型升级、融合发展将成为河南省新闻出版业今后发展的必由之路。要提升河南省新闻出版业发展的原动力和变革力，需要河南省新闻出版业直面挑战，砥砺前行，融合互联，创新升级。河南省新闻出版广电局全面贯彻落实党的十九大精神，围绕"四个河南"建设和"三大战略"实施，积极推进以弘扬优秀文化为重点的重大出版工程建设，提升出版主业核心竞争力；积极推进文化与科技融合发展的全产业链数字化转型，提升产业持续竞争力；积极推进发行产业体系和物流建设，提升产业渠道竞争力；积极推进印刷产业更新换代和绿色印刷，提升产业专业竞争力。具体分为以下几点。

（一）强化服务作用，通过转变职能创造发展环境

按照国务院机构改革、职能转变的总要求，在新一轮的机构改革过程中，进一步解放思想，积极建设服务政府、责任政府、法治政府和廉洁政府，通过简政放权不断创新与完善履职方式，在服务支持中体现管理，在繁荣发展中创新管理，强化行政效能，努力为河南新闻出版业大发展大繁荣提供优质服务，创造良好环境。

（二）进一步优化产业结构，促进新闻出版产业转型升级

要紧紧把握经济、社会发展的趋势和规律，转变发展观念，创新发展模式，提高发展质量，进一步调整和优化产业结构、产品结构。加快推广应用IT技术、数字技术等高新技术，着力培育和发展新闻出版新兴业态，采取切实有效措施，不断提高新闻出版领域的科技含量和装备水平，拓展新闻出版业的生产方式和新闻出版产品的表现形式。

（三）主动融入，着力推进新闻出版产业转型升级

运用高新技术，促进"新闻出版产业＋互联网"融合发展。大力拓展河南省新闻出版产业与互联网融合发展的深度和广度，优化创新创意体系，重塑新闻出版产业内容生产产业链，主动适应和引领新闻出版产业发展新常态。以产业项目为抓手，以融合发展为引擎，持续做好河南省新闻出版产业转型升级工作，在创新传统出版的基础上，引导组织全省出版单位加快推进电子书出版、互联网出版、手机报、手机出版、数字出版等新业态，满足消费者多形式阅读需求，形成新的经济增长点。培育骨干数字出版发行企业，开发优质数字出版发行平台，打造一批知名品牌，以推动传统出版发行向数字出版发行转化，以数字化带动新闻出版产业现代化。推动传统印刷复制企业数字化改造，实现按需印刷。

（四）实施重点工程，加大资金扶持，带动新闻出版产业发展

今后要通过实施一批具有战略性、引导性和带动性的重大新闻出版项目工程，加速推进河南省新闻出版产业转型和产品升级，提高企业和产品的市场竞争力。加快推进农家书屋工程、全民阅读工程、重大出版工程等公共服务重大工程，按照国务院颁布的《文化产业振兴规划》的总要求和河南省关于《中原经济区建设纲要》《郑州航空港经济综合实验区发展规划》的具体要求，积极争取各级财政对新闻出版产业的投入力度，大力支持新闻出版产业快速健康发展。

（五）建设现代市场体系，发挥市场在资源配置中的主体性作用

要进一步打破条块分割、地区封锁和城乡分离的市场格局，加快形成统一开放、竞争有序的新闻出版市场体系。继续培育发展出版物市场中介机构，发挥行业组织的作用，提高新闻出版产品和服务的市场化程度。按照中宣部等九部门《关于金融支持文化产业振兴和发展繁荣的指导意见》的有关政策，大力推动新闻出版企业积极与国有银行及相关金融机

构开展战略合作，加快建立和发展中小新闻出版企业信用担保机制，允许投资人以知识产权等无形资产参股新闻出版企业，为产业发展争取良好的投融资环境。

（六）鼓励和规范非公有资本进入新闻出版领域，解放和发展新兴新闻出版生产力

认真贯彻落实原新闻出版总署《关于支持民间资本参与出版经营活动实施细则》等文件精神，放宽融资渠道，鼓励、支持和引导非公有资本进入政策许可的领域。鼓励和支持非公有文化机构从事印刷、发行等新闻出版业的有关经营活动。引导和规范个体、私营资本投资组建的非公有文化机构以内容提供、项目合作，形成国有、民营出版业优势互补和大中小企业分工协作的良好局面。

（七）改善和优化新闻出版产业市场环境

贯彻落实《国家知识战略纲要》，加大版权保护力度，推进新闻出版法制建设，深入持久开展"扫黄打非"斗争，切实加大执法力度，维护社会稳定，着力改善和优化新闻出版市场环境。加强行业信用体系建设，在全行业开展诚信宣传教育和职业道德教育，切实加强党风廉政建设和政风、行风建设，使之贯穿新闻出版业发展的全过程，推动行业自律，营造"依法经营、违法必究、公平交易、诚实守信"的行业发展环境。①

二 期刊业经济环境

依据河南省政府发展研究中心课题组的调查②，2017 年河南省经济保持

---

① 参见《河南省新闻出版业"十二五"时期发展规划实施情况总结评估报告》，河南省新闻出版广电网，2015 年 12 月 29 日，http：//www.hnppb.gov.cn/web/ghjh/fzgh/12/50057.shtml。

② 《2017 年河南经济形势分析及 2018 年展望》，河南一百度网站，2017 年 12 月 25 日，http：//www.henan100.com/house/2017/754986.shtml。

快速增长，前三季度全省经济增长 8.1%，从纵向对比看，河南省经济增速连续九个季度维持在 8.0% 以上，并在 8.0% ~ 8.3% 区间运行。与全国增速对比看，前三季度全省经济增速高于全国平均水平 1.2 个百分点，连续九个季度高于全国平均水平 1 个百分点以上。在规模以上服务业十大门类中，租赁和商务服务业，交通运输、仓储和邮政业，居民服务、修理及其他服务业，文化、体育和娱乐业等七大产业的增速接近或超过 20%。消费需求能量释放。GDP 快速增长、文娱产业的高速发展给河南省期刊的发展提供了良好的经济环境，有利于河南省期刊读者市场的扩大。

与此同时，由于近几年原材料价格上升、环保政策加紧、货物运输限制等原因，国内新闻纸厂处于行业性亏损状态，生产积极性严重受挫，相继限产停产，甚至退出新闻纸市场，生产厂家大幅度减少。在此局势下，新闻纸厂抱团提价，新闻纸价格大幅度上涨，从 2016 年的每吨 4000 元人民币一路攀升，达到 2018 年的最高每吨 6000 元人民币。纸张的涨价或给期刊的出版带来压力。

同时，河南省期刊面临着国内其他省市优质期刊的竞争，河南省社会类期刊中，时尚、生活、财经类期刊种类较少，而文化类、教育类期刊较多，在这些方面或可发挥其差异优势。

三　期刊出版业社会环境

河南省统计局、国家统计局河南调查总队联合公布《2017 年河南省国民经济和社会发展统计公报》，对 2017 年河南省省人口、就业、教育等进行"盘点"。截至 2017 年末，全省总人口 10852.85 万人，比上年末增加 64.71 万人；常住人口 9559.13 万人，比上年末增加 26.71 万人。其中，城镇常住人口 4794.86 万人，常住人口城镇化率为 50.16%，比上年末提高 1.66 个百分点。全年出生人口 140.13 万人，自然增长率为 5.98‰。

2017 河南省城镇化率超过 50% 拐点，城镇人口首次超过乡村人口，城市之间的互动融合发展步伐加快，并引起消费与生活方式的转变。城镇市场消费增长加快，并产生放大效应。在扩大高消费人口规模的同时，会引发升级类消费和服务型消费需求的增长。新的城镇市民对文化产品的需求上升，利好期刊行业。

河南省的老年人口比例在持续增长，老年人的文化水平持续提高，带来阅读需求增加，对社会类、老年类的期刊需求增加，给期刊的出版带了较大的影响。此外，河南作为教育大省，考生人数较多，各类教育类期刊拥有广大的市场和社会环境，有利于发挥河南省文化教育产业的优势。

四 期刊出版业技术环境

数字技术、网络技术给期刊出版业带来转型的契机，数字技术的运用改变了传统期刊的采编模式，网络化的分发可以促进读者跨地域的订购、阅读，改变了期刊采编、出版和发行的生态。

数字出版在期刊单位已经逐步开始实施。2011 年以来，河南省的期刊出版单位为适应广大读者阅读方式的不断变化和对媒体的选择要求，逐步转变工作思路，推进期刊数字化建设。全省 241 种期刊中有 136 种实现了互联网出版，其中有一级独立域名网站的有 63 家；出版手机杂志的有 5 家；出版网络版多媒体数字期刊的有 20 家；出版移动终端内容产品的有 5 家；被中国知网、万方数据等收录的有 43 家。

河南省的《销售与市场》杂志社改变原有单一广告模式，通过"第一营销网"为企业量身定制个性化产品、转变编辑工作方式、举办社长沙龙、召开非常董事会等专题活动，实现商业模式的转型。

期刊出版业发行经营状况

一　期刊出版发行渠道

发行渠道是期刊走向最终消费者的必须通道。渠道顺畅合理，相当于期刊建立了良好的营销网络，培育起良好的销售终端，与读者确立了良好的互动。期刊走向市场的过程，就是发行渠道不断增加、顺畅的过程。

在计划经济的条件下，期刊的发行渠道只有政府包办的邮政独家发行。现在，邮政部门一统发行天下的局面已被彻底打破。期刊可以自办发行，依托民间的发行渠道走向市场。报刊分销可以通过杂志社自办网络发行，借助书店、便利店等多渠道发行。还可以通过互联网订阅，手机客户端等多种新媒体渠道发行。

《新闻爱好者》作为党报党刊之外的学术性刊物，发行工作面临一些困难，该期刊社动员各方面的力量，逐个县市区跑发行，有力扩大了期刊的发行范围和市场效果。《漫画》杂志围绕市场，紧密策划发行工作，举办了一系列动漫展会，并制作了衍生漫画作品，取得了较好的发行效果。2014 年，《漫画》进入农家书屋的征订目录，这为杂志的稳定发行奠定了坚实的基础。《妇女生活》杂志在发行方面主攻订阅，以订阅带动零售。在河南，把扩大市场发行和个人订阅作为重点，同时绝不忽视巩固县城以下的渠道；在外省，把拓展一般县市发行作为重点，同时绝不忽视参与大城市期刊市场的竞争，面向全国，多方渗透，在全国建立起 500 多个发行网点，印制几十万份宣传片和征订函发向全国学校，积极参与农村书屋建设，连续几年进入全国农村书屋目录，成为河南省农村书屋必备期刊，有效地保持和扩大了期刊的市场份额，在全国期刊市场萎缩、发行量纷纷下滑的情况下，《妇女生活》上下半月发行量均稳中有升。此外，《妇女生活》还制作了电子版，在电子杂志网站上提供在线订阅服务。

二 期刊利润和广告收入

据统计，2011 年河南省人均拥有期刊数量 0.87 册，期刊出版总印数达到 9195.51 万册。2014 年人均年拥有期刊数量 0.81 册，完成《河南省新闻出版业"十二五"发展规划》目标的 28.9%；2014 年期刊出版印数 8673.5 万册，完成《河南省新闻出版业"十二五"发展规划》目标的 57.82%。期刊发行量 30 万份的有 2 种，10 万份的有 6 种，完成《河南省新闻出版业"十二五"发展规划》目标的 50% 和 60%。2017 年河南省期刊出版总印数达到 0.85 亿册。

河南省版权局官方网站显示，2014 年，全省出版、印刷和发行服务实现营业收入 408.61 亿元，较 2013 年增长 8.07%；增加值 112.61 亿元，同比增长 5.41%，占同期全省生产总值（GDP）的 0.32%；利润总额 34.56 亿元，同比增长 8.82%；资产总额为 555.69 亿元，同比增长 12.98%；所有者权益（净资产）为 310.91 亿元，同比增长 15.21%；纳税总额为 30.94 亿元，同比增长 35.88%（见表 1）。

表 1　2014 年河南出版、印刷和发行主要经济指标

单位：亿元，%

经济指标	金额	较 2013 年增减
营业收入	408.61	8.07
增加值	112.61	5.41
总产出	419.87	8.05
资产总额	555.69	12.98
所有者权益（净资产）	310.91	15.21
利润总额	34.56	8.82
纳税总额	30.94	35.88

2014 年，全省共出版期刊 241 种，较 2013 年无变化；总印数为 0.87 亿册，同比下降 11.03%；总印张为 4.02 亿印张，同比下降 12.38%；定价总金额为 5.39 亿元，同比下降 8.34%。期刊出版实现营业收入 4.59 亿元，同比增长 2.46%；增加值为 2.42 亿元，同比增长 12.56%；利润总额为 0.91 亿元，同比增长 33.82%。

表 2 2014 年河南期刊出版总量规模

总量指标	数量	较 2013 年增减（%）
品种（种）	241	—
总印数（亿册）	0.87	−11.03
总印张（亿印张）	4.02	−12.38
定价总金额（亿元）	5.39	−8.34
营业收入（亿元）	4.59	2.46
增加值（亿元）	2.42	12.56
总产出（亿元）	4.88	3.17
利润总额（亿元）	0.91	33.82

注：营业收入、总产出与利润总额未包括非独立核算期刊。

三 盈利模式分析

探索新的盈利模式成为当前河南省期刊经营改革的当务之急，也是期刊在市场经济条件下谋求生存与发展的重要一环。

传统的期刊盈利模式主要为两种。一是依靠发行收入，这是目前国内期刊业最为普遍的盈利模式。这类杂志的定价一般高于其成本，而且发行收入随着发行量的提高而增加。二是依靠广告收入，这是当前国内期刊业最为热衷的盈利模式。近年来，随着期刊广告市场扩大，一批新兴杂志开始放弃依靠发行盈利的模式，采用低于成本的价格发行，扩大发行量以吸引更多的广告。

当前这两种传统的盈利模式仍是国内期刊业的盈利支柱，但是其局限性也日益明显，发行收入受到发行量的限制，大多数期刊的发行量徘徊不前。

虽然期刊市场的广告额每年是两位数增长，但是其大部分市场份额却被少数大刊垄断。

因此，为拓展期刊的增值效益，需要借鉴西方的三次售卖理论，即欧美发达国家期刊经营的三种商业模式。第一次售卖是指"卖内容"。杂志以精彩的内容吸引读者，扩大发行量，使杂志有可能获得发行收入，所以第一次售卖是杂志获得发行收入的基础。第二次售卖是"卖读者群"，定位清晰、内容精彩的杂志拥有一定数量而且相对固定的读者群，这个读者群是杂志吸引广告的资本，所以第二次售卖是杂志广告收入的基础。第三次售卖则是出售期刊的品牌资源，利用品牌资源发展衍生产品。主要方式通常有重印或合订本、特刊或增刊、图书和光盘、数据库、网站、会展、客户名单、品牌授权等。在欧美发达国家，只卖一次的期刊经营规模都不大，在2000年美国期刊300强中，这种类型的期刊只有21种，说明这种模式不是期刊经营的主流模式。最成功的期刊都是三者都卖得好的。而在杂志的三次售卖中，第三次售卖的发展后劲最足，因为杂志是品牌媒体，一本有影响的杂志在其读者群乃至整个社会上都拥有良好的知晓度和美誉度，利用期刊品牌发展的衍生产品也因此被赋予了良好的市场形象。

在河南省，期刊盈利模式的改革还处在探索阶段，但是一批先知先觉的期刊经营者已经注意到第三次售卖的重要性，以利用期刊品牌资源为核心的衍生产品开发开始起步。出版增刊、图书是理财周刊最早开发的衍生产品。主办会展活动也是实践"三次售卖"理论的重要手段。第三个重要的渠道就是加大期刊自身的推广力度。现在，河南省内的期刊大多重视广告，但对自身的宣传推广往往却缺乏意识。实际上，提高期刊知名度和美誉度的前提条件就是扩大知晓度和知名度，而加大对期刊自身的推广力度自然必不可少。

期刊《销售与市场》借鉴海外期刊的成功经验，成功地探索出期刊盈利的"第三种模式"，即发展以期刊品牌资源为核心的延伸服务来盈利。《漫画》采用举办动漫展、策划专题绘本的方式拓展了期刊的市场，提升了其品牌价值。

河南省期刊业须尽快借鉴多重销售方式，搞好品牌经营，拓展增值服务，并尽快利用品牌优势进入衍生产品市场，以积极应战。

期刊出版机构组织架构

一　期刊出版架构模式

按照国家期刊主管部门的规范,一个完整的期刊出版机构应具备主管单位、主办单位、编辑委员会、编辑部等机构,此外还须有审稿专家队伍、有可能为其撰稿的作者群体和基本的发行范围等。与期刊工作密不可分的关联单位有承印期刊的印刷厂和承担发行的部门(邮政部门等)。

期刊的管理部门是河南省新闻出版局,直接管理的是期刊上注明的期刊主管部门,一般是期刊专业领域所属的管理部门,如"省委""团省委""省妇联""省社科院"等。这些主管单位是政府实施行业行政管理的方式,掌握期刊出版发行方面的政策、方针,并肩负对所管辖期刊的监督、检查及奖励和处罚等职能。

主办单位是期刊社的直接责任者。它要对期刊社的经费、人员、工作等承担责任和行使权力。主办单位对期刊工作负有完全的责任,一般情况下主办单位的负责人也就是期刊社的法人代表。

以科技期刊为例,科技期刊的编辑委员会是对期刊实施学术领导的一种组织形式,它由期刊所属的专业科技专家组成,是科技期刊学术质量的重要保障。编辑委员会应对科技期刊的学术质量负责,并在学术方面对期刊编辑部进行领导。期刊的重大学术问题,如办刊宗旨、方针政策、期刊发展规划、报道计划及重点等都应当由编辑委员会讨论决定,并由编辑部具体实施。

编辑委员会的组成通常是主任委员1人、副主任委员3～5人,视需要可设少数名誉主任委员和顾问等,下面再设委员(委员人数从数人到数十人不等)。主任委员和副主任委员一般应是学科权威,委员一般应当是学科带头人。编委人选的选定应当考虑学科内的专业分布和地区分布等因素,还要能承担审稿等工作。对一些大的期刊,编辑委员会一般较大,其中需要设立常务委员会。为保持活力和权威性,编辑委员会实行定期更换和调整的制度,一般是 3～5 年换届。

二　期刊出版部门职能

河南省期刊组织结构大概由如下组人员组成:主编、副主编、策划部、编辑部、宣传部、外联部、总策划、编辑部负责人(兼文编)宣传、主题策划、美编摄影编辑、印刷联系、板块和栏目策划、排版编辑等。

编辑部是直接专职从事办刊工作的实体。编辑部的主要工作是编辑,它是整个出版工作的中心环节,直接影响期刊出版的质量、水平和效益。编辑部一般由正副主任、不同级别的编辑(编审、副编审、编辑、助理编辑等)、编务人员和发行人员等组成。

编辑部的主要职责是制订期刊的总体规划和年度计划,并按计划进行组稿、审稿、选稿、编辑、排版、发稿、校对、发行等。此外,还有大量与上级及相关部门的行政工作,与作者、读者的联系及相关事务的处理,等等。有些小型期刊不设编辑委员会,那么编辑部还将承担编辑委员会的功能。编辑部与主办单位、主管单位、作者、读者、印刷厂、发行单位等有紧密的联系,需要随时处理各种事务和解决各种问题。所以,编辑部在期刊工作中是一个关键部门。

宣传部需要贯彻实施杂志社的各项工作会议精神;协助主编、副主编组织、协调和领导本部各成员的日常工作;负责杂志的宣传、保证粉丝成员稳定、持续增长,监督杂志社各成员的日常工作。策划或广告设计部负责杂志社或杂志版面的策划、设计、筛选、审核和上报工作。

期刊图书出版的数字化

一　互联网出版背景

　　数字出版是人类文化的数字化传承，它是建立在计算机技术、通信技术、网络技术、流媒体技术、存储技术、显示技术等高新技术基础上，融合并超越了传统出版内容而发展起来的新兴出版产业。数字出版是在出版的整个过程中，将所有的信息都以统一的二进制代码的数字化形式存储于光盘、磁盘等介质中，信息的处理与接收则借助计算机或终端设备进行。它强调内容的数字化，生产模式和运作流程的数字化，传播载体的数字化及阅读消费、学习形态的数字化。虽然数字出版在我国起步较晚，但是发展很快，目前已经形成网络杂志、电子期刊等新业态。

　　手机出版属于数字出版的范畴是传统数字出版转向智能数字出版的一个重要里程碑，也是传统数字出版以移动网络、智能移动设备的普及为基础，结合互联网技术、计算机技术、流媒体技术、云存储技术等先进的科学技术，整理、优化、加工原有版权内容的一种出版形式，主要呈现方式为手机App（软件应用）。

二　数字出版现状

　　河南省的传统出版单位已开始数字化转型。传统出版单位通过改造旧的出版流程，开展网络出版业务，以及设立完全市场化的数字出版公司实现数字化转型。中原出版传媒投资控股集团有限公司设立的全媒体数字加工中心引进高端扫描设备及相关技术，实现了大幅面、高精度、高还原的图片资源数字化。目前，数字加工中心年加工文字 20 亿字、图片 100 余万张。经过硬件设施完善和技术力量加强，将达到年加工 10 万册以上图书及音频、视频等数字文件的能力，有效实现了内容资源的全媒体数字化。河南作为全国三个 MPR（多媒体印刷读物）出版物技术推广应用试点省份之一，中原出版传媒投资控股集团有限公司将 MPR 试点工作作为战略发展工程和每年度的重点工作，将推进 MPR 复合数字出版作为加速传统出版，特别是教育出版数字化转型的突破口，制定了一系列发展规划，积极推动 MPR 技术推广应用工作扎实开展，集团版 MPR 出版物陆续出版发行，在北京举办的第五届中国数字出版博览会上展会效果十分明显。以河南科学技术出版社为代表的传统出版单位的转型升级实现了数字出版产品的立体化、系列化、品牌化，通过打造"中国国际手工文化创意产业博览会""HOOHUU（两只老虎）儿童艺术手工"等线上线下一体的手工、少儿教育成长平台，打破了数字出版"只有投入没有收入"的尴尬局面，起到了良好的示范带动作用。

三　数字出版盈利模式

数字化出版的期刊可以采用"多次售卖"的盈利模式，期刊数字出版"多次售卖"模式是以内容产业为中心，利用技术实现资源整合，建立内容数据库，重构"内容＋平台"的传播路径，实现增值服务多元化发展的盈利模式。

一方面，该模式依靠内容数据库系统作为内容产品复制的基础，通过对内容产品价值的重新挖掘、重构、开发，拓展期刊行业的横向产业价值链；另一方面，这个模型是数字化的，衍生产品再造和多元化增值服务延伸了纵向产业价值链，实现了期刊产业数字化和产业化的延伸。总的来说，期刊数字化转型下的"多次销售"模式是以多层次的横向产业链和以内容为核心的纵向产业链的价值总和为基础的。因此，该模式将优化传统纸质媒体与网媒的优秀基因的结合，充分吸收传统媒体的核心新闻功能和线下优势及手机媒体的社交功能和在线优势。

从产业链角度看，期刊数字出版"多次销售"是基于内容数据库，针对不同的平台属性和特点，利用"内容＋平台"合作，通过互联网平台、微信平台、微博平台、移动平台等内容的再现，以及互动和多元化的沟通，从而扩大了空间的传播范围，实现了在全媒体平台内容的再现。从纵向产业链角度看，数字产品的发展和多元化增值服务的发展，是从编辑、印刷、期刊内容分发到增值服务多元化，以及发展和延伸的多层次数字化和期刊产业化，并根据观众的需求提供个性化服务。拓宽横向产业链，要构建"内容＋平台"合作模式，建立内容数据库营销系统。依托先进技术收集整合海量资源，建立内容数据库是期刊数字化转型与发展的基石。内容数据库建设的最终目标是利用多媒体资源共享技术和网络多媒体平台来生成多样化的媒体形式，实现密集的生产和资源共享。在先进的信息技术和多媒体技术的帮助下，期刊机构通过整合资源建立了强大的商业数据库，实现了多元化信息服务的盈利能力。为提高认知度，反映品牌价值、期刊特征和市场趋势，数据库应以专业化、差异化和区域化为特征。

例如，河南省《销售与市场》期刊出版形成集群方阵，打造增值产业链。目前，已经形成以《销售与市场·管理版》《销售与市场·评论版》《销售与市场·渠道版》《销售与市场·成长版》四大主刊为核心，以《营销界·化妆品观察》《营销界·烟草》《营销界·食品营销》《营销界·农资营销版》《营销界·农资肥料版》《营销界·农资渠道版》《礼品版》《体育营销》《商业2.0·豫商》《营销时报》等刊为细分，以《IN MART 我在行》《销售与市场》系列电子刊为新媒体，以《第一营销网》《金鼎人才网》《爱品网》等为数字化拓展的大型营销专业媒体方阵。同时，不定期出版营销特刊、营销书籍及光盘等。经营已成专业化多种业务发展，涵盖出版发行、广告、培训、教育、人才服务、会议活动、咨询策划、产品销售、影视中心（影视剧、网络电视、动漫电影以及电视专题片的创意、制作、播出与发行）；策划筹办各类文艺演出活动；举办影视表演、动漫制作、广告创意、书法绘画等专业技术培训。

四　数字出版发展趋势

数字出版发展的趋势是构建"内容＋平台"传播模式。以微博平台、微信公众平台、手机新闻客户端、PC 客户端等为代表的平台已经成为互联网产业链中非常重要的内容制作者，在数量和规模上都呈几何级数增长，对当前市场和社会的影响变得越来越突出。在新媒体平台基础上，通过信息整合重建创新产品模式，创新内容制作和编辑出版，利用自身内容资源开发和销售数据库，实现内容的多层次深入开发和新媒体互动，期刊的内容转化为书籍、讲座、视频、音像制品，赢得产品利润。

从垂直产业链角度看，新媒体平台融合了编辑、印刷、出版、发行、营销、期刊等各种流程的数字化。新媒体的核心优势有信息融合流动性强、信誉强、形式多样等。以内容数据库为核心，期刊的数字化和产业化将得到重新设计。使用诸如在线杂志、社区、论坛、微博、微信、QR 码和在线视频等新兴媒体将促成出版物和出版物的合作、端到端的合作等，向用户推销服务，实现增值业务的多元化发展。提供在线平台，将原"内容提供者"角色转变为"服务提供者"角色，始终为用户为中心创造价值，为用户提供专业化、多元化的服务。一个全新的服务模式和从中衍生出来的全新商业模式，包括定制服务、信息服务、活动服务、平台服务和组织服务。例如，除开发离线增值服务、按需出版和其他衍生服务外的定期订阅、开放获取、按次付费等，如广告、会员系统、培训活动、会议活动、演讲视频、产品推广、商务咨询等。

中原期刊图书出版产业发展趋势

一 读者受众变化

（一）读者群体规模

近几年，河南省期刊市场需求主要体现在以下几个方面：首先，期刊读者中男性群体明显扩大，势必会引起期刊内容、发行渠道等方面的相应变化；其次，期刊阅读群体年龄更加成熟化，尤其是25～44岁中青年读者明显增加；再次，期刊的价值进一步提升，主要得益于期刊读者向高学历、高收入群体集中的程度不断加强；最后，期刊满足特定群体的特点日益突出，对读者的细分成为推动期刊可持续增长的有效途径。

目前期刊的新媒体读者主要有以下特征。新媒体阅读是年轻人的主场，"80后""90后"是主力，"85后"更为突出。30岁以下男性以体育、游戏、汽车为关注点，30～40岁男性以财经、时政、体育、汽车为关注点。30岁以下女性以时尚、财经、社会为关注点，30～40岁女性以时尚、财经、社会、健康为关注点。男性偏好除去要闻和娱乐的方面，更偏向于时政、财经、汽车、体育一类杂志，女性偏好除去要闻和娱乐方面，更偏向于时尚、健康、情感、社会一类杂志。

针对受众群体规模的变化，应该进行市场细分，借助STP战略，通过针对性的内容策划和运营，提升期刊对新一代读者的吸引力。

（二）媒介使用习惯

近几年来，随着智能手机技术的发展，河南省手机网民数量更是突飞猛进，这对不同年龄、不同人群的阅读习惯产生了极大影响。数字化媒体改变了人们获取信息的方法，数字化阅读习惯已经不可阻挡。第十五次全国国民阅读调查显示，我国成年国民人均每天手机接触时长为 80.43 分钟，人均每天互联网接触时长为 60.70 分钟，手机和互联网成为成年国民接触媒介的主体。超过半数成年国民倾向于数字化阅读方式，成年国民人均每天微信阅读时长为 27.02 分钟。国民网上深度阅读行为占比偏低，城乡居民阅读差异明显。另外，在成年数字化阅读方式接触者中，18～49 周岁的中青年群体是数字化阅读的主要人群。

随着新媒体的出现和发展，大众阅读的习惯已经呈现不可逆转的趋势。调查显示，大众阅读载体已经发生变化。纸张阅读量明显减少，新媒体的使用在公众生活中占据重要地位。互联网和移动电话作为运营商的个性化属性决定了他们更倾向于携带和传播个性化、时效性强的内容。通过这些媒体，读者可以更加随意地强调个性，并且可以根据自己的需要选择和使用信息。目前，纸质杂志已经根据内容体现了读者的个性并定位读者群体。移动阅读将越来越普及。在新媒介的快速普及、读者新媒体阅读量快速增长的时代，改变期刊的分发载体和呈现方式，才能吸引新媒体受众的目光。

（三）读者消费行为

分析期刊读者的消费行为对期刊市场的良性健康发展尤为重要。在新时期，读者在期刊市场的消费行为具有以下普遍特点。

读者的消费行为更容易被引导。从客观角度来看，读者的消费行为需要引导。期刊出版机构可以通过各种宣传推广活动，引导读者的消费活动，通过策划适当的期刊产品来刺激和唤醒读者，培养对其有益的阅读环境。

读者的媒体消费模式不断拓展。随着新技术的不断涌现，读者的媒介消费形式并非仅限于传统的纸质期刊。手机和网络的普及促成各种阅读方式与各种版本的阅读器并存。大量电子书和立体音像资料和载体使即时阅读和在线阅读变成常态。通信技术的加强使人们能够充分利用各种分散时间，随时开始和结束阅读活动。

读者的消费观念日新月异。互联网，电视等多种媒体的发展，深刻地影响和塑造了人们的价值观和生活方式。娱乐文化已经变得如此受欢迎，以至读者倾向于追求娱乐并享受娱乐信息，深刻地改变了读者的阅读兴趣。渐渐地，轻阅读逐渐成为主流，传统的深层阅读不再流行，快餐阅读开始占据上风。

读者消费的情感和随机性，媒介消费形式的扩张及消费者态度的变化最终会影响读者对期刊订阅行为的变化。当许多读者订阅期刊时，便利性、速度和易用性是选择的指标。

因此，河南省期刊需要注重对读者消费的引导，在线上提供多样化的增值服务，在坚持高雅风格的基础上，重视受众的情感化阅读需求。

二　体制战略转型

河南省新闻出版产业发展在"十二五"时期虽然取得了一定成绩，但产业基础较差，规模较小，整体实力较弱，市场竞争力不强。目前，《河南省新闻出版业"十二五"发展规划》中部分指标已经完成目标任务，但仍有个别指标进度较落后，主要有以下几点原因引起。一是体制机制创新还不能适应市场经济的要求。转企改制后的新闻出版企业在经营活动中，还习惯于原有的经营方式，在机制创新方面缺乏活力。二是增长方式不尽合理。图书出版过度依赖教材教辅读物，自主创新和自主研发能力薄弱。报刊出版仍固守原有发行渠道和盈利模式，发行数量处于下降通道，报刊版面的经济价值在明显下降。三是产业结构不合理。新闻出版单位盲目追求小而全，企业资产规模小，新兴出版产业发展慢，缺乏品牌意识，应全面提高"规模化、集约化、专业化"水平，打造名牌企业、名牌产品、名牌工程、名牌市场。四是产业转型任务繁重，产业持续竞争能力较弱。面对互联网经济的浪潮，河南省新兴出版业务整体实力不强，虽然近年来在强力推动下取得了一些进展，但由于起步比较晚、转型不够快、缺乏资金投入，尚未产生经济效益，没有形成真正的经济支撑和持续发展的合力。五是市场秩序有待进一步规范。盗版、盗印现象时有发生，版权保护意识有待进一步提高。六是新闻出版人才队伍建设亟待加强。人才结构不尽合理，尤其是缺乏懂经营、善管理的高端复合型人才。七是尚需建立有利于新闻出版业发展的投融资体系。

（一）经营战略转型

针对河南省期刊业存在的问题，在经营战略方面，期刊出版企业应积极完善现代化企业管理体制，积极适应市场经济要求。在经营活动中，向外省优秀的期刊学习借鉴，更新管理理念和经营方式，加强机制创新建设，提升自主创新和自主研发能力。在出版发行方面要"两手抓"，拓展传统渠道，开拓新媒体发行渠道；积极探索盈利模式，以三次售卖，构建核心平台加增值服务的盈利方式。构建现代传媒集团，注重精品内容建设，塑造品牌，全面提高"规模化、集约化、专业化"水平，打造名牌企业、名牌产品、名牌工程、名牌市场。针对期刊产业转型任务繁重，产业持续竞争能力较弱，面对互联网经济的浪潮，政府应对河南省新兴出版业务增加资金投入，做大做强期刊传媒业，形成真正的经济支撑和持续发展的合力，对市场秩序进行进一步的规范，打击盗版、盗印，提升版权保护意识。另外，加强新闻出版人才队伍建设，构建合理化的人才结构，引进一批懂经营、善管理的高端复合型人才。在金融业方面，建立有利于新闻出版业发展的投融资体系，在政策上引导和扶持包括非公有资本在内的社会力量参与新闻出版业建设。

（二）竞争策略

塑造品牌。河南省期刊需要不断强化品牌意识，才能占领发行高地。例如，《妇女生活》杂志注重精品意识、创作意识和读者意识，把提高刊物综合质量作为重中之重，努力做到篇篇是佳作、期期是精品，保持高格调、高品位，突出可读性、实用性，品牌形象进一步确立，社会影响力进一步扩大，进而成为影响广泛的知名期刊。

拓展相关增值产业。例如，《漫画》杂志在发行杂志的基础上，拓展相关产业链，成功举办中原动漫嘉年华。2014年9月30日至10月7日，由河南省文化厅、河南日报报业集团指导，郑州市动漫行业协会、《漫画》杂志社承办的"2014中原动漫嘉年华"在郑东新区客属文化广场举行，该活动已经连续举办多场，累计接待游客150万人次，实现衍生品的销售额200万元以上。除此之外，还协助河南省文化厅组织了上海动漫展、北京动漫展参展、展台搭建等项工作，在洛阳、新乡和山东日照组织了嘉年华的巡展活动，2014年11月中下旬在龙湖高校区举办了一场cosplay活动。这类活动有力地促进了杂志品牌形象的提升和影响力的扩大。

利用新媒体技术驱动。进入移动互联网时代，以微信和移动客户端为代表的新媒体给传统媒体带来了前所未有的冲击，传统媒体只有加快转型，拥抱新媒体才能适应时代的要求，为此，河南省期刊需要将新媒体布局全面铺开，组织员工培训新媒体知识，引进新媒体人才，深入研究新媒体的传播特点与规律，转变传统媒体思维，重新定位产品方向。例如，《漫画》杂志结合漫画所具有的减压、解压功能，以上班族、青年白领为对象，以心理漫画、解闷漫画、减压漫画、治愈漫画为内容，打造特色新媒体平台，开通了新浪、腾讯微博和多个微信公共账号，并规划App客户端。同时，对《漫画》杂志创刊以来所有漫画作品进行数字化，加快实施媒体转型，逐步摸索出"读者—受众—用户—客户"的转型路径，通过新技术、新介质、新手段，不断为读者提供精彩内容和优质服务，顺应移动互联网时代动漫产业的发展趋势。

期刊经营情况分析

一 《党的生活》

《党的生活》期刊是河南省委主管主办的，以基层党组织、广大党员和入党积极分子为主要对象的综合性党建月刊。它以宣传报道党的路线、方针、政策和党的建设为中心，以政治生活、党内生活为主要内容，集权威性、指导性、知识性、可读性于一身。50多年来，《党的生活》在河南省委领导下，始终坚持党刊的党性原则和正确的舆论导向，注重宣传全省党的建设中涌现的新典型、新经验，大力弘扬党的优良传统和作风，为推进全省三个文明建设进程、树立社会正气、营造干事创业的良好氛围发挥了重要作用，在促进和加强党的建设方面做出了重要贡献。在宣传内容上，以主题宣传为核心，准确把握舆论导向，贯彻习近平总书记系列重要讲话精神和中央、河南省委一系列重大决策部署，杂志社通过刊发社科理论专家、各级领导干部的学习体会，贯彻习总书记讲话精神，为开创河南发展新局面提供精神动力。

该期刊多次获得"河南省社科类优秀期刊""河南省社科类二十佳"称号，并于2001年正式进入中国期刊方阵中的双效期刊行列。

2004年起，经过报刊治理整顿后的《党的生活》被河南省委确定为河南省唯一的党刊，规格提升为副厅级，并明确《党的生活》由河南省委主管主办，由河南省委宣传部代管。2004年是报刊整顿年，为配合这一新形势，更全面地履行党刊职责，《党的生活》再次改版，以报道的深度体现权威性，以视觉的广度体现贴近性，并确立了新的办刊方针，即一方面要坚持权威性、指导性、知识性、可读性，另一方面要把宣传的视野放得更宽。将内容划分为五大板块，即政经瞭望台、组工大视野、文明新干线、党风法纪苑、知识博览窗，并设置了相应的栏目，主要有每月评论、专题报道、要闻要论、学习论坛、经济纵横、时政观察、党课参考、中州先锋、宣传工作、文明新曲、法纪在线、中原采风等，版面以大 16 开本为主。在学习任长霞、常香玉、杨正超的活动热潮中，《党的生活》做到无一遗漏，对每项大事都做了重大策划，有力地配合了中央和河南省委的各项活动，对典型人物宣传，以及对邓小平诞辰 100 周年的纪念活动进行了翔实的报道。

党的十八大结束后，党的生活加强党的十八大的相关策划，促进党的十八大精神的宣传和理论阐释，邀请中央政策研究室的专家为杂志撰写《党的十八大精神学习问答》共计 40 个问答，每个问答 1000 字，连续四期推出。开展新闻宣传，组织记者深入基层进行采访。抓好习近平总书记系列讲话精神和中国梦的宣传。重视网络媒体建设，指定一名副总编辑负责联系、指导党的生活网，对人员的政治素质和业务能力加强监督考核。加强网络内容建设，科学设置栏目，重点打造富有党建特色的网络新格局，及时更新宣传内容，呼应河南省委宣传部和杂志社的重大宣传活动，实现刊网互动，传播了正能量。

2014 年《党的生活》杂志以期刊改革为契机，着力提升党刊品质，积极贯彻落实习近平总书记关于宣传工作的讲话精神，不断提高工作质量，提升党刊品味，做"看不见的宣传"，将杂志打造成一份有高度、有深度、有态度、有温度的党刊，在这一总思路的指导下，迎难而上进行刊期改革、调整栏目设置、美化版式设计，努力实现既定目标要求。刊期改革带动了杂志社经济效益的跃升，全年发行数量比上年增长 55%。2014 年《党的生活》刊期改变，创办了下半月刊，同时改进上半月刊，缩短周期，扩大容量。上半月刊侧重政治性、指导性、思想性，下半月刊侧重知识性、实用性、可读性，上下半月刊各有特色又相互补充，更好满足了读者的需要。下半月刊分为"时政·时事""民生·民情""人物·人生""史记·史书""品读·品鉴"等几个版块，将文章的可读性、耐读性置于首位。增强杂志的文化品位，重点打造"在河之南"这一品牌，力求栏目设置更科学、更合理、更精准、更大气，不断增强刊物的思想含量、文化分量、艺术质量，体现出河南浓郁厚重的文化积淀。其中，突出"大河讲坛""赋说河南""经典赏析""世相动漫"等亮点，推出了一系列的好文章，特别是对习近平总书记的《念奴娇·追思焦裕禄》《忆大山》两篇诗文进行经典赏析，反响热烈。文风转变，积极转换话语体系，发扬"走转改"精神，开展走基层活动，接地气、捉活鱼，加强政策的翻译解读阐释，力争用典型说话、用事实说话、用数字说话、用群众喜闻乐见的语言说话，追求自然质朴、生动鲜活的文风，提倡短实新，反对假大空，增强吸引力，着力构建群众喜欢、读者喜爱的话语体系；注重美化"四封"和内文版式设计，图文并茂，同时首次实行双色印刷，使刊物更有艺术性和观赏性。

以精心策划为抓手，有效提高编采水平。要求每个编采人员不仅能编会写，还要努力成为策划的高手，善于主动设置议题，精心组织稿源，办好每一个栏目。

二　《时代青年》

时代青年杂志社是隶属于共青团河南省委的事业单位，建社于 1949 年 6 月，原名《河南青年》，1979 年 6 月复刊，1985 年 1 月改名为《时代青年》。内部建制设有办公室、总编室、《时代青年》编辑部、《流行歌曲》编辑部、发行部、社会活动部等，办刊宗旨为突出时代特色、展现青年风貌、弘扬民族精神、探讨人生真谛、传递知识信息、活跃校园生活、服务生存发展、引导成长成熟。

《时代青年》杂志始终坚持正确的办刊宗旨和方向，遵守新闻出版纪律，坚守青年舆论阵地。高雅的格调、清新的文字、智慧的思想、精美的印刷，使其成为深受广大青年读者喜爱的品牌杂志，连续多年被评为河南省社科类优秀期刊或一级期刊，在国内青年出版物中享有较高的声誉。

2012 年，为适应形势的发展需要，满足不同层面读者的需求，以及服务共青团的工作重点，按照团中央青年工作分类引导的方针，经新闻出版部门批准，《时代青年》由旬刊扩增为周刊，以更加新颖的形式为广大青年朋友展现多层次、大视野、全方位的阅读空间。壹周刊《时代青年·悦读》

以较成熟的社会青年为主要阅读对象，以"解读智慧思想、关注心灵需求、体味平凡意趣"为办刊理念，以丰富的栏目设置聚焦当代青年积极向上的时代风貌与阅读需求，为青年人的成长与成熟、创业和梦想服务。贰周刊《时代青年·哲思》是一本清新、智慧、深入青年心灵的励志刊物，以"寻求心灵共鸣、展示人性光辉"为办刊理念，通过清新的文字、灵动的版式、独特的视角、平等的姿态深入读者的心灵，为青年读者营造一个智慧、温暖、健康的精神家园。

三　《新闻爱好者》

《新闻爱好者》杂志是由河南日报报业集团主办的全国"核心期刊"，该刊物将学术品位作为刊物的生命性，在经济目标的压力下和保持期刊水平的前提下，照顾经济目标的完成，在办好杂志的同时，还担负着沉重的经济工作任务，努力增收节支，想方设法扩大创收渠道，与媒体和高校进行多方面的合作，实现双赢。学术期刊拉广告是一件难事，但该期刊想方设法开辟增收途径，以热诚的服务赢得客户的信赖。2006 年刊物广告量比上年大幅提高，保证了经济目标的完成。作为党报党刊之外的学术性刊物，发行工作也是困难重重，期刊社动员各方面的力量，逐个县市区跑发行。成立独立部门，独立担负发行工作和经济创收任务。2007 年《新闻爱好者》进行了改版扩版，将上半月扩为 64 页，改为大众版，主旨为追踪新闻热点，展现记者风采，研讨新闻实务，培养新闻人才，下半月刊改版为成人理论版，主旨为研讨新闻理论，关注学术前沿，促进媒体经营。

2013 年开始，集团要求《新闻爱好者》杂志社转变观念，不再以经济指标进行考核，转变为品牌经营，重塑和维护品牌形象，打造高端学术期刊。

2014 年《新闻爱好者》充分发挥各方面资源的融合优势，致力于打造传媒研究的高端平台和精品学术期刊，通过全体职工的共同努力，全文转载量、全文转载率、综合指数三项评价指标排名河南省前列。为提高杂志质量，杂志又进行了减版，不断提高文章的学术质量和理论深度，杂志从封面到版权页，从版心、版面到栏目设置，都保持"高大上"的风格。文章的转载率、转摘率和被引用率也稳步提升。为提高学术质量和学术品位，增强权威性和影响力，杂志每期基本上都有七八篇名专家、名教授的文章，精心策划，组织专家教授写稿。并建设了期刊的网站，人民网微博和新浪网微博及微信公众号。

四 《时代报告》

河南省《时代报告》是以文学资源为核心的期刊，杂志社自成立以来，一直将文化产业整合和数字化新媒体作为工作重点，深化文学艺术资源的整合，加强时代报告网、奔流网等数字化新媒体的升级，积极探索纸质有声读物、电子书、手机报、微博、微信、客户端和网络出版物等新兴出版业态。依托《时代报告》杂志社，打造互联网新闻一类信息网站时代报告网。目前，时代报告网已经实现了河南在线分支网站，依托时代报告杂志社的资源，形成集群式行业资讯网站，内容建设以新闻资讯为核心，其庞大的新闻信息资源库有其他网站无法比拟的优势，依靠《时代报告》杂志社的采编队伍，每天有源源不断采编的大量新闻信息稿件和丰富多彩的节目。与新华社、人民网、中国新闻网、凤凰网、新浪网、中国网建立了良好的合作关系。重点打造"奔流"文学网，复刊《奔流》杂志，该文学网站运营取得了中国作协的大力支持。

五 《漫画》

《漫画》杂志是以动漫为主要内容的商业期刊，期刊坚持正确的政治立场和主流方向，坚持真善美，传递正能量，在河南省期刊中拥有较好的声誉。

2013年《漫画》杂志社遭遇了政策与市场的挤压，面对困难，树立"大动漫观、全产业链"的发展思路，抓住漫画时代传媒有限公司被认定为国家重点动漫企业、《漫画》杂志被认定为国家重点动漫作品这个有利契机，注重内部挖掘，强化对外合作，创作生产出一批内容积极向上、形式丰富多彩，既有社会效益又有经济效益的动漫产品，产业布局、产业结构日趋合理。

2014年，《漫画》狠抓漫画作品的思想性寓艺术性，增强漫画杂志的吸引力与感染力，为作者打造一流的创作平台。努力营造少年儿童健康成长的阅读环境。深入挖掘，拓展对外合作，在质量上下狠功夫，杂志质量不断提高，市场规模稳步扩大，读者反响日趋强烈。

在发行上，围绕市场，杂志社做好《漫画》杂志的出版发行，2014年《漫画》进入农家书屋的征订目录，这为杂志的稳定发行奠定了坚实的基础。此外，专门为校网发行推出的《漫画·快乐小神探》（上半月）杂志经过几期的摸索已经稳中有升；《漫画·小记者乐园》（下半月）、《漫画·智慧有礼》（月末版）开始发行。

在内容上，精心策划，漫画图书出版进展顺利，在河南日报报业集团的支持下，出版了《知与行——党的群众路线教育实践活动简明绘本》，印刷12.5万册，由河南省委活动办发送到全省各地；与中原农民出版社合作，编辑出版了《焦裕禄精神图文笔记》《人民公仆——焦裕禄》连环画两本图书；与河南省高院联合策划、编绘、出版了《留守儿童普法宝典》漫画书第二季，重点关注留守儿童，于2014年9月印刷出版10万册。

《漫画》杂志社制作的首部全三维红色童年动画片《乡土童年红旗渠》，该片以孩子的视角和眼光，再现20世纪60年代，林县人民在国家处于经济暂时困难的条件下，以"重新安排林县河山"的豪迈气概，经过十年艰苦奋斗，战胜种种困难，终于建成被中外游人誉为"人工天河""当代万里长城""世界第八大奇迹"的大型水利工程，《乡土童年红旗渠》全三维制作，共26集，390分钟，历时近两年时间。

六　《妇女生活》

延伸产业链条，打造数字化媒体。与知网、龙源期刊网、悦读网等合作，推出《妇女生活》《现代家长》电子版，开拓数字媒体市场，扩大了海内外读者群。与大河网合作创建的妇女生活网站，与《妇女生活》纸媒形成互补互动，在自己的数字化平台上展示了自己、扩大了影响。与北京华易互动科技有限公司签订合作协议，开发《妇女生活》的手机阅读、电子书出版业务等移动数字平台，进一步拓展《妇女生活》的数字化之路。

结合杂志特点，联合强势媒体，策划举办了一系列的活动，进一步提高了杂志的社会影响力。2012 年 3 月，与大中华模特网共同举办了第六届全国平面模特大赛。该赛事影响扩大，填补了全国性平面模特大赛的空白，提升了《妇女生活》在年轻人中的影响力。以活动造影响，以影响促发行，以发行带品牌，以品牌促发展的市场化运作之路，取得了良好的社会效益与经济效益。

七 《老人春秋》

《老人春秋》是中共河南省委老干部局主管、主办的河南省内唯一综合文化类老年期刊，1992 年 1 月创刊，国内外公开发行，2010 年改为半月刊于每月 1 日、16 日出版。该杂志始终坚持为老年人服务，为老干部服务的工作宗旨，坚持"简单、实用、有效、有趣、艺术"编发原则；突出"适合老年人口味，方便老年人阅读"特色，是引领老年人科学养老、健康养老、时尚养老、和谐养老的良师益友，备受读者青睐。连续多年被评为河南省一级期刊、优秀期刊，蝉联河南省二十佳期刊，并荣登国家新闻出版广电总局 2013 年"全国百强社科期刊"榜。

坚持正确舆论导向和办刊宗旨，紧紧围绕"老"字做文章。《老人春秋》始终围绕中心，服务大局，瞄准老年市场，重点体现在三个方面。一是市场定位准确，《老人春秋》创办之初就将刊物定位到离退休老干部群体，2010 年《老人春秋》创办下半月刊时，目标继续瞄准老年人群，扩大市场占有份额。二是栏目设置合理，以六大栏目为主题。"人物春秋"

栏目，老干部读者群体中，大家名家、英模功臣、比比皆是，拿出专门版块宣传他们中的典型人物、典型事迹，既增加杂志的亲和力，也激励他们积极健康养老，提高对杂志的关注度；"老干部"工作栏目，宣传党和政府的老干部工作政策法规，宣传各地各部门做好老干部工作的好的做法经验，宣传如何养老及老年生活质量的提高；"医药保健院"栏目，宣传普及科普知识，指导老人养生、健身、防病，乐享晚年生活，提高生活质量；"生活五味子"栏目，是一方老人情感交流、生活感悟、观念碰撞的精神园地；"七彩怡清园"栏目，是老年人老有所学、老有所乐、愉悦养老的心灵牧场，有游记、诗歌、单文、随笔等，供老年人审视和品味生活，放飞情思。三是老年特色突出，老人写老人、老人编老人、编给老人看，想老年人所想、编老年人所需，引领老年人科学养老、健康养老。编辑队伍实行新老结合，以老带新，即一个老专家带一个年轻编辑，杂志的开本、版式、字号的大小等，都以方便老年人阅读为准。

强化质量意识，努力为老年人奉献精神食粮，将刊物质量作为生存和发展之本，不断强化精品意识，严把质量关，力求为老年读者奉献精美可口的文化大餐，建设高素质的采编队伍。

附：河南省正式期刊名单（社科部分）

序号	期刊名称	主办单位	主管单位	统一刊号
1	党的生活	省委	省委	CN41 – 1001/D
2	时代青年	团省委	团省委	CN41 – 1003/C
3	妇女生活	省妇联	省妇联	CN41 – 1004/C
4	中州学刊	省社科院	省社科院	CN41 – 1006/C
5	决策探索	省人民政府发展研究中心	省人民政府发展研究中心	CN41 – 1009/C
6	中原文物	河南博物院	河南博物院	CN41 – 1012/K
7	河南图书馆学刊	省图书馆、省图书馆学会	省文化厅	CN41 – 1013

序号	期刊名称	主办单位	主管单位	统一刊号
8	华夏考古	省文物考古研究所、河南省文物考古学会	省文物考古研究所	CN41－1014/K
9	史学月刊	河南大学、省历史学会	河南大学	CN41－1016/K
10	企业活力	省社科院	省社科院	CN41－1020/F
11	学习论坛	省委党校	省委党校	CN41－1023/D
12	领导科学	省社科联	省社科联	CN41－1024/C
13	新闻爱好者	河南日报社	河南日报社	CN41－1025/G2
14	农村·农业·农民	省政府发展研究中心	省政府发展研究中心	CN41－1026/S
15	河南教育	河南教育报刊社	河南教育报刊社	CN41－1033/G4
16	中学生阅读(高中版)	河南教育报刊社	河南教育报刊社	CN41－1036/G4
17	作文	文心出版社	文心出版社	CN41－1037/G4
18	语文知识	郑州大学	郑州大学	CN41－1041/H
19	中学英语园地(初中版)	河南大学外语学院	河南大学	CN41－1042/H
20	莽原	省文联	省文联	CN41－1044/I
21	南腔北调	省文联	省文联	CN41－1046/J
22	故事家	省文联	省文联	CN41－1047/I
23	流行歌曲	时代青年杂志社	团省委	CN41－1048/J
24	名人传记	河南文艺出版社	河南文艺出版社	CN41－1050/K
25	百花园	郑州市文联	郑州市文联	CN41－1051
26	东京文学	开封市文联	开封市宣传部	CN41－1052/I
27	故事世界	海燕出版社	海燕出版社	CN41－1053/I
28	青少年书法	河南美术出版社	河南美术出版社	CN41－1054/C
29	人生与伴侣	省社科联	省社科联	CN41－1055/C
30	漫画月刊	河南日报社	河南日报社	CN41－1057/J
31	河南文史资料	省政协学习和文史资料委员会	省政协	CN41－1058/K
32	牡丹	洛阳市文联	洛阳市文联	CN41－1059/I
33	美与时代	郑大美学研究所、省美学学会	郑州大学	CN41－1061/B

序号	期刊名称	主办单位	主管单位	统一刊号
34	金色少年	河南海燕报刊社	海燕出版社	CN41 - 1062/C
35	传奇故事	传奇故事杂志社	省文化厅	CN41 - 1063/I
36	青年歌声	省群艺馆	省群艺馆	CN41 - 1064/J
37	小学生作文选刊	文心出版社	文心出版社	CN41 - 1070/G4
38	散文选刊	省文联	省文联	CN41 - 1071/I
39	传奇文学选刊	省文联	省文联	CN41 - 1072/I
40	小小说选刊	郑州市文联	郑州市文联	CN41 - 1073
41	河南年鉴	省地方史志办公室	省政府办公厅	CN41 - 1975/Z
42	金融理论与实践	中国人民银行郑州中心支行、省金融学会	中国人民银行郑州中心支行	CN41 - 1078/F
43	少林与太极	省体育局	省体育局	CN41 - 1156/G8
44	党史博览	省委党史研究室	省委党史研究室	CN41 - 1179/D
45	人大建设	省人大常委会	省人大常委会	CN41 - 1189/D
46	中学生阅读（初中版）	河南教育报刊社	河南教育报刊社	CN41 - 1190/G4
47	跨世纪	省社科院	省社科院	CN41 - 1194/G0
48	黄河·黄土·黄种人	黄河水利委员会	黄河水利委员会	CN41 - 1195/C
49	心理研究	河南大学	河南大学	CN41 - 1393/B
50	东方艺术	省艺术研究院	省艺术研究院	CN41 - 1206/J
51	寻根	大象出版社	大象出版社	CN41 - 1209/K
52	销售与市场	销售市场杂志社	河南出版集团	CN41 - 1210/F
53	河南社会科学	省社科联	省社科联	CN41 - 1213/C
54	档案管理	省档案局	省档案局	CN41 - 1216/G2
55	老人春秋	省委老干部局	省委老干部局	CN41 - 1217/C
56	幼儿智力开发画报	河南海燕报刊社	海燕出版社	CN41 - 1080/C
57	公民与法	省高级人民法院省人民检察院	省高级人民法院	CN41 - 1233/D
58	协商论坛	政协河南省委会办公厅	政协河南省委会	CN41 - 1234/D
59	管理工程师	郑州航院	郑州航院	CN41 - 1247/V
60	黄河年鉴	水利部黄河水利委员会	水利部黄河水利委员会	CN41 - 1253/TV

序号	期刊名称	主办单位	主管单位	统一刊号
61	中学语文园地	河南大学	河南大学	CN41－1254/G4
62	人才资源开发	省行政管理科研所	省人事厅	CN41－1372/D
63	小学教学	河南教育报刊社	河南教育报刊社	CN41－1394/G4
64	郑州铁路局年鉴	郑州铁路局	郑州铁路局	CN41－1316/U
65	躬耕	南阳市文联	南阳市文联	CN41－1324/I
66	河南省人民政府公报	省政府办公厅	省政府办公厅	CN41－1335/D
67	市场研究	河南省统计信息咨询中心	省统计局	CN41－1348/C
68	武侠故事	省作家协会	省作家协会	CN41－1357/I
69	招生考试之友	河南省招生办公室	河南省招生办公室	CN41－1359/G4
70	今日消费	河南日报报业集团	河南日报报业集团	CN41－1364/F
71	快乐阅读	河南文艺出版社	河南文艺出版社	CN41－1366/G4
72	理财	海燕出版社	海燕出版社	CN41－1370/F
73	魅力中国	河南人民播电台	河南人民广播电台	CN41－1390/C
74	中学政史地	河南大学出版社	河南大学	CN41－1380/G4
75	北大商业评论	销售与市场杂志社、北京大学出版社	河南出版集团	CN41－1391/F

广告产业篇

广告文化40年发展之路

改革开放 40 年,中国社会发展经历了从农业社会到工业社会、从计划经济到市场经济、从投资拉动到消费拉动、从封闭自给到开放融合、从思想禁锢到自由活跃等从体制到思想的一系列变革,更经历了现代科技发展带来的一系列媒介的革命,这一系列变化推动了中国人从生活方式到认识方式的转变。这些变化由中国经济发展与社会转型引发,进而影响意识形态与社会文化等诸多领域。在改革开放之初,作为农业大省的河南,无论是经济文化还是思想认识等方面在全国均处于较为落后的地位。经过 40 年的不断发展与努力,河南的 GDP 已稳居全国第五位,并成为中西部发展的领头羊,以打造中原城市群为核心的中原崛起已成为国家战略。可以说,河南的发展就是中国改革开放改 40 年发展的一个缩影。河南发展走的是一条经济发展与文化拱卫的可持续发展之路,作为经济与文化共同载体的河南广告在这 40 年中,忠实地记录了河南经济与文化发展的样貌,其融会于河南的文化发展中,成为当代河南文化的重要组成部分。河南广告是河南经济、文化与媒介发展的共同产物,在三者的共同作用下,河南广告从无到有,经历了从最初的商品告知工具、信息窗口到文化平台的大步跨越。目前,河南广告的形式日趋多样，内容更加丰富，文化品位不断提升，且成为河南文化产业发展的生力军，为河南经济文化的发展增砖添瓦。

一 第一个十年：解放思想，迎来春天，河南广告的萌芽（1978～1988年）

从当代中国广告的发展看，1978年至今的40年，余虹先生的《中当代广告史》中，进行了这样的描述："由于广告史自身发展的特殊性，'中国当代广告史'之'当代'是可以区别于一般中国社会史以1949年为起始之'当代'的，中国当代广告史的起点应该从1979年开始。"就"现代"概念而言，20世纪初，钱君匋、叶灵凤等广告创作大师，以及旧上海诸多"月份牌画"创作者们，结合西方现代美术和设计理念已经开始进行了广告的创作。但"文革"时期的招贴与大字报等政治广告，其广告文本虽然具有一定的美术历史研究价值，但对今天的广告实践则几乎没有任何指导意义。因而，如果参照文学等学科的历史阶段划分，将不能令人信服。

1978年，"文革"结束，中国社会发展重回起步。这时距离20世纪二三十年代的广告创造高峰已过去50余年，老一代广告艺术家基本不再进行创作，而现代意义上广告经营也尚未复原。然而1979年，以《天津日报》发表第一条商业广告，《文汇报》刊载《为广告正名》为开端，短短几年内，新一代的中国广告人重获新生。1982年首届中国广告装潢设计展的举办，意味着广告业在中国的复苏。

1978年中国开始走上改革开放、经济全面发展的轨道以来，广告就一直伴随其左右。1979年1月4日，"文革"后的第一条商业广告被刊登在《天津日报》上。新中国广告自此起步。同年1月，一篇名为《为广告正名》的文章发表在《文汇报》上，并引发轰动。该文章论述了商品广告的合理性和必要性，引导人们重新认识广告的价值，为广告的复兴做了理论上的准备，因此，1979年被称为"中国当代广告元年"。到1981年，全国广告营业额首次突破一亿元。1982 年全国广告营业额达到 1.5 亿元，经营单位 1600 家，从业人员 1.8 万人，占全国 GDP 的 0.028%。这些数据在今天看来十分微不足道，其中却蕴含了一个高速发展的趋势，这个趋势一方面是经济数据的变化，另一方面则体现了当时刚从"文革"禁锢中走出来的中国人对未来生活的憧憬与想象。与当年其他艺术形式的表达内容一样，对未来美好生活的渴望是那个时期艺术的总体追求。在那个时代，音乐唱的是《年轻的朋友来相会》，电影中表达的是《甜蜜的事业》，人们用车尔尼雪夫斯基的"美是生活，美是应当如此的生活"来勉励自己。而广告作为一种实用艺术，更代表了当时人们对未来生活的追求。作为实用艺术，广告的表达就是那个时期人们对生活美的认同，在那个时期的广告中，始终有一种叫"热情"的情感的灌注。

1983 年，《中华人民共和国商标法》正式实施，在河南省委、省政府的引导下，河南省个体经济快速发展，越来越多农民开始经商或办企业，大批企业开始注册自己的商标，商品经济出现爆发式增长。同年 12 月，河南城镇集体和个体经济先进表彰大会在郑州召开，会议要求今后继续坚持党的多种经济形式长期并存的战略决策，鼓励商品经济进一步发展。这一时期，河南的企业同全国大多数企业一样多以商标促进品牌的发展，并没有现代意义上品牌的概念，更谈不上品牌化建设。但是保持自身独特性的品牌意识已经开始在河南企业中觉醒，部分思想开放的企业已经开始积极探索自身的品牌建设之路，河南企业品牌的建设大幕已经拉开。

1984 年，中国广告协会在河南郑州举办了第一次广告专业培训班，1984 年 9 月 1 日，河南省广告协会正式成立。时任河南省副省长的胡悌云担任名誉会长，顾问包括时任河南省委宣传部副部长胡涌，河南省计划经济委员会副主任杨显明，河南省工商管理局局长李琪雯，郑州大学副教授宋光华。会长由时任河南省工商管理局副局长王庆宗担任，副会长则由河南省计划经济委员会、河南日报社、郑州市美术广告公司、河南人民广播电台、河南省商标美术广告公司、河南省外贸广告公司、河南省铁路广告中心、河南省电视台的领导共同组成。从这份名单中，我们可以看出政府在改革开放之初对广告的重视。这种重视首先来源于大家对于广告是促进改革开放与经济发展的重要手段的共识。广告作为市场经济的重要手段，是打破以往计划经济藩篱的先锋，也是解放思想，打破"文革"时期"政治挂帅""以阶级斗争为纲"的利器。所以，广告的出现，对刚从"文革"桎梏中走出来的广大河南人民群众来说，是一种他们对未来美好生活追求的象征。如当时最早在河南出现的化妆品广告是上海的老牌化妆品美加净的广告。在这部广告作品中，海派艺术风格凸显，广告中的美女不是完全意义的东方女性形象，而是看起来有丝丝的"洋派"，与20世纪三四十年代的老上海广告不同，在人物形象的呈现上，毫无奢靡与浮华之感，相反在整个画面图案暖色调的背景下，画面中的现代女性健康而自然，这种女性形象与当时的审美风格十分吻合，而女性大波浪的长发所带来的浪漫感觉又柔化了人们的情感，这部作品可以说正符合1982年女性形象的审美理想。从今天的审美来看，当时的广告商品诉求平实朴素，温饱型经济限制了人们的消费渴望，但作为未来生活图景表达的广告，已经明确反映出那个时代人们对未来生活的憧憬与想象，从这一点上看，广告从一开始形成初步的规模，就已经具有了在还原时代的同时引领时代风尚的能力。

1986年春都（火腿肠）品牌的创建标志着河南企业品牌化道路的正式开始。1986年，洛阳肉联厂（春都集团的前身）只是一个名不见经传的小型商办企业，在改革大潮的影响下，洛阳肉联厂顺势而为，率先在国内引进火腿肠生产设备，生产出中国第一根火腿肠，之后通过现场推销、电视广告、活动策划、社会公益广告等方式迅速打开了市场，春都（火腿肠）品牌成为一个全国人民家喻户晓的名字，春都也成为洛阳对外的一张名片。"春都"是伴随"会跳舞的火腿肠"的电视广告走进千家万户的，这则电视广告的画面以"舞"为主题，一根可爱的火腿肠在画面中间"翩翩起舞"，活泼生动，以动传静，以有声传无声，配合画面的是一个极具磁性的男中音"春都进万家，宾朋满天下"，似一种呼唤，传递出四方朋友相聚在一起的浓浓深情。让人不禁想到"四海之内皆兄弟"。这个广告击中了观众的内心，拉近了春都与顾客的距离，激起了观众的欲望，最终获得观众肯定。春都的这则电视广告创意非常成功，从此之后"春都"这个品牌就深深地烙在了观众的心里。对"春都"品牌在全国范围内扩大知名度、迅速拓展市场起到了巨大的促进作用，春都在短短几年间生产线从 7 条增加到 109 条，生产规模从不足万吨增长到年产 20 万吨，生产能力猛增了 100 倍，市场占有率达到 80%。

在改革开放之初的河南，作为传统的农业大省，制造业在全国尚处于较为落后的状态，加之思想观念的相对保守，河南产品的品牌意识尚未形成，当时河南广告的主要形式包括招贴广告、霓虹灯广告、报纸广告、广播广告及为数不多的电视广告。就当时的河南广告业而言，郑州市美术广告公司、河南省商标美术广告公司、河南省外贸广告公司、河南省铁路广告中心这四家广告公司代表了当时河南广告的最高水准，这对今天广告企业林立、广告产业突飞猛进河南广告界而言，当年的河南广告就是"小米加步枪"。

由于国民经济的迅速发展，物质的丰富使企业必须依托媒体获得社会认知，各种实物商品通过广告经由不同的媒体再现出来，当时的媒体结构基本是报纸、电视、广播与户外广告的四分天下，媒介使用的均衡及不同媒介的表达特征，也使广告在艺术创作上必须结合媒介自身的特性进行创作，这种由媒体不同导致的广告艺术创作的不同，也在一定程度上限制了广告艺术表达的自由性，再现商品成为这一时期广告艺术创作的核心。就当时的媒介发展状况而言，整个 80 年代，以报纸为代表的纸媒居于主导地位，因而平面广告是当时河南广告的主体。广播作为有声媒介，在每天中午的《评书连播》前后，伴随《杨家将》将各种产品广告带到家家户户的餐桌边，形成最初的栏目品牌加产品广告的新模式。在改革开放最初十年的河南，这个时期电视广告最主要的形式就是"广播式"的产品信息介绍，依靠简单直接又朗朗上口的广告语迅速提升知名度成为一种有效的传播途径。如春都的广告语"春都进万家，宾朋满天下"，赊店酒的广告语"赊店老酒，天长地久"，张弓酒的广告语"东西南北中，好酒在张弓"，宝丰酒的广告语"天下美酒多，宝丰酒好喝"，帝豪香烟的广告语"帝豪在手，潇洒神州"，金星啤酒的广告语"无论春夏秋冬，啤酒要喝金星"，美乐彩电的广告语"千锤百炼，美乐彩电"……这些品牌的广告语简单响亮，脍炙人口，成为叫响全省闻名全国的河南品牌。虽然河南电视台早在1969年就已经成立，但由于电视尚未普及，电视广告对河南的影响还远不能与报纸、广播等广告媒介相比。作为媒介发展的方向，河南电视广告将在下一个十年大放异彩。

综上，河南广告在1978～1988这十年中，河南企业对广告的认识还只是局限于传递产品本身的信息，即告诉消费者产品是什么，有什么样的性质、功能和作用。采用的广告形式往往也非常简单，直白的文字描述加上简单的画面构图、背景装饰，成为20世纪80年代河南广告表现的基本模式。由于这种广告模式只是将直白的文字与简单的艺术装饰拼凑在一起，并没有内在的联系，因此在发展中逐渐分化为两个极端：一部分广告发展为纯产品信息告白的实用模式，不再讲究构图和艺术装饰；另一部分广告则走向了纯艺术表现模式，把产品本身的信息放在了次要的位置。比如这个时期出现了一种流行的以获奖证书证明产品质量优良、以四字词语概括产品特征的广告模式。许多企业的影视广告中都会把"本产品荣获国家一等奖""驰名中外、质量可靠、服务周到"等放在最显著的位置，以此表明产品的优良，这种广告形式在20世纪80年代全国范围内都非常流行。从总体上讲，在改革开放最初几年里，河南的广告业处于恢复发展阶段，广告形式比较单一，广告信息只停留在简单商品信息的传达阶段，并没有真正从消费者的角度来考虑传播效果。这一时期河南广告的主要特点表现为：政府重视级别高，身处内地品牌少，媒介多样纸媒重，自身形象待打造。作为一个以农业为主的中部省份，在下一个十年，河南广告又会产生什么样的变化呢？

二 第二个十年："中原商战"与河南文化形象意识的觉醒（1988～1998年）

进入20世纪80年代末，中国政治风云激荡。之后，经过两年的运筹与思索，1992年，邓小平终于迈出了历史性的一步。随着南方讲话的发布，中央决定进一步扩大对外开放，确立了社会主义市场经济体制的建设目标。1992 年的核心话语是"发展是硬道理"。1992 年，中国城市的恩格尔系数达到 50.3 的水平，并逐步稳固下来，中国开始逐步进入小康社会。1992 年邓小平的南方讲话，确立了国家主体由政治化向经济化的全面转向，城市化的发展已成不可阻挡之势。

从媒介使用的角度考量，经过 1991 年、1992 年电视广告的初步积累，到了 1993 年，我国电视广告的营业额已远超其他广告媒介，稳居中国第一大广告投放媒介平台。到 1999 年，电视广告年营业额达到 165.2 亿元，这个数据是 1993 年的 16 倍多，广告收入的年均增长率为 40%。这个增长速度远远高于同期中国 GDP 的增长速度。但这一现象也说明，中国广告业的发展仍然不能满足不断发展的商品经济的需求。20 世纪 80 年代，电视还是"稀罕物"，到了 90 年代电视得到迅速普及，尤其是彩色电视的普及，使电视在表现力上一举超越了其他传统广告媒介形式，这也为电视广告"称霸"整个 90 年代创造了物质基础。同时，电视作为城乡民众夜间消遣的全部，也成为城市"80 后"晚饭后一家人围在一起看电视的儿时记忆以及农村"80 后"们街坊邻居，甚至全村人围在一起看电视的记忆。这种由媒介带来的群体记忆因此也成为"80 后"的特殊记忆，成为对其进行文化身份识别的特殊方式。在 80 后的群体记忆中，各种电视广告词的朗朗上口，构成了其特有的文化记忆。

20 世纪 80 年代中期至 90 年代初，是河南本土企业品牌建设的初创阶段。从 20 世纪 80 年代开始，逐步发展起来的商业文化逐步席卷中原大地。在这场以"中原商战"命名的运动中，就广告的意义而言，单纯的商品宣传以逐步被品牌及其背后自主的文化意识取代，河南广告由此逐渐成熟。商都，成为省会郑州作为七朝古都的新的延展意义。

从 20 世纪 80 年代末到 90 年代中期，逐鹿中原吸引着全国商业从业者的目光。当时的河南商业普遍低迷，传统商业模式普遍存在，整个消费市场增长乏力。省会郑州汇聚了亚细亚商场、商业大厦、华联商厦、商城大厦、紫荆山百货、郑州百货六家大型商业百货机构，亚细亚的身份是股份制企业，其余几家商场都是国营单位，几家商场为争夺零售市场，各自使尽浑身解数，推动了一场轰动全国的"中原商战"。其中，亚细亚在其他五大商场的"围剿"中脱颖而出，除了其自身的在经营理念外，媒介推广特别是影视广告广泛传播起到了很大作用。"中原之行哪里去——郑州亚细亚，"这句简单直白的广告语通过中央电视台每晚黄金时段的播出，迅速在全国流行起来，成为当时郑州最有影响力的城市名片。1990年5月，亚细亚花巨资在中央电视台每晚新闻联播后的黄金时间播放一条电视广告片，专门介绍亚细亚，并且一播就是一年，这在全国的商业零售百货店中都是首例。亚细亚的商标主体为红色，是一颗火红的太阳，在当时我国广告标识尚未普遍兴起的时代，"红太阳"是最容易让国人产生共鸣的一种标识，而且红色、太阳都会给当时的国人一种爱国、向上的积极暗示，更容易被人铭记。标识的正中央，印有一个白色的英文单词"ASIA"，所谓"亚细亚"，也正是英文"亚洲"的谐音。这个名词迎合了当时国人对现代化的追求，迅速给人留下强烈的印象。紧接着，20世纪90年代初，中央电视台又以"商战"为素材连续播出郑州百货商场商业竞争和发展的纪录片，轰动全国。这部六集的纪录片成为郑州百货商场最成功的"软广告"，让"中原商战"呈燎原之势，零售品商业发展的郑州模式随之被全国推崇，济南、广州、武汉、天津，甚至上海和北京都组织人员赴郑州考察，学习郑州的成功经验，"中原商战"影响全国。

　　1993年后，是中国进一步加大对外开放、确立社会主义市场经济体制目标模式的第一年。随着社会经济的迅速发展，2000年，中国城市恩格尔系数首次达到39.4，并在以后的年份中逐步下降，这意味着中国城市进入相对富裕的阶段。从世界范围审视，通常进入这个阶段后，非物质形态的商品消费逐步取代物质形态的产品消费。就非物质形态消费而言，鲍德里亚认为："外在于一个它只作为意义指向的关系——它和这个具体关系之间，存有的是一种任意偶然的和不一致的关系，而它的意义，来自它和所有其他的符号之间，抽象而系统性的关系。这时，它便进行'个性化'，或是进入系列之中。等到它被消费——但被消费的不是它的物质性，而是它的差异性。"依据鲍德里亚的观点，非物质形态消费消费的是差异性，那么财富的多少与需要的满足程度都不再成为衡量商品消费的关键要素，在非物质形态的商品消费中，商品成了一种消费符号，其所包含的是人与人之间关系的改变——消费关系成为人与人关系的主体，而商品则是其间的媒介。消费人与人之间的关系，其核心意味在于隐藏在消费者认同中的感情、文化、知识、艺术及人自身的力量等非物质文化的成果可以被整合为商品，用以出售，而欲望、计划、要求、激情等需求也同样可以抽象或物化为符号，用于消费。2001年，中国正式加入世贸组织，在全球化的影响下，社会物质财富的迅速积累，使非物质形态的商品消费成为中国当下经济活动的一个重要范畴。教育、房产、健康、信息、文化、娱乐等成为中国新的消费增长点。

与国家经济发展相一致，20世纪90年代，河南省不断深化改革开放，国民经济快速增长，国民生产总值从1992年的1213亿元增长至2001年的5645.02亿元，其中连续六年的年增长率超过10%，经济实力大大增强。河南省从第八个五年（1990~1995年）国民经济规划开始，把食品工业作为河南省的支柱产业，在这种产业政策的积极引导下，河南出现了一批具有全国影响力的食品类企业品牌，如双汇、白象、金苑、南街村、三全、思念等，经过十年的发展，食品工业已经成为河南省具有较强竞争力的优势产业。

整个20世纪90年代是中国电视广告的黄金时期，但就在电视广告"一统江湖"的背后，一股新的势力也在萌芽之中。1994年中国正式加入互联网。互联网是在1989年作为高科技进入中国的，是通信技术的又一次革命，加入国际互联网使中国抓住了新的发展机遇，避免了日后IT技术的长期落后。互联网在1994年仅拥有2000多万用户，其却以每月15%~20%的速度迅速增长。1995年，中国互联网正式商用。1997年中国第一条互联网广告在Chinabyte上发布。自此，中国广告开启了一个新的时代，也是代表未来的时代。互联网在当时作为新兴媒体倍受重视，但是还未成气候。互联网的创业者也在探索互联网的商业模式。90年代的互联网公司基本上在靠资本支撑，还没有摸索出稳定的盈利模式。直到 2000 年，中国互联网仍处在探索期，互联网广告虽然出现，但远未受到足够的重视。2000 年以前，由于网速太慢和收费太贵，互联网的普及率较低。根据 CNNIC 的相关数据，中国网民数量到 1999 年底也只有 890 万。如此狭小的市场很难激起广告主们的兴趣。当时，互联网仍然是资本耕耘的处女地，收割的时机尚未到来。

互联网广告在等待一个引爆点，电视广告则继续领跑中国广告市场。随着 21 世纪的临近，中国人的心态日益开放，对新事物拥有巨大的热情。早期的中国互联网虽然网速慢、内容贫乏，但仍然吸引了大量的网民。在互联网兴起的最初几年，虽然网民基数较低，增长速度却呈几何倍数增长。1998年，网吧开始兴起。网吧是许多年轻人第一次与互联网"亲密接触"的地方，而在学生父母和中老年人群的眼中，20 世纪年代末出现的网吧就如同 80 年代的"录像厅"一般荼毒年轻人。但是不可否认的是，网吧承担了对中国互联网早期网民的启蒙，使互联网被更多的人接触和使用，并为互联网培养了大量用户与潜在用户。

1992～1998 年，是中国广告发展的重要阶段。就电视广告而言，电视广告开始统治广告媒介市场，与之相应，中国企业品牌意识逐步建立，中国广告业终于初具规模，优秀广告人才不断涌现，叶茂中、李光斗等广告大腕也都在这一时期开始崭露头角。虽然中国第一条电视广告比美国晚了整整38 年，但是中国电视广告的发展速度却令人刮目相看。在这一时期，抛开营业额增长速度，中国广告的整体质量和格调均有所上升，并逐渐脱离了 20 世纪 80 年代那种老套的告知型广告的形象，开始向创意型转变，广告的表现技巧也日益丰富，差异化诉求的广告不断涌现。新兴的互联网广告在经过 1992～2000 年的发展，已逐步找到了自身的定位与方向，虽然在广告的内容与形式的创新方面还无法摆脱传统广告的窠臼，但人们通过互联网关注外面的世界的习惯已经逐步养成。

电视的普及带来大众文化的勃兴，加上互联网的推波助澜，使消费形成一种意识形态，逐步裹挟受众的认识。消费文化通过电视与网络成为受众追求的目标，其普及速度与普及率惊人。借由电视和互联网，广告逐渐成为主流文化的重要载体，而表现消费开始成为广告艺术形态表现的核心。

1992～1998 年是河南企业品牌的发展期，这个时期感性诉求成为主流，影视广告帮助河南企业品牌茁壮成长。这一时期，很多优秀品牌经历了短暂的辉煌之后，却走向了没落，如春都、亚细亚、红高粱等。经过"中原商战"后的河南企业经历了品牌的兴衰巨变，带给其他企业更多的是对企业品牌战略的思考，河南企业开始退去浮躁的外衣，变得务实和沉稳。

三 第三个十年：河南本土广告产业的崛起与中原文化的广告形象建构（1999～2008年）

2001 年，中国加入世贸组织，标志着中国开始进入全球经济的一体化的时代。随着经济全球化的发展，中国的消费规模迅速扩大，在加入世贸组织仅一年后的 2002 年，中国社会消费品零售总额就从 2001 年的 37595 亿元增至 48135.9 亿元，同比增长 28%，远远超出了当年中国 GDP 的增长量。这种消费数额的大幅攀升也必然促成消费观念的转变。传统上，人们习惯将"消费"定义为"浪费"和"挥霍"，并认为其是经济损失与社会政治、道德标准的沦丧。而经济学家亚当·斯密则认为，消费是所有生产的唯一归宿和目的。加入世贸组织意味在中国人在消费观上开始与世界同步，中国人逐渐把消费看作社会发展的必然与必要的条件。2001 年后，奢侈品消费在开始在中国兴起，在中国经济的高速增长与全球贸易一体化的带动下，奢侈品消费不再仅是社会精英人士的专利，而成为一种共同选择。与 20 世纪八九十年代所追求的"舶来品"不同，奢侈品是商品的文化剩余价值的体现。追求具有生活文化价值的奢侈品，意味着受众非物质化消费观念的初步形成。党的十六大以后，全国各地都把大力发展非公有制经济作为工作重点，新一轮的竞争围绕非公有制经济全面展开。2003 年河南省非公有制经济工作会议在郑州举行，会议对促进非公有制经济发展工作进行了全面动员和部署。同年 5 月，又出台了《中共河南省委、河南省人民政府关于进一步促进非公有制经济发展的决定》，提出发展非公有制经济的指导思想、目标和原则，进一步放宽了非公有制经济的准入领域和准入条件。非公有制经济飞速发展，民营经济成为河南省发展速度最快、最具活力的经济增长点，2007年，民营经济的产值占河南省国内生产总值一半以上，成为中原崛起的重要推动力量。与民营经济的中原崛起同步的还有河南本土广告产业的发展。1999~2007年，河南电视广告的年收益，达到443亿元，年均增长速度达到14%，远远超出了同期GDP的增长幅度。在这样的大环境下，河南本土的广告企业迅速崛起，当时河南有2000余家广告公司，3万余名广告从业人员，为河南广告的产业化发展带来新的契机。

2000年以来，河南本土的广告公司雨后春笋般涌现，这些广告公司成为河南社会文化发展的确证与书写。这些广告公司在业务上涵盖了一整个时期广告的发展的基本样式，成为河南广告的发展成熟的标志。代表性公司如下。

河南三星广告集团有限公司于1999年进入广告行业。2004年，公司开始投资黄金地段户外广告大牌。2006年，公司股东变化，河南三星广告有限公司成立，创业资金100万元，正式成为投资户外大牌、钢结构工程制作、安装相结合的发展模式。2007年，公司快速发展期，投资市区多处户外广告大牌、平顶山市区广告三面翻大牌、高速广告塔制作30多块，郑州市区内制作多处广告工程。2008年，投资郑州标志性落地三面翻广告巨牌，得到河南省市局委等政府部门的一致好评。2009年，利用联合投资、代理经营等模式，公司被同行业称为郑州市户外广告行业的一匹黑马，被政府指定担任2009年秋季全国糖酒会所有户外展示类安全监管和巡查任务，目前拥有四个分公司，员工人数110余人，公司总资产规模达到1亿元。公司领域：户外媒体投资与经营、钢结构工程、装饰装修工程、喷绘终端制作工程、文化传媒；设计、制作、代理发布国内广告业务；会务服务。

河南红旗飘飘文化传播股份有限公司成立于1999年，是以专业户外广告制作、发布为主，以户外媒体代理为辅的综合性广告公司，公司建设并独家运营郑州市公交站牌项目。河南红旗飘飘广告有限公司以扎根郑州面向全省为策略，以诚信为经营理念，以超越自我、追求卓越为企业精神。多年来，河南红旗飘飘广告有限公司在为客户品牌策划等方面已经逐渐成熟、规范，并拥有丰富的经验，致力于为企业建立一种行之有效的宣传推广模式，通过独有的广告传播手段为企业产品塑造一条稳固流畅的终端行销渠道。公司领域：企业形象策划、设计、制作、商品展示、工艺品设计；设计、制作、发布、代理国内广告业务；广告牌租赁。

郑州新天园广告有限公司于1999年注册成立，是一家集户外广告制作发布、媒体代理、客户服务、展会策划执行等服务项目于一体的综合性广告公司。公司成立以来，凭借全体员工坚持不懈的努力和全面周到的服务赢得了客户的一致好评，以全面周到的细致服务立足河南广告业。公司领域：广告制作发布、展会策划执行。

郑州八方广告有限公司，八方广告公司成立于2000年，2004年注册郑州八方广告制作部，2007年注册郑州八方广告有限公司，2010年八方广告成功注册"河南省钢之杰钢结构工程有限公司"使公司成为国内唯一具有钢结构资质施工的广告工程公司，公司总部位于中国重要铁路、公路、航空枢纽之一，中华民族的发祥地，历史文化名城——郑州。八方广告公司历经数十年稳步耕耘，取得了飞速的发展，迈进国内大型户外塔牌广告工程制作企业行列。公司以注重工程质量、注重服务、注重信誉为发展原则，以良好的声誉赢得全国客户的信赖。公司是以设计、代理、发布、制作大型户外广告、单立柱高炮广告塔、楼顶广告牌、跨路龙门架广告牌、落地围挡广告牌、大型三面翻广告牌、钢结构焊接工程制作为主的广告装饰工程企业。

鑫天地广告有限公司于2001年成立，公司前身为郑州金天地广告工程有限公司是一家专注于大型户外媒体审批、制作、施工的专业公司，是河南最早的户外广告工程公司之一，主要工程遍布郑州市区各主要商圈和主干道。公司领域：户外媒体；楼顶广告牌；跨街广告牌；单立柱；户外制作工程；店招广告；高速广告牌。

河南省邮政广告创意制作中心于2001年成立，隶属于河南省邮政公司，具有十多年的广告代理、市场策划、产品推广和DM广告的运营经验。依托百年邮政的网络资源优势，专注于 DM 广告传播事业的品牌打造和网络建设，已成为中原市场 DM 广告的领军者。公司涵盖全省 18 地市、113 个（县）市邮政函件广告运营机构，全面整合网络运营资源优势，能够为客户提供 DM《中国邮政广告》、DM《河南邮政广告》、DM 夹报投递广告、商业信函、邮资信封、明信片、中国邮政贺卡、账单广告、户外广告发布、平面广告设计、印刷服务、市场策划、产品推广、广告代理等多项专业服务。

河南一众广告有限公司于 2006 年成立，是一家立足中国市场，专业为各个行业提供全方位数据库营销策划方案的公司，公司领域涉及互联网新媒体业务——微信朋友圈广告、今日头条、抖音小视频广告；DM 邮寄、夹报、直投；户外大牌、地铁、高铁等广告媒体的代理发布。是郑州 E - DM、DM 行业运营时间最长、最专业、合作客户最多的公司。河南广告传媒业商会副会长单位

河南铁利达传播有限公司于 2007 年成立，经营范围包括设计、制作、代理、发布国内广告业务等。独家代理的郑州新闻广播（FM98.6/AM549）是郑州人民广播电台的主频率，节目以黄金时段集纳式新闻资讯为骨架，以全天分布的热线互动节目为主要特征。在郑州市 20 余个电台频率中，拥有最庞大的听众人群。

从以上这些代表性的广告公司的业务展开来看，1999～2007 年，河南的广告业已发展成熟，这些广告公司一方面从其自身的广告业务中获取收益，对河南经济的发展起到了助推作用；另一方面，其广告行为的结果还在于构成了河南形象的外部景观。在这一景观搭建中，河南自主品牌成为一道新的风景。从 2002 年起，中国名牌战略推进会开始评选"中国名牌"。至 2005 年，河南省已有 14 家企业的 21 个产品单项被评为中国名牌；由中国食品工业协会评出的"中国食品工业百强"中，河南有八个企业入围，值得注意的是，双汇集团首次超过五粮液集团荣升榜首。2005 年中央提出的"中部崛起"政策，也不同程度影响了河南的企业格局。不少河南企业抓住了政策机遇，努力发展优势品牌，赢得了广阔的发展空间。河南企业品牌进入了一个跨越发展的时期，品牌战略逐步成熟，品牌建设逐步回归产品的实

质，出现了一批成熟的河南品牌，如宇通（客车）（"专注于人系心于车"）、金星啤酒（"品质赢天下"）、华英鸭（"华英鸭，品质共享"）。

2004 年，在中原报业营销高峰论坛上，中国传媒大学黄升民教授就河南广告未来的发展提出构想：作为一个信息集散地。黄升民教授认为，与河南在物流集散地方面的区位优势相对应，河南也应该成为一个信息的集散地。因为中原是历来兵家必争之地，也是商家必争之地，作为一个全国的枢纽，必然需要广泛的信息汇集、加工和发布，这无疑都要与广告相联系。"要说河南广告业必须超过北京、上海、广州这不现实，也没有必要，但较之河南的区位优势而言，目前广告业的确还需要进一步发展，提升影响力。"整合与细分的两极化趋势目前从全国的广告公司来看，比较成功的主要是两类，即创意策略型的广告公司和媒体代理型的广告公司，在河南尤其典型。那么就今后的发展趋势而言，整合为综合型广告公司与细分为专业化广告公司的两条途径到底孰优孰劣，对此，黄升民表示这肯定都是未来的发展趋势，整合也好、细分也好，都是为了更好地为客户服务，至于哪种模式更适合，则要根据不同广告公司的不同情况确定。

中原文化博大精深、源远流长。其中，以豫剧为代表的中原戏曲文化，以少林功夫为代表的武术文化，以及依托丰富文物资源的收藏文化植根于民间，影响社会，并已融入老百姓的日常生活。"戏曲""武术""文物"作为中原地区的三大文化资源，为河南卫视文化品牌栏目的创新积累了广泛的观众资源，掌控好这些资源将有利于打造河南卫视的核心竞争力，不断增强河南卫视的持续竞争优势。的确，低调的河南卫视用一个惊艳的结果在传媒领域喊出了最有力的中原之声：2007 上半年，河南卫视覆盖区域和收视份额均大幅提升，品牌影响力和品牌竞争力全面增强，全国可接收人口增至约5.6 亿人，在全国 27 省网组稳居全国省级卫视前三位，在 35 中心城市组稳居全国省级卫视前列，收视增幅达 52%，广告创收 2 亿元，在中原五省省网高居全国省级卫视第一位。中原龙头卫视的地位愈发巩固和强势，全国强台的战略目标正在逐步成为现实。初级营销卖产品，中级营销卖体验，高级营销卖文化。作为媒体，产品的特点与消费特性又与其他产业截然不同，收视、覆盖不能代表媒体产品的全部，对受众的影响力又不能够简单的量化，既然如此，营销手段就更加至关重要。在谈到目前河南卫视广告经营的核心策略时，王扎根表示，河南卫视营销的核心策略是完善科学、灵活、富有竞争力的经营机制，确立以品牌化为中心的整合营销体系。在这个策略下，河南深厚的文化资源和丰富的旅游资源为河南卫视提供了提升产品价值，创新营销手段的第一手资源。王扎根说："我们主要做的是加大品牌栏目营销，提升品牌栏目价值。《梨园春》《武林风》《沟通无限》《华豫之门》这些品牌栏目不仅是河南卫视参与全国卫星频道竞争的核心资源，更是吸引众多优秀企业选择投放河南卫视的关键因素，原因就是这些栏目不仅在收视数据上表现出色，在产品内涵上也具有相同的特性。因此，无论在广告产品设计上，还是在对外推介上，我们都明确把卫视四大品牌栏目作为营销重点，结合客户需求，设计开发形式多样的现场广告产品。"

1999～2008年是中国电视广告的黄金十年，河南卫视作为当时河南最具传播价值的媒体，其广告战略的文化转型，是中原文化的广告形象建构的保障。纵观1999～2008年，河南本土广告在完成多元类型的广告产业崛起与以扎根河南文化为宗旨的媒介体系的建构，河南广告自身的体系建构已经完成，并开始为2008年这个特殊的年份做好了准备。

2008年是值得每个中国人记住的一年，汶川地震与北京奥运会的举办同时撼动了每个中国人的内心，民族凝聚与民族崛起的意识从来没有这么强烈地被表达出来，北京奥运会作为民族崛起的象征，是中华民族自鸦片战争以来真正以自信的方式融入世界的表达。2008年是一个特殊的年份。在这一年，中国国内发生了两件震撼世界的大事，"5·12"汶川大地震与接踵而至的北京奥运会；而国际上，自1990年美国经济危机之后，世界经济平稳发展了18年，经济危机在2008年卷土而至。中国文化与西方文化对人的认识不同，西方文化对人的认识往往来源于对人的个体与自由的注重，而中国文化对人的理解所强调的则是"众"。作为具有历史文明的连贯性与大一统的政治文化特征的中国传统文化，在巨大的灾难面前激发出巨大的凝聚力，表达在社会的层面，一种"众志成城"的文化凝聚力就凸显出来。这种凝聚力与中国改革开放 30 年来市场经济发展所导致的人的个体化与个性化发展相逆，个体化的精神诉求与强烈的文化群体凝聚力体现在 2008 年北京奥运会的体育与艺术表达上。在这次中国首次如此规模的直接面向世界的体育盛会上，文化崛起的理念逐渐成为现实，文化软实力成为 2008 年后中国人在文化上的最高诉求，这种诉求最终外化为"大国崛起"的文化理念。

长期以来，我国传统的农耕社会与地域特征相适应的生产方式是决定文化形态的根本。就文化而言，在过去的几千年里，中华文化形成以河南为中心的中原文化区。与四面环海的希腊文化不同，广袤的土地与便利的灌溉，使农业耕作成为中华文明在起点上的核心生产方式。就国家观念而言，传统中国是被人地关系限定的国家，然后才是民族国家。与游牧和商业民族不同，农耕民族的财富（土地）是非移动性的。就社会政治而言，在农耕方式中，土地既是劳动的对象，也是生活资料的来源。人们对土地的高度依赖，决定了其在观念领域对以土地为核心的自然的价值的全面肯定。在思想文化上，中原农耕文明是深植于泥土的文明，土地成为人自身之外自然的价值核心。在以土地为起点的自然观中，"天道自然"成为中国各哲学流派认知的起点，"天人合一"则成为其共同的价值选择。对土地的执着与眷守决定了中原人对土地的情感，也形成中华民族平和、淡然的民族性格。但中国 1860 年以来长期受外来势力侵犯导致的积贫积弱严重压抑了中国人的性格，在文化表达上则体现为文化的不自信。2008 年在中国国内所形成的民族凝聚力与国外经济危机导致的经济的衰退恰为中国文化实力的扩展提供了一次绝佳的机会。和平崛起，成为世界重要文化表达的一维，而不再以第三世界国家自居，成为中国在文化上的新的诉求。与之相应，在文化表达上，传统的群化意识向在个性化表达基础上的新的群体意识转化，并构成了一种全新的文化转型，这种转型体现为中国文化随着中国制造的发展走出去的新的文化传播样式的形成。

2008 年，中国 GDP 超过德国，中国开始成为世界第三大经济体。同年，中原大省河南的 GDP 达到 18407.78 亿元，首次跃居全国第五，一跃成为中部省份的领头羊，中原崛起实现了与中国崛起的同步。以宇通为代表的河南品牌经通过河南自己的广告公司、自己的媒介一步步走向全国，走向世界。以农业为基础，以制造业为突破口，以文化为内涵，以品牌为媒介，1978~2008 年 30 年间，河南一步步摆脱了以往积贫积弱的"刻板印象"，以文化附内涵，以品牌塑形象，以广告传四方，广播、电视、报纸、互联网联动，河南第一次在广告中实现了品牌与文化的双赢。经济大省与文化大省珠联璧合。

从 1987 年互联网进入中国，到 1996 年底中国互联网用户达到 20 万，进入 1997 年后开始以半年翻一番的速度增长，到 2003 年我国上网用户人数达到 6800 万。互联网的迅速普及，使人们能够更加迅速地从互联网上了解关于世界的信息，可以说在 2007 年之前，互联网是我们看世界的一面镜子，虽然这种"看"还仅停留在"看"的层面上。2008 年后，智能手机的发展已成普及的态势，3G 网络的迅速发展，上网速度的大规模提升，WiFi 的普及，移动终端的日趋完善，使原本被固定在 PC 机上的人们开始获得更多的身体空间的自由，并通过网络在世界的某一个角落表达自己。根据本尼迪克·伊万斯在《华尔街日报》上所做的观点预测，移动互联网将成为未来的趋势。在经过手机与电视联姻、电视与网络组合等诸多方式之后，实践证明，被固定的终将被能移动的取代。人存在的最大价值就在于获得最大程度的自由，因而作为最自由的网络方式，手机与网络组合所构成的移动终端开始垄断人们的时间。而 2007 年随着第一代苹果智能机的出现，集合了各种功能的智能手机日渐普及，并很快成为价格合理的一般消费品。在智能手机技术与无线网络的双重支撑下，新的网络生活方式开始出现。2010 年新浪微博正式上线，2012 年微信正式登场，这些都意味着新的媒介形式的登场。最初，人们仅是通过互联网审视世界，随着移动终端所带来的传播的革命，人们不再满足于单纯地看，交往与参与成为人们融入世界的一种新的方式，数字化移动终端与社交媒体成为新的媒介样式，那么 2009~2018 年，河南广告的发展将呈现怎样的全新样态呢？

四 第四个十年：新媒体＋产业园区，立足中原的
河南广告文化产业勃兴（2009～2018年）

2008年以来，数字化已经成为传媒行业发展的必然趋势。各广告传媒集团在新媒体产业的强劲冲击下，争相思考数字化时代带来的机遇与挑战，竞相调整产业结构布局，新建数字传媒内容产业，提供终端用户更多渠道、更多层次的服务。面对数字化所带来的种种变革，传统媒体的生产、管理、运营模式等均已发生根本性的变化，一个全新的数字化媒体时代正在到来。毫无疑问，数字化媒体时代的到来，影响、冲击着传统的广告行业，并且随着数字化媒体时代步伐的不断前进，传统的广告行业所受的影响和冲击也随之加剧。当然，这种冲击的加剧正好能够体现科技的发展、广告行业的繁荣和时代的进步。在大势所趋的背景下，河南广告业的发展同样面对机遇和挑战。

数字化就是将许多复杂多变的信息转变为可以度量的数字、数据，再以这些数字、数据建立起适当的数字化模型，把它们转变为一系列二进制代码，引入计算机内部，进行统一处理，这就是数字化的基本过程。1946年2月14日，世界上第一台通用数字电子计算机埃尼阿克（ENIAC）在美国宾夕法尼亚大学诞生，人类由此进入一个空前发达的数字化时代。飞跃式发展的数字化科学技术，以其巨大的能量和无穷的魅力影响、改变世界的方方面面，改变了我们传播信息和接受信息的技术手段、方式、方法。数字化背景下，纸质阅读、现场购物已成为旧时代的符号，单向被动的格局逐步被双向、互动的需求取代。

与模拟信号相比，数字信号是加工信号。加工信号对有杂波和易产生失真的外部环境和电路条件来说，具有较好的稳定性。可以说，数字信号适用于易产生杂波和波形失真的录像机及远距离传送使用。数字信号传送具有稳定性好、可靠性高的优点。数字信号需要使用集成电路（IC）和大规模集成电路（ISI），而且计算机易于处理数字信号。数字信号还适用于数字特技

和图像处理。数字信号处理电路简单，它没有模拟电路里的各种调整，因而电路工作稳定，技术人员能够从日常的调整工作中解放出来。数字信号易于进行压缩。数字化的方式改变了以往的媒介符号原理，催生新的媒介形式，也改变了广告的样式。在数字化的符号体系中，大数据海量存储成为可能，其直接后果是读图时代的诞生；云计算则使对应受众的精准分析成为现实；而数字化网络对现实时空的压缩，使信息的交互完成大层面的对等，这一切使广告的形式较以往产生了巨大的变化。

广告依托媒介生存，当下比较热门的广告媒体不下 30 种，如数字电视、直播卫星电视、移动电视、IPTV、网络电视（WebTV）、电线上网、温暖触媒列车电视、楼宇视频（各种大屏幕）、各种移动多媒体、网上即时通信群组、对话链（Chatwords）、虚拟社区、博客、播客、搜索引擎、简易聚合（RSS）、电子邮箱、门户网站、移动终端、社交媒体等。河南广告业只有变革才能顺应时代的发展。应该说数字化引发了河南广告业传统市场的革新，并且这场革新已逐渐融入我们的工作生活。因此，重新审视、理解这些问题，有助于研究河南广告业的发展趋向。

当下广告业生存的变迁与数字化传播技术的应用关联密切。河南的广告业之所以在起步较晚的状况下发展迅速，就是因为河南广告业界人士及河南的受众善于接受新兴的前沿事物。面对数字化新时代的到来，河南广告业在不断纠正调整快速发展中出现的诸多问题的同时，也顺应了数字化时代的要求，多种广告生存形态在新、老媒体融合中应运而生，主要体现为河南广告的个性化生存，人人都有独特的个性，广告的个性化生存正是建立在"以人为本"的理念之上，利用数字化科技手段和媒介向个性化发展；河南广告的和谐化生存，数字化传播技术就能和谐地处理主体内容与广告植入的矛盾，即在电视、电影剧情内容中隐性植入品牌信息，达到营销传播的目的；广告的数据库生存，广告数据库是数字化网络时代广告重要的生存形态，具有海量信息的广告数据库是商品信息的集散地，有企业、消费者各自发布的信息，消费者可以获得最佳商品信息购到喜爱的商品；广告的融合化生存，融合的本意是指两种以上的物体连接以后逐渐融于一体，在强劲的数字化科技的冲击下，传统的广告形态发生了巨大的变化，有的传统广告形态逐渐消亡，而另有部分传统广告与数字化新媒介有机地结合在一起，逐渐融合成新的广告形态，这种形态可以说是新老媒介之间必然存在的过渡地带，因为传统的旧媒介形态在发展演进的过程中必然会遭遇数字化新媒介，为了生存，这部分传统媒介形态就会逐渐适应新媒介，而新媒介也吸收了传统媒介中的优点，从而形成新老媒介之间共生的混合特点的广告。

数字化的生存方式为河南广告的发展带来了新的考验，但也蕴藏着丰富的机遇。大数据、个性化、融合化等数字化的特征使原本"作坊式"的小型广告公司步履维艰，而即使是河南本土曾经的大中型广告公司也困境重重，河南广告业的发展亟须凝聚力量、整合内容，形成与河南经济地位相适应的广告联合体。据统计，2011年河南省广告经营单位有8621户，广告从业人员有5万多人，广告经营额为54.29亿元，在全国排名第14位，其发展与增量远低于河南的经济发展速度与发展水平。2012年4月，国家工商行政管理总局为首批九个"国家广告产业园区"授牌。作为国家级广告产业园区，其将享受大量的财政及政策优惠和扶持，这不但是对广告业的一大利好，更能从就业、基础设施、经济结构、招商引资等众多方面带动区域经济。

2014年，中原广告产业园落户郑州，对郑州乃至全省的广告业拉动作用巨大。河南省工商局广告监管处处长李天佑说："2011年，河南省广告在全国排名14位，近两年，河南省广告业发展迅猛。目前，我省共有广告经营单位17567家，从业人员90070人，今年前三个季度，全省广告经营额已达94.13亿元。未来河南广告的发展应向国内发达地区看齐，要在广告集约化发展中开创新局面。"中原广告产业园，项目总投资33亿元，是中央财政支持广告业发展的试点园区。中原广告产业园位于郑州高新技术开发区科学大道，占地面积386亩，规划建筑面积78万平方米，园区建设分二期实施。园区按照"政府主导、市场运作"的投入机制，由郑州高新技术开发区主管，中原广告产业园发展有限公司投资运营。项目一期位于郑州高新技术开发区科学大道垂柳路，占地86亩，规划建筑面积24万平方米，已完成投资12亿元、建成19万平方米主体，2012年底完工开业；项目二期规划占地 300 亩，规划建筑面积 54 万平方米，计划投资 21 亿元。中原广告产业园区以打造中原广告交易会展中心为龙头，以重点建设互联网广告研发平台、广告学术交流和人才培训实习平台、广告创意设计制作平台、广告材料与广告设备研发制造平台、广告媒体发布平台、广告数据平台为主线，集聚旅游广告资源、汽车工业广告资源、食品工业广告资源、电子信息广告资源、三农广告资源、国内外知名企业广告资源，形成主业突出、功能齐全、环境和谐、可持续发展的广告业发展的公共平台，融合周边动漫、游戏、影视等文化产业环境，建设立体化的绿色广告产业园区。

中原广告产业园依靠优良的广告产业平台和中央、省市政府对广告产业业务的税收减免、财政补贴、园区提供的优质服务，聚集优秀广告产业入驻，进而提升广告创意制作水平，为广告主提供一站式服务。该园区核心竞争力体现在两个方面。一方面，产业园相关部门树立现代广告产业链，吸引世界 100 强广告公司，国内 300 强广告公司，开发广告公司总部经济包括文化、创意、设计、制作，在这里建立分部或窗口，对广告产业起推动作用，力争把中原广告产业园建设成中部地区广告产品交易中心、创新发展中心、人才培养中心和国内外优秀广告企业聚集中心。比如将咨询、营销、公共关系、调研、数据分析等机构请来，提供全套解决方案，鼓励他们来到河南建功立业，市政府按照鼓励新兴产业发展的相关政策，对中原广告产业园建设和招商引资给予有力支持。另一方面，培育园区龙头企业、做好产业链接、突出园区特色和优势、强化区域辐射等，把工作做实做细，使园区真正成为带动河南广告业发展的"航空母舰"和在全国有重要影响力的国家级广告业试点园区。

河南地处中原腹地，历史悠久，中原传统农耕文明形成中国文化的价值根源。就文化而言，与地域特征相适应的生产方式是决定文化形态的根本。在过去的几千年里，中华文化形成以中原地区为地理核心的文化区域。广袤的土地与便利的灌溉，使农业耕作成为中华文明在起点上的核心生产方式。依托河南特有的文化资源，中原广告产业园以文化为导向，设立了四大主题的广告交易展区，包括旅游广告交易会展区、食品与三农广告交易会展区、电子产品与汽车广告交易会展区、公益广告会展区及中原电子广告交易平台、中原广告交易中心网站和中原广告电子交易系统。

旅游广告交易会展区以河南传统地域文化为核心，河南省现有 A 级旅游景区 177 家，河南省共有星级酒店 512 家，旅行社 1158 家，其中出境游旅行社 30 家，直接从业人员 22235 人。2011 年全省共接待海内外游客 3.07 亿人次，实现旅游总收入 2802.06 亿元，其中，入境游客 168.29 万人次。挖掘洛阳龙门石窟、开封清明上河园、安阳殷墟、登封少林寺、焦作云台山、嵩县白云山、信阳鸡公山等一大批得天独厚的历史及自然旅游资源。利用旅游广告交易会展区，重发挖掘、聚集旅游广告资源，促进河南省旅游业发展。

食品与三农广告交易会展区以河南文化价值的核心农耕文明为主体，结合现实农业生产，打造河南农业文化的大形象。作为全国重要的粮食生产基地，仅河南一个省的粮食产量就占全国粮食产量的 1/10。发展以粮食为原料的食品深加工产业，一直是河南省坚持发展的重要方向。以双汇、思念、三全为代表的食品加工行业，在国内市场上占据重要地位。河南已成为全国最大的面制品、肉类和调味品生产基地。除传统的三全、思念、双汇等大型企业之外，好想你、正林、花花牛、白象、云鹤、爱厨等一批中小型企业也迅速崛起，为河南食品加工行业的持续繁荣提供了坚实的基础。截至 2010 年，郑州市食品工业总值已经跃居全国省会城市第三位、中西部城市第一位。2012 年，河南全省食品工业总产值达到 1.2 万亿元，2015 年达到 2 万亿元，2020 年将达到 4 万亿元。利用食品广告交易会展区，重发挖掘、聚集食品广告资源，促进河南食品业发展。为助力河南农业，利用三农广告交易会展区，充分挖掘、聚集三农广告资源，围绕薪叙村建设、农民需求、种子、农药、化肥、饲料、农机供销，服务三农，促进农业大发展。

电子产品与汽车广告交易广告交易会展区以河南现代工业与制造业发展为核心，全力打造河南现代工业文化。近年来，郑州汽车行业发展势头强劲，汽车制造成为河南现代工业发展的领头羊。以郑州日产、宇通、少林为代表的一大批汽车制造及其相关产业近些年迅速崛起，成为拉动经济增长的重要力量。郑州日产拥有皮卡、SUV、改装车等100多个品种，其中高档皮卡在国内的市场占有率超过40%。郑州红宇生产的保温车、冷藏车销量分别居全国的第一位和第三位，市场占有率达到25%。郑州宇通如今更是已经发展成为世界上生产规模最大、工艺生产技术最先进的大中型客车生产企业，年产值200亿元，其品牌价值在"中国500最强品牌"中，四度蝉联中国客车第一品牌称号。宇通与少林汽车是郑州在国内客车市场与诸多企业分庭抗礼的"双保险"，以差异化的产品特点成为国内市场一支重要的力量。而随着富士康、格力电器等现代制造企业的入住，也为河南现代工业与制造业注入了新鲜动力，利用电子产品与汽车广告交易会展区，着重挖掘、聚集河南现代工业广告资源，以文化建设促进品牌发展。

公益广告会展区利用公益广告交易会展区，充分挖掘、聚集公益广告资源，宣传发扬中原先进文化，加大政府对公益广告的采购力度，加大公益广告宣传力度。

下一步，中原广告产业园建设将从以下方面重点推进，包括重点建设互联网广告、公益广告研发平台；发展以互联网、广播电视有线网络、数字化、多媒体等高新技术为依托的电子网络、数字出版、数字传输、动漫游戏、新型广告装备制造业等高科技含量、高附加值的新兴广告产业；支持网络广告、移动电视、楼宇视频、手机广告、显示屏等新兴广告媒介市场健康有序发展；鼓励环保型广告材料的广泛运用，支持开发低成本的替代广告材料，重点培育一批创意独特、科技含量高的新兴广告企业。全方位鼓励企业做好公益广告研发，推介本土优秀产业资源的同时，大力弘扬中原传统文化和民族传统文化，提升民族文化素质。建设广告设计类企业聚集在园区的创意SOHO区，规划办公面积3万平方米，投资1.2亿元，广告市场调查、广告品牌策划、广告企业公关、广告形象设计的入园企业200家，年产值2亿元。根据广告设计要求，制作可供刊播、设置、张贴、散布的广告作品的经营性活动。园区二期规划建设广告制作区域7万平方米，投资2.8亿元，计划引进160家广告制作企业，年产值2.4亿元。建设两座现代化摄影棚与后期制作中心，投资 2000 万元。

建设广告材料和广告设备研发制造平台。广告材料研发制造是指鼓励环保型广告材料的广泛运用，支持开发低成本的替代广告材料，重点培育一批创意独特、科技含量高的新兴广告企业。园区二期规划建设广告材料制造区域投资 2.4 亿元，计划引进广告板材、广告灯箱、广告贴纸、广告配件、喷绘耗材、写真耗材、反光耗材、展示器材、光电产品、机器配件、广告五金件、广告工具、广告油漆、广告粘剂等 30 家高端广告材料制造企业，年产值 3 亿元；广告设备研发制造是指鼓励发展新型广告装备制造业等高科技含量、高附加值的新兴广告设备制造；支持网络广告、移动电视、楼宇视频、手机广告、LED 显示屏等新兴广告媒介市场健康有序发展；鼓励环保型广告材料的广泛运用，支持开发低成本的替代广告材料，重点培育一批创意独特、科技含量高的新兴广告企业。园区规划广告设备制造基地 6 万平方米，投资 2.4 亿元，计划引进户内写真机、雕刻机、户外喷绘机、刻字机、吸塑机、条幅机、打标机、光电制造设备等 40 家大中型广告设备制造企业，年产值 1.4 亿元。

建设广告媒体发布平台。郑州广告产业园区与河南省、市电视台合作建设广告专业电视频道，引入电视、报刊、电台、网站、移动通信、户外传媒、楼体、车体、路桥、旅游、音乐、体育等广告发布载体企业 50 家，广泛开拓广告发布渠道，年产值 3 亿元。广告发布企业规划在园区一期范围内，规划使用面积约 3 万平方米，投资 1.2 亿元。

建设广告数据信息平台，投资 500 万元。汇集全国省、市、县相关广告主的广告需求信息和广告企业信息，供园区内会员广告企业查询，促进广告产业供需双方的信息交流。

重点建设互联网广告、公益广告研发平台。发展以互联网、广播电视有线网络、数字化、多媒体等高新技术为依托的电子网络、数字出版、数字传输、动漫游戏、新型广告装备制造业等高科技含量、高附加值的新兴广告产业；支持网络广告、移动电视、楼宇视频、手机广告、显示屏等新兴广告媒介市场稳健有序发展；鼓励环保型广告材料的广泛运用，支持开发低成本的替代广告材料，重点培育一批创意独特、科技含量高的新兴广告企业。全方位鼓励企业做好公益广告研发，推介本土优秀产业资源的同时，大力弘扬中原传统文化和民族传统文化，提升民族文化素质。建筑面积4万平方米，投资1.6亿元，年产值1000万元。

建设广告学术交流和人才培训实习平台，投资1000万元。每年组织多场广告学术交流研讨会，邀请国内外广告界一流专家举办讲座、广告大讲堂。年培训广告人才5000人，安排5000人广告专业大学生到园区实习。重点建设广告创意设计制作平台。首先，建设创意LOFT和创意SOHO区，打造广告创意品牌。通过实施品牌战略，做大做强优势广告产业品牌。争取利用3~5年时间打造一批广告创意制作品牌、广告龙头企业品牌、广告会展品牌、多媒体广告品牌、动漫广告创意品牌、新型现代广告设备制造品牌等一批品牌价值高、竞争力强、影响力大的广告产业品牌集群，力争推出具有特色鲜明、优势突出、结构合理的广告产业品牌体系，形成在全国有影响的广告品牌创意群体，增强广告产业综合竞争力。

综上，中原广告产业园的发展通过"一个核心、六个平台"的建设，使园区形成建立在区位优势之上的中原广告交易展示中心，建立在园区产业优势之上的中原广告专业服务集群，建立在区域关联优势之上的中原广告公共服务平台，吸引企业入驻，支持企业发展。建立中原广告产业园区的目的就是促进河南广告产业的快速发展，围绕这一目标，园区就必须突出产业特色，突出主导产业，把园区真正建成市场化运作、产业化经营、集团化发展、有影响力的产业基地，拥有属于中原广告产业园的核心竞争力。

五 回归意义本体，重构广告的文化价值，促进河南文化发展

经过40年的发展，河南广告业发展迅速，在现代传播技术的背景下，

河南广告除了对河南经济发展与品牌建构厥功至伟，对河南自身的社会文化发展与社会认识水平的整体提升同样功不可没，表现在以下方面。

（一）促进社会价值观与价值取向的重构，引发传播创新动力

从功能主义的角度分析，广告通过告知、关联和社会整合作用对人们价值观产生影响。作为大众文化的载体与"风向标"，当代广告的发展，体现的是当代社会发展的总体进程、经济发展的详细脉络、文化与意识形态的主体表达、媒介技术的发展前沿与艺术潮流的表现。因而，在广告这种形式载体上，包含社会关系、经济发展、文化传播、意识形态、艺术表现与科技进步的全方位表达。当代广告的发展与流变不再是简单的作为广告内容载体的商品本身或形式载体的艺术方式的变化，而更多体现在以上表达中所隐藏的人与人关系的深刻变化。这种变化既是人个体的变化，也是人与人、人与人群、人与社会关系的变化。这种变化在当代社会文化表达的各个层面均有体现，进而引发社会价值观与价值取向的重构。

在传播的过程中，广告更关注的是人际关系，而不是物品本身，它许诺的不是享乐而是快乐——由外界判断的快乐，被人羡慕的快乐就是乐趣。广告的这种由判断而生的愉快并不等同于康德的审美价值判断，审美价值判断标准是自我的、唯美的，而广告的价值判断则与他者相关，是一种建立在他人认识上的价值的评判。在这种评判中，实用价值在商品的价值构成中比例日趋降低，而与之相对应的附加价值比例则大幅提升，由此必然引发价值判断标准的转变。另外，广告传播的重复性特征，使个体对广告的需求不再仅停留在信息获取的层面，各类明星代言的广告使广告的表演者由原本的艺术家身份转向明星的身份，其自身的艺术创造价值被商品价值取代，受众因为明星而购买商品，明星则通过广告被受众记忆，在明星的广告表演中，作为广告外部形式的艺术，也由原本的认识形态的表达转而被社会意识形态裹挟，成为社会主体价值的隐形代言者。现代网络技术的高度发展，打破了人际传播的时空界限，交流成为当下学习行为的新方式。当代广告的多维性传播方式，使个体在传播的网络中，由传播对象变为传播的环节，广告传播因

而不再有起点或终点，而是以回环的形式不断盘旋，社会整体的价值观与价值取向也因之发生转变，个体不再是价值的终点而是构成一个个价值的原点，由此，也改变了传统意义上的对广告的批判性认识。

学界在传统上始终认为广告只能表现为对消费的追随与迎合，而不能有丝毫的批判性或预见性，甚至应该对日益世俗化的文化负责。然而，当代广告的不断发展，尤其是在网络与新媒体兴起之后，信息传播的视野被极大地拓展，媒介使用的泛化，使广告呈现更加丰富的表现形态，其所包涵的价值观与价值取向被更广泛地传播、接受、认同或反抗。但不论是何种方式，广告的这种价值传播方式也直接影响整个社会价值观与价值取向的构成。正如美国学者丹尼尔·贝尔所描述的：就国际社会而言，在后工业社会来临之时，服务业已成为时代的特征，信息使科技、能源等问题从主导地位撤离。在这个信息化的时代中，我们身处各种各样的形象与符号的裹挟之中，街道、传媒、建筑，甚至衣着，几乎生活的各个方面都被广告占领，我们的生活空间正在成为一个符号空间或意义空间，消费的符号化和象征化成为我们这个时代的一大特色。由消费改变价值观在现代社会的价值呈现过程中不再是新鲜事了。

然而，消费并非广告价值观的全部，当下传媒的交互性特征带来的商品个性化服务的追求及体验业的兴起，证明了当代的广告与复制性生产所带来的千篇一律已不再有直接的、必然的联系，反之，正如日本学者林近所说："受到符号强制的人，有时会激进地，有时会渐进地改变旧的符号和创造新的符号。"这种变化"体现为对旧体系的部分疏离和改造"，正是由于消费的符号化和象征化。在现代传媒技术的拥趸下，广告这种现代社会的消费传播正在越来越体现出"差异化"的特点，即追求个性和与众不同，"风格传播"的特点越来越突出。广告艺术的创新性特征不断被挖掘，广告也因之变得离人越来越近，离艺术本体越来越近。当代广告的这种社会价值主体由社会群体向个体转变，必然促成社会价值观与价值取向的重构，而这种重构摒弃了传统广告同质化的传播方式与内容，形成既具有共识化，又带有强烈的个体特征的创新性表达，也必然会引发传播创新的新动力。

（二）消解固有文化层阶的体制化存在，形成新的社会动力

文化层阶是指将文化进行高级与低级、典雅与粗俗的定位。这种定位的表达与其说将文化进行区分，不如说是将人或人群进行区别，即不同的人或人群对应不同的文化范式。这种由文化定义人群的方式固然有其社会学的意义，但长此以往也将会导致文化的僵死与社会发展的停滞。

广告作为大众文化中最具时间意义的文化范式，在网络与新媒体盛行的当下，传播话语权成为广告诉求的核心，消费文化被空前地大众化与主体化，人人都是消费者，消费面前人人平等，人们通过消费商品，满足自身需求并获得发展机会。广告在时间流中以时尚和当下作为区分的标志，广告的来去匆匆和瞬时性呈现，使其完全来不及进行进一步的分层与沉淀。由于广告自身没有高低的层阶，也就缺乏一种文化的引导机制，因而在某种意义上剥夺了统治者机构和知识精英平素所秉有的话语权。

广告的瞬时性呈现，使之既无法经历长时间长积淀的涵养，也缺乏知识秉有者对其进行相关的理论辩证与和深化，因而它只能针对人当下的需求，这就使广告产生与传统的社会管理体制相异的体制表达方式。广告没有内在的层阶标准，在评价它的运作方式和指标方面，在现代生产与传播方式基础上，广告建立了自己的运行规则。通常，我们既有的一般文化，是以传统为依据，另外又以某些知识分子或专家作为这一依据的坚守者，从而形成一套有效的评价体系。而广告追求经济、利益或效果的最大化，当然不可能完全崇尚传统，因而，原本有效的传统评价体系只能弃置一旁，广告由此形成一套新的文化生产与消费的关系，一如鲍德里亚在《消费社会》中的表达："不再是生产决定消费，而是消费决定生产。"

广告以消费的方式消解以往的文化层阶，符合社会发展的一般逻辑。马克斯·韦伯在《新教伦理与资本主义精神》中提出，中世纪欧洲的世袭制度，社会阶层代代相传，形成等级森严而固定的社会结构，人们安于现状。而资本主义变革的革命性在于，其不仅采用了机器生产，而是通过调整生产关系，实现了以个人表现和能力为任职依据的新的社会制度，保护并鼓励了

不同阶层人的工作积极性。中世纪的欧洲采用的是社会等级制，而资本主义则根据个人能力（包括教育、个人努力与机遇）等综合评定的科层体制，从社会发展的角度讲，科层管理体制是一种进步的人事管理和人才激励机制，对社会的变革也起到了积极作用。但随着当代数字与网络技术的革命，个体话语权的不断被强化与信息不对等的不断被打破，知识垄断不再成为权利的勾连体，"活在当下"，这种个体的瞬时性表达需求日渐强烈，个体要求从群体中走出来的愿望也日趋加强，广告则承载了现代人的这种需求。

如前所述，广告表现的并非商品本身，而是一种愿景，其固有的叙事模式表达为"如果拥有，将会怎样"。这种叙事模式在广告不断重复的过程中强化个体的记忆。但重复也容易产生厌倦，因而广告需要不断虚构新的愿景。广告愿景的创造与传统的文化生产不同，文化从生成到固定是一个需要长时间打磨的过程，是一种建立在传统的科层体制之中的层级之间的逐级提升，而广告则没有时间去完成科层间的逐级提升，最迅捷有效的办法是造星，即不再依据社会评定的各项指标体系作为参照，省略艺术培养前期艰苦的过程，只要找出符合广告愿景的一个或几个特征，加以对号入座即可。于是，广告明星完全可能一夜成名，而不久又销声匿迹。如当年井冈山以一首娃哈哈的广告歌《我的眼里只有你》风靡一时，现在却逐渐被人忘却。除了传统意义上的广告，当下的广告活动还更多表现为一种具有商业目的的大型活动或栏目的策划。如湖南卫视的《超级女声》、浙江卫视的《中国好声音》等，表面看是一个电视栏目或音乐选拔活动，但细细审视，与其背后居高不下的收视率相关的是广告的投放，而作为结果，被选拔出的歌手则又会成为新的商业包装对象，赚取更多的物质利益。然而，随着时间的流逝，曾经红极一时的"张含韵""李宇春"们在不久的将来必然会被新的、更年轻的面孔取代。被人忘却固然是一种悲哀，但当下的年轻人更关注的是这些广告明星生成的过程，即如何打破原有社会科层体制的阻碍，迅速成名上位。可以说，广告在体制化生存的常规科层体制化的生活中，为现代人制造了一个愿景或梦幻。体制化生存的常规使社会成为合理化的工厂，没有了惊奇与意外，广告则为理性原则无暇光顾的人们提供了一个非理性精神的领地——生活在一个体制化的社会可能是公平的，但也是压抑的，因此，从人的个体发展的角度讲，广告文化的存在则是必要的补充。

（三）打破时间、地域与文化差异，建立不同文化模式与传统的相互接纳

广告一词源于拉丁文"advertere"，其意为注意、诱导与传播。广告如何有效传播、诱导与注意只是传播过程的初步与表象。广告的传播，更多的是一种文化上的相互交融。文化本身是一种动态的表达，所谓"观乎人文，以化成天下"。"化"的过程必然包含对差异同化的过程。于人而言，差异的来源无外乎时间、空间和人自身的三种形态；于时间而言，传统文化与现代文化是一组对应的概念，且二者相互参照，但这二者在时间的表达上却没有明确的节点。传统是作为文化活动的结果，现代则是对传统文化进行修正、补充与更新。作为文化的"一体两面"，传统与现代却同时存在于当下社会生存活动的方方面面，传统与现代共同构成当下。广告居于流行文化的前沿，在传统与现代中翻云覆雨，上至远古下至未来，都可以在几十秒的时间内闪回。广告从商品的角度解读人的需要，虽然从广义层面讲，人有无数种需求，但如果从人类的角度讲，却总走不出马斯洛所提出的范畴。广告依托于此，同样的，广告要进入无数人的需求，其表现的商品个性其实就是人的需求共性，当这种需求共性被广告影像定义在不同的时间想象中，传统就可能成为最时尚的，而最现代的则也可能恰恰是人最古老的需求。当代社会，没有广告就意味着活在真空中，饱受诟病的植入式广告往往是在另一个层面上帮助我们还原人的过程，这个过程本身就是历史。

如果说时间性构成广告多元的风格特征，那么地域性则是被现代广告改造为具有同一性特征的另一个范畴。地域空间距离的实质是人与人之间现实沟通的距离。信息传播工具的发展，实际上已经极大地缩短了人与人空间的距离，但这种空间上的距离的真正去除，其本质不在于地域空间本身，而在于支撑不同地域空间意义表达的符号系统——语言。语言是不同地域空间实

现沟通的天然屏障，广告要完成其目的，就必须打破地域文化符号的障碍，实现信息交流符号的统一。如何统一符号系统，广告有其特殊的手段。首先，作为商品的表达，其必然要合乎商品的实用性目的。商品的这种目的建立在人普遍而绝对的现实需要的基础之上，其表达的是人的需求的共性。其次，广告以现代传媒手段，以海量信息与存储技术为支撑，实现了信息的可视化，即以具体的图像信息尽可能地替代一切以语言文字为核心的抽象的表意符号。当具体的实用目的与具体的图像信息结合在一起，地域空间之间的信息沟通壁垒就被打破了。不同地域空间导致的文化差异也因此被改造为具有同一性的商品文化的范畴。这种商品文化的同一性恰恰实现了不同地域空间人与人的沟通，地域差异因之被打破。虽然有人认为大众媒体的发展加强了全世界间文化的交流，却逐渐打乱了传统社会原有的认同模式和认同格局，如亨廷顿在《文明的冲突与世界秩序的建构》中描述的："90年代爆发了全球的认同危机，人们看到，几乎在每一个地方，人们都在问我是谁？我们属于哪儿？以及谁跟我们不是一伙？"但这种所谓全球化进程带来的认同危机，一方面，使文化帝国主义成为西方发达国家的惯性思维，且以经济的全球化来实现对第三世界的后殖民统治；而另一方面，这种以经济为表象的全球化进程，也为落后地区提供了参与全球化的机会，而广告正是其背后的推手。

（四）打破文化壁垒，形成思想资源的转换

文化和文化思想相关，但二者也有区别。文化是一种范畴式的存在，利奥塔指出："文化存在于一个民族与世界和与它自身的所有关系之中，存在于它的所有知性和它的所有工作之中，文化就是作为有意义的东西被接受的存在。"也就是说，文化与我们的日常生活相关，文化思想是对文化的引导和阐释。例如，从手机作为网络工具从单一的通信功能中走出来后，就以异常迅猛的速度渗入人们生活。十年间，每个家庭、每张桌子、每个手掌间都有一面反映时下现实的"黑镜子"——手机屏幕。每天一起床，固定的节目必然上演——年轻人打开微信，中年人开始翻阅手机报……于是，这种连自己都没有意识到的习惯，形成一种新的文化样式，

一种在十年前还无法想象的手机文化。黑格尔曾经形容过他那个时代欧洲人对每日早餐后阅读报纸的依赖，并称之为"现代人的晨祷"，似乎如果哪一天无报可读就像这一天没有祷告那样，生活就会因为离上帝越来越远而沦为虚无。现代人对手机的依赖还仅是一种工具层面引发的内容依赖，而广告所引发的依赖更是如此。如果哪一天现代人脱离了广告，就如同生活在真空中一般。但广告引发的广告文化绝非像手机文化那么简单，手机的本质是一种媒介渠道，而广告则凭借艺术的形态，将各种物的形式形而上了，从而形成一种思想资源，这种资源的形成，也必然会打破原有文化的样式。

文化思想的形成既要依赖文化本体，又需要通过特定的仪式、传统与话语言说将其强化，文化思想的最高形态都可以上升为一种哲学，哲学代表了这种文化的核心。广告看似没有传统规范，也不依凭什么哲学思想，它的文化核心在于寻求一种经济学意义的阐释，即人的行为过程的经济性。广告一方面是社会个体可能并未注意到的自身的需求，另一方面，它还表达出社会公众在生活中总体的需求导向。公众在民间文化中无法满足当下的言说，在精英文化中无法实现针对个体的言说，在此状况下，广告文化就是在经济体制的参与下，动用商业的力量加入文化建设过程。广告没有过去的传统根基，也不需要对未来进行长远规划，而是立足当时当地的公众与个体。广告的价值目标就是受众对这一瞬间的关注，这种关注在某种程度上类似食物对饥饿的抚慰，而从其出发点到最终目标都与终极关怀的承诺无关，因而广告不是哲学的，作为文化的一种类型，广告文化的思想资源也由哲学向经济学转换。

广告是我们身边的文化事实，从叙述派文化的观点来讲，文化模铸人的生活，而人的生活在书写新的文化故事，广告也是如此。回想改革开放的40年，河南人和其他中国人一样，经历了从最初的"楼上楼下，电灯电话"这一满足个体人际传播理想的生活，到拥有电视、家用电脑与移动通信设备的大众传播时代，再到当下以智能手机为核心的，媒介渠道异常丰富的网络传播时代。广告不再是当初盛夏纳凉时的街谈巷议，也打破了电视出现后，马尔库塞的现代人最终会被异化成为"单向度的人"的焦虑。进入个体信息虚拟化传播之后,广告更贴近由梅洛－庞蒂所提出的"身心一体"式的身体美学的逻辑,变得更加注重个体化与体验式的表达。在媒介技术迅速发展的今天,广告也正在成为一种越来越重要的新的文化类型,引导人们对生活做出新的理解,讲述由新的语法编织的故事,最终打破"物"的禁锢,帮助人完成与外部世界的互证与互显。

六　正视问题,瞩望未来

新的时代,新的发展。40 年来,河南广告发展实现了从无到有、从小到大,从助力商业发展到提升本土品牌,从促进经济发展到推进文化建构的全方位发展路径,但随着经济、文化、传媒与现代技术的不断发展,河南广告同样面临诸多问题。如行业环境混乱、价格战突出、代理模式单一等。以上这些问题如果不解决,在互联网飞速发展的大背景下,河南广告业会陷入无序竞争的恶性循环。另外,河南广告界缺乏综合型代理公司,尤其是具有整合营销能力的综合型代理公司。本土广告公司综合服务能力滞后于产业发展,无法满足广告主庞大的服务需求,以代理居多,本土的整合营销类广告公司在河南市场较少,现代企业更多需要的是整合,尤其是网络媒体这种"战国群雄"的时代,真正制订计划的时候不可能瞄准单一的媒体,我们的广告公司在这种情况下就会无能为力,或者说没有任何优势可言。互联网促成的广告运营模式变革有可能会部分改善目前不合理的广告产业结构。互联网广告的精准化、效率化会颠覆传统广告的"模糊传播",也会松动传统广告"价格战""走关系"的劣质土壤。

新媒体的发展有望促进河南广告业"弯道超车"。新媒体给河南广告业带来新的血液,给广告主更多的选择,新媒体对社会和广告业的影响是一样大的,必然会淘汰一些运营模式单一的广告公司,也会让活下来的公司更加与国内和国外的广告同行接轨,能提升河南广告行业的整体水平。

综合以上情况,互联网影响下的河南广告业应在以下层面进行改进。严格管理，建立秩序。针对价格混乱等现状，有关管理部门要提高广告行业准入门槛，如在注册资金、人员规模、人员素质（包括专业资格证持有比例）等方面提高要求，对违法违规广告严惩不贷。构架行业，分级引导。除了积极推动中原广告产业园的建设，更重要的是建立一个河南广告业的基础构架，促进多元发展。河南广告业要转型与升级，就必须结合互联网时代河南发展的需要重新构建广告业，尤其是在媒体融合的背景下，广告业势必要对广告的传播体系进行整合。加强培训，培养人才，人才是河南广告业发展的关键。如何培养人才、留住人才，是必须思考和解决的问题。例如，组织行业培训，组织行业精英人才定期交流，组织各类人才评选，等等。中原地区作为华夏文明的发源地，历史文化资源尤为丰富，这些人文资源对未来河南广告的建设和发展意义非凡，在河南广告未来的发展中，应该挖掘自身所独有的无法代替的优势来提升核心竞争力，打造自身的文化价值，形成与其他地区不同的文化差异，以呈现区域文化特色为基础，通过突出产业集聚特色，把自身地理和文化的特色转化为竞争的优势，塑造品牌效应。

"十三五"时期是我国全面建成小康社会的决胜阶段，广告业作为河南现代服务业和文化产业的重要组成部分，在服务推进河南经济转型升级、引导扩大消费、促进经济增长、繁荣社会文化中将继续发挥积极作用。"十三五"时期，河南广告业面临创新发展的重大战略机遇。河南省市场经济体制完善，经济保持平稳增长，居民收入水平提升，综合实力增强为河南广告业发展打下坚实的经济和社会基础。国家经济结构战略性调整，经济发展步入新常态，社会消费需求持续增长及供给侧结构性改革增强了河南广告业发展内在动力。国家推动实施一系列重大发展战略，为河南广告业发展提供更广阔空间。新技术革命推动新媒体和新的信息传播渠道的快速发展，极大地开拓了河南广告服务领域，提供和实现了对广告服务的多种需求。随着经济全球化和"一带一路"建设的发展，河南广告业的国际化发展机遇增多。未来河南广告业要正确认识和把握战略机遇期，坚定发展信心，适应经济发展新常态下市场和环境的变化。

未来推动河南广告业创新发展要把握以下原则：市场运作和产业政策相

结合，尊重和发挥市场在资源配置中的决定性作用，以竞争促发展，同时发挥政府在产业规划、产业引导和政策扶持等方面的作用，利用国家和地方促进发展现代服务业和文化产业相关政策，形成推动广告业发展的合力；创新引领和融合发展相结合，把创新放在广告业发展的首要位置，以创新驱动为引领，促进广告业内部要素之间、广告业与关联产业之间，以及广告业与其他相关产业之间的融合发展，丰富产业形态，延伸产业链条，拓展产业发展空间；全面发展和重点突破相结合，推进广告业发达与欠发达地区、新兴广告产业与传统产业，广告骨干企业和小微企业等协调发展，支持在有基础、有创新的重点区域、领域、环节等加快改革，带动广告产业全面发展；监管监督和行业自律相结合，进一步转变政府职能，深化放管结合，完善广告业的监管体制与社会监督机制，推进广告市场秩序的社会共治，发挥各类行业组织自律与自我管理的功能作用，创建与河南省情相适应的广告业发展社会管理和服务模式，促进自身能力的提升，推动河南经济、文化与社会的全面发展。

改革开放40年中原广告产业发展

一 改革开放前期的中原广告业概况

1949 年以后，我国曾按照苏联模式建立了一套以计划经济为主的社会主义经济体制，这种体制下的社会生产与消费完全分离，一切由计划安排，按计划行事，广告作为产销之间最重要的信息沟通手段，作用被逐渐淡化。

到了社会主义改造时期及改造后（1953～1966 年）的一段时间内，河南省内许多分散的私营广告社整合成具有一定规模和业务能力的国营广告公司，有关广告的管理规定继续得到颁布，广告形式丰富多样，印刷广告、橱窗广告、包装广告、仿单广告、日历、挂历等非常常见，电视广告媒体也出现了。但是，这一时期的广告企业基本属于国营性质的美术设计公司。这时期，我国积极参与世界广告活动，开始了与国外广告业的沟通与交流。①

1966 年，"文革"拉开序幕。此后十年，广告营业额、广告经营单位及广告从业人员屈指可数。广告公司人员解散，广告管理机关被撤销或停止工作，广告业遭受重创，全面停滞。大众媒体、各家报刊纷纷受到波及，广告基本被挤出报纸版面，报纸长期亏损，靠国家财政补贴过活。此时期的河南广告在大时代的风起云涌中也难以独善其身，作为国家统筹管理下的省份，其广告经营光景也随时代的潮流而翻涌奔腾，陷入低迷。

1978 年 12 月，中共中央十一届三中全会召开，会议确立了全党全国人民将工作重心转移到经济工作和"四化"建设上来的基本方针，并提出了

---

① 汪洋：《中国广告通史》，上海交通大学出版社，2010，第 5 页。

"以计划经济为主，市场调节为辅""对内搞活经济，对外实行开放"的重大决策。在党的正确路线的指引下，我国国民经济开始呈现一派百业俱兴的大好形势。随着经济发展及人们对广告知识的逐步了解，我国广告业在压抑许久之后，迅速苏醒、发芽并焕发勃勃生机。[1]

1979年1月14日，《文汇报》率先发表署名为丁允朋的《为广告正名》一文，提出"有必要把广告当作促进内、外贸易，改善经营管理的一门学问对待"，"我们应该运用广告给人们以知识和方便，沟通和密切群众与产销部门之间关系"。此文一出，引发国内外的密切关注，丁允朋也因此被称为"中国现代广告的开拓者和打开中国广告大门的人"。[2] 广告业的恢复并不仅仅局限于京津沪等发达地区，全国各地都纷纷焕发生机，出现热潮。[3] 广告作为商品宣传和政治宣传的一大有力工具的功能逐渐为人所重视。1979年11月8日，中共中央宣传部发出了《关于报刊、广播、电视台刊登和播放外国商品广告的通知》，提出报刊等媒体可以开展外国商品广告业务，广告业的生存空间有了更大的扩展。

在中共中央十一届三中全会以后，我国报纸广告首先进入一个新的历史时期。1979年1月，《天津日报》《解放日报》《文汇报》首先恢复刊登商业广告。以后，其他各类报纸，包括《人民日报》都先后开始刊登广告。20世纪80年代，我国报纸广告迅猛发展。1985年，我国报纸广告经营额已占全国广告经营额的36.3%。1987年1月1日，《广州日报》率先增长扩版，由原来的每日出对开一大张四版，改为对开两大张八版。该报是广州地区乃至全国最早增张扩版的报纸。[4]

1979年1月28日，正值农历大年初一，上海电视台在当日17:05播出了我国大陆第一条电视商业广告——由上海市广告装潢公司创意制作的"参桂补酒"广告；3月15日，该台又播出了第一条外商广告——瑞

① 汪洋：《中国广告通史》，上海交通大学出版社，2010，第125页。
② 寇非：《广告·中国（1979~2003）》，中国工商出版社，2003，第10页。
③ 范鲁斌：《中国广告25年》，中国大百科全书出版社，2004年2月。
④ 参见刘家林《新编中外广告通史》，暨南大学出版社，2011第159页。

士雷达表广告。1979 年 3 月 15 日，我国影响力最大的电视台——中央电视台，也破天荒地播出了第一条外商广告："西铁城——星辰表誉满全球。"此后，电视广告在中国一直以强劲的势头快速发展。另外，1979 年 3 月 5 日，上海人民广播电台在全国广播电台中，第一个恢复广播广告业务。

1979 年前，全国经营广告业务的专业广告公司总共只有十来家，广告从业人员大约 1300 人，但这些广告公司被称作"美术设计公司"，归口隶属于各地文化局或商业局，如北京市美术公司（隶属于文化局）、上海市广告装潢公司（隶属于第一商业局）等。1979 年后，随着我国商品经济、广告事业的发展，专业广告公司大量涌现。值得注意的是，当时刚刚复苏的广告业仅仅是外贸行业的"附庸"，广告公司仍然都隶属于各省、市外贸局，或挂靠在外贸单位名下。1979～1981 年，在不到两年时间里，我国主要口岸城市均成立了专营进出口广告业务的广告公司。因此，国内老牌的广告公司大多诞生于外贸系统。1981 年，全国第一个全国性的广告行业组织"中国对外贸易广告协会"宣告成立。①

在这一背景下，中原广告业也开始进入了新的发展阶段，报纸、杂志等媒体的广告开始逐渐复苏，广告作为商品销售的一大重要手段开始活跃在市场之上，关于广告企业市场化经营的脚步也逐渐迈出。整个广告市场开始逐渐变得充满活力。报刊、电视台、广播电台开始重新刊播国内外广告，霓虹灯、围墙、橱窗、车体等各类广告媒介不断被开发利用。一些颇具影响力的广告公司相继成立。

1983 年中国广告协会成立，紧接着在 1984 年 9 月 1 日，河南省广告协会成立，成为国内首批成立广告协会的省会之一。协会的名誉会长为时任河南省政府副省长胡悌云。意味着河南广告行业得到了政府的认可和帮助，河南广告企业从此有了自己的行业组织，这为广告的发展提供了较大的帮助，也为进一步促进河南省广告企业的发展奠定了基础。

---

① 沙宗义、蔡洪波：《春天里的故事》，《广告导报》1999 年第 21～22 期合刊，第 36 页。

1984 年，国内的北京广告公司率先提出"以创意为中心，为客户提供全面服务"的理念。此后，国内的许多广告公司开始转变观念，开始进行现代广告探索实践，他们纷纷利用现代广告运作方式和创意，在各种媒体上进行广告宣传，取得了引人注目的成绩。这些广告实践令中国的广告从业者们意识到，只有基于现代广告理论之上的广告实践才有可能在日益发展的经济市场中获得成功。①

可以说，1979 年至 20 世纪 80 年代中期，是中原广告企业快速复兴的时期，随着广告实践的快速发展，广告的内容也逐渐由"告知式"走向煽情式，注重广告的内容性和情感倾向，广告的表现方式更加偏向艺术性，具有较为浓厚的人文情怀。在该阶段中，无论是广告经营单位、广告从业人员还是广告营业额都处在不断增加的状态，广告发展势头良好。

在计划经济为主导的经济体制中，广告的发展步履维艰。在这一时期，中原经济正从计划经济向商品经济、再由商品经济向社会主义市场经济过渡，虽然势头良好，但是计划经济的影响尚未完全清除，不少人面对广告还存在"广告是资本主义经济的代表"的思想，在发展广告的时候犹豫不决。尽管如此，广告业还是在经济发展的大浪潮中迈出了新步伐。

彼时的中原广告企业尚处在初步发展阶段，虽然有大大小小的广告公司，但其发展水平与北京、上海等经济发达地区的广告公司相比尚有一段距离。在广告的类型、广告的质量及广告创意等方面还存在不足。但随着整个广告市场的发展，河南有越来越多优秀的广告作品和广告单位问世，带领整个河南广告行业迈向更高的台阶。

但处在发展探索的河南广告乃至中国广告行业由于法制的缺位，其市场经营环境比较混乱，虚假广告等层出不穷，给整个行业带来不小的负面影响。1987 年，我国发生了"四大虚假广告"事件，包括河北献县磁疗用品广告、河南的制砖机广告、广东茂名的电子增高器广告、福建晋江的假药广告。这些广告的出现不仅损害了产品企业本身的形象，更给整个广告行业的

---

① 汪洋：《中国广告通史》，上海交通大学出版社，2010，第 140 页。

发展带来的了打击，使刚刚起步的广告被冠上污名，降低了广告在人们心中的可信任性。

二 1978～1985年中原广告产业恢复期

1949～1978年，在中国广告史上被认为是"被中断了的当代"[①]，从建国初期的经济恢复，到1956年开始的社会主义改造和公私合营，然后至1966年后的"十年浩荡"时期，中原地区整个社会都处在一种颠簸不定的状态，经济发展受阻，广告无处容身。而到了1978年，中共中央十一届三中全会，确定了解放思想、开动脑筋、实事求是、团结一致向前看的指导方针，决定把工作重点转移到社会主义现代化建设上来，开创了以经济建设为中心的时代，拉开了改革开放的序幕，整个中国经济为之一振。

（一）中原广告经营环境的变化

中原广告产业从来不是一个独立的部分，它与我国政治、经济、文化状态息息相关。良好的政治经济环境有利于广告企业的壮大，而广告产业的良性运转反过来也会带动经济的发展。更何况，广告作为文化产业的一部分，本身就是社会主义市场经济的重要组成部分。所以，广告经营环境影响广告的产生、发展和繁荣。1978～1985年是中原广告产业的恢复阶段，在该时期，从计划经济到商品经济的经营环境的改变是其得以发展的重要原因。

此时，全国各地的广告市场都处在起步阶段，但同时存在一些差异，一个明显的表现就是经济发达地区如上海、北京等地发展速度和水平要高于内陆，河南地处中原腹地，经济发展稍落后于上海等地，广告企业虽有所发展但难以望其项背。

1979年3月18日，上海电视台播出了中国电视史上第一条外商电视广告——瑞士雷达表。随后，可口可乐、丰田汽车、雀巢咖啡等国际品牌纷纷

---

① 陈刚：《当代中国广告史1979～1991》，北京大学出版社，2010，第4页。

开始进入中国视野，[①] 整个广告市场变得热闹繁荣起来。而处于内陆的中原河南作为中国的农业大省，商品经济发展速度远不及沿海地区的浙江、上海等地，这种落后的经济发展水平成为制约河南广告产业发展和外商投资的一大重要因素。

1983 年，河南的广告经营单位仅有 106 户，广告从业人员为 3275 人，该年的河南广告经营额为 586.3 万元。而同年北京广告经营额为 3994.7 万元，上海为 3192.3 万元，这些地方虽然人口比河南少，但是广告经营额却远超河南。足见当时的河南经济发展落后，广告产业尚有很长的路要走。

1984 年被称为中国的"公司元年"。这一年，中国诞生了许多后来大名鼎鼎的公司。例如，成立于深圳的"深圳现代科教仪器展销中心"就是后来著名的万科集团的前身；在北京，柳传志担任了"中国科学院计算技术研究所新技术发展公司"主管日常经营工作的副经理，后来演变为联想集团；还是在这一年，TCL、科龙也都开始了其艰辛的创业历程。在青岛，张瑞敏被派到"青岛电冰箱厂"当厂长，这家当时濒临倒闭的日用电器厂，日后经过"琴岛—利勃海尔""琴岛—海尔"的公司名称和商标的演变，成为今天著名的"海尔集团"。[②]

1982 年，伴随着我国广告业第一部法规《广告管理暂行条例》（以下简称《条例》）的出版和执行，广告从业者们有了较为标准的市场行为准则规范，促进了广告行业的规范化和制度化。虽然经济体制从计划经济向商品经济转变，广告业逐渐复苏，但从国家逻辑来讲，政府面对刚刚恢复的朝阳产业——广告产业仍然处在旁观者的角度，对于该如何管理，如何制定行之有效的政策，并没有如期做好准备，[③] 也是处在一个迷茫和探索的阶段，《条例》的颁布代表政府正在摸索中前进，为广告行业的发展带来了希望。

为宣传贯彻《条例》的精神思想，国家工商行政管理局会同有关部门，

---

① 寇非：《广告·中国（1979—2003）》，中国工商出版社，2003。

② 陈刚：《当代中国广告史 1979—1991》，北京大学出版社，2010，第 40 页。

③ 孟令光：《中国广告企业发展进程研究（1978—2016）》，博士学位论文，华东师范大学，2017。

先后于1983年10月在河南洛阳、1984年5月在四川重庆举办了两期广告管理学习班，共培训了28个省、自治区、直辖市及150个城市的广告管理干部和五个大专院校的教师317人次。通过培训，这批学员多数已成为宣传贯彻广告法规的积极分子和骨干力量，在推动各地广告管理人员培训工作方面发挥重要作用，[1] 为进一步发展中原广告业提供了法治保障。

观此种种，可以发现改革开放以后政策放宽，打破了原本统销统购的计划经济时代的束缚，进入自由贸易的商品经济时代。这样一种经营环境的变化，促使本国企业纷纷开始崛起，外国企业来华投资进程加快，这些都创造了良好的广告经营环境，在欣欣向荣的发展背景之下，中原广告也迎来了一个新的春天。

（二）中原广告业形态特征

广告是商品经济的产物，近几十年年来，随着科学技术的飞跃进步及人类文明性的提高和消费结构的不断变化，广告传播信息额功能越来越大，它如同一条无形的纽带，联系社会的各个部门，覆盖社会的各个角落，成为现代文明不可或缺的重要因素。全世界的广告事业的发展，实际上进入一个最兴盛的时期，传播的空间大幅度扩展，媒介工具日益创新，企业广告越来越多地被专业的广告公司替代，投入的资金数额惊人。[2] 广告也由最开始的"广而告之"发展到后来的营销，再到后来的公关策划。

初期阶段的河南广告企业更多的是一种信息传递的工具，主要功能是向公众传达产品信息和企业信息。早期的广告影响力颇大，"一个广告救活一个厂"的现象成为一代神话。而随着广告产业的进一步发展，广告作为公关的功能逐渐为人所重视。在现代企业经营活动中，广告是一种外向为主的功能，注定要受到社会文化因素的影响，企业可以影响社会环境，同时，它又必须为社会环境所影响，他们是一种双向影响的过程。因此企业文化是企

---

[1] 范鲁斌：《中国广告25年》，中国大百科全书出版社，2004，第27页。
[2] 许俊千：《中国广告年鉴1985—1991：现代广告发展的新趋势》，新华出版社，1992，第202页。

业组织在长期的实践活动中形成的，为全体员工一致追求的目标和普遍遵循的共同价值观念，可以说是企业经营的精神支柱，是影响社会凝聚力的一种集体力量。当前，世界各国特别是工业发达国家的企业，都注重培育各自的优秀企业文化，不少呈现自己明朗、高洁的企业个性，不仅能激励员工，调动他们的积极性和首创精神，而且对社会产生一种持久性的影响力。现代企业广告反映一定的文化价值，归结到一点，就是树立企业的形象，在社会和消费者中，树立起良好的社会形象，广告就应该塑造企业的形象。通过广告宣传活动，真诚为社会和消费者服务。现代广告宣传必须要有利于加强企业与社会的互惠性，做建立企业形象的先导。

随着广告信息的逐渐增多，企业开始意识到要想在众多信息中为人所关注，就必须对广告进行更多的加工，为其注入更多的创意，但其创意是依托于产品和企业本身，并且是为展现企业及其产品而存在的，所以广告也是一种文化宣传，是企业内涵的展示。良好的广告内容和表现手法对企业形象的塑造具有非常关键的作用。

从 20 世纪 80 年代中期开始，河南的企业在对广告进行初步探索的过程中，不断吸收国内外优秀广告理论，开始触碰"公共关系"这一广告外延，利用广告树立企业形象，建立与消费者和客户之间的良好互动关系，达到更好的服务效果。这一时期，海尔集团宣布投资制作动画片《海尔兄弟》，到 90 年代初已经拍摄完成上百集。《海尔兄弟》中融入了海尔集团的企业文化和企业精神，以一种大众喜闻乐见的手段进行企业宣传，从小就在儿童心中留下"海尔"这一品牌标识，增加海尔集团在大众心中的印象，是一种很好的品牌传播策略，这一方法即便放到现代也是值得令人赞扬的。

从企业角度看，企业做广告就是一种公关行为，二者难以划清一个明确的界限。为做出好的广告作品，就要研究企业的文化特征、市场活动特征及与目标消费群体之间的关系。

"公关"最早兴起于中国经济发达的珠三角地区，繁盛的贸易活动带动了这里的广告传播活动，也促进了广告公关的诞生。先进地区的发展轨迹传到内地，成为内地企业学习的对象。河南的公关也是在这种情况下逐渐兴起的。

其实早在广告兴起之初就有企业尝试公关，但当时只是一种朦胧的探索活动，对公关的具体内涵和活动方式并没有一个明确的定位。20 世纪 80 年代末，电视连续剧《公关小姐》在中国内地上映，其主题歌《奉献》在大街小巷被传唱，成为红极一时的"神曲"，代表了 80 年代的记忆。而电视剧不仅为人们带来了休闲娱乐项目，更传播了"公关"的概念，令人们对这个新领域有了初步的一个认识。

1979～1984 年的河南广告产业还像一个刚出生的婴儿，没有发出过多自己的声音，只是观望外界的发展，默默蓄力学习。1984 年，广州白云山制药厂在国内率先设立公共关系部，注资 120 万元，开展公共关系活动，成为中国公共关系史上具有里程碑意义的事件。白云山制药厂的公共关系部门的主要工作有：向社会开放工厂、向来访者播放企业录像、奉送精美宣传片、带领客人游览厂区、介绍科学制药方法、设立专职人员与新闻界联系、对来访记者热情接待、邀请新闻单位的工作人员出席企业重大活动、承办广州足球队、组建广东省第一个轻歌剧团、邀请厂内外颇具名气的老药师、讲师、研究人员、经济师、离退休的管理人员组成顾问团等。① 广州白云山制药厂的公共关系部门的这些做法，从本质上来说是一种非常传统而典型的公关行为，与当时中国以直接促进销售为目的的广告活动差别很大。但其取得的良好效果却在全国各地的企业界和广告界引起关注。

总体来说，这一时期中原广告产业对公共关系的尝试只是一种探索式的、实验式的，并且是一种思想观念上的更新，有越来越多的企业开始意识到公共行为和广告活动的密不可分、相互促进的关系。但是受制于当时的河南发展情况和整个国内的发展速度，广告公关活动并没有得到大的发展，没有获得充分发展，仍被视为广告行业的一种辅助手段，缺乏较为科学的操作流程和评估体系。

---

① 熊源伟：《公共关系案例》，安徽人民出版社，1993，第 28 页。

（三）中原广告业市场结构变化

1949～1978 年，受中国整体发展水平制约，河南居民消费的总体特征为"低水平的贫乏消费"，居民普遍收入较低，物资消费紧张，基本没有存储，且没有私人投资。在这种传统体制下，居民的消费需求为计划经济和供给所约束，导致整个市场也失去自由竞争的活力，广告无处容身。然而，1978 年以来，国家逐步弱化传统的计划分配资源机制，相应扩大市场机制的作用，市场手段的作用范围不断扩大，力度不断加大，我国经济体制进入计划与市场并存的"双轨型"经济体制过渡时期，消费品价格和市场逐渐开放，同时，居民收入有了很大提高，居民消费模式从生存型转向温饱型，对生产生活物资的要求有所提高。但由于供给严重短缺，许多生活必需品要凭票供应，市场竞争的主体是购买者，这一时期的河南市场是处于典型的卖方市场，故而不用过多的广告宣传也能达到良好的销售水平。但是越来越多的商品进入流通领域，以生产为中心的"生产—流通—消费"模式逐步向以消费为中心的"消费—流通—生产"模式转变。作为连接生产和消费的环节，广告逐步恢复本来面目。[①] 此后，中原广告市场开始逐渐发展起来。

但受长期的高度集中的计划经济影响，广告在生活中的作用很长一段时间被人遗忘，人们对广告的认识始终处于模糊不清的混沌状态。因此，改革开放初期的广告仍被很多人否定，许多消费者并不接受广告。尽管如此，广告牌还是逐渐出现在河南各地方。而政治标语和商业广告并存是这一时期广告产业市场一个明显的发展特征。1979 年，广告常常被看作社会政治、经济变化的象征物。此时中原广告市场的规模微不足道，全省也仅有一家广告公司，但无论是电视广告还是路牌广告的出现，几乎每项广告活动的实施都引起全社会的广泛关注和议论，广告活动本身的影响力已经大大超过其经济规模的影响力，因而是被看成是改革开放的气象标、政府决策的信号。因

---

① 陈素白：《转型期中国城市居民广告意识变迁》，厦门大学出版社，2011，第 59～60 页。

此，广告市场虽然有所发展，但受政治影响比较大，自主发展水平较低，独立的广告企业并未大规模出现。①

1979 年，我国允许外商在华进行广告宣传，这迅速引发了大家的关注。但出乎意料的是，外商广告遭遇到了来自老百姓的抵制，人们无法理解外商广告在中国的发展，对此存在颇多争议。广告市场中的消费者态度为广告产业的发展制造了一定的阻力。

随着我国深化改革和对外开放，市场对营销的需求日益加剧，这刺激了广告产业的发展，同时倒逼广告企业不断提升自身广告专业化程度，推动广告行业的专业化发展。改革开放后，大国崛起，各种新兴产业迎来发展高潮，尤其是服务业和高新技术产业，在这些产业的不断发展过程中，涌现出大量新的产业集聚，企业在广告方面的需求日益递增。② 消费者也在社会的不断进步中逐渐接受了广告，这也进一步促进了广告产业市场的繁荣。

虽然广告行业企业化发展取得了一定成效，但由于国人对广告业的认知尚处在初级阶段，主要从实践中总结经验，对西方理论文化的引进方式不够成熟，加之本土广告法规不完善、缺乏管理，广告人员专业素质尚没有达到标准，作业水平低下，广告整体策划意识参差不齐，这些劣势制约了广告运作健康持续的发展。随着全球化进程的进一步加快，中原广告企业面临的不仅是国内同行的竞争，更有来自跨国广告企业对市场的压制。总体来说，这一时期中原广告企业虽然有了初步的发展，广告产业市场小有起色，拥有巨大发展空间，但也充满了挑战，消费者还是存在诸多不满，广告业的改革势在必行。中原广告产业市场中掺杂各种水分，专业化程度还不够高，在对西方广告理念的吸收运用、广告实践和广告管理等诸多方面还存在不足，有待进一步的提高。

---

① 陈素白：《转型期中国城市居民广告意识变迁》，厦门大学出版社，2011，第 83～87 页。
② 孟令光：《中国广告企业发展进程研究（1978～2016）》，博士学位论文，华东师范大学，2017。

（四）广告业政策的颁布与规范

对改革开放后的河南而言，广告一度是名副其实的新生事物。翻阅1979年以来的报纸和杂志，"一则广告救活了一个厂""登广告有效果"等类型的感谢信频频映入我们的眼帘。尽管那个时候"为广告正名"的工作还刚刚开始，在如何对待广告这个问题上，左右两派仍体现出一种"博弈"，当然，广告自身也还谈不上真正的设计、创意，然而我们必须承认，那曾经是一个在当代中国广告史上绝无仅有的"黄金时代"——在那个时代，广告的公信度之高可谓空前绝后，人们愿意相信广告中产品的真实性，"省优、部优、国优"的权利色彩更是对产品性能的最佳印证。然而，这种广告公信度高扬的"黄金时代"所持续的时间并不长，随着广告实践的不断铺开，广告行业内部的一些问题逐渐暴露，对行业的监管和行业组织的需求已经迫在眉睫。① 广告法律规范的建设问题就成为广告界和政府有关部门关注的焦点之一。

1979年9月4日，由丁允朋和梁廉禁撰写的文章《应该有个"广告法"》在《文汇报》上刊登出来。该文首先讨论了一些路牌和电视上出现的烟酒广告，由此入手讨论了广告法律法规的问题。文章指出"就我国目前广告业日渐活跃的情况看，可以制订一部社会主义广告法，应该提到议事日程上来了"。不得不说，此文一出，在理论界掀起了热议，也引发了国家对政策制定的重视。

1979年11月8日，中共中央宣传部发出的《关于报刊、广播电台、电视台刊登和播放外国商品广告的通知》（以下简称《通知》），从行政层面肯定了广告的积极作用，并允许外国商品广告出现在中国人眼中。然而，该《通知》的发布也并非一帆风顺。此时的中国刚刚从计划经济转向商品经济，计划经济的坚冰仍然顽固地覆盖着大片土地，许多人还被"左"的思想禁锢，很多人觉得"为何要弄广告？"，他们把广告看作资本

---

① 陈刚：《当代中国广告史1979—1991》，北京大学出版社，2010，第201页。

主义国家、资产阶级的东西，尤其刊登外国广告，更是被人认为是"卖国""为外国资本主义服务"。原中宣传部新闻局调研员、中国广告协会学术委员会第一届主任、当时参与起草《通知》的洪一龙先生在接受访谈时提到，当其在新闻局时就有读者反映说"我出钱订阅报纸看新闻，不是看广告，我花钱还看你的广告，你还赚钱"，这令许多人议论纷纷。然而时任中宣部部长的胡耀邦思想前卫，鼓励新闻局调查，并明确表示"我们应该对正确的东西给予支持"。洪一龙先生表示在领导支持下，新闻局开始做调查，他们跑上海、跑工商局、去广告公司，了解广告的情况，在听取各方面意见的基础上，开始着手起草这份文件（当时的名称是《关于报刊、广播、电视台刊播外国商品广告的报告》），正式颁布时更名为《通知》。[①]

1980年，参照国家工商行政管理总局给出的广告情况的报告，国务院给出批示，由国家经济委员会牵头着手起草广告管理办法，在查阅了十几个国家和地区的相关广告法规，又反复讨论和修改后，国务院于1982年2月6日正式颁布《广告管理暂行条例》，同年5月开始执行，从此我国的广告开始行业开始有法可依。该条例颁布后，国家工商行政管理局又制定了《广告管理暂行条例实施细则（内部试行）》，为进行日常广告管理提供了详细的法律依据，为广告经营者、广告宣传者及其消费者也提供了法律规范。[②]

1983年10月，国家工商管理总局会同财政部发布《关于企业广告费用开支问题的若干规定》，确认广告费用可以列入成本从销售费用中开支，使工商企业广告费用纳入正常渠道，并加强了管理。1984年4月，国家工商局会同文化部、教育部、卫生部发布《关于文化、教育、卫生、社会广告管理的通知》，进一步明确了文化、教育、卫生、社会广告的管理范围。为禁止刊播产品有奖销售广告，刹住有奖广告风，1985年4月，国家工商局

---

① 陈刚：《当代中国广告史1979—1991》，北京大学出版社，2010，第202～203页。
② 孟令光：《中国广告企业发展进程研究（1978—2016）》，博士学位论文，华东师范大学，2017。

会同文化部、商业部、中国人民银行、国家体委联合发布了《关于加强对各种奖券广告管理的通知》，对有奖集资、有奖储蓄、奖券广告采取了限制政策。针对一些新闻单位混淆新闻与广告的界限，以新闻名义招揽所谓"新闻广告"的问题，同年4月，国家工商局会同广播电视部、文化部印发了《关于报纸、书刊、电台、电视刊播广告有关问题的通知》，禁止以新闻名义招揽广告，对新闻单位经营、刊播广告做了明确规定。同年8月，国家工商局会同卫生部发出了《关于加强药品广告管理的通知》，规定药品广告的内容，必须经省、自治区、直辖市一级卫生主管部门同意，并根据批准的内容刊播广告。1985年9月，国家工商局针对举办赞助广告中的不正之风，与财政部联合印发了《关于加强赞助广告管理的若干规定》，划清了赞助与赞助广告的界限，规定了申请举办赞助广告的审批规定。[①]

伴随一系列广告法律法规和政策的出台，河南的广告产业拥有了更加良好的发展环境和发展态势。

三 1985～1992年中原广告产业发展起步期

1979年，河南开办第一家广告公司，拉开了中原广告企业专业化的帷幕，到1988年底发展到408家。1989年开始，国家对经济环境进行治理整顿，河南按照国家工商局的部署，对广告业的发展采取"控制总量，提高质量"的方针，严格控制广告经营单位数量，到1991年底，全省广告经营单位控制在351家，从业人员3375人。不过这一规模并未持续不变，而是随着国家宏观经济形势的变化而进入另一个快速发展的阶段。1985年时，河南有广告经营单位307家，广告从业人数为4272人，广告营业额为478.6亿元。但到1992年，河南广告经营单位已经达到405家，从业人员3720人，年营业额达到1.23亿元，比1991年增长了71.34%。1985年以来，河

---

① 许俊千：《中国广告年鉴1985—1991：现代广告发展的新趋势》，新华出版社，1992。

南省的广告营业额年均增长 35% 以上。1989 年，在紧缩银根的情况下，广告营业额仍比 1988 年增长 22%。1991 年广告营业额开始大幅度增长，达到 7185 万元，比 1990 年增长 63.6%。[①]

广告信息已经渗透河南社会发展的各个领域、各个方面，成为河南省社会经济生活中不可缺少的组成部分和市场机制有效运转的"润滑剂"。一方面联系生产者和市场，调节产品的制造和输出；另一方面沟通市场和消费者，促进产品的流通。

（一）媒介广告形态的变化

世界瞬息万变，技术发展和技术变革推动了媒介广告形态的日新月异。从古代一些简单的传播媒体如招牌、幌子、彩楼、灯笼等，发展到后来的报纸、广播、杂志、电视等大众媒体。这些媒介形态的不断出现和更新也让广告的表现形态有了更加丰富的可能性和创造性。各种各样形态的媒介广告开始出现，促进了中原广告企业市场的繁荣。

广告业恢复发展以来，专业广告公司与报纸、电视、广播、杂志四大传媒广告成为中国广告业的五大支柱，支撑着中国广告产业发展。但受到河南自身经济文化等发展水平的限制及国家体制的影响，其广告业务主要由报纸、广播、电视、杂志这四大传播媒介构成。但在不同的时期，各类媒介广告的发展态势有所不同，在不同时间段内各领风骚，以其独特的发展曲线展示着河南广告业的发展历程。

报纸是当时一种较为便捷的媒介，因其廉价易获得等优势一度成为百姓最为喜爱的信息媒介渠道。《郑州晚报》自 1963 年创刊以来，一度成为河南省内足以与《大河报》比肩的著名报纸，其发行量巨大，广告收入颇丰。

以声音为表现形式的广播广告是第二位的，并且在不断发展，短小化就是其中很大的一个变化。在 1992 年的中国广告协会广播委员会第八次全国

---

① 项德生、李宏根、高传伟：《广告宣传语河南经济发展》，《郑州大学学报》（哲学社会科学版）1994 年第 2 期。

优秀广播广告节目评选获奖名单中，河南人民广播电台的"草珊瑚牙膏"获得三等奖，新乡人民广播电台的"新乡电子大衡"和"酸枣露、仙桃饮料"广告及河南人民广播电台的"超马牌农用三轮机"均获得优秀奖。此次共有49家电台的98条广告参加评选，一分钟以内的达73条，占74.5%。其中，17条在30秒以内，占参评数的17.35%。而1991年1分钟以上的广告占65%，30秒以内的只有6%。这一变化显示了广播广告短小化是一种趋势，短广告可以做得相当好。

而在1993年中国广告协会广播委员会第九次全国广播广告节目评选中，河南台的"矛盾洗衣粉"和"哈奇蛋卷"获得优秀奖。此次共有39家电台的74条广告参加评比，从广播媒体的特点出发，突出"声音的创意"，是"听的创意"，是针对目标对象的创造性主意同声音艺术的有机结合。让语言、音乐、音响共同发挥作用，给人带来较为深刻的印象。其中，30秒以内的广告有16条，占20%，45秒以内的广告有46条，占60%，与1992年相比有了更大的提升，足见广播广告已经越来越注重短小化重点化。

1985～1991年，电视媒介广告也呈现明显的增加趋势，且增长速度较快，其营业额已经与报纸广告相接近。统计表明，在河南媒介广告中，报纸广告居于四大媒介首位。从1993年上半年的统计资料看，报纸的广告营业额达4392万元，电视2440万元，电台336万元，杂志148万元。[①] 比起报纸广告，电视媒介广告兼声音、图像、色彩等具有感官冲击力的元素，能够带给人更加直观的感受和刺激，对产品的展示和推销具有报纸所无可比拟的优势；外加随着科技的不断进步和经济的不断发展，电视也逐渐由原本的少数人才使用的媒介而开始进入寻常百姓家，河南的电视广告因此逐渐成为广告市场上的宠儿。

相较上面三种媒介广告，杂志广告的发展便有些不尽如人意。因为报纸发行具有明确的地域性，电视广告具有直观性和立体性的优势，然

---

① 项德生、李宏根、高传伟：《广告宣传语河南经济发展》，《郑州大学学报》（哲学社会科学版）1994年第2期。

而杂志却时效性低，发行周期相对报纸来说也长得多，不利于广告主对消费者反馈和其他市场信息的把握，所以处于劣势地位。20世纪80年代后期，杂志广告由早期的黑白印刷开始转向彩色印刷，并开始采用一些能够反映商品真实面貌的彩色图片。其创意和设计制作与以前相比也有了很大的突破，开始更加精美，其优势逐渐显现。1989年中国广告协会全国第二届广告作品展中，河南外贸广告公司的"来自足下"获得杂志及其印刷品广告的类别中的佳作奖。

总体来看，这一时期的河南媒介广告形态以报纸、广播、电视和杂志这四大种类为主，并伴有一些路牌广告、橱窗广告等广告媒介形态，他们共同丰富着河南的广告产业市场，促进河南广告产业的发展。

（二）广告企业经营结构变化

在广告经营结构中，专业广告公司是产生比较早、发展比较迅速、业务经营结构比较完善的组成部分。专业广告公司在其漫长的发展历程中，经历了一个由广告社—美术设计公司—专业广告公司的演变过程。在20世纪50年代的资本主义改造时期，在工业较为集中，经济发达的大城市中，许多旧广告社被改造为新型的社会主义性质的国营美术设计公司。而国营美术设计公司的成立，使广告的服务对象，宣传内容及其作用发生了根本性变化，成为社会主义经济宣传工作的重要工具。这种状况一直持续到60年代初期。在"十年动乱"中，广告被斥为资本主义产物予以铲除，河南的商业广告宣传基本停顿，广告公司纷纷改变营业内容或撤销。80年代初，党中央提出"计划经济为主，市场调节为辅"的社会主义经济工作方针，确立了对外实行开放、对内搞活经济的政策。商品数量生产大幅度增长，对外贸易突飞猛进，为广告事业的恢复和发展创造了条件。原来的专业美术设计公司纷纷恢复广告业务。进入80年代，广告行业逐渐发展起来，原有的广告公司已基本恢复，新建的广告公司不断出现。[①]

---

① 《中国广告年鉴1988》。

1992 年以前，河南省的广告业只有国营和集体两大块。但到 1994 年，全省已出现私营广告公司 25 家，中外合资广告公司 3 家，股份制广告公司 3 家。还有相当一批挂着集体牌子的私营广告公司。就河南省的广告企业情况来看，中外合资广告公司和部分综合型私营广告公司虽然起步较晚，但起点比较高，中外合资广告公司的注册金额都在 300 万元以上，而且初步具备了为客户提供包括广告策划在内的较全面的服务，技术设备也较为先进。由于这类广告公司灵活的经营机制和分配机制，吸引了一批有一定水平的人才，已成为河南省广告市场有力的竞争者。[①] 经营结构的改变带来的是整个河南广告市场的欣欣向荣和广告经营收入水平的提高。

根据 1989～1991 年的中国广告统计年鉴可以知道，这一时期，河南省的著名广告公司包括郑州市广告公司、少林广告公司、郑州市广告装潢公司、郑州汽车客运公司巩义市汽车站广告部、洛阳市广告公司、林县广播站广告信息服务部、鹤壁市广告公司。报纸类较为著名的有《河南日报》，广播电视类比较著名的有河南电视台、新乡电视台广告部及鹤壁人民广播电台；杂志类较为著名的有《公安月刊》杂志社和河南省农经委《农村农业农民》杂志社。总体来说，此时的河南省广告业发展水平相对较低，著名的广告公司较少，与北京上海等发达地区的差距较大。因为在同时期条件下，上海市的著名广告公司有数百家，其数量远远超过河南。[②] 虽然河南整体的广告企业较少，但从发展趋势来说，还是呈现一派生机。

1983 年河南的广告经营收入仅为 586.3 万元，然而到了 1990 年，河南省广告经营额为 4391.5 万元，收入翻了几番。而仅隔一年，到了 1991 年河南省的广告营业额更是增长至 7184.7 万元，1992 年河南省的广告营业额增

---

① 项德生、李宏根、高传伟：《广告宣传语河南经济发展》，《郑州大学学报》（哲学社会科学版）1994 年第 2 期。

② 许俊千：《中国广告年鉴 1985—1991：现代广告发展的新趋势》，新华出版社，1992，第 202 页。

加至 12310.1 万元，增长率为 71.3%（见表 1），其增长速度在全国各地区中排在第 17 位。

表 1 我国部分地区广告经营收入发展情况

单位：万元

地区	1983 年	1990 年	1991 年	1992 年
全国	23407.4	250172.6	350892.6	678675.4
北京	3994.7	49184.5	55074.5	114296.5
天津	603.8	10532.9	18375.1	19727.7
上海	3192.3	22788.7	40658.3	79009.0
江苏	882.6	15005.6	20331	32250.0
浙江	425.8	12325.3	18379.3	28200.0
广东	2355.7	38942.4	54288.2	106600.2
河南	586.3	4391.5	7184.7	12310.1

资料来源：《中国广告年鉴 1994》。

　　1983 年，河南的广告经营单位仅有 106 户，广告从业人员为 3275 人，1990 年的时候广告经营单位增长至 381 户，3611 人从事广告行业；1991 年经营单位下降至 351 户，从业人员也减为 3375 人。1992 年，河南有 405 户广告经营单位，3720 人广告从业者，经过一年的发展，到了 1993 年，河南的广告经营单位已增至 846 户，有 6818 人在广告行业中奋斗拼搏，无论是经营单位数量还是广告从业人数，都是 1992 年的两倍之多。1994 年从业人数为 11159 人。[①] 经营单位和从业人数的飞速增长代表了广告行业的迅速发展，这在很大程度上要归功于社会主义市场经济体制的确立，给广告企业的发展提供了良好的社会发展环境。

　　从以上我国部分地区广告统计数据可以看到，河南广告企业虽然指标增长速度明显，但和北京、上海、广东等经济发达城市相比，还有一段差距。其广告营业额与全国经济发达地区的广告营业额相比也稍显逊色。例如，在 1995 年《中国广告年鉴》关于我国广告公司 1993 年和 1994 年广

---

① 《中国广告年鉴 1994》。

告营业额前 20 名排序中，并没有出现河南省相关的广告经营单位，作为人口大省，河南在广告创意等方面的发展有所欠缺，产业专业化程度不高。

1989 年中国广告协会全国第二届广告作品展中，上海的各类百货商店几乎包揽了"橱窗广告"类的全部奖项，而河南广告企业及其他省份的广告企业并未出现在此类奖项的获奖名单之中，足见当时上海广告企业在全国处于一种领先的状态。而在 1992 年的全国第三届广告作品展获奖作品中河南仅有三个，包括优秀奖一个，即洛阳广播电台的"天虎牌孕服装"广告；佳作奖两个，分别是洛阳广播电台的"洛阳铜加工厂牡丹牌铜材"广告和郑州晚报社的"夜市"广告。而与此同时，北京在此次展览中包揽了 51 个奖项，包括 1 个一等奖、4 个二等奖、8 个三等奖及 17 个优秀奖和 20 个佳作奖，还有 1 个公益广告荣誉奖，可谓战绩颇丰。此次展览中设置一等奖 8 个，而上海一个地区就独占 3 个，共获奖42 项。河南省的广告企业需要以此为目标，加快广告企业专业化，创意化的步伐。

（三）广告投入与企业品牌塑造

1987 年以前，河南投入广告宣传的多是生产厂家，商业、服务业等很少做广告，而且生产资料广告费占较大比例。到 1987 年底，生产资料广告费所占比重降到当年广告营业额的 40%，而生活资料广告费则上升到 45%。此后，保持大体稳定。生活资料年广告费一般比生产资料年广告费多出2000 万元。此外，随后几年中，文化、金融、商业、服务业、旅游业、电信业及公益广告也有突出的发展。广告费用投入结构的变动，表明广告市场日趋活跃，① 也代表越来越多的企业重视品牌形象的打造和维护。其中，1989 年河南及上海部分主要企业广告费用支出情况见表 2。

---

① 项德生、李宏根、高传伟：《广告宣传语河南经济发展》，《郑州大学学报》（哲学社会科学版）1994 年 2 月。

表2　1989年河南及上海部分主要企业广告费用支出情况

单位：万元，%

省（自治区、直辖市）	企业名称	广告费用	广告费占销售额比例
河南	郑州市啤酒厂	22	0.5
	郑州市第二砂轮厂	5	0.038
	新乡760厂	36	48.5
	洛阳三乐食品厂	2	0.08
	伊川杜康酒厂	37.5	0.6
	开封市化工厂	11.5	1.26
	民权葡萄酒厂	66.5	1.69
	安阳金钟电池厂	12.9	0.17
	安阳自行车工业公司	29.2	0.27
	平原制药厂	1	0.013
上海	上海家用化学厂	400	1.29
	上海电视机一厂	156	0.173
	上海自行车厂	130	0.173
	上海手表厂	107	0.411
	上海洗衣机总厂	170	1.00

资料来源：1989~1991年中国广告年鉴。

　　通过上述表格数据的对比可以看到，在该时期，河南一些著名企业的广告投入费用占销售额的比例还是较大，说明这一时期的厂商企业是比较重视广告的宣传作用。甚至可以看到，新乡760厂的广告费占销售额的48.5%，不可谓不高。这也折射出该时期的河南企业对广告的认识产生了变化，逐渐有了品牌意识。

　　品牌是人们对一个企业及其产品、售后服务以及文化价值的一种评价和认知，是人们对某一企业及其相关衍生品的认可和信赖。品牌的塑造是消费者及受众基于以上要素及企业的一系列市场活动而形成的对企业的形象、感觉和品质认知。受众通过形成这些认知的好坏从而对品牌建立一定的忠诚度。好的品牌会吸引一批黏性极高的"粉丝"，从而鼓励支持品牌的各类活动，是品牌的一种宝贵的无形资产。而广告宣传作为一种极富创意和想象的文化产业，其功能和目的就是帮助企业塑造品牌形象，突出品牌的特色和内涵，维持品牌在受众中的口碑，提升公众对品牌的好感，最终带来品牌的市场价值的提升。

20世纪90年代初，"中原之行哪里去？郑州亚细亚！"成为整个中国风靡一时的广告。作为河南的一个著名商圈，其成名就与它重视广告投入与进行品牌策划息息相关。郑州亚细亚商场的前身是"德化商场"，坐落于郑州二七广场的东南角，1989年5月6日正式开业。为了在激烈的竞争中打开市场，商场开张前，创始人王遂舟在郑州各报纸投放了数十万元的广告，这是当时所有郑州商场一年广告费的总和，一句"星期天到哪里去——亚细亚"传遍了大街小巷。

在取得良好开端后，1989年末，著名策划人王力参与了郑州亚细亚的一系列策划。他为亚细亚制定了"升华——1990"计划，其含义是以行动升华亚细亚商场，使"商战"形成一个有序、合理的良性竞争格局，并最终使之成为一门商业文化学。为实现这一目标，王力策划了一系列公关宣传活动。首先，他让亚细亚的全部员工接受军训，20天下来，员工的精神风貌有了很大改观，《河南日报》头版对亚细亚的这一举措予以积极报道。每天清晨，商场门口都有仪仗队升国旗，奏国歌，为围观的顾客做队列表演，这一场景一度成为郑州最著名的观赏景点。紧接着，王力连续推出了"向二七纪念塔致敬"和"请您帮助亚细亚"的活动。1990年2月7日，郑州亚细亚1000多名员工列队在二七广场举行了"向二七纪念塔致敬"的仪式，雄壮的《国际歌》不仅表达了对烈士的敬意，更引发了人们对亚细亚商城的热议，在社会上引发强烈反响，郑州商界为之哗然——"塔都归人家了，还竞争个啥！"

1990年元旦，在《亚细亚人》报创刊号上，读者可以看到这样两篇文章：《扶我上路，助我升华——请您帮助亚细亚》和《向您道歉》。第一篇文章借节日向消费者问候之际，恳请消费者对商场工作提出意见和建议。文中这样写道："尽管我们在不停地思考和探索，尽管我们虔诚地把消费者尊为上帝，但从彻底维护和满足消费者利益的高度衡量，我们还相差甚远……鉴于这许多许多，我们决定开展'请您帮助亚细亚'主题活动，旨在请您扶我上路，助我升华。"第二篇文章就一位消费者反映的情况做出道歉，并着手整改。两篇文章是从维护和满足消费者利益出发，很容易就获得了消费者的好感。

一年不到的时间里，亚细亚成为全国关注的热门话题，其业绩也取得了飞速的发展。1990 年，亚细亚的营业额达到 1.86 亿元，一跃而名列全国大型商场第 35 位，成了上升速度最快的一匹黑马。此后三年，亚细亚的营业额每年以 30% 以上的速度递增，稳居河南第一。① 这一系列策划成功树立了郑州亚细亚诚恳、负责、有社会责任的企业形象，为品牌注入了更多正面积极的能量，博得了万众喝彩，更激发了商场的竞争意识，使商场的零售额大幅度增长，而且提高了商场的知名度，促进了郑州乃至全国商业的繁荣。

所以，该阶段的河南广告企业在广告投入和品牌建造上面已经有了较为积极的认识和实践，这对广告产业和企业本身的发展都起到了巨大的推动作用。

四　1993~2008年中原广告企业市场化发展

（一）市场经济体制确立与广告产业发展

1992 年，邓小平视察武昌、深圳、珠海、上海等地，发表重要讲话。此次南方讲话清晰地解决了"姓资姓社"的问题，促进了国内思想的解放，也给民营经济的发展开拓了更加广阔的舞台。同年，江泽民同志提出了"建立社会主义市场经济体制"的概念。1992 年 10 月召开的中共十四大决定将邓小平建设有中国特色社会主义理论纳入党章。至此，以市场为导向的改革开放正式跨越了最后一道难关，成为我国社会主义市场经济体制的改革目标。1993 年 11 月，《中共中央关于建立社会主义市场经济体制若干问题的决定》在十四届三中全会顺利通过，对如何推进经济体制转型展开全方位部署。对中国 20 世纪 90 年代的经济改革和社会进步起到了关键的推动

---

① 寇非：《广告·中国（1979—2003）》，中国工商出版社，2003，第 91~93 页。

作用。

改革开放政策，是国内经济和全球经济接轨的"助推器"。在此背景下，西方投资者和国际性企业开始将目光投向中国，他们将资金、技术、管理理念和方法等带到中国。与此同时，积极的投资氛围滋生了大量广告需求。从1990年开始的六年内，国外投资者和机构在我国的总投资额超过1500亿美元，那时国内广告行业大部分销售额来自这些企业。1992年后的五年间，我国宏观经济增长态势喜人。例如，1993年，我国GDP的增长速度就超过了15%，河南广告经营额增长速度达到了66.42%。1993~2008年，河南GDP从1660.18亿元增长到18018.53亿元；河南广告经营额从20486.7亿元增长到330443亿元；河南广告从业人数从6818亿元增长到50014亿元。随着经济的快速发展，国民整体生活质量得到明显改善。消费的诉求已经开始转变为住宅、通信、娱乐、生活保健、文化等方面。市场逐渐爆发出来的消费能力，也为广告业发展奠定了坚实的基础。企业也意识到国内市场的巨大发展前景，积极探索有效的发展方式，加大包装改良、产品研发、品牌推广等投入，也给中原广告市场发展带来了市场需求。经济发展的巨大前景，不仅给河南企业带来了发展机遇，更促进广告企业向更加专业化、创新化方向迈进，以满足各类企业不断增长的宣传需求。

（二）广告代理制的引入及其影响

所谓的"广告代理制"是一种国际通行的广告经营机制，指广告公司在广告主的授权范围之内，围绕广告主来开展一系列活动，而广告媒介则通过广告公司承揽广告投放业务。广告代理制的流程包括从市场调查开始为广告客户制定一系列的、全面的策略计划，如创意、设计、制作、媒体发布、促销活动的组织实施等。广告代理制以广告公司为核心和中介，连接着广告主和广告媒介。

广告代理制的引进是促进广告企业专业化发展的一大动力。1841年沃尔尼·B. 帕尔默（Volney B. Palmer）创办了史上第一家广告公司，为各种报纸向企业统一兜售广告版面，并从中抽取25%的佣金。到目前为止，西方国家广告业实行代理制已有 100 多年的历史。1979 年后中国经济的发展推动了进出口贸易的繁荣，在全国范围恢复广告业的前提下，外贸广告工作被提上议事日程。20 世纪 80 年代中期，国内的北京广告公司、广东省广告公司就已经开始尝试实行代理制，并影响国内广告界。①

广告代理制在河南的发展并不是一蹴而就的，而是一个学习与融合，探索与改变的过程。由于河南地处内陆，开放程度比较低，外商投资也比较少。部分跨国广告公司进入河南开拓市场，他们不仅带来了国外的广告主客户，更带来了欧美等发达国家先进的广告发展理念，而广告代理的概念也是在这个时期进入中原广告市场。

早在 1979 年 11 月 8 日，中央宣传部向各省、自治区、直辖市党委宣传部及中央与地方的新闻媒体下发《关于报刊、广播、电视台刊登和播放外国商品广告的通知》（以下简称《通知》），《通知》中指出："各报刊、广播、电视台在刊登和播放国内产品广告的同时，可开展外国商品广告业务。"并在承办外商广告的三种办法中，首先提到了"由上海或北京广告公司承接广告，然后委托国内报纸、广播电台、电视台刊登或播放"的代理办法。② 此政策的出现，激发了外国企业纷纷涌入中国这个广阔市场，并制定合适的广告策略来占领市场。但由于当时中原广告企业乃至整个中国的广告企业都刚刚起步，尚没有较为成熟的广告代理制，无法为广告主提供完整的广告策划和安排，导致众多外国厂商纷纷采取的是一种"由国外广告公司负责策划代理，由中国外贸广告公司负责媒介代理"的双重代理形式。

20 世纪 80 年代中期，国内的北京广告公司、广东省广告公司开始尝试广告代理制，并传入河南内地，引发关注。1987 年底，我国《广告管理条例》颁布，并于 1988 年 1 月开始施行《广告管理条例实施细则》，其中明确规定，承办国内广告业务的代理费为广告费的 10%，承办外商来华广告付给外商的代理费，为广告费的 15%，这是我国第一次明确提出"广告代

① 陈刚：《当代中国广告史 1979—1991》，北京大学出版社，2010，第 120 页。
② 陈刚：《当代中国广告史 1979—1991》，北京大学出版社，2010，第 47 页。

276

理费"的概念。这给河南广告代理制的发展提供了一个比较规范化的标准。

1993 年 7 月国家工商行政管理局和国家计划委员共同发布了《关于加快广告业发展的规划纲要》（以下简称《纲要》）。《纲要》指出，广告业在我国是一门新兴产业，属于知识密集、技术密集、人才密集的高新技术产业，是第三产业的重要组成部分。要进行广告代理制试点，理顺广告公司与媒介的职能分工关系，广告的发布由各种广告媒介承担，广告的代理和设计制作由广告公司进行。《纲要》的出台，意味着我国广告业得到了国家层面的支持和保护，迈向规范化轨道管理。此时的中原广告企业在市场化的过程中除了拥有良好的经济市场环境，还有了更加专业化、标准化的政策法规。

同时，国家工商总局发布了《关于在部分城市进行广告代理制和广告发布前审查试点工作的意见》，我国从 1993 年下半年起在全国开展广告代理制试点，河南的广告代理制也从理论概念为主转向比较正式全面的实际发展。但这一时期，河南具有广泛影响力的报纸、杂志、电视台等较少，基本以《大河报》、河南电视台等省级媒体为主，占据着大多数媒介受众的眼球资源。这些传统媒体既拥有广告发布权利，又自己承揽业务、设计制作广告，占据着行业垄断优势。因此媒介作为一种稀缺资源，在广告市场上处于一种主导地位，这就打破了广告代理制中以广告公司为核心的状态，形成"强媒介弱公司"的广告代理制格局。

尽管这一时期中原广告代理制的发展还不尽如人意，存在各种各样的问题，但随着广告代理制在中原的深入扎根和发展，以及传播环境的多元化，这种强势媒体的地位已经开始弱化。而这种国际通行的做法有利于促进广告业的良性运行，最大限度地发挥广告主、广告公司与媒体的长处。最重要的是，它激励中原广告企业朝着更加专业化、系统化的方向迈进，不断提高广告策划的创意和能力，增强在广告产业中的竞争力。

（三）传媒快速发展与广告产业特征

随着各种媒介的不断进步，河南的相关杂志、电视等媒体纷纷创办崛起。到 1995 年，除港澳台地区以外，我国内地（大陆）地区广播、电视的覆盖率均在 80% 左右。据央视—索福瑞媒介研究公司调查，在河南省郑州市落地的电视频道多达 79 个，其中，河南省本地频道就有 16 个之多。在这么庞大的电视频道大军中，截至 2008 年，于 2004 年 6 月正式开播的河南电视台电视剧频道在四年的时间中，广告创收额从最初的 1000 万元飙升至 2008 年的 1.5 亿元，四年间增长了 14 倍。① 而之所以能够取得这样的成绩，很大程度上要归功于河南电视台电视剧频道根据其观众构成中女性居多的特点确立的"女性策略"，以及坚持广告品质的"品质策略"的广告经营方针。所谓"女性策略"是指将女性自身消费产品及女性在购买决策中起到重要作用的家庭用品作为频道广告经营重点的一种经营策略；而"品质策略"就是坚持医疗广告一律不做、画面质量不高的广告一律不做、品质不高的广告一律不做。在此背景下，河南电视台电视剧频道的广告额不断增收。

河南省第二大电视传播媒体郑州电视台就是 2005 年由原郑州电视台和原郑州有线电视台合并重组而成，并逐步确立了"改变传播理念、创新节目内容、优化栏目编排、加强宣传包装"的现代传播思路。随着其影响力的扩大，广告吸引力也变得越来越强。可以看到，通信技术的发展为广告企业提供了更加广阔的传播渠道，推动着广播电视广告的发展。广告的展现方式、媒介渠道变得更加多元化，富有创意。据《河南年鉴》，河南卫视 2006 年全年广告总收入达 3.08 亿元，在全国卫视中排名第八位。② 另外，河南省内主要城市街道上显示屏、灯箱、路牌等新型广告媒体不断发展，甚至各种交通工具也被人们开发出广告宣传功能。此外，广告主还利用邮政、快递机构等广泛发放各种宣传品。形式多样的广告发布媒介，共同构成了良好的传播平台，为中原广告业快速发展提供了有力支撑。

随着社会主义市场经济体制的逐步确立，以及中原传媒的快速发展，中

---

① 黄鲲：《塑造个性，突出重围——浅谈河南电视台电视剧频道广告个性化经营》，《广告人》2008 年第 6 期。
② 《河南年鉴》（1984～2011 年）。

原广告市场格局也发生了天翻地覆的变化。推广生产资料的广告占比逐渐降低，更多生活产品广告逐步出现在人们眼前。这一时期中原广告行业发展呈现以下特点。

第一，广告经营单位实力有所增强。广告业为客户提供的是专业化服务。因此，提高服务质量和业务素质已经成为许多广告经营单位的自觉努力。一些专业广告公司开始获得中央级新闻媒介的广告代理权。1992年以来成立的综合型广告公司，大专以上文化程度从业人员数量占比都在50%以上，其中一些人已经具备系统的专业化广告知识。

第二，广告费用投入结构变化明显。从1987年开始，中原地区生产资料的广告费用降低到当年广告费用的40%，而生活资料的广告费用则增长到45%，并且多年保持稳定。此外，中原文化、金融、商业、旅游业、电信业以及公益广告等发展突飞猛进。人民生活水平的提高、消费观念的变化、同类产品的竞争，产业结构与产品结构的调整都影响广告费用支出结构变化。

第三，河南企业的广告意识明显增强。随着经济体制的转变，市场体系的建立和完善，竞争机制的引入，产业结构和产品结构的调整，许多企业管理者认识到必须摆脱产品经济观念的束缚，树立市场营销观念的广告意识，这就增强了企业对广告宣传的理解和依赖。例如，春都集团、新飞集团、郑州肉联厂、郑州的几大商场都成立了专门机构，开展广告宣传。亚细亚商场、春都集团等企业将市场调研、营销、产品开发、广告策划等业务综合到一起，取得了较好的效果。

第四，消费者的广告观念已经发生转变。项德生等在郑州几大商场对消费者对广告的态度进行了调查。结果发现，消费者对广告存在的价值有了较大程度的肯定。例如，70%的调查对象认为广告必不可少，20%任务无所谓。文化层次越高的人对广告的认知度越高，但也有60%的人认为社会生活中广告太多。由此可见，消费者已经认识到广告的必要性，但同时认为与自己关系不大的广告，或者对大量质量低劣或庸俗的广告不满。50%以上调查者认为广告有助于推销商品、交流信息、方便购买。大约40%的被调查者认为在购买商品或品牌选择时受到广告的影响。但是，80%的人认为广告质量不高，粗俗笨拙。①

（四）广告产业快速发展中存在的问题

1. 缺乏核心竞争力

广告产业的核心竞争力由创新性、专业化程度、专业人才（包括专业管理人才和技术人才）等因素构成。这一时期，中原广告产业的现状决定了广告产业核心竞争力严重不足，其集中体现在广告企业上。广告企业开始按照国家政策实行广告代理制，并以代理报纸、电视、广播、户外等媒介的广告业务为主营项目，广告媒介单位的收入来源则主要依靠广告代理公司承揽的广告投放业务，而真正觉得核心竞争力的广告创意则被边缘化，并成为广告代理服务的附属产品。虽然市场上也出现了一些提供专门服务的广告设计公司、广告策划公司、市场调研公司、公共关系公司和广告活动公司等，但"泛专业化"严重，提供的服务同质化程度比较高，可替代性强。在此背景下，广告行业内部不良竞争加剧，各广告企业不得不将利润削减到最低以参与价格竞争。广告企业难以与客户建立稳定的合作关系，业内普遍流传"忽悠式营销"论，即完全依靠情感或谈判能力短时间说服广告主达成合作意向。这自然更加不利于有针对性地为广告主提供专业化服务，广告企业的服务质量和专业化程度不能得到有效提升，广告企业核心竞争力不足，从而进入恶性循环。

2. 文化资源优势未充分有效利用

中原历史文化资源和自然文化资源丰富，利用文化资源大省优势提升广告文化产业核心竞争力具有得天独厚的优势，但中原广告文化产业水平与其文化资源优势形成了明显的反差。中原广告除了给人留下落后、水平不高的印象，似乎并没有什么文化特色而言。叫卖文化是被广告人总挂在嘴上的广

---

① 参见项德生、李宏根、高传伟《广告宣传与河南经济发展》，《郑州大学学报》（哲学社会科学版）1994年第2期，第119~121页。

告法则，而模仿、套用又实实在在地将这些文化卖点变得丝毫没有识别和说服效能。简单地将产品置于有标志性意义的背景之中，或利用本地名人叫卖信息是广告体现中原文化仅有的手段，而这些都无法充分体现中原文化精髓。中原广告文化产业需要充分利用文化资源优势，对丰富的文化资源进行整合和深入发掘，并将其注入血液，体现在作品创意、设计风格、策划主体、广告文案、活动名称、商品命名、其他文化产品植入等方面，才能最终建立有特色和有生命力的广告产业优势。①

3. 广告代理制的危机逐渐体现

作为中原广告专业代理主体的广告公司过于脆弱，难以肩负广告业持续发展的重任。由于中原广告公司存在"高度分散、高度弱小"的状况，再加上中原广告公司发展时间短、起点低、广告产业化发展并不充分。同时，由于媒体特殊的体制属性和资源垄断属性，中原广告业长期处于"强媒体、弱公司"的不均衡状态。在这种背景下，中原广告产业经常出现"零代理"甚至"负代理"现象。另外，在广告代理制运行中，广告主和广告媒体不能直接接洽，广告公司居于中介地位，是连接广告主和广告媒体的桥梁。广告公司所承担的双重代理关系构成了广告公司最为主要的业务来源——业务代理费和媒介代理费。早些年间的媒介代理费可以占广告公司收入的半壁江山，但随着程序化购买的出现，广告主直接进行媒体购买，广告公司成了可有可无的角色。② 此外，在广告产业的上游和下游产业链中，广告主处于广告产业链的上游，媒介处于广告产业链的下游，出现了新的竞争者，使广告公司的利润空间被大大压缩。例如，上游出现的调查代理公司、战略咨询代理公司、公关代理公司、事件营销代理公司、包装代理公司、设计代理公司等，分割了专业广告公司的利润。另外，媒介利用自身的媒介资源优势，成立下属广告公司，甚至垄断媒介资源，从而使市场上专业化的广告公司步履

---

① 刘磊：《陕西广告文化产业发展研究》，硕士学位论文，西北大学，2010，第48～52页。

② 马二伟：《大数据时代广告产业的危机与变革》，《中国出版》2016年第9期。

维艰，加剧了广告公司的生存危机。[①]

4. 过分看重经济效益而忽视了广告的社会效益

健康的广告生态环境是广告产业可持续发展的保障。但是，一些广告媒体和广告公司自身缺少规范和监督意识，导致中原部分媒体存在"重经济利益轻社会效益"的虚假广告。这些虚假违规广告多是采用欺骗或不真实的方法来蒙蔽顾客，或者通过诽谤等有失公平的方法进行恶性竞争，或做出一些与社会秩序背道而驰、对老幼病残等弱势群体身心健康有伤害的创意。从虚假违规广告的结果来看，虚假广告危害极大，其严重破坏了正常的社会秩序，造成了不良影响。同时，还有一些广告打法律法规的擦边球，看似合法，其本质是对我国法制制度的轻视。[②] 虚假违法广告不仅侵犯了消费者的合法权益，而且造成广告公信力的下降与广告生态的失衡。另外，由于自身商业利益驱动，盲目扩张户外广告阵地，导致户外广告污染严重。例如，郑州火车站既是河南对外开放的门户，又是商业繁华商业地段。但是，由于火车站人流复杂，商业档次以中低档次为主。部分户外广告存在设置时间长、质量差、材质褪色、肮脏及破损现象，不仅影响城市形象，也不利于和谐广告生态环境建设。[③]

5. 广告市场活动紊乱

中原广告市场活动紊乱主要体现在三个方面。首先，中原广告市场服务所收取费用没有标准，存在漫天要价、随意涨价和暗箱操作的现象，严重扰乱了正常的经营秩序。其次，为了争抢客户，部分广告企业互相恶性竞争。广告企业把很多时间和精力都放在了与客户的人际关系维护上，从而逐渐弱化了客户专业服务能力。再次，中原广告市场垄断相对严重。国内一些大型行业部门一般都有自己所属的广告公司，各自垄断了其所在行业的广告经营

---

① 张金海：《广告代理的危机与广告产业的升级与转型》，《广告大观》（综合版）2007 年第 6 期。

② 孟令光：《中国广告企业发展进程研究（1978—2016）》，博士学位论文，华东师范大学，2017，第 65 页。

③ 刘慧鸣：《湖南省广告产业可持续发展研究》，硕士学位论文，湖南大学，2011，第 22～24 页。

和发布业务。此外，广告代理制进入中原广告行业后，媒体下设的广告公司承揽广告业务，表面看客户通过广告公司与媒体发生业务关系，但事实是强势媒体在幕后操纵。此类问题的出现，与广告代理制的初衷背道而驰，并进一步束缚了广告产业发展。①

（五）广告法律法规的出台

1994 年，政府出台了《关于设立外商投资广告企业的若干规定》，规定外商投资广告企业，注册资本不低于 30 万美元。设立分支机构，注册资本全部缴清，年营业额不低于 2000 万元人民币，必须拥有至少三个固定广告客户。1995 年发布的《关于执行〈关于设立外商投资广告企业的若干规定〉有关问题的通知》，规定外商投资广告企业必须中方控股。2004 年通过了《外商投资广告企业管理规定》，规定了外资在中外合资的广告企业中，股权比例不超过 70%。2005 年 12 月 10 日起，允许设立外商独资广告企业。2008 年修订的《外商投资广告企业管理规定》，对广告客户数量不再做要求。从一系列法律法规可以看出，外资进入中国广告产业的门槛逐步降低。但是，由于河南地处中原，开放程度比较低，外资广告公司一般有跟随外资制造业的倾向，而我国的外资制造业基本分布在沿海地区。因此，虽然国家对外资广告公司逐步放开，但中原地区外资广告公司基本没有。

随着中原广告产业的不断发展，迫切需要完备的行业规制为其保驾护航。1995 年 2 月 1 日，我国正式实施了《中华人民共和国广告法》（以下简称为《广告法》）。《广告法》明确规定了广告的定义，界定了相关广告活动主体，规定了开展广告活动的基本原则，还对广告活动主体遵循的准则、行为规范等予以严格规定。《广告法》的颁布，对有效规范中原广告市场与经营行为，完善相关法规，加强监督管理，维护良好的市场秩序和消费者权益，推动中原广告业的良性发展具有一定的现实意义。《广告法》的出现，

---

① 孟令光：《中国广告企业发展进程研究（1978～2016）》，博士学位论文，华东师范大学，2017，第 66 页。

也代表中原广告业的发展进入法制化轨道，为依法监督及管理中原广告市场的良好运营提供了相关法律依据，也代表中原广告监督管理已经具备完善的法律体系。《广告法》的推行，在一定程度上约束、打击了违法的广告行为，确保了生产者和广大民众的合法权益，有助于整个广告行业的健康发展。立法只是第一步，是广告业良性发展的基础。要推动广告业的健康发展，还需要广告参与主体严格贯彻《广告法》，做到严格执法、守法。自从广告行业各方参与者有了《广告法》的监督和约束，中原广告行业的发展日趋正规，规范化程度也明显提升。

1995年颁布的《广告经营者、广告发布者资质标准及广告经营范围核定用语规范》综合性的广告企业，注册资金不少于50万元。这一时期，政府部门虽然对广告产业设置了一定的进入壁垒，但是非常低，不构成新广告企业进入的障碍，广告企业数量急剧增长。同时，这一时期的广告产业政策由鼓励性政策向抑制性政策转变。例如，1993年发布的《关于加快广告业发展的规划纲要》、2008年发布的《关于促进广告业发展的指导意见》等，这些都是鼓励广告产业发展的政策。这些鼓励性政策为广告产业的发展提供了良好的环境。①当然，这些规制对广告业的影响是双重的。一方面，各种激励广告发展的规章制度促进了广告业的发展；另一方面，一些广告管理制度也打压了违法违规广告，从而造成短期内广告业被压制。如2005年《国务院办公厅关于开展打击商业欺诈专项行动的通知》，2006年7月19日国家工商行政管理总局和广电总局《关于整顿广播电视医疗资讯服务和电视购物节目内容的通知》，2006年11月国家新闻出版总署、国家工商行政管理总局《关于禁止报刊刊载部分类型广告的通知》等，都在一定程度上抑制了广告业的发展。② 从总体上看，这一时期，河南涉及广告产业的法律法规基本上是执行国家层面的广告产业法律法规。

---

① 秦雪冰：《基于创新的中国广告产业演化研究》，博士学位论文，武汉大学，第59~60页。
② 苏林森、郭超凯：《改革开放以来中国广告业、宏观经济与政策的互动关系》，《新闻大学》2015年第5期，第117页。

五 2008年至今中原广告企业数字化发展

随着数字媒体的崛起，传统的报纸、广播等媒介逐渐被手机、电脑取代，人们的媒介接触习惯经历了翻天覆地的转变，广告也在这一变革中改头换面。数字媒介的产生与发展及科技水平的突飞猛进所带来的最大变化就是打破了大众传播时代的媒体平衡，使广告媒介生态布局与媒介地位得以重新确立，显著改变了广告市场的传播环境。① 传播渠道的变革带来了广告形式的重塑，最明显的莫过于传统报纸广告的没落。随着报纸发行量的不断减少，其广告份额也不断下降。为了在新媒体时代守住传播地位，诸如河南电视台、郑州报业集团等传统大众传播主体纷纷开始打造全媒体矩阵，利用微博、微信、手机客户端来开拓市场，迎合新一代受众的信息获取习惯，并更新传统的广告传播方式。河南广告产业正处在时代的风口浪尖，同时面临着机遇与挑战。

（一）媒介技术与中原广告产业格局的变化

数字是一种语言，这种语言潜藏着巨大的魅力，在世界各个民族、各个国家中潜移默化地改变人们的生活方式和社会的发展节奏。随着数字媒介技术的发展和逐渐普及，广告传播渠道与形式趋于多样化，不再仅局限在报纸、广播、电视和杂志等传统媒体之上，有了更多可能性。传播者和受传者之间的关系也呈现两种形式，即单向传播和双向互动。新媒体技术的出现，打破了以往受众只能被动接受大众传媒所传播的广告的局面，开始成为广告的挑选者和评价者，手机广告、电脑广告变得可以自主掌控，看与不看成了一种受众的自发选择活动，"逼迫"广告主和广告公司不断更新广告的传播内容和形式，以求抓住受众的眼球，达到品牌传播的目的。

在这一时期，河南的广告产业格局不断优化，广告资源优化配置和企业

---

① 何平华：《新媒介技术革命下的中国广告》，《江西社会科学》2014 年第 1 期，第 240 页。

集约化经营水平不断提高，形成以河南大象融媒体集团、中原出版传媒集团、河南文化影视集团等为代表的综合型创意企业。国家级的中原广告产业园落户河南，园区集聚效应、辐射带动效应和示范效应逐步显现，大河网、凤凰网、360 搜索等 340 余家企业相继入驻，广告产业直接或关联企业经营额 20 亿元。广告产业的散、小、弱情况逐步得到改善。[①]

2013 年 5 月 9 日，中原广告产业园被认定为国家广告产业园，这是在中原经济区蓬勃发展的背景下，河南广告产业不断壮大的展示和体现。随着中原经济区正式上升为国家战略和国际国内产业转移的加速，河南广告业发展迎来了更广阔的发展空间。国家工商行政管理总局和河南省政府签署战略合作协议，从资金、政策等方面重点支持河南广告业发展，以此服务中原经济区建设。按照协议，双方将在创建国家广告产业园区、建设广告交易中心、发展大型广告企业集团、建设全国广告人才评价中心和广告人才库等多个方面，深入开展合作。国家工商行政管理总局在谋划全国广告产业发展总体布局，推动重大产业项目落地，举办广告业国际、国内重大活动等方面，支持河南省在全国广告业发展中发挥更加重要的作用。河南及时出台促进广告业发展的指导意见和政策措施，明确财政、投融资、税收、价格及土地规划、人才引进等优惠政策在广告业的适用，为广告业发展提供政策保障和良好环境。河南省政府还将把广告业纳入服务业引导资金和文化产业发展专项资金扶持范围，支持广告产业结构调整、扶植广告企业创新发展、广告高端人才培养及公益广告发展。正是有了国家政策的支持，中原地区更应该把握机会，通过对资源和资金的聚集规划，努力发展中原广告产业园，实现中原广告产业的发展和区域经济的提升，为中原经济崛起创造条件。[②]

2008 年，河南广告经营单位为 5894 户，从业人员数为 30267 人，广告经营额为 319572 万元。但到 2015 年底，河南省广告经营单位（含媒体）总数已经达到 1.24 万户，广告从业人员已经达到 7.84 万人，从业人数已经为

---

① 张洋洋：《〈河南省广告产业"十三五"发展规划〉发布，力争"十三五"末广告经营额突破 225 亿元》，《河南科技报》2017 年 2 月 10 日。

② 钱程：《中原广告产业园核心竞争力研究》，硕士学位论文，郑州大学，2013，第 30 页。

2008 年的 1.6 倍。2015 年全省广告经营额达到 140.85 亿元，全国排名第 10 位，是 2008 年的 3.4 倍，纳税额达 9.5 亿元。[①]

然而河南广告产业受地域、政策、人才等方面影响，龙头优势品牌不多、创意缺乏、技术落后。目前郑州广告公司已呈现在部分区域聚集态势，但小公司居多，大多还停留在"二传手"的角色，代理型、发布型居多，创意类少。整个河南广告产业在初级、低端等这样的阴影下徘徊。中原广告产业园管委会主任张长江表示，为了做专业的广告产业园区，中原广告产业园要求所有入驻企业都是和广告相关的，这样的产业聚集会产生一种创意的头脑风暴，会产生新的创意思路。此外，园区还建成广告交易展示中心和广告创意设计、制作、发布、学术交流和人才培养、数据信息、新材料新设备和新技术研发六个平台。

中原国家广告产业园区内还将创建信息平台，依托交互式沟通工具的交流渠道，比如微信群、企业 QQ 等，为企业间的资源、信息分享提供桥梁。"比国际连线、比开放度，郑州还有一段距离要追，但是只要创意渠道打开了，这里有可以直线上升的优势。"张长江如此表示。他同时提到，除了广告产业园的集聚优势，整个高新区的产业集聚效应也为广告产业提供了发展基础。高新区是河南省软件、网络、动漫等与广告业密切关联产业发展规模最大的集聚区，其软件产业占全省一半以上，动漫产业占全省 80% 以上，国内主要互联网企业在河南布局大都落户在高新区。[②]

在这样一种政策支持和市场发展之下，河南的广告产业格局正在不断调整省级，迈向专业化、集聚化，以及更加富有创意化。

（二）新媒体广告企业的发展

纵观广告媒体形态演变的过程，如今以互联网为首的新媒体正以一种前

① 张洋洋：《〈河南省广告产业"十三五"发展规划〉发布，力争"十三五"末广告经营额突破 225 亿元》，《河南科技报》2017 年 2 月 10 日。
② 《中原广告产业园：助推河南广告业上档升级》，《经济视点报》2013 年 5 月 16 日。

所未有的姿态接纳其他媒体形态的加入，相比传统媒体，新媒体在广告运动中的融合性很强，网络不仅承载起报纸、广播和电视的功能，还能实现广播、电视、网络三者的融合。而且新媒体的形式更加丰富，在互动性、传播速度、受众主动接收等方面具有强大的优势。① 新媒体时代，以微博、微信、客户端为代表的"两微一端"更是领跑新媒体，成为当今媒介广告的主流。

随着新兴数字媒介的不断涌现，河南省的广告主意识到新媒介对消费者的渗透力和影响力，尝试利用传统媒体和新媒介相结合的方式进行产品宣传，新媒介广告在市场中的地位日益突出，由此催生一批专门从事新媒介广告代理的广告公司。企业网站、网络营销、电子商务、客户关系管理及数据库技术这些营销手段已经广泛运用于企业经营活动中，因此广告公司在数字传播时代要想更好地满足广告主的营销需求，就必须精通更多的新媒介技术，进行数字媒介广告平台和资源的开发，这样才能获得更大的可持续发展空间。如果从消费者的角度出发，广告公司则要探索如何在数字媒介搭建的平台上运作资讯，满足数字传播时代消费者对广告资讯化和交互性的需求。②

在此背景下，河南出现了越来越多的新媒体广告形态。2014 年 10 月 13 日，河南大象融媒体集团有限公司成立，主要经营范围包括广告业务的设计、制作、代理发布等。2016 年 7 月 8 日郑州报业集团全媒体矩阵"郑报融媒"正式成立，带来河南媒介广告的转型。点击大河网、郑州报业集团等媒体的官方网站进行节目浏览时，往往会在网页的左右两边看到一些广告推送，这就是为大家所熟悉的网络广告。与传统的电视、广播、报纸、杂志四大媒体的广告相比，网络广告具有非强迫性、交互性、实时性和广泛性的特点。受众可以自主选择观看与否，这与传统广告的强制性观看不同，而且网页广告通常具有超链接的属性，用户倘若对广告感兴趣，可直接通过鼠标

---

① 刘捌辰：《浅谈广告弄潮的新宠儿——新媒体广告》，《河南科技》2014 年第 8 期。
② 姜帆：《数字传播技术与传统广告产业形态》，《现代广告》2011 年第 12 期。

进行点击，进而跳转到相应的详情界面或购买界面。这些广告随着河南传统媒体的数字化转型而变得随处可见。

从传播角度讲新媒体所具有的这种互动性高、传播速度快、受众主动接收意愿高等特点让其在进行广告传播时具有强大的优势。对企业来讲，这种价值是非常宝贵的。另外，较传统媒体而言，新媒体在预算方面可以灵活掌控。较之传统媒体动辄上亿的广告费而言，企业可以有选择性地用新媒体来打广告。新媒体可以实现大众到小众的覆盖，在广告活动中可以有目的地选择覆盖率高的新媒体和细分化的新媒体，对受众进行面和点的结合式的广告信息发布。这样不但节约广告成本，而且效果也不会比传统媒体差。① 无论是在网页还是在手机客户端，广告费用的计算都以浏览量为基础，浏览量多的其广告费就多，反之则少，这在很大程度上提高了广告投放的效率，最大限度地优化了广告费用的投放。

在各类中原媒体的微信公众号中，另一个常见的现代广告形态就是原生广告。所谓原生广告就是它优先满足用户的信息需求，通过创意性思维的运用，将产品或品牌信息融入媒介内容。它运用大数据技术向用户定向投放，设计话题性内容，引发用户社交平台的信息互动行为，改善广告传播时的用户体验，实现广告传播效果的提升。② 总之，进入数字媒体时代的中原广告企业除了保留了以往的电视、杂志、路牌等传统媒介广告，更努力发现广告的更多可能性，不断实现广告企业的发展。

（三）传统广告企业的困境与突破

随着网络的普及和新媒体技术的更新与发展，媒介环境和社会信息的传播形态化相应发生了很大变化，不管是起步较早的大型门户网站还是发展迅速的手机 App 及 QQ、微博、微信等社交媒体，借助网络和新媒体技术的发展，均呈现不可阻挡的发展态势。这些新媒体自身所拥有的便捷性等特性让

---

① 刘搠辰：《浅谈广告弄潮的新宠儿——新媒体广告》，《河南科技》2014 年第 8 期。
② 程丽：《原生广告：基于互联网思维的新广告形式》，《新闻知识》2017 年第 9 期。

其成为广告主钟爱的新宠儿。与此同时，传统大众媒体如报纸、杂志、电视广告正面临越来越严峻的生存环境，为应对新媒体的挑战，传统媒体开始探索全新的转型之路，凭借其长期积攒的内容和专业优势，结合新媒体的渠道优势，打造全新的广告传播模式与平台，使原本前途迷惘的传统媒体又获得一次重生的机会。①

在强劲的数字化科技的冲击下，传统的广告形态发生了巨大的变化，有的传统广告形态逐渐消亡，例如曾经风靡一时的报纸广告在新媒体的冲击下逐渐走向没落。而另有部分传统广告与数字化新媒介有机结合在一起，逐渐融合成新的广告形态。例如，现代人生活水平提高之后，越来越多的人开始拥有私家车，广播变得可以随时听取；而各种广播软件的开发也宣告了声音广告的火热。广告正随着人们生活形态的改变而改变。可以说新老媒介之间必然存在过渡地带，因为传统的旧媒介形态在发展演进的过程中必然会遭遇数字化新媒介。为了生存，或者说"适者生存"，这部分传统媒介形态就会逐渐适应新媒介，而新媒介也吸收了传统媒介中的优点，从而形成新老媒介之间共生的混合特点的广告。②

传统广告媒介走出固有模式，积极拥抱新媒体，将专业性与渠道性相结合，成了困境突围的一大方法。例如，与微信公众号结合就是传统广告企业找到的一条出路。

从《大河报》微信平台的构建来看，它在发挥微信社交平台优势的基础上兼具报纸作为公共媒体的很多特征，主要有以下几个方面。一是平台栏目化构成。由编辑学理论可知，任何一种媒介都是由一定的媒体模式和文体模式构成的。媒体模式是媒介符号的综合特征，文体模式是媒介内容的形式特征。以《大河报》微信平台为例，其栏目化特征非常明显。整个微信平台是由"悦读圈""幸运岛"和"大河帮"三个版面构成的。"悦读圈"主要是新闻信息板块，"幸运岛"主要是媒介营销平台，"大河帮"主要是读

---

① 丁倩：《微信公众号在纸媒转型中的作用分析——以"人民日报"微信公众号为例》，硕士学位论文，南京师范大学，2016。
② 董世斌：《数字化时代河南广告业的发展趋向》，《现代广告》2012 年第 3 期，第 8 页。

者互动平台，在这三个版面之下又由具体的栏目组成。"悦读圈"由"看新闻""TOP榜""胡辣档""豫百科""奇葩街"五个栏目构成；"幸运岛"由"小C神侃""微活动""点播台""送福利"四个栏目构成；"大河帮"由"便民汇""神技能""爱心站""留言墙"四个栏目构成。不难看出，报纸微信平台的栏目化是微信平台从社交平台向公共媒介平台转换的重要媒介特征。[①]

报纸微信平台的栏目化，既是对报纸媒介特征的继承，更是构建自身媒介特性的需要。因为栏目化之后便于读者对信息进行归类，更好地解读信息。另外，对广告投放也具有非常大的便捷性，广告可以进行更加精准的、个性化的投放，减少不必要的支出，增加广告投放的效率。

第二，信息传递的无限性和海量性是互联网信息传播的一大特点。在互联网时代，任何媒介要想获得受众的青睐，都必须遵循信息呈现海量的法则。其中，对信息归类处理，从某种程度上说就是对信息的一种"再加工"，是从信息组合角度上的"再编辑"。[②]这极大地优化了信息传播种类和内容，并且与传统的报纸版面相比更加直观化。图片、声音、视频等全媒体的丰富形式也为广告展现提供了多样化的可能性。这种有针对性的、个性化的广告投放也更加能够满足不同受众的消费需求，受到受众的青睐，效果也更好。

总体来看，大数据时代广告传播模式变革出了精准化广告、程序化广告，这跟传统的"广而告之"模式根本不同。在广告产业结构变革方面，广告主、广告公司、广告媒介及广告的受众即消费者都发生了变化。尼古拉斯·尼葛洛庞帝曾经指出，在"后信息时代"大众传播的受众往往只是单独一个人。因此，根据广告主的要求及商品服务的性质，针对不同消费者的个性需求可以定制单向的个性化广告，来精准地向目标消费者传递广告产品

① 段乐川、李德全：《报纸微信运营模式的现状、问题和对策——以〈大河报〉为例》，《传媒观察》2015年第1期。

② 段乐川、李德全：《报纸微信运营模式的现状、问题和对策——以〈大河报〉为例》，《传媒观察》2015年第1期。

的信息，从而准确地影响目标消费者成为传统广告转型突围中尤其要加以重视的一个重要方面。[①]

（四）数字广告时代中原广告产业转型升级

截至 2015 年，河南共有 1.2 万余家广告公司，7.8 万余名广告从业人员。因政府及主管机构缺少专家级广告管理人才，对广告行业的监管跟不上行业的发展，致使广告行业进入门槛低、行业散乱，产生盲目无序的恶性竞争。另外是人才缺乏问题，这也是河南广告业的基本特征。河南现有多个高校培养广告专业人才，但数量还远远满足不了行业的需求，更何况相当一部分人才流失省外，致使广告市场不得不接纳相关专业人员，甚至是非专业人员来弥补人才缺口，毫无疑问这样会带来人才质量的下降，影响行业的发展。再者，随着中原经济崛起的部署，各种大、中、小型企业雨后春笋般出现。不断壮大的企业界对营销战略的提出、品牌策略的开发、营销队伍的管理及终端渠道的规范、媒介策略的执行等都迫切地提到战略的高度进行思考。规范市场，顺应数字化时代的媒介发展，促进企业保护品牌、宣传品牌，在数字化进程中使企业利益最大化，正是河南广告业应尽的责任和义务，[②] 同时是河南省广告产业转型升级必须解决的一大难题。

河南广告产业一直处于高度分散和高度弱小的状态，"低集中度"已使河南广告产业由知识密集型、技术密集型、人才密集型的高利润产业沦为劳动密集型的低效率产业。而"泛专业化"问题严重消解着广告产业的核心竞争力。低集中度与泛专业化这两大核心问题，造成了河南广告产业发展的严重危机。建立广告产业集群，可以弥补中国广告产业由低集中度导致的规模化不足的缺陷，也能为解决泛专业化问题提供一个良好平台，它是实现河南广告产业的整体改造和升级的必由之路。数字技术引发的产业融合在营销传播领域的实践导致传统广告业态边界模糊，广告产业融合趋势明显。广告

---

① 刘伯年：《大数据时代广告产业变革研究》，硕士学位论文，新疆大学，2017。
② 董世斌：《数字化时代河南广告业的发展趋向》，《现代广告》2012 年第 3 期，第 8 页。

产业集群开始在产业融合的大趋势下寻求更好的发展。技术创新是产业融合的动力。数字技术在不同产业间的扩散和应用引发了溢出效应，导致技术融合，而技术融合又消除了不同产业间的技术进入壁垒，使不同产业形成相同的技术基础，产业技术之间的传统边界趋于模糊，甚至逐渐消失。因此，在数字技术推动下的产业融合时代，广告产业也正在经历与其他产业的融合过程，呈现产业形态的规律性发展特征，成为推动广告产业发展的内在动力来源。①

2017年，河南省颁布的《河南广告产业"十三五"发展规划》指出，在"十三五"期间，河南广告业面临创新发展的重大战略机遇。河南五大国家战略规划的实施，成为河南广告产业新的增长点和着力方向；现代综合交通枢纽、米字型高速铁路网络、国际物流中心和全球智能终端制造基地的初步建成，成为未来河南广告产业发展的重要领域；郑州成为国家级互联网骨干直联点、"全光网河南"建成、河南省成为全国七大互联网信源集聚地，为广告产业提供了形式多样、运作灵活的新媒介平台；郑州、洛阳成为新丝绸之路重要节点城市，为广告业加强国际交流合作提供了前所未有的开放平台；新修订广告法及配套法规、规章的顺利施行，为建立河南省良好的广告市场竞争秩序，促进广告业健康发展提供了有力保障。广告业要正确认识和把握战略机遇期，坚定发展信心，适应经济发展新常态下市场和环境的变化，在"十二五"时期全面发展基础上，再上新台阶。②

在政策、地理环境、区域经济的共同发展之下，中原广告产业的发展可谓"天时地利人和"，但目前中原广告还没有较为著名的品牌，对品牌专利、品牌形象的打造和维护意识尚为薄弱，这就不利于整个中原广告市场迈向一个更高更大的平台。因此，要着力打造广告品牌、维护企业品牌，注重广告的整体策划和创意构思，让中原广告产业以一种更加年轻化、智慧化、专业化的形象出现在世人的眼中。

---

① 姜帆：《数字传播技术与传统广告产业形态》，《现代广告》2011年第12期。
② 张洋洋：《〈河南省广告产业"十三五"发展规划〉发布，力争"十三五"末广告经营额突破225亿元》，《河南科技报》2017年2月10日。

改革开放40年广告业与
国民经济发展

　　广告业是国民经济的重要组成部分，其在引导和刺激消费、塑造强势品牌等方面发挥着重要作用，是国民经济的重要引擎。改革开放以来，我国经济持续快速增长。2010 年，我国 GDP 总量首次超过日本成为世界第二大经济体。在宏观经济形势影响下，我国广告产业也呈现快速增长态势。2012年，我国广告经营额达到了 4698 亿元，跃居世界第二大广告市场。到 2017年，我国广告经营额已经达到了 6896.41 亿元，比上年增长了 6.28%；广告经营单位达到了 1123059 户，比上年增长了 28.33%；广告从业人员数达到 4381795 人，比上年增长了 12.34%。广告是经济的"晴雨表"，广告业与宏观经济发展关系密切，宏观经济影响广告产业发展的同时，广告对宏观经济发展也具有明显推动作用。广告产业作为服务业，具有很强的依附性，其依附于宏观经济和其他产业的发展，并对国民经济起伏具有明显的放大作用。在经济繁荣时期，广告经营额比 GDP 以更快速度增长；但经济衰退时，广告主预算减少，媒体的广告经营额下降更快。[1] 广告业除了对国民经济增长具有直接贡献，也会对产业结构和其他相关产业产生重要影响。[2]

一　经济大环境是广告业发展的根基和后盾

　　广告是市场经济的产物，随着经济大环境的变化应运而生。广告凭借其

---

[1]　方英、池建宇：《广告业与宏观经济发展关系的实证分析》，《现代传播》2016 年第 7 期，第 121 页。

[2]　马二伟、刘艳子：《我国广告产业与宏观经济的发展关系分析》，《新闻界》2014 年第 8 期，第 70 页。

发达的现代传播技术引导生产和消费。最重要的是，广告促进了市场经济的发展和完善。从这种意义上说，市场经济是现代广告行业生存和发展的契机，而广告是市场经济发展的氧化剂。从中国广告 40 年发展的历程可以看出，改革开放以来中原经济的高速发展，是中原广告经营额不断攀升和源泉和基础。1978 年 12 月，党的十一届三中全会召开，把党的工作重心转移到"以经济建设为重心"的轨道上来，为中原广告业的恢复创立了政策环境。1984 年，党的十二届三中全会通过了《中共中央关于经济体制改革的决定》，正式提出了"社会主义商品经济"的概念。改革开放的不断推进和日益扩大的国内市场需求的刺激，使广告主的广告意识大大增强，广告预算大幅提升，中原广告业迎来突破性发展。1992 年之后，社会主义市场经济体制被充分认可，广告这一市场行为有了更大用武之地。21世纪以来，中原经济持续高速增长，在整体经济高速增长背景下，企业获得了蓬勃发展，经济的高速增长与企业的蓬勃发展，拉动中原广告营业额不断攀升。

二 广告产业是国家文化产业的重要组成部分

当前，西方发达国家高度重视包括广告产业在内的文化创意产业发展。自 20 世纪 40 年代法兰克福学派的霍克海默等首次使用"文化产业"概念以来，文化产业作为一种新兴产业在国外逐渐被接受和重视。美国是当今世界上文化产业最发达的国家，控制着全球 75% 以上的电视节目和 60% 以上广播节目的生产和制作。英国是最早政策性推动创意产业发展的国家，创意产业已经成为英国仅次于金融业的第二大产业。党的十六大报告首次把文化事业与文化产业区分开来。2009 年，国务院发布的《文化产业振兴规划》把广告产业作为文化产业的九大重点行业。广告产业也是中原文化产业的主导型产业。长期以来，广告产业的定位问题，一直困扰着理论与实务界。由于产业定位不清，在制定产业政策方面，广告产业从某种程度上被遗忘了。发达国家情况与中国形成鲜明对比，美国、英国、日本等发达国家高度重视广告产业发展，他们既是经济大国，同时也是广告产业强国。近年来，各级政府高度重视包括广告产业在内的文化产业发展，为广告产业的发展提供了良好机遇。广告产业如能抓住机遇，实现产业转型升级，则会极大推动国民经济发展。[①]

三 广告产业对宏观经济的贡献与拉动

改革开放以来，中原广告产业是发展最快的行业之一。在与其他行业互动发展时，也以自身的发展推动其他行业乃至整个社会经济的发展。广告沟通了产销环节，能促进社会经济资源的合理配置。加速商品流通和扩大产品销售是广告的一项最重要的经济功能。现代市场经济的发展，信息不对称是其最大的障碍，而广告正是解决信息不对称较为有效的手段和方式。在商品市场供应充分的情况下，只有广告才是最方便便捷、经济高效的沟通手段，能够为消费者及时提供产品、服务的信息，引导、促进社会经济资源的合理配置，不断满足人们日益增长的物质文化需求。广告促进了社会经济财富的增长，企业广告收益远远高于广告投入，是广告活动的一般规律。据测算，除了个别行业和特殊情况，广告投入与收益之比，一般平均为 $1:10 \sim 1:3$。由此可见，广告产业作为市场推广型产业，在促进社会财富的全面增长方面，具有不可忽视的作用。[②]

根据河南省统计年鉴数据，1983～2015 年，河南 GDP 总量从 327.95 亿元迅速增长到 37002.16 亿元，年均增长 16.4%。在此期间，河南广告经营额从 586.3 万元迅速增长到 1408515 万元，年均增长 38%。其中，1985～1986 年，河南广告经营额增长了 3.33 倍。但是，1984～1985 年，河南广告经营额下降了 64.7%。河南广告经营额占 GDP 的比重从 1983 年的 0.018% 增长到 2015 年的 0.38%，即广告产业对中原 GDP 的贡献率为

[①] 廖秉宜、付丹：《提升广告产业竞争力与推进湖北经济跨越式发展》，《湖北社会科学》2011 年第 8 期，第 67～68 页。

[②] 孙丰国：《广告促动经济发展》，《广告大观》（理论版）2009 年第 1 期，第 5 页。

0.38%。以河南1983～2015年历年GDP对数值为因变量，以河南广告经营额对数值为自变量进行回归分析，方程及变量都通过了显著性检验。研究结果发现，河南广告经营额每增长1个百分点，将带动河南GDP增长0.6377个百分点。

四 广告产业对河南制造业的拉动作用分析

广告产业不仅属于文化产业，也是生产性服务业的重要组成部分。大量研究表明，生产性服务业脱胎于制造业，生产性服务不断从制造业中外化，并逐渐成为独立的产业。生产性服务业不但为制造业母体提供专业化的生产性服务，也为其他制造业提供专业化的服务。生产性服务的迂回化生产，推动了制造业生产分工与精细化，并降低了制造业的成本，进而推动制造业转型升级。① 广告作为一种典型的生产性服务业，对河南制造业和经济发展都存在推动作用。制造业及河南国民经济的稳健增长，可以为广告业提供良好平台。同时，随着广告投放额度的增加，有利于提高河南制造企业的品牌知名度，打造河南强势品牌，同时推动河南宏观经济增长。由于绝大多数的广告主都是制造企业，因此，广告业的发展会对河南制造业产生推动作用。当前制造业对品牌打造非常重视，品牌的推广在很大程度上依赖广告的宣传作用。因此，广告业的发展与成长可以有效强化顾客对制造业品牌认知、刺激消费者需求，进而使制造企业的销售额提升。根据河南省统计年鉴数据，1983～2015年，河南工业增加值从100.35亿元增加到15823.33亿元，年均增长17.6%。以河南1983～2015年工业增加值对数值为因变量，以河南广告营业额对数值为自变量进行回归分析，方程及变量都能通过显著性检验。研究结果发现，河南广告营业额每增加1个百分点，河南工业增加值增长0.705个百分点。

---

① 楚明钦、刘志彪:《装备制造业规模、交易成本与生产性服务外化》，《财经研究》2014年第7期。

五 广告对河南服务业的拉动作用分析

发达国家已经进入服务经济社会，发达国家服务业增加值比重和就业人数比重都已经超过70%，生产性服务业增加值在服务业中的比重也已经超过70%。2015年，我国服务业增加值比重首次超过50%，达到50.5%，中国已经逐步开始进入服务经济社会。但是，2008年之前，河南服务业比重一直保持在30%左右，甚至在2008年仅有29%。近年来，河南服务业发展速度很快，2017年，河南服务业比重已经达到42.7%，但仍比全国水平低8.9个百分点。广告产业作为中间服务投入，发达国家广告更多为服务业提供中间服务，而中国服务更多为制造业产品提供中间服务投入。河南作为农业大省，近年来虽然服务业增长速度很快，但基本上是粗放式发展传统服务业，现代服务业比重更低。随着河南现代服务业强省建设的逐步推进，新型服务业成长更加迅速，其更加依赖知识、管理等高级要素和无形资产，并对广告公司业务也提出了更高要求。中原现代服务业也将更多集聚于城市CBD地区，这将使服务业外包更加普遍，并会加速服务业区域差距。在此背景下，广告产业也要集聚发展，并且需要通过兼并收购提高自身竞争力。另外，一些小企业也将面临破产和倒逼风险。因此，中原广告产业需要整合先进传播历年和优秀创意思想，提升广告公司竞争力，促进广告业蓬勃发展，进而提升广告产业对服务业的贡献与拉动作用。[1] 1983~2015年，河南第三产业增加值从68.1亿元增长到14875.23亿元，年均增长率达到了18.9%。以1983~2015年河南第三产业增加值对数值为因变量，以河南广告营业额为自变量对数值为自变量，进行回归分析，模型方程及变量检验都能通过显著性检验。研究结果发现，河南广告营业额每增加1个百分点，河南第三产业增加值增长0.68个百分点。

---

[1] 乔均、薛萌：《广告业对经济发展的拉动作用分析》，《广告大观》（理论版）2011年第8期，第81~82页。

综上所述，广告作为一种沟通手段，可以把中原制造业、服务业等产品和服务的产供销等环节联系起来，可以解决买卖双方市场信息不对称问题，因此，广告的发展有助于实现资源优化配置，促进中原经济发展。从整体上看，河南广告业的增长速度和国民经济发展是相协调的。改革开放以来，河南经济快速增长，当前河南经济总量在全国排名第五位。河南经济的快速增长，为中原广告产业发展带来了契机。通过河南广告营业额与河南 GDP 的回归分析发现，中原广告产业与宏观经济的增长基本上是同步的。广告产业不仅对经济总量有明显的拉动作用，广告产业发展对工业和服务业也有明显的拉动作用。这说明，广告业在促进工业和服务业商品销售，启动市场，提高企业经济效益等方面发挥着积极作用，所以，企业对广告的投入也在不断增长。事实证明，广告业的发展与经济发展是相辅相成的。[①] 然而，河南广告营业额占 GDP 的比重还比较低，并且河南广告业发展还存在很多问题。但是，这些问题也为中原传媒及广告业发展提供了上升空间。

---

① 项德生、李宏根、高传伟：《广告宣传与河南经济发展》，《郑州大学学报》（哲学社会科学版）1994 年第 2 期，第 119 页。

广告业态与广告监管

一 河南省广告业的发展

（一）中原广告业的整体发展态势

改革开放40年来，在良好的政治、经济、社会与文化发展环境下，河南省广告业态的发展，见证着中国广告业的快速发展，是中国近代广告发展历程的一个缩影，也是中原崛起、河南振兴、富民强省、让中原更加出彩的重要推手。

1979年，中国广告市场重开，随着改革开放的深入及中国经济的长期高速增长，我国广告行业发展迅猛，市场规模快速扩大，其中1981~2008年，中国广告经营额保持在35%的年均增长率①。2017年全国广告经营额达到6896.41亿元，较上一年小幅增长了6.28%，占国内生产总值（GDP）的0.84%，与同期GDP 6.9%的增长率基本持平②，我国成为全球广告业发展最快、市场规模最大的国家之一。河南广告业相对北京、上海、广州等广告业发达地区来说，起步较晚，起点较低，区域发展严重不平衡，随着河南省内经济的发展和居民消费水平的升级，河南广告业在全国来说有了长足的进步。如表1所示，我们可以清楚地看见改革开放以来河南广告业经营额的稳步增长。

---

① 《中国广告二十年统计资料汇编》，中国统计出版社，2000。
② 《市场管理总局数据：2017年广告经营额为896.41亿元》，广告买卖网，2018年4月13日，http://www.admaimai.com/news/ad 201804132 - ad137273.html.

表1 历年河南省广告业经营额

单位：万元

年份	1983	1986	1988	1990	1993	1996	1998
广告经营额	586	2072	3273	4391	20486	50728	101860
年份	2000	2002	2005	2008	2010	2014	2016
广告经营额	118497	123728	229651	330443	331570	1312050	1432600

资料来源：历年《中国广告年鉴》。

这些发展的数字背后，离不开河南经济贸易的发展和政府部门对广告业的高度重视。发展伊始，河南省作为传统农业大省，广告业基础薄弱，广告观念落后，专业水平有待提高，广告人才外流严重。针对这些短板，河南坚持"政府引导、企业主体、市场运作、社会参与"的原则，重点扶持发展一批广告创意、策划、制作企业，不断提升广告从业人员创意、策划、设计、制作水平，引导广告产业实现由传统媒介型向技术创新型、从制作发布型向研发创意型、由要素驱动型向创新驱动型转变，推进以"创意、创新、创业"为核心的广告产业快速发展。发展之路上，涌现河南大河全媒体广告公司、天明广告公司、达利广告公司、新维思广告公司、领先传媒公司、广新广告公司、正见品牌战略咨询公司、通和品牌营销管理公司等优秀企业。省会郑州以经三路金城国际广场形成了中小型广告公司聚集地，以金水路和中州大道交叉口为中心形成大中型广告公司聚集地，以郑汴路中力国际广告材料市场为主体形成了广告材料销售和户外广告制作企业聚集地，2013年，"中原广告产业园"被授予国家广告产业园区，推动了河南广告企业集群式、规模化发展，河南广告产业终于迎来历史上的第一块国家级招牌，对整个河南广告产业起到示范、集聚和引领作用。依托郑州大学、河南大学、河南财经政法大学、郑州轻工业学院等高校开设的广告学及其相关专业，培养了一届届高素质的广告人才。

广告业的发展依托经济的兴盛，经济发达区域通常广告业也较为发达。

当前，我国广告业主要聚集于环渤海、长江三角洲和珠江三角洲等东南部沿海经济发达地区。河南省地处中原，与东部沿海省份相比仍然占比较低，但在中国广告业区域发展严重不均衡的背景下，我们看见了中原广告产业的崛起。如表2"十三五"时期河南省广告产业规划指标所示，近五年河南广告业将再接再厉，在创意和技术的双重驱动下，作为现代服务业和文化产业的重要组成部分，将是推进河南经济转型升级、引导扩大消费、拉动经济增长、繁荣社会文化的重要力量，河南广告将成为中部地区广告业一股不容忽视的力量。

表2 "十三五"河南省广告产业主要规划指标

项目	2015 年	2020 年	备注
广告经营额(亿元)	140.85	226.84	
广告经营主体数量(户)	12399	19969	
广告从业人员(人)	78367	126210	（按年均 10%增长率推算）
中国一级广告企业(家)	1	21	
中国二级广告企业(家)	5	45	
中国三级广告企业(家)	0	100	
国家级广告产业园区(个)	1	1	
省级广告产业园区(个)	0	3	
省级公益广告研创基地(个)	0	3	

资料来源：河南省工商局。

（二）河南广告业发展的有利因素

1. 经济的快速发展

广告是经济发展的晴雨表，国家和地区的经济发展水平往往也决定了广告行业的发展情况。改革开放以后，中国市场经济体制不断完善，国民经济保持平稳增长，居民收入水平提升，为广告业发展打下坚实的经济和社会基础。近年来，国家经济结构战略性调整，经济发展步入新常态，社会消费需求持续增长及供给侧结构性改革增强了广告业发展的内在动力。改革开放以来，河南经济实力大幅提升，经济结构实现重大突破，对外开放新格局初步形成，民生事业持续改善。

近年来，河南省由经济大省向经济强省跨越，推进实施粮食生产核心区、中原经济区、郑州航空港经济综合实验区、河南自贸区、郑洛新国家自主创新示范区五大国家战略规划，全省经济继续保持总体平稳、稳中向好发展态势。2018 年《河南经济蓝皮书》显示，2017 年全省生产总值 44988.16 亿元，比上年增长 7.8%，增速高于全国平均水平 0.9 个百分点。其中，第一产业生产形势良好，增长 4.3%；第二产业平稳增长，增长 7.3%；第三产业保持平稳较快增长，增长 9.2%，增速高于全国 1.2 个百分点，第三产业占 GDP 比重为 42.7%，成为拉动经济增长的第一动力。消费品市场平稳运行，社会消费品零售总额 19666.77 亿元，增速高于全国 1.4 个百分点。外贸形势向好发展，进出口总值增速同比提高 8.3 个百分点，前移到全国第 10 位，新郑综合保税区进出口总值稳居全国保税区第一位。河南自贸区等科学发展载体功能持续强化，入驻自贸区的国内外 500 强企业达到 137 家，以航空网、干线铁路网、高等级公路网为主骨架的现代综合交通运输体系初步建成，中原城市群发展规划获国务院批复，郑州获批建设国家中心城市，2017 年常住人口城镇化率突破 50%，城乡结构发生明显变化。跨境电商"郑州模式"持续领跑全国，2017 年全省跨境电商交易额超千亿元，同比增长 33.3%。随着经济全球化和"一带一路"建设的发展，河南广告业的国际化发展机遇增多。广告业服务经济发展，河南经济的发展又对河南广告业形成市场需求，从而带动河南广告业的整体增长。

2. 经济体制变革与传媒制度安排

我国广告产业的发展在一定意义上是由行政力量助推的，并与合理的制度供给有密切关联。河南广告产业发展，离不开符合广告产业实际和广告产业发展规律的创新性制度安排和政策供给。

第一，经济体制的变革，由计划经济向市场经济转变。1978 年改革开放以后，中国确立了"以经济建设为中心"的政策方针，"文革"期间中断的广告业恢复发展，重获新生。随着改革的深入，社会主义市场经济体制确立，使经济活动遵循价值规律的要求，使市场在资源配置中起到调节作用，大大提高了劳动者的积极性和中国经济发展的活力。广告业被纳入社会主义经济体制，不再是资本主义的产物，而是作为企业参与市场竞争的重要工具。

第二，传媒与广告制度安排。改革开放之前，在制度上只强调传媒体的事业性，经费由党政部门提供，否定其商品性，禁止刊登或播放广告。1979 年，中宣部发布《关于报刊、广播、电视台刊登和播放外国商品广告的通知》，确立了社会主义中国开展广告的方向，对广告正名具有重要意义。1980 年将广告纳入工商管理体制，成立广告管理处。1982 年《广告管理暂行条例》颁布，是我国第一部广告管理法规。改革开放之后，随着经济体制改革的推进，传媒的商品属性逐渐显现，开始实行"事业化单位，企业化管理"，自负盈亏，广告收入成为支撑传媒发展的支柱，由此激活了广告产业，引发媒体经济的起飞。1994 年我国第一部《广告法》颁布实施，从法律层面赋予了广告市场运作的规范。2003 年 6 月，我国宣传文化系统试行改革，其重点在于把事业性传媒和经营性传媒分开，文化体制改革进一步深化，给广告发展带来新的机会。2008 年国家工商总局、国家发展和改革委员会发布《关于促进广告业发展的指导意见》提出"把促进广告业又好又快发展，作为一项紧迫而长期的战略任务"。2011 年国家"十二五"规划第一次明确提出促进广告业健康发展，国家发改委《产业结构调整指导目录》将"广告创意、广告策划、广告设计、广告制作"作为鼓励类项目。2012 年国家工商总局发布《关于推进广告战略实施的意见》，把"到 2020 年，把我国建设成为广告创意、策划、设计、制作、发布、管理水平达到或接近国际先进水平的国家"作为战略目标。2016 年，国家工商总局发布《广告产业发展"十三五"规划》，我国广告业面临创新发展的重大战略机遇。单就河南省来说，河南省人民政府和工商局相继颁布了《关于推进河南广告业发展的战略合作协议》《关于促进全省广告产业发展的意见》《河南省广告产业"十三五"发展规划》等政策文件，引导河南省广告产业结构调整和转型升级，是促进河南省广告业科学健康发展的重要依据。

3. 广告业相关技术的发展

媒介技术的变迁与广告产业的发展联系密切，技术是通过影响需求结构从而影响产业结构的。新技术革命推动新媒体和新的信息传播渠道的快速发展，极大地开拓了广告服务领域，提供和实现了对广告服务的多种需求，同时提出了新要求，新媒体平台上的广告投放与广告代理在很大程度上由技术驱动和主导，广告公司必须注入技术元素以更好满足客户需求，这也引发广告服务模式的改变，从创意到实施，技术的运用贯穿始终。在数字技术推动下，广告产业进入产业融合时代，并呈现向数字营销传播转型的趋势，传统媒体与新媒体广告互动共存，网络广告逐步走向多元与分化。技术没有像以前一样温和，而是拉开了广告产业数字化转型的大幕，广告业的创新发展朝着数据化和智能化方向前行。

河南省在厚植传统媒体广告发展优势的基础上，积极培育广告产业新业态，打造广告产业新增长点。支持以"互联网＋广告"为核心的新兴广告产业发展。鼓励广告企业运用互联网思维、现代设计理念、新一代信息技术，建立与国际接轨的现代广告产业体系。充分发挥现代信息网络技术优势，推动云计算、大数据、物联网等在广告技术创新、广告产品创新、广告管理创新、广告市场创新和广告商业模式创新的应用，大力发展新型广告业态。鼓励广告企业跨媒介、跨平台、跨终端整合服务，引进数字化技术，推动精准广告产业和全媒体广告的发展。

4. 企业品牌意识的增强

广告业是依附性产业，是为商业服务并依附商业的繁荣发展的，商家的需求形成广告市场，广告业应运而生。广告业的服务本质是完成广告主和消费者之间的沟通，它是直接面向广告主，间接面对消费者市场的。经过改革开放 40 年的发展，河南经济取得了飞速发展，产业规模大幅增加，产业结构不断升级，产品种类繁多且同质化严重，越来越多的广告主在市场营销中加大对广告的投入力度。此外，河南民生持续改善，消费市场日益繁荣，人们的消费需求不断升级，推动河南广告产业不断发展。虽然在很长一段时间内，河南企业整体品牌意识较为薄弱。但近年来，越来越多的河南本地企业在发展过程中，逐步意识到品牌的价值，开始注重自身的品牌塑造与建设。随着省内企业品牌意识的不断增强，经营管理理念的提升，广告将会成为越来越多企业塑造品牌的重要渠道，这将推动河南广告行业进一步发展。

（三）河南广告业发展的不利因素

第一，河南广告业基础薄弱。河南位居全国中部，广告资源不足，与广告关联度高的产业不发达。河南广告业的整体规模、效益、观念和水平相对滞后，从事广告业的市场主体大多处于小、散、弱状态，发展方式粗放，代理发布等低端模式还占较大比例，结构性矛盾突出；创意设计水平不高，河南广告企业中缺少4A广告公司这样具有竞争优势的国际化、综合型广告代理公司，以本地资源型广告代理公司或者广告设计制作公司为主，普遍规模较小，人员素质参差不齐，行业低端市场竞争激烈，全国和本省知名品牌的全案代理业务严重缺乏。河南广告市场机制不够完善，竞争秩序仍需要进一步的规范与完善。

第二，缺乏高端专业广告人才。广告行业属于人才和知识密集型行业，作为知识载体和技术应用者的人力资本始终是广告产业的核心资源，是广告公司做大做强的前提。广告从业人员的创意和技术水平是推动广告发展的主要动力。省内亟须健全广告人才培养激励机制和学术交流机制，建立河南省广告人才数据库及其交流对接平台，加强广告产、学、研之间的沟通与交流。目前，河南省广告公司迫切需要高级策划人才、创意人才和新媒体广告人才和大数据相关人才，以打造自己的核心竞争力，但是，目前的实际状况是公司缺乏对这类人才的吸引力，主要表现在两个方面，一是高端广告业务严重缺乏，二是广告公司缺乏以公司文化为核心内涵的高端品牌形象。相对广告发达地区，河南市场起步较晚，河南优秀广告毕业生大多数没有留在河南本地就业，专业人才没有形成规模梯次，从业人员专业服务技能有待提高，缺乏素质高、经验丰富的高端专业广告人才。这在很大程度上制约着河南广告业进一步发展。

二 河南广告媒体形态——数字化转型与创新之路

（一）传统广告业态向全媒体布局

报纸广告、电视广告、广播广告、杂志广告、户外广告是传统的五大广告业态。在 2012 年针对全省广告情况的调查中，针对"河南比较发达的媒介是哪些"，47.06% 的企业选择了报纸，41.18% 的企业选择了电视，电视和报纸广告作为传统两大广告业态仍然具有相当的市场竞争力。对于"河南地区什么媒体最有效"这个问题，大多数企业选择了传统三大媒体电视（占 52.94%）、报纸（占 47.06%）、广播（占 35.29%），以及户外（占 35.29%），代表性的有《河南日报》、《大河报》、河南卫视、河南都市频道、河南私家车广播、河南公交及地铁广告等，这些传统广告形式尝试加强和受众之间的互动体验，如一些传统广告纷纷加上二维码来弥补传统广告的形式和内容上的限制。

随着河南媒介融合发展进程的加快，河南广告媒体已形成真正意义全媒体的状态，各类媒体布局完整，传统媒体纷纷尝试数字化转型，积极布局新媒体，传统媒体的两微一端建设完备，微博广告、微信广告、各类新闻客户端广告受到重视和青睐。其中，截至 2017 年，河南省共开通政务微博 12951 个，居全国首位；微信城市服务用户居全国第五位，网络域名数量位居全国第六位①。河南的全媒体布局也给河南广告带来了更多的呈现方式。例如，河南报业全媒体策划、河南手机报出品的这一系列 H5

---

① 参见第 41 次《中国互联网络发展状况统计报告》，中央网信办网站，2018 年 1 月 31 日，http://www.cac.gov.cn/2018-01/31/c_1122347026.htm。

《惊艳了的河南@所有人》，实现了 18 省辖市的联播和手机报 18 省辖市分刊的联动，在全国两会期间，河南手机报和 18 省辖市分刊的 1100 多万用户每天都能第一时间收到这份热腾腾的"礼物"。关注河南报业全媒体旗下《河南日报》《河南商报》《大河报》等的用户，也都可通过报纸、网站、客户端等看到特意制作的二维码，扫码即可观看 H5。精彩的视频、炫酷的图片、经典的古诗、优美的音乐和特色产业、各种美食……随着系列 H5 中郑州篇、开封篇、洛阳篇等的持续刊发，河南的 18 颗"明珠"在"两会时间"相继刷屏，点击量飙升。河南全媒体广告产业布局进展见图 1。

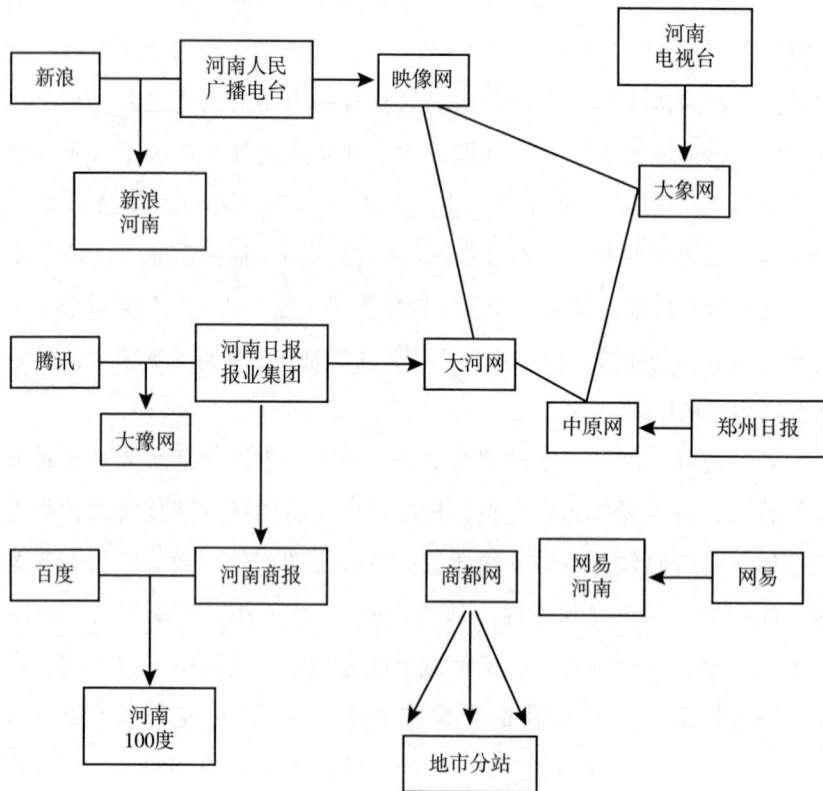

图 1　河南全媒体广告产业布局进展

（二）新兴数字广告形态

截至 2017 年 12 月，中国网民规模达 7.72 亿，互联网惠及全民取得新进展。其中，河南省网民规模在 2017 年底达到 8121 万人，每人每天平均上网 4.2 小时，比全国人均每天上网时长多 0.34 小时；河南网民最常用互联网来即时通信，比如微信、QQ、网络支付、外卖、共享单车，河南网友使用率高于全国平均水平①。各种数字媒介充斥着人们的生活，移动互联网和人工智能人们开始了在数字空间中进行着尼葛洛庞帝所预言的"数字化生存"的新时代。郑州成为国家级互联网骨干直联点，"全光网河南"建成，河南成为全国七大互联网信源集聚地，为广告产业提供了形式多样、运作灵活的新媒介平台。

在中国，数字广告市场则表现得更加强劲，早在 2014 年网络广告收入规模就超过电视广告，中国目前占据全球数字化广告市场 1/5 的市场份额。数字广告即依托数字技术将品牌信息与人的需求进行精准匹配的创意传播与互动服务。在大数据、程序化、智能互联的未来市场，数字广告将在河南迎来更大的机遇。数字化的浪潮同样将席卷并改变了河南广告业态，网络视频广告、社交媒体广告、网络口碑营销、H5 互动广告、信息流广告、VR/AR 广告、网络原生广告、网络应用广告、移动场景广告、程序化广告、搜索引擎广告、UGA 广告、游戏互动广告、电子商务广告、OTT 广告、OTO 广告等新兴数字广告形式不断产生，广告数字化形式的发展和创新在带来广告业的新运作的模式的同时，也带来了广告市场的革命。目前河南网络媒体的发展，尚不能满足企业的需求和期待。随着数字广告的兴起，广告的互动性和精准性受到广告主的重视和青睐，河南广告媒体和广告公司也在积极探索和应用，"技术"和"创意"的有机融合将给河南广告带来更多的可能性。河南每年一度的黄帝祭拜大典、洛阳牡丹花会等，网络媒体往往采用硬广、软广、直播互动相结合的方式，为客户

---

① 参见《2017 河南省互联网发展报告》，http://www.sohu.com/a/240550101_ 100047354。

创造更大的广告价值。

2018 年黄帝拜祖大典，"轩辕黄帝有熊氏"表情包被当作一种新媒体广告传播形式，受到了河南人民的喜爱和追捧。

2018 年"六一"儿童节期间，好想你、三全、杜康、天伦医院等多个品牌运用自己的官方微信、微博等社交媒体发布了"六一"儿童节的借势广告，既烘托了节日的气氛，又增加了品牌的好感。

三 河南广告行业形态——全面发展与特色发展相结合

（一）商业广告

广告在促进河南企业培育商标品牌，树立河南企业形象，实现由产品大省向商标品牌大省转变中发挥了重要作用。"宇通""瑞贝卡""双汇""三全""思念""好想你""新飞""宛西制药"等一大批企业利用广告营销策略，取得了显著的经济效益和社会效益。全省食品、药品、酒类、房地产、服装服饰、旅游、教育、电子、机械等产业对广告的投放量持续增长。截至2015 年底，全省共培育驰名商标数量达 204 个，地理标志商标数量达 49个，著名商标数量达 3066 个。第一，这些商业广告的创意设计水平有了提高；第二，商业广告更加注重传统媒体与新媒体之间的互动传播；第三，商业广告更加注重话题性和用户的参与。例如，2017 年 7 月，河南保利文化广告地产项目的广告推广，首先投放了地铁平面车厢广告，选择国外的模特在地铁中读书，形成文化现象引发人们的关注和讨论，随后该广告又被微博大 V 高晓松和《人民日报》官微转载，在微博上形成了非常高的转载和点击量，从而登上微博热搜榜。

河南省广告公司的主要客户集中在食品饮料、医药医疗、房地产、汽车、家用电器、金融保险等几个方面。从河南省广告协会联合尼尔森网联推出的 2017 年河南电视媒体广告投放年度盘点中可探知一二。

河南本土广告公司的客户绝大部分为本省企业，省外客户数量较少，拥有全国知名品牌的客户较少。河南也有一些全国性的甚至是具有一定国际影响的企业，宇通、郑州日产、好想你、金星、白象、三全、羚锐、宋河、太龙、梦舒雅等都是河南品牌的代表，但是他们的广告制作、发布，更多的是倾向与全国性媒体、国际 4A 公司或我国著名的本土广告公司合作。

（二）公益广告

公益广告具有鲜明的导向性和社会性，对弘扬社会主义核心价值观、倡导良好道德风尚具有重要的推动作用。围绕公益广告，河南落实《广告法》《公益广告促进和管理暂行办法》等法律、法规、规章规定，制定出台促进河南公益广告发展的相关措施，将发布公益广告情况纳入河南文明城市、文明单位、文明网站创建测评体系，鼓励各方社会力量积极投入公益广告的策划、创意、制作和传播，支持公益广告基地的建设，举办公益广告比赛等等。

河南历史悠久，是中华民族和华夏文明的重要发祥地。千千万万的河南人，他们就像种子，把河南的厚重文化撒播到全国、全球的各个角落。无论是享誉中外的禅武文化、太极文化，还是古朴、淳厚、饱经历史的仰韶文化，抑或剪纸、泥咕咕等传统手工技艺，河南的文化传承与发展，需要更多人去守护。代表性的广告宣传片有将河南人引以为傲的荣光和不断发展的态势浓缩进有限的八分钟的《外交部河南全球推介宣传片》、登上纽约时代广告的《世界由此东望》等。围绕河南深厚的历史文化积淀，"讲文明树新风"、社会主义核心价值观、文明河南建设和、环境保护、打好脱贫攻坚战等主题，公益广告发挥着重要作用。例如，突出"老家河南"主题，打造根亲文化品牌，宣传"河南好人"形象，提升河南整体形象；加大对一批有代表性的河南文化的公益宣传，充分挖掘中原优秀传统文化的时代价值和思想内涵；大力弘扬焦裕禄精神、红旗渠精神和愚公移山精神，引导人们树立家国情怀，提高精神境界，增强道德自觉。

四　河南省广告业的监管与实施

总体来说，我国的广告监管体制是随着改革开放以后，广告行业的恢复和发展而逐步形成的。我国实行以行政监管为主、行业自律为辅的政府主导型监管体制，监管过程中以工商行政管理机关一家为主，涉及卫生、农业、城建、交通等相关部门则采取齐抓共管的方式。

（一）河南广告业的主要监管方式

河南地区遵循中国广告业的监管体制与规定，广告监管方式主要涉及行政管理、行业自律、社会监督以及必要的司法制裁。

1. 行政监管

广告行业的法制建设和政策完善为建立广告市场竞争秩序、促进广告业健康发展提供了重要保障。新修订《广告法》及配套法规、规章的顺利施行，为建立河南良好的广告市场竞争秩序提供了有力保障。《互联网广告管理暂行办法》为河南网络广告提供了监管依据。《关于加快广告业发展的规划纲要》（1993）、《关于促进广告业发展的指导意见》（2008）等为河南广告业的广告业健康发展提供了政策支持。

除了遵循我国广告业相关法规，河南省政府和工商管理部门也根据广告业发展现状制定自己的广告规定，如《河南省户外广告管理办法》《河南省广告产业园区认定和管理暂行办法》《关于推进河南广告业发展的战略合作协议》《关于促进全省广告产业发展的意见》等政策文件。

2. 广告行业协会——河南省广告协会

中国广告行业的自律组织是各级广告协会。全国性的广告协会是中国广告协会，成立于1983年，颁布有相应的《中国广告行业自律规则》。河南省广告协会是中广协在河南省的常设工作机构，由在河南省内从事广告产业发展、广告产业管理、广告产业研究、广告教育工作的机构、广告经营者、广告发布者、广告主及其他相关经营单位、组织自愿组成的、专业性的、非营利性社会团体。在中国广告协会的领导下，根据河南广告实际情况，河南各级广告协会推进广告行业自我管理、自我规范、自我净化、自我发展，充分发挥协会职能，积极开展广告企业资质认证申报、广告从业人员培训、广告作品展示交流、广告市场预测分析、行业标准和行业规范制定、广告市场秩序维护等各项活动，加快建立和完善"主体自治、行业自律、社会监督、政府监管"的社会共治的行业发展体系。

3. 社会监督

除了借助强制性的法律法规和自律性的行业约束，广告业的监管还需要借助公众的力量进行社会监督。社会监督是指消费者和社会各界在发现不良虚假广告后，都可以像广告管理机关进行举报或向政府立法机关提出立法建议。社会监督是具有全民随时随地参与的广泛性，在遏制不良广告方面发挥着重要的作用。

广告的社会监督主要包括：第一，消费者对虚假违法广告向广告监管机关或消费者保护组织进行投诉举报；第二，新闻媒体对虚假违法广告的舆论监督；第三，社会公众监督或同行竞争对手之间的相互监督。如2017年1月6日，新蔡县工商行政管理局根据消费者投诉举报，调查发现新蔡县某环保设备能源有限公司在其官方网站上标注有"环保设备能源行业领导品牌"字样，印证内容没有标明出处，其行为违反了《中华人民共和国广告法》第11条第2款的规定。新蔡县工商行政管理局做出责令当事人立即停止发布广告，消除影响，并处罚金6000元的行政处罚。

（二）河南广告监管的实施情况

改革开放以来，河南省各级工商部门依法履行职责，持续加强广告市场监管，认真落实《广告法》《互联网广告管理暂行办法》等相关法律法规，积极研究和落实促进广告业发展的方法和措施，不断加大对虚假违法广告的整治力度。河南广告业保持较快的发展速度，广告市场秩序进一步规范。

1. 严格监管，各项工作扎实推进

全省工商系统稳步推进省、市、县三级广告监测体系建设，实时对全省150余家媒体进行全天候、全覆盖监测，对虚假违法广告始终保持高压态势。进一步建立健全虚假违法广告长效监管机制，落实整治虚假违法广告联席会议制度、监测制度、通报制度、典型违法广告公告制度、信用监管制度等，形成权责明确、分工合理、监管有力的广告监管制度体系，不断提高广告监管的效能。加快推进广告监管工作信息化建设，充分发挥省、市广告监测中心作用，运用大数据先进理念、技术和资源，提高广告监测的准确性与及时性。完善属地管理责任制，建立虚假违法广告应急处理机制，提高预防及处置虚假违法广告的能力。根据广告监管情况和社会热点开展虚假违法广告专项整治，加大执法力度，严厉打击虚假违法广告，净化广告市场环境。

2015年全省立案查处广告案件2152起，罚没金额1241.64万元。国家工商总局对市级以上媒体广告监测数据显示，2015年12月全省广告条次违法率大幅下降到0.07%，广告发布秩序明显好转。2016年广告违法量、违法条次、违法广告时长同比均下降90%以上。据国家工商总局监测，2017年第一季度，河南省广告发布秩序综合排名全国第四位，同比上升16个位次。

2. 加强广告导向监管

健全广告导向监管的领导协调和应急处置机制。对涉及导向问题、政治敏感性问题或社会影响大的广告内容加强定向监测，发现线索，及时报告，快速处置。突出查办重点案件，严厉查处使用或变相使用国家机关、国家机关工作人员的名义或形象等具有不良影响的广告，严肃查处妨碍社会公共秩序和公序良俗的广告。

3. 扎实开展广告监测工作

第一，认真开展广告日常监测。广告监测是做好广告监管工作的基础，自2014年全省广告监测平台运行以来，广告处统一监测标准、规范监测程序，共监测河南电视台、河南人民广播电台、《河南日报》、《大河报》等26个省属媒体各类广告1482921条次，发现违法广告42872条次。第二，积极配合国家工商总局做好国家广告数据中心的测试工作。第三，对河南比较突出的非法广播频率的违法广告进行监测。第四，开展网络市场定向监测，印发《2017网络市场定向监测方案》，在"双11"、"双12"、圣诞、元旦等重要时间节点部署开展网络市场监测监管工作，具体突出四个方面：一是食品药品、化妆品、医疗器械、服装鞋帽、儿童老年用品、家用电器、消费类电子产品、汽车配件、装饰装修材料、农资等网络交易重点消费品和生产资料；二是网络商品交易和以网络服务交易平台、在线旅游市场为重点的网络服务交易；三是农村电商、跨境电商等；四是网络交易平台、非平台网站和网店。

4. 加大整治虚假违法广告

河南工商部门持续开展虚假违法广告专项整治。河南省工商局召开全省严肃查处虚假违法广告、维护良好广告市场秩序电视电话会议，推行《河南省严肃查处虚假违法广告维护良好广告市场秩序实施方案》，加大对重点媒体、重点领域、重点内容广告的管理力度，严肃查处虚假违法广告，防止破窗效应，遏制虚假违法广告的反弹，突出涉农、医疗、药品、食品、保健食品、招商、金融投资、收藏品类、非法集资、互联网广告等重点领域和重点地区，重点查处事关人民群众身体健康、生命财产安全的虚假违法广告，严厉查处传销类广告。

5. 开展互联网广告专项治理

全省工商机关在2017年开展了互联网虚假违法广告专项整治活动，集中查办了一批网络广告典型案件。2018年河南将重点整治五类虚假违法互联网广告，以社会影响大、覆盖面广的门户网站、搜索引擎、电子商务平台、移动客户端和新媒体账户等互联网媒介为重点，集中整治社会影响恶劣、公众反映强烈、危害人民群众人身财产安全的虚假违法互联网广告。充分发挥国家（郑州）中部五省电子商务诚信交易监管服务平台作用，严厉查办互联网虚假违法广告案件，公布互联网广告典型案例，加大宣传力度，形成有力震慑。针对互联网广告的特点，河南省工商局将会继续提升互联网广告监管的信息化技术水平，加强网络广告执法办案指导，统一网络广告案件执法办案标准。

6. 加大媒体监管力度，号召广告市场主体依法自律

继续加强对电视、广播、报纸等媒体的广告监测监管，督促指导媒体单位履行广告发布审查职责，建立健全广告业务的承接登记、审核、档案管理等制度，严格规范广告发布行为。强化互联网平台责任，督促互联网平台切实履行法定义务和责任，提高抵制虚假违法广告的自律意识。另外，媒体平台守土有责，自身应擦亮"双眼"，健全管理制度，严格履行广告发布前的审查义务和审查责任，强调广告宣传的政治意识、大局意识和责任担当，坚持正确的广告宣传导向。河南省广告协会号召省内各大媒体、广告公司、广告主严于律己，树立广告经营单位的良好社会形象，规范广告经营行为，坚决抵制虚假违法广告，牢固树立诚信守法经营的责任意识，依法经营，提升广告媒介的公信度，做发布广告的守信者。

7. 不断完善广告监管长效机制

广告处对全省 18 个省辖市新闻综合频道、日报、晚报的广告发布情况进行定期抽查检测，对检测结果进行通报，严厉查处发现的违法广告。坚持落实违法广告公示制度，每个季度在《大河报》、《东方今报》、《河南商报》、河南省工商局网站、河南省广协网站曝光虚假违法广告。积极履行联席会议制度牵头职责，定期召集卫生、药监、广电、公安、网信办等部门召开联席会议，对违法广告治理方面加强沟通与协作。做好广告监管执法培训工作，督促广告管理人员理解掌握新《广告法》条款，提升执法水平。

8. 全力促进河南省广告业健康发展

指导河南广告业健康发展也是广告监管的一项重要工作。第一，利用企业年检、调研、与统计部门合作等方式开展广告业调查和统计工作，为全省广告业发展提供依据。第二，大力促进中原广告产业园建设，目前园区经营发展态势良好，签约入驻广告企业 135 家。第三，积极参加国内外各类广告会议，组织参加广告竞赛，如组织成员参加中国广告长城奖、黄河奖等国内外广告比赛，在省内多次组织公益广告评比活动，2018 年计划筹办第一届

中原广告创意大赛等。第四，推进各地市广告业发展工作。

总体来说，河南广告业的监管还有待继续改善，国家和地方法规政策还没有完全落实到位，行业组织作用需要进一步发挥，广告市场秩序需要进一步规范，要创新整治虚假违法广告工作机制，不断提升广告监管整治工作效能。

电视事业篇

探索与转型：快速发展时期
（1978～1996年）

相比国际电视事业，中国电视事业的起步较晚，20世纪50年代末才开始发展。1958年5月1日，中国第一座电视台——北京电视台宣告成立。之后经历"文革"动荡，我国电视事业发展迟滞。1978年改革开放为中国电视事业带来了新契机和新活力，中国电视事业开始进入快速发展期。1983年3月，广播电视部提出"四级办电视"方针，除中央和省级电视台外，允许省辖市、县两级办电视，一时间全国各地大大小小的电视台如雨后春笋不断涌现，到1993年的时候，全国电视覆盖率已经飙升到81.2%。

改革开放的春风也为河南电视事业带来了春天。新的社会环境与形势对河南电视事业发展提出了新的要求与目标，电视宣传更加注重社会效果，满足人们信息、求知、娱乐等多种需求，为建设社会主义物质文明和精神文明"两手抓"而服务。这个时期河南电视事业发展受到思想、技术、资金等多种因素制约，正是这些因素为河南电视业迅速发展奠定了坚实基础。

一　改革开放初期的起步发展

（一）社会环境的逐步解放

粉碎"四人帮"以后，我国电视宣传开始拨乱反正。1978年12月，党的十一届三中全会召开，我国电视开始迈出了改革步伐，提出了"汇天下之精华，扬独家之优势"的口号。"正确认识电视的性质、任务，并充分发挥电视的优势和潜能，坚定不移地贯彻执行党的基本路线，坚持四项基本原则和实事求是的科学态度"[①]，"在思想上、政治上和党中央保持一致，坚持电视宣传要教育人民，鼓舞人民，为经济建设和四个现代化服务"。[②] 社会主义现代化建设新时期的到来，鼓舞着电视工作者进一步解放思想、开拓进取。随着改革开放的深入，河南人民群众的物质文化生活也不断得到改善，思想不断解放，对文化生活也显现出更加多元化的需求。面对这样的崭新时代，河南电视业适应新的形势、新的变化，积极引进先进电视技术、资金，不断解放思想，为河南的政治、经济、文化等建设服务。

（二）电视技术的进步发展

改革开放以后，为更好地适应四个现代化建设需要，满足广大河南观众的观赏要求，河南电视台提出了"一套变两套，黑白变彩色"的目标。1994年，河南争取到第一批省台上星的大好时机，电视播出信号覆盖全国各地。河南电视台在技术方面逐步走出"小台"队伍，开始变强变大，主要表现在以下三个方面。

一是从黑白到彩色的变身。1979年之前，河南电视台的自办节目是黑

[①] 周绍成：《跨越之路：河南电视台发展史（1969～2009）》，河南人民出版社，2009，第2页。

[②] 周绍成：《跨越之路：河南电视台发展史（1969～2009）》，河南人民出版社，2009，第47页。

白的，且设备稳定性差，保证不了节目质量。1979～1996年，是河南电视台技术设备由简单的黑白电视时代过渡到完善的彩色电视系统的大发展时期。1979年4月3日，河南电视台在上海广播器材厂购置了一辆三讯道彩色转播车，由此开始了河南电视设备彩色化进程。这是河南电视台第一辆彩色转播车，在郑州市内各剧场转播和录制了许多舞台戏曲，利用率很高。当年9月，还在开封相国寺等地实地录制了河南电视台第一部戏曲电视剧《李师师》，开创了河南电视台拍摄彩色戏曲电视剧的先河。1984年初，河南电视台进口日本原装彩色转播车，完成1985年全国青少年运动会的转播和录制。同时，为推进河南电视台播出节目彩色化，也加强了电视电影设备彩色化这一关键环节。河南电视台洗印机房彩色翻转片的试洗成功，结束了河南新闻和电影播出黑白信号的历史，之后自办的戏曲、电视剧和大型活动的转播和录制节目逐步实现彩色化。

二是从直播到录播的演进。录像机的出现，是电视节目制作方法上的突破性变化，使电视素材的采集变得简单、灵活、丰富。1983年，河南电视台购置了几台日本录像机，开始向录播时代逐步过渡，河南电视台节目制作水平有了一个质的提升，由落后的小台快速跨进全国各省台的先进行列。十几台便携式摄像机使记者如鱼得水，演播室录制系统在全国也是较高档次，录制节目在全国技术质量评比中经常获一、二等奖。成套的播出系统使播出质量明显提高，故障率减至最低。录播技术为河南电视台飞跃发展插上了翅膀。

三是从地面进入卫星时代。20世纪80年代后半期和90年代是高科技占领传播领域的关键时期，自中国采用卫星传播以来，全国各地纷纷建立卫星地面站，把中国电视信号及电视节目逐步推向世界。1985年，我国卫星电视正式起步，经过十多年的发展，电视技术手段日益成熟。1993年，中央电视台已经可以利用卫星向新疆、西藏、云南、贵州、四川等地区传送电视节目，这些边远地区也通过通信卫星传送自己的电视节目。1996年，我国亚洲2号通信卫星发射升空，可提供十几个省台上星转发节目，河南争取到了这次机会，为保证河南电视台的信号尽快落地，一是在省内外办了多次训练班，讲解接收河南电视信号的调机方法；二是赠送地面接收机。1996年6月，河南电视台第一套节目上星，标志着河南电视台卫星频道的开始。随后，都市频道、经济生活频道成功创办，借助有线无线合并的大趋势，又整合成立了法制频道、影视文体频道、科教频道和商务信息频道，接管了公共频道，从此河南电视台形成以卫星频道为主体，以各专业化频道为依托的多频道繁荣发展、共同促进的格局。

河南电视台的摄录编播设备逐渐升级及上星播出，为河南电视台下一步的数字化、网络化打下了坚实基础。

（三）政府资金的投入支持

改革开放初期，河南电视台的规模很小，整个建筑面积仅有2500平方米，演播室也仅有400平方米。资金的缺乏、环境的限制，阻碍了河南电视发展，使筹建新的电视中心成为重要事项。1986年，广播电视中心大厦项目获河南省政府批准立项，选址北郊七公里处，投资9000多万元，建筑面积3.7万平方米，占地8公顷。1994年6月广播电视中心大厦建成并投入使用，配备现代化录播设备，使河南电视台的办公、设备及机房大为改观。此外，其他地市级电视台的发展也在不断加大资金投入与支持，如郑州电视台，演播厅工程项目投资500多万元，面积达1000多平方米的嵩山演艺中心也在1995年7月投入使用。

二　机构改革势在必行

（一）机构设置逐步完善

随着改革开放以后全国机构改革，河南电视台的机构设置与职能划分也根据现实需要不断调整优化。1983年，河南电视台由处级升为副厅级单位。机构设置逐渐从三部一室发展到五部一室，分别为新闻部、专题节目部、文艺部、编播部、技术部和办公室，管理职能得到进一步完善。为适应电视发展需要，河南电视台机构从部门更名为处室，新增电视剧处，电视新闻处划归河南广播电视新闻中心。1986 年 11 月，调整处级机构，新成立制作处、播出处。节目组、译制组和广告科划归办公室。1994 年成立经济处。同年，河南广播电视新闻中心原电视新闻处整建制划归电视台，同时划归电视台的还有原新闻中心的评论处、节目制作处和采通处的部分人员。河南电视台里重新成立新闻部，河南广播电视新闻中心撤销。同年 10 月，河南电视台设立新闻中心，下设新闻采访、新闻编辑、新闻制作和新闻评论等四个部门。1996 年 8 月，河南电视台成立了新的编辑委员会，并根据全台宣传工作需要，把宣传管理工作进行了细化，机构设置更加健全，分工更加科学。

其他地级市电视台的机构改革也在如火如荼地进行。郑州电视台于1985 年 9 月 10 日正式开播，1989 年 6 月郑州广播电视报社成立，1993 年 8月 6 日，郑州有线电视台正式开播。南阳广播电视中心在 1987 年把内设机构逐步细分为办公室、总编室、电视新闻科、广播新闻科、文艺科、技术科、广告信息科、电视发射台、中波发射台等九个科、室、台，机构设置逐步完善。

（二）机构职能划分合理

电视台机构设置的不断完善及机构职能的合理划分，对增强河南电视业的生产能力和价值链管理、优化组织结构和业务流程、降低组织和经营成本、提高竞争力具有重要作用。以河南电视台广播电视新闻中心为例，为实现广播电视新闻"五统一"，也就是"统一指导思想，统一研究信息，统报道计划，统一组织力量，统一安排播出"，1983 年 11 月，经河南省委批准，将河南电视台新闻部和河南电台的部分采编人员合并，成立了"河南广播电视新闻中心"，中心下设五个部门——广播新闻处、电视新闻处、采通处、评论处和秘书科。原电视台新闻部含口播组、新闻组和洗印组，编辑、记者、洗印人员共 26 人，划归河南广播电视新闻中心。后来河南电视台新闻部整建制移交河南广播电视新闻中心，制作好的新闻仍由电视台播出。

河南广播电视新闻中心的管理体制，是一种大胆尝试，在整合新闻资源、加强新闻管理等方面起到了积极作用，较好地发挥了电视这个最强大的现代化宣传工具的力量。河南广播电视新闻中心推动了河南电视新闻的改革和发展。新闻中心在1985年提出建立一支强大的广播电视新闻队伍，1986年提出"创名牌，出精品，提高质量"的要求，1987年提出"深化新闻改革，开放报道领域，吸引群众参与，活跃节目内容"的要求，这一时期，新闻队伍有较大改善，新闻报道形式呈现多样化，向中央电视台提供的新闻大幅度增加，在全国全省好新闻评奖中，获奖数量和质量不断提高。在重大典型和重要节目方面，由河南省广电厅编委会统一计划、统一安排，做到了新闻、评论、专题，甚至各类文艺节目的有机配合，形成统一作战的优势，提高了新闻宣传的整体效应。

三　播出机制适时调整

（一）播出次数显著增加

随着群众观看电视节目的需要不断加强，河南电视节目在播出次数上显著增加。1980年10月1日，河南电视台开办第二套节目，专门向郑州地区转播北京电视台（中央电视台前身）的电视节目，第一套节目完全自办。从此，省会观众可收看到完整的两套节目。1983年9月河南电视台自办节目全部实现了彩色播出。自办节目也由每周两次逐年增加，1988年7月达到了每周8次。早期《河南新闻》播出时间不稳定、时效性也比较差，1986年《河南新闻》播出时间为每周3次，每次10分钟。10月1日后，改为每周7次，每次10分钟，并固定栏目时间。1994年11月，《河南新闻》改为《河南新闻联播》，每日播出，时长20分钟，固定每晚19：35播出。连同《晚间新闻》（《今晚十分钟》改版而来）和新增加的《午间新闻》、《早间新闻》一起，形成全天有4档新闻节目的省级电视台，成为宣传贯穿中央路线、方针、政策，配合河南省委、省政府中心工作，反映河南经济建设成就，展现新人、新事、新风貌，为群众提供政治、经济、文化和社会生活信息的主阵地、主渠道，在全省形成比较稳定的收视群体。

（二）栏目播出趋于常态

随着电视节目播出次数增加，电视栏目播出也逐渐呈现常态化趋势。1986年10月，河南电视栏目实行固定化播出。1986～1995年，全台有新闻栏目2个，专题栏目10个，对外宣传栏目2个，文艺栏目4个，新闻评论栏目1个，服务类栏目3个。河南电视台栏目化进入大发展阶段，新闻评论、专题节目、综艺节目、电视剧、广告等节目形态纷纷出现，许多栏目实现常态化播出。

首先是新闻栏目的固定化。1979～1983年，河南电视新闻开始了大胆改革和尝试，新闻栏目逐步正规化播出：固定播出时间、播出规模、新闻样态。同时，新闻采编机构逐步建立，电视新闻生产流程确立下来，栏目播出趋于常态，并开始向中央电视台回传新闻。"1983～1994年，河南成立广播电视新闻中心，电视新闻作为新闻中心的一部分，被接受统一管理，统一发布，新闻采编统一，播出统一。"[①] 1994年以后，电视新闻划归河南电视台管理，河南电视台成立功能完备的新闻采编播管理体系。新闻栏目也由单一的《河南新闻》发展成为早、中、晚兼有，时事报道、新闻评论兼有，国内、国际兼有的新闻栏目框架体系。

其次是专题栏目的固定化。1984年9月起，专题栏目开始实现固定化播出。在此之前河南电视台有数次大的专题宣传活动。第一部大型专题系列片《飞腾吧，河南》为庆祝建国35周年摄制，全面系统地宣传了河南省农业、工业、科技、财贸、教育、文化、体育、卫生、外事、旅游等各条战线十一届三中全会以来的巨大变化与成就。该片的第二集《广阔的致富之路》，在中央电视台播出，并获国庆展播节目二等奖和1984年度河南省电视好新闻奖一等奖。从1985年开始，河南电视台有4个专题栏目固定播出。1986年10月1日，全部专题节目实现了栏目化固定播出，主要有《专题报道》《中州风貌》《服务窗口》《体育博览》《金色少年》《幼儿天地》《军

---

① 周绍成：《跨越之路：河南电视台发展史（1969～2009）》，河南人民出版社，2009，第50页。

营内外》《钟与鼓》《看世界》《人口·家庭·社会》十个栏目。在河南电视荧屏，每天都有专栏节目播出，弘扬主旋律、紧扣时代脉搏、反映人们真实生活，专题栏目播出固定化和大批优秀专题节目的出现，使河南电视专题节目逐渐走向成熟。

四　节目生产体系完备

20 世纪 80 年代，中国电视在节目生产方面，一方面努力摆脱上一阶段的模仿、借鉴状态，一方面又在此基础上努力探索具有中国电视特色、艺术特征的新理念和新观念的内容生产之路。这一阶段电视从业者逐渐职业化、专业化，逐步自觉树立以"内容"生产为主导的电视生产理念，节目生产体系渐趋完备。在新的时代，河南电视台根据新形势、新变化积极调整发展战略。在节目质量管理、荧屏形象管理、品牌节目创建等方面有了新的突破，新闻力量增强，文艺节目呈现综艺化、晚会化特征，电视剧创作迎来春天，专题创作精品迭出。其中表现较为突出的是河南卫视。河南卫视以新闻为主干，以多姿多彩的综合娱乐节目为龙头，荟萃综合影视剧等精品节目，成为立足中原、面向全国的电视频道。与此同时，其他地面频道也按照各自定位进行了有效编排。

（一）新闻力量明显加强

新闻报道与宣传是电视节目生产的重中之重，是党和政府的喉舌。1978 年改革开放为电视新闻的改革发展提供了宽松环境，为适应新形势要求，电视新闻开始逐步摆脱政治宣传性质的报道模式，新闻的服务性和舆论引导力逐步得到体现，新闻的时效性和新闻报道面也同时得到加强，"尤其是第十一次全国广播电视工作会议提出以新闻改革为突破口，推动整个广播电视宣传的改革。新闻节目的主体地位骨干地位得到进一步强化，新闻权威力得到强化"。[1] 在此领

---

[1]　周绍成：《跨越之路：河南电视台发展史（1969~2009）》，河南人民出版社，2009，第 49 页。

域发改革先声的是中央电视台。央视《新闻联播》于 1978 年 1 月 1 日，以正式新闻栏目的方式出现，使央视成为全国性的新闻舆论主阵地。

在央视带动下，各省级电视台也自然成为本地区的新闻舆论主阵地。河南电视台的新闻节目始终保持在各节目类型中的主体地位，奠定了"新闻立台"思想，确立了河南电视新闻在全省新闻媒体的重要地位。在建台之初，河南电视台就已经专门设立新闻组，并开办《河南新闻》栏目，该栏目成为宣传贯彻中央路线、方针、政策，配合河南省委、省政府中心工作，反映河南经济建设成就，展现新人、新事、新风貌，为群众提供政治、经济、文化和社会生活信息的主阵地、主渠道，在全省形成了比较稳定的收视群体。从 1992 年 6 月 20 日开始，在晚间加播了《今晚十分钟》栏目，集当天重要新闻摘要、文体新闻、社会趣闻和信息于一体，深受观众喜爱。1994 年 11 月，河南电视台对新闻节目进行扩容改版，把《河南新闻》改为《河南新闻联播》，栏目更换了片头和片头音乐，采用三维设计，美化装饰背景，突出台标，改善灯光，并增加了口播提示器，从而使河南电视新闻面目一新。连同《晚间新闻》（由《今晚十分钟》改版而来）和新增加的《午间新闻》《早间新闻》一起，形成全天有四档新闻节目的省级电视台，全年播出新闻 4000 多条，其中当日新闻约占 150 余条。这一改变，增强了河南电视新闻的权威性，使其成为全省人民获取信息、了解党的方针政策和河南省委、省政府中心工作的重要渠道。经过连续数年的改革与发展，河南电视新闻节目从内容到形式、从编排到时效都有了显著改进和提高，先时政，后经济社会、科教文化动态，最后是天气预报，这种节目播出模式一直延续下来，有效地发挥了电视新闻的功能，在全国影响力也日益扩大，并逐步走向世界。如孙景国拍摄的《灵宝县农民举办摩托车赛》《郑州北站成为亚洲最大的货物列车编组站》两条新闻均在全国电视新闻评奖中荣获二等奖。

此外，口播新闻、电视漫画新闻也丰富了电视新闻的展示形式。1981 年 1 月 26 日，《河南新闻》栏目中增加了一档口播新闻，吸收报纸、广播媒体的优势，丰富了电视新闻节目来源，增加了新闻节目信息量；1986 年 6

月 22 日，《河南新闻》推出《电视新闻漫画》，由著名漫画家华君武先生题写栏目名，融漫画与新闻于一体，让观众在获取新闻信息的同时，又得到了艺术享受和情操陶冶。

河南地方电视台的新闻力量也在蓬勃发展。1985 年郑州电视台的《郑州新闻》开播，栏目以服务郑州市委、市政府的中心工作和广大市民群众为出发点与立足点，突出时效性、真实性、服务性和贴近性，是郑州电视台开办时间最长、在省会郑州具有重要影响的一档时政新闻栏目。1988 年 1 月，南阳电视台采摄的 1987 年度的新闻中，被河南省新闻中心采用的有 229 条，其中《南召设立政务公开一条街》获全国电视奖三等奖、河南省一等奖。

（二）文艺节目呈现综艺化特征

"文革"期间，"八亿人民八个戏，三个电影伴朝夕"，我国早期电视文艺节目生产基本上停滞不前。新时期电视文艺工作逐渐开始了由"文艺必须为政治服务"转向以满足人民群众不断增长的文化生活需要的征程，中央电视台的《综艺大观》、广东电视台的《万紫千红》等节目兼具文艺性和知识性、趣味性、现场观众参与的积极性和各门类的综合性，赢得了广大电视观众喜爱，点燃了电视综艺节目的燎原之火。

此时，河南电视台文艺处也毅然将《七彩虹》改为综艺晚会形式的现场直播。至此，河南电视台自行策划播出综艺晚会式的综艺节目实现了零突破。1981 年，河南电视台第一次自行策划，筹备录制了春节文艺晚会；1990 年后，河南电视台开始各种大型专题文艺晚会的策划与录制，从此，一年一度的"春晚"与不定期制作的大型专题文艺晚会交相辉映，成为电视文艺节目中一道五彩缤纷的风景线，它不仅使电视综艺节目更具时代色彩和艺术魅力，也彰显制作大型综艺节目的雄厚实力。同时，河南戏曲界恢复上演传统剧和新编现代戏，成为河南文艺界的主流景观，也直接导致了河南电视台文艺节目录制和播出戏曲演出以实况为主的独特现象。"据不完全统计：从 1979～1985 年，河南电视台就录制了各类舞台戏 200 多台，截止到

1989年9月，已经录制播出315台各类舞台戏（含话剧）。"① 这些舞台戏的录播丰富了河南电视台文艺节目内容，促进了新剧创作，也一定程度上缓解了电视观众压抑十年之久的文化生活需求。1994年10月8日，《梨园春》第一期正式登场亮相，开创了全国电视界开办晚会性戏曲栏目的先河；《观戏潮》荣获"星光奖"优秀栏目奖；《欢乐今宵》顺利开播并初具影响力，这些都标志着河南电视台电视文艺节目建设初见成效，开始由幼稚期走向成熟期的历史新阶段。

此外其他地级市电视台如南阳电视台，在1989年8月第一次举办南阳"青少年电视歌手大奖赛"；1995年，郑州电视台录制第一届中国国际少林武术节等相关的文艺节目。这些也都在不断推动河南电视文艺节目发展。

（三）电视剧创作迎来春天

中国电视剧始于1958年中央电视台以直播形式摄制的《一口菜饼子》，时长80分钟。改革开放以后，中国电视剧生产开始由计划经济向市场经济转变，河南的电视剧创作，顺应这种变化，一方面按计划生产，确保播出，另一方面进入市场化商业运作。这一时期河南台生产的《难忘岁月——红旗渠的故事》《人往高处走》《祥符春秋》《永远的非洲》等电视系列剧，既有艺术品格，又有市场卖点，题材涉及农村、城市、古代、现当代的各个领域和各个时期。

河南电视剧创作以1979年河南电视台摄制的单集黑白电视剧《约会》为开始标志，通过几个年轻人的恋爱故事，表现了拨乱反正以后，人们开始尊重知识、尊重人才的现实主题。《约会》之后，河南电视台一发而不可收，至2009年建台40周年时，共生产208部1473集电视剧，其中有74部电视剧分别获全国"飞天奖"、"金鹰奖"、"五个一工程奖"、中南六省"金帆奖"、河南省"大河奖"、"文学艺术成果奖"及其他行业和学会奖

---

① 周绍成：《跨越之路：河南电视台发展史（1969~2009）》，河南人民出版社，2009，第91页。

等。尤其是20世纪八九年代中期河南电视台创作的《黄河东流去》《包公》系列，以起步早、起点高而蜚声全国。《包公》作为具有代表性的历史题材电视连续剧播出后，上至专家，下至百姓，争相观看，好评如潮，为20世纪80年代中期的电视屏幕增添了一道绚丽的光彩，曾多次获奖。《包公》系列的成功，使河南电视台成为80年代初能够拍摄历史题材电视连续剧的少有的全国省台之一。1982年创作的现实题材电视剧《周总理的一天》，选取了"关心人民大会堂服务员的家庭生活""参加工人小魏的婚礼""询问职工福利""给理发员牛师傅送药""深夜批阅文件"等周总理一天中十几个生活小事和片断，以小见大，以少胜多，从侧面展示了周总理鞠躬尽瘁为人民服务的崇高品德和伟人风采。此剧荣获第三届全国电视剧"飞天奖"单本剧一等奖和第一届"金鹰奖"优秀电视剧奖，这是河南电视台第一次获得全国电视剧最高奖项。1990年，河南电视台将焦裕禄形象搬上了荧屏，录制了六集电视连续剧《焦裕禄》。这部电视剧以焦裕禄为主体，塑造了一批60年代中原干部和农民形象——生产队长水旺、王二孩，老饲养员冯西川，困难户刘得，队长叶兰英，女青年桐花等。这一群农民在党的好干部、农民的贴心人焦裕禄的带领下，激发出巨大的创造力和革命热情，向盐碱沙荒开战，努力改变艰难的生存环境和命运。电视剧《焦裕禄》以它完美的精神和丰满的形象，获得第十一届"飞天奖"中篇一等奖，全国"五个一工程入选作品奖"、"金帆奖"一等奖等。

此外，其他地级市电视台如郑州电视台，1986年拍摄了第一部电视剧《路障》、1987年拍摄第一部戏曲电视剧《山情》。1990年3月，南阳电视台独立拍摄出首部电视剧《旧道》。以上均取得较好的社会反响。

（四）专题创作精品迭出

改革开放以后，河南电视不断提高专题创作的内容质量，制作精品，积极开办电视专题栏目。河南电视台1979年成立专题部，1983年11月升级为专题处，专题创作迅速发展，节目内容涉及时政、经济、文化、法制、医疗、少儿、教育等领域。1977年9月，河南电视台推出第一个专题栏目《卫生知识》，当年又成立了《专题报道》《科学知识》等。1979 年采购彩色转播车后又开办了《文化生活》专栏。1979 年 1 月 6 日，河南电视台《中州风貌》开播，介绍河南名胜古迹、风土人情、灿烂文化，展示河南改革开放中的经济建设成就与中原儿女在新时代的风采。栏目一直到 1989 年改版，共开办十年，先后拍摄了 200 多部电视专题片，其中《农家乐》《古今唐三彩》《灵宝县举办农民摩托车赛》《魔术之乡》《千年古刹少林寺》《飞腾吧，河南》等 20 多部专题作品在全国获奖。1988 年 8 月 31 日，河南电视台与河南省公、检、法、司等部门联合开办法制专题栏目《钟与鼓》，以宣传社会主义法制、普及法律知识为宗旨，在正面展现无私奉献模范人物的同时，充分发挥法制舆论宣传职能，倡廉肃贪、主持正义、弘扬正气，为社会主义民主法制建设和净化社会治安环境做出了重要贡献。该栏目中还开辟了《法律咨询》《观众信箱》等小栏目，专门解答人们普遍关心的法律问题，当时平均每月收到观众来信近百封，其中专题片《一桩奇特的诈骗案》《刘佳和她的特殊儿子》《梦断天使路》获全国法制节目二、三等奖。《钟与鼓》栏目在 1993 年 1 月全国首届电视法制栏目评比中获得一等奖。这个时期专题节目的创作质量有了很大提高。1982 年 4 月，在《专题报道》栏目中播出了第一个反映农村经济体制改革的专题节目《春回杨山寨》，接着又连续播出了《小河有水大河满》《白庄秋色胜春潮》《兰考车站话沧桑》等几部农村改革节目，有两部在中央电视台播出，对促进农村经济体制改革起了积极宣传作用。

此外，地级市电视台如南阳电视台，在 1987 年 11 月拍摄了十部反映乡镇企业的电视专题片，也是第一次拍摄大型系列专题片，为今后制作出更多的精品专题片奠定了基础。

五　市场机制稳步建立

（一）广告经营理念初入人心

1978 年党的十一届三中全会确定了以经济建设为中心，"为我国电视广告的起步创立了政策环境，我国的电视广告在计划经济条件下迈开了蹒跚的步履"。① 河南电视广告的运营机制也适应形势变化不断调整，成为河南电视发展的重要经济支撑，为河南电视创新经营、开创市场经济新局面提供了有效保障。

1979 年 7 月 26 日，在河南电视台最初出现的电视广告当时不叫"广告"，只称"商品信息"。广告形式主要有两种，一是介绍商品，二是介绍厂商，每周播一次，每次三分钟，制作费与播出费都比较低。从 1985 年开始，河南电视台的广告业务步入迅速发展时期，电视广告专业人员和设备得到了充实和增加，广告制作质量不断提高。当时，广告内容涉及方方面面，有介绍生产资料为生产服务的，有介绍生活产品为百姓服务的，有提供信息为经济市场服务的，有打击假冒指导消费的，等等。这些广告信息极大促进了社会经济发展，广告经营的影响力也不断提升，广告经营的责任观、尊重消费者的消费需求等，也在一定程度上迎合了大众的消费心理和审美态度，如河南电视台的《新乡县五金工具厂》广告，使产品从滞销到畅销全国；《远红外烤箱》广告，使新乡地区家用电器厂死而复生，扩大了再生产。

随着河南电视广告行业的迅速发展和经营理念的深入人心，河南电视广告的制作质量也获得了业界认可。1985 年 3 月 5～12 日，全国第一届优秀电视广告评奖会在成都举行，《河南民权葡萄酒》获二等奖，《小咪咪香皂》获三等奖。1986 年 11 月 1～7 日，全国第二届优秀电视广告评奖会在杭州举行，河南电视台拍摄的《巩县带锯机》获二等奖。1988 年 6 月 20～22 日，全国第三届优秀电视广告"海燕杯"评奖大会在西安举行，河南电视台拍摄的《仲景补酒》《玻璃茶几》获二等奖。

（二）广告部门人才竞聘上岗

河南电视业较早推动和实现了广告经营的市场化运作。河南电视台于

---

① 周绍成：《跨越之路：河南电视台发展史（1969～2009）》，河南人民出版社，2009，第 121 页。

1979 年 7 月成立广告组，大刀阔斧地开启河南电视广告经营时代。1994 年 4 月 13 日，河南电视台广告部实行聘任制，聘任期为三年，建立"公开选拔、竞争上岗"的公开竞聘选拔机制，实现电视事业内部人才的高效聚集、动态平衡和良性循环。人才竞聘上岗制度增强了电视事业的竞争力和活力，通过竞争择优的方式，实行选人、用人机制，为优秀员工提供通畅的职业通道和发挥才能的平台。河南电视业广告部门人才竞聘制度提高了电视从业者的素质，明确岗位职责，推动人力资源的优化配置，为河南电视事业发展奠定了坚实的基础。

此外，地级市电视台如南阳电视台在 1989 年 4 月，经过调整科室，也对广告部主任一职进行竞聘上岗，对人员进行优化组合，取得了较好成效。

整合与创新：全面繁荣时期
（1996～2008年）

一　媒介生态实现质的飞跃

（一）河南电视开启卫星时代

20世纪八九十年代是高科技占领传播领域的关键时期，卫星电视的出现把中国电视推向了世界。1985年，我国卫星电视正式起步，经过十多年的发展后，电视技术手段日益成熟。1996年6月1日，河南电视台第一套节目"河南卫视"，通过亚洲二号卫星将信号传向太空。作为当时世界上发射功率最大的静止轨道卫星，亚洲二号卫星覆盖区域东到日本，西到东欧、北非，南抵澳大利亚，北至俄罗斯，覆盖了世界上72%的人口。可想而知，电视信号上星对河南这个内陆省份所具有的重大意义，不仅意味着河南从信息传输渠道上打开了一扇新窗口，还昭示着从此可以在更深层和更宽广的领域展现河南改革开放的新成就、新风貌。

伴随节目上星播出，河南电视台对第一套节目重新编排和调整，大多栏目更换片头，重新包装，进行了一番脱胎换骨式的改造。新整改的河南卫视以"精彩与快乐同在"为口号，以新栏目、新面孔、新编排、新包装全新登场，将节目定位调整为"立足本省、服务全国、走向世界"，突出宣传河南的效果①。由《河南新闻联播》《午间新闻》《晚间新闻》组成时效性强、信息量大、视野开阔、深度挖掘的新闻组合；经济类专栏《新经济》充分

---

① 参见唐志平《精彩与快乐同在——记河南电视台卫星频道全新改版》，《当代电视》2004年第2期。

运用和调动电视手段，以快节奏、大容量、新样式让观众耳目一新；深受观众喜爱，并且赢得广泛社会影响的《中原焦点》被安排在晚间黄金时段播出。从观众反映情况看，远至澳大利亚、印尼、缅甸，近至台北、香港、黑龙江、海南、新疆、广西、贵州、厦门、云南等地都可清晰地收看到河南卫视节目信号。

（二）有线、无线合并一家

新世纪全球传媒业刮起一股兼并重组之风。英国皮尔森集团与卢森堡广电集团、欧洲广播公司合并，成为欧洲最大的传媒集团；美国在线和时代华纳合并成为世界上最大的巨型传媒集团。这些超级媒体集团向来对中国市场虎视眈眈，一时间中国广电业遭受重压。为应对严峻的国际传媒形势，1999年9月17日国办发布《关于加强广播电视有线网络建设管理意见的通知》，强调要大力推进有线台和无线台合并重组，并要求合并工作在2001年6月底前完成。"自《通知》下发后，各省（区、市）广电局积极研究制定合并方案，大力推进合并工作。7月1日起，各地已严格按照总局批准的合并方案，使用新的台标、呼号，并调整节目设置。"① 2001年6月22日，河南电视台与河南有线电视台召开有线、无线合并新闻发布会，对外宣布河南有线广播电视台与河南电视台正式合并，统一台标与序号。7月1日，河南电视台在重新进行专业化分工以后推出八个新频道，分别是卫视频道、都市频道、经济生活频道、法制频道、影视文体频道、科学教育频道、商务信息频道和公共频道，全方位覆盖大众传媒的各个领域。

河南有线无线合并是顺应我国在广播电视行业实行的国家级战略，也是河南电视台向集团化管理、集约化运作变革的核心环节。它的优势至少可以体现在以下五个方面。

第一，有利于人、财、物资源的高效调整和配置，克服曾经电视行业系

---

① 《全国有线无线电视台合并工作全部完成》，《中国传媒科技》2001年第10期。

统运行中存在的规模小、部门重复、运行低效、资源分散浪费的现象。[①] 多年来，无线电视台和有线电视台在部门架构、栏目设计与设备配置上追求"小而全"的发展模式，造成资源的重复与浪费，抑制了电视台整体服务功能的开发与落实。"两台合并"的战略不仅能够打破台与台的界限，整合相似部门，合理配置人力财力资源，还能更好对节目设置进行统筹，更好地发挥集团效益。

第二，有利于抓住机遇，促使以"栏目优秀，盈利创收，技术创新，宣传为中心"的广电事业不断快速发展。电视宣传人员与网络、技术和行政管理人员的有机协调，可以鼓励新闻从业人员将精力集中在节目设计上，提高节目制作能力，减少节目重复和内部消耗，形成合力宣传，增强频道辨识度和节目特色，进而提高节目的整体质量和宣传效果。

第三，促进规范化管理，创收减支，提高整体推广效果。过去，由于体制带来的系统性缺陷，吃"大锅饭"现象非常普遍，"干多干少一个样"，这种分配方式使许多人安于现状、停滞不前。无线有线合并后，新的管理体制和运行机制的建立，打破了系统界限，让所有人在同一起跑线上竞争。[②]

第四，有利于实现规模经济，集中优势资源解决问题。通过优化组合，呈现集约型的较大规模，并且在量化积累的同时取得了质的飞跃。在市场调整过程中，广播电视资源可以迅速抢占优势地位，赢得发展先机。

第五，有利于提高员工素质，促进人才流动，培养生力军。多年以来，广电系统存在的通病是"一面人员过剩，一面缺乏能人"。合并后，通过人事制度、栏目设计和分配制度的改革，一批新型人才脱颖而出，促使一大批年轻电视人积极进取，深入研究业务，有利于培养高素质的电视宣传、管理与业务人才。

（三）频道专业化建设开疆辟土

频道建设是电视发展的重要平台与资源。1992~2000年，为适应客观

---

① 参见陈正荣、汪志奇《无线、有线合并后管理机制的选择》，《电视研究》2002年第9期。

② 参见花茂华《盐城有线无线电视两台合并的实践与思考》，《电视研究》2001年第3期。

形势的发展变化和观众收视需求，电视改革逐步深化，电视节目开始出现类别分化和观众细分，各种涉及不同领域的专业化频道在此期间纷纷出现。中国电视开始经历由"台"到"频道"进而"集团化"的发展之路。

1996年6月第一套节目上星，标志着河南电视台频道化的开始。随后，都市频道、经济生活频道成功创办，借助有线无线合并的大趋势，又整合成立了法制频道、影视文体频道、科教频道和商务信息频道，接管了公共频道，从此河南电视台形成以卫星频道为主体，以各专业化频道为依托的多频道繁荣发展、共同促进的新格局。1997年5月，河南电视台正式成立二套节目，确定对外呼号为"河南电视台都市频道"，五个月后都市频道正式开播。作为一套节目的有益补充和延伸，都市频道积极参与重大活动报道，成为面向全省城镇居民、贴近群众文化生活、传递经济信息、强化服务功能、突出都市风格、集社会热点和影视娱乐于一体的综合性都市类节目频道。该频道创建伊始，就把《都市报道》作为自己的主打新闻栏目。《都市报道》"摒弃传统新闻的官样腔和新华体，以事实为依据，关注热点，坚持正义，善待百姓。以贴近实际、贴近群众、贴近生活为风格，在栏目定位上，以社会新闻为主，介入百姓生活，为百姓提供全方位服务，把居住相对集中的城市居民作为特定的收视人群。在栏目内容上，以适应观众欣赏口味，满足观众需求为标准，把观众的所想、所需、所感、所惑作为报道的切入点，注重问题的多视角、多方位报道；在采访方式和技巧上强调快速、深入、直接、真实、感动；在主持方式上改变传统的播新闻为说新闻，增强与观众的交流互动"。① 除了栏目定位、内容、采访与主持方式等方面全新的改革，《都市报道》还提出了"只有以人为中心，新闻才是最有价值的""新闻的生命在于新""批评和监督是新闻不可或缺的职责""精心策划的报道才会更好看"等一系列新的新闻报道观点，深刻改变了电视新闻报道的节目形态与理念，从而迅速使《都市报道》在河南电视媒体中异军突起，引起广泛关注。"作

---

① 周绍成：《跨越之路：河南电视台发展史（1969~2009）》，河南人民出版社，2009，第137页。

为河南电视台节目的延伸与补充，都市频道以新闻节目为龙头，影视剧、文艺娱乐及经济服务类节目为主体，力求贴近百姓生活，服务都市民众。正是有了这样的立台思路，才在短时间里使影响力、收视率、亲和力都达到了一定的高度。"① 在此前基础上，2000 年，河南电视台提出开发第三套节目——经济生活频道，承担河南卫视财经节目的制作播出。经济生活频道成立后有三大块栏目构成：以生活新闻为主体的《阳光生活报告》；以生活服务为主体的《车行天下》《美食全搜索》《房产超市》；以股市分析为主体的系列财经节目《股海罗盘》《财经早报》《午间动力》。另外还有观联栏目《E－LIFE 全接触》。随后，2001 年，河南电视台推出河南首家法制类专业化电视频道——河南电视台法制频道，并在全国有线无线合并的大趋势下，将河南电视台教育部改制为科教频道，同时推出影视文体频道、商务信息频道、公共频道，在频道专业化建设方面不断开疆拓土，形成多频道繁荣发展的新格局。

（四）网络新媒体更新气象

21 世纪以来，以数字、网络技术与文化产业相融合而产生的数字新媒体产业在世界各地高速成长，不仅成为各国十分重视的新经济增长点，同时作为现代信息服务业的一个重要方向，正深刻影响和改变着人们的生活方式和观念。我国数字新媒体技术及产业同样得到了各级政府部门的高度关注和支持，并持续成为市场投资和开发的热点方向。

河南省委、省政府为促进广播影视数字化产业发展，曾经专门召开文化产业发展与文化体制改革工作会议进行有关安排部署。河南省广电局一方面加快全省广播电视的数字化步伐，努力推动广电网络整合，一方面鼓励支持河南电视台发挥省情、台情优势，积极申办数字付费电视频道，以满足广大观众个性化、专业化的收视需求。2003 年 6 月，河南电视台大规模改版自1998 年就已建成的河南电视网，使其建设成为河南电视台官方网站。历经

---

① 刘锐：《精品意识在都市频道"立台"中的作用》，《新闻爱好者》1999 年第 3 期。

三年建设，2006年3月河南电视网视频站上线，标志着河南电视台官方网站正式改版成功——由功能单一的图文网页逐步升级为集信息发布、台情宣传、视频点播、论坛互动等多功能的综合性门户网站。网站的基本任务是推广宣传河南电视台，以互联网为平台，依托八个频道丰富的视频资源，为大众提供权威、准确的咨询服务，补充与扩展着电视的媒体功能。2004年11月26日，"梨园"付费电视频道正式开办，此后，河南电视台在原科教频道的基础上成立数字电视节目制作部，并于2005年通过亚洲四号卫星向全国播出《梨园》频道，以"继承民族宝贵遗产、传承戏曲艺术精华、弘扬传统戏曲文化、推动戏曲艺术发展"为宗旨的梨园频道正式与全国观众见面。"梨园"频道的成功开播具有里程碑意义，结束了河南没有数字付费电视频道的历史，同时开启了河南电视台电视发展的新领域，在河南电视台的发展史上写下浓墨重彩的新篇章。在办好梨园频道的同时，河南电视台相继开播了"武术世界"和"文物宝库"两个付费电视频道，2005年，河南电视台开始筹备移动电视频道。2006年6月15日，河南移动电视正式播出，在节目运作上逐渐形成以新闻为骨架，资讯信息、时尚娱乐、生活服务类节目贯穿全天，节目构成短小精悍，内容新锐即时的风格特征。开办至今始终坚持节目创新，不断提高节目质量，取得良好的社会效果。[①]

二 节目生产再上台阶

（一）节目类型趋于多元

各省级台纷纷上星以后，栏目竞争开始激烈起来。省级台之间的竞争开始从省级台与中央台之争，转向省级台与省级台之争。河南电视台紧紧围绕时代潮流，结合自身特点和优势，走"三色"战略，不断调整并突破自己，

[①] 参见周绍成《跨越之路：河南电视台发展史（1969~2009）》，河南人民出版社，2009，第384页。

确保了自身在全国省级电视台中的地位。①

省级台的竞争的主要时段集中在周末。1997年7月，河南卫视进入双休日节目筹备阶段，并尝试栏目公司化运作，独立经营，自行管理，接受台里监督。1998年，河南电视台成立《周六好时光》编辑部，并推出《谁让我心动》《健康热线》《双休大礼包》《拜访》等一系列主打栏目。在专题节目制作方面，河南电视台精心策划制作35集系列人物专题《京城河南人》，百集系列电视专题片《闯世界的河南人》，为庆祝新中国成立50周年推出《共和国纪事》，在关注人物一般意义的"命运""故事""磨难"的同时，展现了河南人风采，树立了河南人形象，并对共和国的历史与文化内涵进行了深刻揭示和表现。

在综艺节目制作方面，河南电视台不断推陈出新，取得了丰硕成果。在中国电视综艺节目走过晚会型、游戏型、益智型和选秀型几种发展模式后，河南电视台学习借鉴央视《综艺大观》，创办了《七彩虹》，并在1998年上星之际将节目全新改版，推出了《梨园春》《欢乐今宵》《百花舞台》《文化博览》等一系列文艺节目。在戏曲栏目创新方面，发挥河南戏曲大省的优势，开发《观戏潮》栏目，设置了《群芳谱》《名家欣赏》《戏曲广角》《戏迷乐园》等板块，丰富多彩、形式多样，共同组成河南台的戏曲阵营。

文艺晚会是对文艺人才创意和制作的综合检验，河南电视台文艺晚会的舞台也多姿多彩、百花吐艳。1997年，河南电视台举办"中国风——乒乓之夜"电视文艺晚会，以庆祝中国乒乓球队在第44届世乒赛中创造的佳绩。1999年，为纪念河南电视台建台30周年，创作了《一路同行》大型纪念文艺晚会。2002年，为庆祝"全国农村税费改革试点工作座谈会"在郑州召开，举办了文艺晚会《相聚中原》。2000～2003年的《河南电视台春节戏曲晚会》更是连续四年获得中国电视文艺"星光奖"二、三等奖。

---

① 参见杨诚勇《创新以人为本 研发和谐共生——河南电视台的发展战略与研发策略》，《电视研究》2008年第1期。

（二）节目制作品牌战略

伴随着电视界日益激烈的竞争和精品化发展，电视频道建设的品牌策略是必然选择。河南电视台也开始了品牌化探索，在实践和发展过程中，充分发挥本地的文化优势，采取了四种品牌定位策略："以'本土化'品牌《梨园春》为龙头来满足本土受众的审美消费需求的服务战略，以'特色化'品牌《武林风》为骨干提供新颖独特的传播产品，以'文化'品牌《华豫之门》、'人文'品牌《沟通无限》提升文化品格，注重内容追求的精品发展战略。"① 河南卫视先后形成了《梨园春》《武林风》《沟通无限》《华豫之门》四大品牌栏目，地面频道也涌现《都市报道》《民生大参考》《DV观察》等一批品牌节目。与此同时，一系列品牌活动也开始兴起，连续举办了世界旅游小姐总决赛、中博会文艺晚会等大型活动。

《梨园春》栏目最初是河南电视台 1994 年开办的一个豫剧类竞赛节目。在全国同质化竞争的普遍低潮环境中，1999 年 5 月全面修改后的《梨园春》焕发新活力，尤其是戏迷擂台赛的设立，充分调动了观众的参与性和积极性，节目收视率大幅提高，在推动电视行业发展、促进河南戏剧发展、弘扬民族文化方面发挥了积极作用。改版后的《梨园春》，对戏迷擂台赛进行了优化调整，采用主题化、系列化播出形式，顺应河南卫视整体战略确立了全国概念，节目内容兼顾全国各剧种，以丰富的活动带动栏目发展，积极参与公益活动，承担社会责任，并在步入品牌成熟期后走出国门，不断挖掘潜力、延长自身节目产业链，在固本求新中逐渐成长为河南电视台的王牌品牌。②

《武林风》栏目则是一档武术、经济、娱乐节目，开播之后迅速成为全国自办栏目引人关注的焦点。2005 年《武林风》走进北大，借助高端学府

---

① 张兵娟：《立足本土　突出特色　构筑核心竞争力——试论河南电视台的品牌创新战略》，《当代电视》2004 年第 11 期。

② 参见任占涛《电视节目形态创新研究——以河南卫视"梨园春""武林风"为例》，《大舞台》2008 年第 4 期。

弘扬栏目的精品意识，将新锐理念渗透节目，构建了一个融合传统和现代的交流互动窗口。2007年《武林风》赴日本演出，为"弘扬少林文化，增进中日友好"做出贡献的同时，在国际化路线上迈出了成功的第一步。如今，《武林风》栏目已成为河南电视台的一张武术名片，曾获得2005年中国广播电视协会中国电视体育奖栏目类一等奖及2007年"中国原创电视栏目30佳"称号。

另一档为河南电视赢来无数口碑的电视栏目是创办于2003年的《华豫之门》，甫经推出便在短时间内成为河南卫视四大品牌栏目之一。作为一档大型的文化益智类栏目，《华豫之门》从开播至今经历文化益智、收藏系列、专家鉴宝三个阶段，栏目以"展现收藏百态，体现人文关怀"为品牌定位。该栏目不断提高节目品质，以此培养观众对节目的忠诚度和黏合度——它不是翻故纸堆，而是回顾文明，寻求古典文化的现代表达；它不是一般意义上的文化类谈话节目，而是以鉴定古董为载体来寻求抽象文化的生动表达。在公众参与下，节目利用对故事和情绪的处理，将悠久深厚的文化以普罗大众更容易接受的方式讲述出来。

（三）节目资源立足本土

作为植根于中原文化丰厚沃土之上的电视媒体，河南电视台长期以来一直致力于对地域文化的挖掘和创新。2003年以来，河南电视台通过充分挖掘和掌控本土资源，倾力打造了《梨园春》《武林风》《华豫之门》《沟通无限》四档品牌栏目，在河南电视台荧屏上初步形成了一个耀眼的"文化栏目群"，使河南卫星频道的本土文化特质成为国内电视业界的一道亮丽风景线。[①] 目前，四大栏目相互带动、互为补充，以品牌栏目的强大力量构架了河南卫视本土化、特色化的基本特质，成为参与全国省级电视台竞争的核心资源。

---

① 参见高珉《从〈武林风〉看本土元素在电视栏目中的应用》，《大众文艺》2011年第20期。

河南历来为农业大省，有广泛群众基础的豫剧在农民文化生活中起到重要的娱乐与教育作用。《梨园春》栏目以河南豫剧为主，以其他省市的地方戏为辅，搭建了一个展示中国传统戏曲的舞台。在擂台赛期间，梨园春创造性地加入戏剧小品这一种新的电视戏曲节目，戏剧小品与道白由河南方言贯穿始终，让国内外的河南人都能感受到浓浓的家乡口音和思乡之情。《梨园春》还设置了戏曲名家唱段、名家高徒戏曲表演等节目，让观众感受戏曲大师深厚艺术功力的同时，又能观赏到名家高徒的精彩表演。如果说《梨园春》的成功一大因素在于河南本土戏曲精华，那么《武林风》的成功则归因于对另一河南本土武术文化的弘扬发挥——利用河南作为全国武术之乡的地方区域特点，与上海文广集团合作率先开设专业武术节目与武术文化频道，把少林脚法的阳刚与太极拳法的阴柔结合起来，共同建构极具地方特色的武术电视节目。可以说，"注重利用本土文化资源，传播本土文化精神是《武林风》成功的关键所在"[1]。

（四）节目视野更加开阔

为适应社会现代化发展和观众不断更新的审美要求，河南电视台在节目制作上不断调整思路，创新形态，一方面增加对外宣传节目的产出量，另一方面对已有的品牌节目进行国际化改版，使电视节目视野更加开阔。

1996 年，河南电视台将对外部改名为国际部，成立了四支队伍——"看河南"栏目组、"看世界"栏目组、纪录片创作组和综合组，以适应河南改革开放和经济建设需要，从早期的重河南风土人情的推介，发展成为对中原文化的推介。同年，河南电视台开办了对外宣传栏目《河南与世界》，在强化与中央电视台和海外媒体的联系同时，不断采集录制反映河南文化的高质量节目。作为一档大型外宣杂志性电视专栏节目，《河南与世界》的主旨是发现河南的美好和亮点，强调在"河南与世界"互动互进的过程中记

---

[1] 汪振军：《现代传媒与中华武术文化的成功结合——析河南电视台〈武林风〉栏目》，《中国广播电视学刊》2005 年第 12 期。

录河南的对外开放、走向世界并且融入世界的历史进程。栏目用新颖别致的表现手法，通过不同视角全方位展现河南在新时代里的面貌。

在开发具有国际化视野的新栏目同时，河南电视台还在匈牙利、法国、美国、澳大利亚四个国家建立了自己的特约记者站，及时反馈国际动态与信息，为河南与世界的沟通搭建起了另一座互通有无的桥梁。此外，河南电视台还有四个海外播出阵地，为美洲东方卫视长期供片，每期60分钟，播出河南的电视节目，美洲东方卫视成为当时整个美国认识河南的唯一窗口。

此外，河南电视台还加大了品牌栏目的战略改版，几大王牌节目更是推陈出新，在开放节目视野上不断做出新实践、新探索。《梨园春》于2005年引入"全国视角"的概念，以《擂响中国——全国戏迷擂台赛》为标志，开始了更广阔的发展征程。2005年3月起，《梨园春》推出了"唱响中华戏曲魂"系列节目，先后与山西、天津、辽宁、河北、安徽五省的电视台戏曲栏目进行了十场联办，促进了全国电视戏曲栏目的沟通交流；5月22日，推出"梨园春版"《红灯记》演员选拔活动，在全国范围内招募非职业演员，并于世界反法西斯战争暨抗日战争胜利60周年纪念日期间，进行了成功演出，一度出现一票难求的火爆场面；面向全国征集《梨园春》卡通形象，并于2006年5月28日举办颁奖晚会，确定"春娃"为《梨园春》形象代言。"此外在节目内容设置上，《梨园春》在让河南戏曲上荧屏的同时还引进了京剧、河北梆子、秦腔、黄梅戏、晋剧、东北二人转等其他剧种，在节目包容性上做出许多积极尝试。"① 品牌逐步成熟的《梨园春》还用更加富有前瞻性的眼光设计自己的发展道路，用最具中国特色的戏曲打出了吸引世界眼球的王牌。2006年9月，"梨园飞歌"大型戏剧交响音乐会作为"中国文化澳大利亚之旅"活动的重要组成部分，在澳大利亚悉尼歌剧院成功举办，将优秀传统艺术带入世界顶级音乐厅，在中国电视戏曲节目发展上实现了历史性飞跃，为中国电视戏曲节目的跨国和跨洋直播创造了先例，同

---

① 周绍成：《跨越之路：河南电视台发展史（1969～2009）》，河南人民出版社，2009，第248～249页。

时是《梨园春》对外传播河南形象的又一个成功案例。另一王牌节目《武林风》在品牌国际化上也做了许多积极尝试。2007年10月6日推出全力打造的国际搏击赛事，首次采用与国际接轨的圈绳擂台，受到参赛者和观众的喜欢。2007年11月17日，举办第二届中泰对抗赛，来自泰国的五名国家级泰拳高手与中国五名高手强强对阵，展现泰拳魅力，显示中国功夫。2008年1月，与日本富士电视台联合举办FEG环球拳王争霸赛；2008年3月，举办中越对抗赛；2008年5月，与WKA世界自由搏击协会联合举办第三届中欧对抗赛……与此同时，《武林风》积极推出系列国际演出，2007年的赴日演出成为规模最大、时间最长的一次国际性演出；2008年的少林功夫拉美行，更是掀起了少林功夫热、河南热、《武林风》热，为《武林风》走向世界打下坚实基础。

三 体制机制彰显活力

（一）管理机制更加健全

1996年以来，河南电视台与中央电视台统一协调又独立的电视新闻网和节目交换网进一步完善和加强，与省内地方电视台指导、交换和协作机制进一步加强，与其他各省市电视台的节目竞争、合作机制步入快车道。在电视上星的跨越性发展中，河南电视台顺势而为，加大了内部管理机制的改革和创新力度。1996年8月20日，新成立编辑委员会，统筹卫视和其他各频道节目的采编播和经营管理，优化宣传管理、编播管理、主持人管理、观众和数据研究、节目资源管理等，在管理机制健全方面更进一步，主要体现在以下四个方面。

第一，新闻宣传管理上台阶。在编辑委员会有力领导下，坚持"新闻立台"理念，加强各个频道的节目统筹和细分化安排。1996年，对总编室进行系统化重构，设置宣传科、节目科、译制科和观众联系科。此后进一步整合和细分，设置了宣传科、编播科、节目上载科、节目交流科、节目资料管理科等科室，使内部分工更加科学规范，形成既分工明确又互相协作配合的管理机制。1999年12月31日，由总编室协调统一包装、各部室通力合作制作的新千年特别节目播出后，获得了省厅领导和广大观众的广泛好评。2001年6月22日，河南电视台与河南有线电视台合并，同时推行频道专业化，节目由过去的三个频道扩展为八个频道，成为全国省级台中拥有频道资源较多的电视台之一。2003年，在加强"一大多强"发展方略下，创造性地提出"两个荧屏一起抓"的工作原则，建立每周一次各宣传部门新闻协调会制度。2004年，为净化荧屏建立了三级节目审核制度。2005年，总编室着手修改电视宣传的管理制度，相继建立重大事件、突发事件报道规定和责任追究等一系列制度，突出重大宣传战役的组织策划，在中央电视台发稿、品牌栏目、节目创新、节目指标考核体系建设各方面，发力加强宣传管理机制。管理体制的健全带来了新闻报道业务的大放光彩，如2003年非典报道、2008年汶川地震报道、奥运会报道等，为"一大多强，全国进入十强，实现跨越式发展"的这一战略目标提供了良好基础。

第二，编播管理出绩效。在节目上星后，河南电视台编辑委员会对如何在众多的上星频道中提高竞争力进行科学研究和论证，制定了完整可行的宣传方案，并对卫视节目系统改造创新。在重视黄金时段节目创新和优化的同时，也高度重视非黄金时段，在全国首家开创电视剧栏目化播出，创造性地在上午时间把已播出的优秀电视连续剧在《好剧回旋》栏目进行连续重播，在下午时间的《影视新干线》、午夜前后的《点播剧场》，穿插安排一些优秀节目，有效开发非黄金档，与黄金时段节目相呼应，优化节目布局流程。高度重视节目安全播出环节管理，在总编室特别增设导播岗位，导播细化每天的节目播出流程表，尤其在晚间黄金时段，导播在播出机房现场值班，节目统一接收、审查、管理、送交播出带，节目播出后统一回收交带库管理，使节目播出的运作程序科学化、明细化，节目播编排和带库管理人员各司其职、有效分工协作，杜绝漏播、重复播出后播出不完整、播出质量不佳等播出事故和差错，有效提高节目播出的质量和影响力。2004年，河南电视台成立节目评审中心，2005年改为节目研发部，是电视台编辑委员会加强决

345

策水平和栏目创新研究的枢纽，2006 年和 2008 年先后开展两届创新栏目征集、评审活动，相继推出《情感密码》《天使在人间》等十多个创新栏目，参与 2006 年地面频道的整合论证和评估工作，参加和指导河南卫视 2005 年和 2008 年的两次改版工作，为栏目联办管理办法制定和督查栏目联办的清理做了大量工作。2006 年，河南电视台建立形象推介科和大客户管理科，大力加强品牌形象建设，同时加强日常播出节目的统筹管理，协调重大主题宣传活动、安全导播和节目编排的优化管理。2008 年，出台《河南电视台节目编播制度》，使编播管理工作流程更加明确和科学规范。

第三，主持人管理上水平。1996 年上星前后，河南卫视在全省 400 多名应届毕业大学生中公开招聘节目主持人，启用了一批优秀的主持人。2002 年，成立由台长挂帅的主持人管理委员会，总编室设立主持人管理科，加强对播音员、主持人队伍建设和管理。2003 年，在全国公开招聘河南电视台节目主持人，在 1500 名应聘者中优中选优，选出九名新锐主持人。2003 年 7 月，主持人管理委员会推行播音员、主持人定岗和岗位津贴制度，规范岗位津贴的统一发放，维护主持人的稳定，建立激励机制，保护和吸引优秀节目主持人，促使一批拥有全国影响力的优秀主持人脱颖而出。庞晓戈、王勇、李星、周峰、李冰、高汉青等一批主持人成长起来，多次获得百优电视节目主持人和"金话筒"金奖、银奖等奖项，他们主持的栏目也多次获得国家级播音主持奖项。2004 年，《关于规范主持人着装、语言的规定》颁布，加强对主持人的培训管理。2008 年，主持人管理被列入台长办公会的主要内容，并依托主持人管理科细化落实主持人管理委员会的决策和部署。

第四，数据研究和观众管理开新篇。河南电视台进一步加强和改进观众联络和数据研究工作，在原来节目带库重点节目"双套"制存储基础上，于 1998 年成立"节目资料库"，并建立"计算机管理系统"，2005 年磁带库安装电动智能密集架。高度重视受众反馈并引入节目收视率数据，加强观众研究等数据分析工作，为节目编排、领导决策和节目改版提供定性、定量研究，通过数据科学解读电视。1993 年，总编室通联科的相关数据加入中央电视台的全国电视观众调查网。1996 年，通联科改组为观联科，除了处理观众来信来电、召开观众座谈会，负责编辑每周"收视简讯"，撰写收视分析。2002年以来，收视分析更加密集和深入化，覆盖了《收视日报》《收视周报》《收视年报》，并在河南电视网上提供河南电视台的收视数据，提高了受众研究的科学性和收视数据的使用认知程度。2005年开始，利用电子大屏，每周滚动播出河南电视台收视状况，2006年，制定《河南卫视节目收视指标分解方案》，首先在卫视频道实施，随后在各个频道推广。2008年，为八个频道购买央视—索福瑞Infosy收视率软件，制定《河南电视台收视率数据使用管理办法》。2005～2007年，河南卫视收视率在全国省级卫视中排名第十位，根据央视市场研究公司的观众调查报告显示，河南卫视的创新力、竞争力、期待度、观众满意度在全国省级卫视中排到第五位，其中创新力指标排在第二位。

（二）频道定位特色突出

1996以来，河南电视台进一步强化电视品牌战略，借卫视上星的新发展机遇，确定"一大多强"的频道发展战略。在频道扩展、频道优化和频道布局上不断深入开拓，大胆创新，坚持梯次性发展思路，系统规划频道定位，合理布局频道结构，实力不断增强。在过去社会教育性、文艺性、服务性、新闻性及教学类节目构成基础上，大力加强频道专业化建设，主要表现在以下三个方面。

一是全力以赴经营好卫视频道。上星是河南电视台难得的一个发展机遇，在此基础上以"立足全省，服务全国，走向世界"为节目定位，对节目重新进行编排调整，组成《午间新闻》《河南新闻联播》《晚间新闻》的新闻组合节目方阵，打造经济类专栏《新经济》和《中原焦点》等有影响力和传播力的品牌专栏，并安排在黄金时间播出，由卫星电视引领推动河南电视全面创新发展，增强宣传河南效果。2003～2008年，河南卫视进行了五次改版，最终确立河南卫视从区域性媒体向全国性媒体的跨越。2003年，河南卫视本着有利于收视、有利于广告创收、有利于媒体持续性发展，实施了第一次大规模改版，撤销了一部分反响不好的栏目，使节目编排更加流畅合理，重点对黄金时段的节目安排进行优化，精心打造周末休闲版块。2004年初，河南卫视以"新形象、新编排、新栏目、新面孔"四新形象亮相，保持了强劲的收视率，周末休闲版的《武林风》《梨园春》《沟通无限》《华豫之门》四个栏目形成了收视高峰，凸显了河南卫视的文化特色，节目和广告混播的新型播出形式，也提高了收视和广告播出效果。2005年8月，河南卫视为进入全国强台阵营，再次进行改版，正式提出打造全国概念的发展战略，与克顿公司合作，进行三集电视剧连播为核心的改版，加上周末品牌栏目阵营，打通周一至周末的黄金时段的黄金收视平台。2006年1月，全天开设"晨光、阳光、霞光、星光、月光"五大剧场，根据时段特色，合理配置电视剧的全天播出。2006年5月再次改版，撤掉了十几个自办、联办栏目，净化版面、去除杂音，启动电视剧战略拉动效应，实行周末品牌栏目集群性编排策略，各项指标迅速进入全国省级卫视前十。"据央视－索福瑞调查显示，2006年5~12月，河南卫视在全天时间在全国35个重点城市的收视率与2005年同期相比提升107，增幅位居各卫视之首，黄金时间更是跃居省级卫视前七，27省网组稳居省级卫视前四，在省会城市和重点旅游城市覆盖率达到95%。"① 观众满意度居省级卫视前两名，而各项指标的跨越性增长在当年一度被戏称为"河南卫视现象"。2008年，面对省级卫视竞争日益加剧、观众总体规模逐年下降的不利形势，河南卫视积极应对，启动了又一轮全新改版，树立"全省强势、全国概念、全球视野"理念，重点实施"新栏目、新面孔、新形象"的"三新"战略。2006年12月5日，改版后的河南卫视全新亮相，早间《好戏连连看》《情感密码》丰富了卫星频道的节目类型，周五晚间的《民星在行动》《世说新语》体现了频道公益性，拓展了周末精品版块。

二是开发资源做好频道专业化建设。在第一套电视节目上星后，不断深化电视改革，顺应电视类型化、观众细分化的竞争态势，大力加强专业化频

---

① 祁海林：《河南电视台：打造中原文化特色电视台》，人民网，2007年3月27日，http：// media. people. com. cn/GB/40641/5525623. html。

道的建设。1996年8月组建第二套节目，科学制定和实施二套节目开发、管理方案，打造都市频道定位，1997年10月，"河南电视台都市频道"正式启用并播出。2000年6月，河南电视台启动第三套节目开发，2001年4月"经济社会频道"正式开播，节目主要有以生活新闻为主体的《阳光生活报告》，以生活服务为主体的房、车、美食等系列节目，以股市分析为主体的系列财经节目和观众联系栏目《e‑life全接触》，并开展《小康中原》《水路中原行》《康泰宝宝秀》等广泛有效的频道系列活动策划。

三是大力加强河南电视品牌化建设。2001年6月河南有线、无线合并后，推出都市频道、法制频道、经济生活频道等新的八套节目面向省内外播出，各专业频道不断深入精准定位，结合自身竞争优势，不断推进品牌建设，在专业化发展上深耕细作，在持续发展中实现了专业性跃升。如河南电视台都市频道的传播对象主要是都市人群，以"面向都市民众、服务都市社会、彰显都市格调、展现都市风采"为节目定位，采用全新的运作机制（以独立采制的方式播出节目、以全员招聘的方式招聘工作人员），坚持"导向正确、开拓创新、以人为本、节目第一"的频道管理理念和"新闻加娱乐，两翼齐飞"的发展战略，主打品牌《都市报道》带动一系列娱乐节目更新升级。2008年，经过多次改版的《都市报道扩大版》，在省内同收视段收视排名第一。创新性栏目《情感密码》《打鱼晒网》《星工场》《你最有才》《超级宝贝》等，奠定了都市频道地标十强的强势地位。首次报道的"山西黑砖窑"事件、"最美女记者"曹爱文勇救落水儿童等，使其在全国的影响力和公信力快速提高。

另外，如河南电视台经济生活频道，主打《民生大参考》《财经大参考》两个品牌栏目，与《民生有话》《理财时间》等创新性栏目紧密配合，以"百姓无小事，民生大参考"为口号，形成了现象级传播。其50分钟大型民生节目《民生大参考》凭借其大容量、快节奏、亲民等特色迅速在广大观众中引起强烈反响，掀起中原地区本土新闻改革的风潮。2008年，经济生活频道正式改名为民生频道，成为在全国具有较强影响力的民生品牌频道。河南电视台法制频道是全国唯一以自办栏目为主、不播放电视剧的省级法制新闻资讯频道，秉承"大普法、大法治、大服务"宗旨，维护群众合法权益，普及法律知识，见证河南法治的进程，以公平、公正和责任感树立维权先锋形象，成为河南广大观众心目中名副其实的第一维权频道。除此之外，尤其要说的是河南电视台电视剧频道——以"河南第一家庭频道"为定位，迅速完成了从积累到成熟的品牌嬗变，通过《故事俱乐部》《故事零距离》等原创品牌栏目及《真好剧场》《动感剧场》《点播剧场》三大剧场联手，不断改革创新，做好品牌资源，一跃成为河南省三大强势频道。其他如河南电视台电视精品博览频道、商务信息频道、公共频道等也在坚持品牌化战略中，不断改革优化，摆脱了与其他省市同类频道的同质化竞争，形成了自己独特的核心竞争力和品牌价值。

（三）节目编排科学合理

河南电视业始终把先进的电子技术和传播技术与电视节目开发创新紧密结合，广泛应用于采录、制作、播出、传送系统等电视编排的各个环节，电视节目的播出质量日益增强，电视节目的编排水平不断提高，其科学合理性进一步得到突出和彰显，主要体现在以下三个方面。

一是健全电视节目的编排机制。河南电视台一套上星后首先加强卫视新闻宣传节目的开发和创新，健全了节目编排机制，将新闻采访部、新闻编辑部、新闻制作部、新闻采通部合并，组建河南电视台新闻部，下设新闻联播组、晚间新闻组、早间新闻组、外联组、通联组、记者组、播音组、技术组等 11 个科组，实现电视台新闻宣传人力、财力、物力三统一。进行"成本核算"，新闻部率先开展"绩效工资计分制"，开展每月好新闻评选，对入选的好新闻、好编排、好记者、好播音、好制作者进行奖励，大力提高节目质量；成立摄像科，摄影记者和文字记者分开，共同完成采访任务；一套节目的采、编、播进行统一调度，保证电视新闻节目播出的时效性、严肃性和影响力。2003 年以来，河南电视台以《节目编播制度》和《节目收视考核办法》为依据，进一步优化节目编排机制，在主题和重大宣传报道中，坚持社会效益优先，配合好河南省委、省政府的工作重点，打破常规编排，整合全台新闻、文艺专题资源，灵活运用现场直播，高密度宣传、调动全台各频道灵活播出，最大限度地运用编排手段，增加节目的可看性，强化节目宣传效果。

二是优化电视节目的编播流程。河南电视台通过对采编部门的改革和重构，机制上保证紧跟当代新闻的发展趋势，在采编诸多环节进行改革。继中央电视台《东方时空》之后，开设早间新闻节目《新闻60分》；定位"关注民生、聚焦热点"的《午间新闻》节目时长20分钟，一直延续至今；1997年，正式开播"一周新闻综述"手语节目，是为残疾人首开服务的固定栏目。1998年，河南电视台新闻部建立了全省第一个非线编新闻制作网，为新闻数字化采编打下了基础。同年，新闻部成立英语组，负责国际新闻的翻译、采编、制作和涉外活动的采访报道，并实现与CNN合作，为河南电视台各新闻提供大量丰富的国际新闻内容，河南电视台第一次有了自己的国际新闻节目。1999年12月澳门回归，河南电视台新闻部前往澳门采访报道澳门回归盛况，见证了这个伟大的历史性时刻，解决了境外新闻及时回传河南台的问题。2003年以后，河南电视台进一步加大了节目编排的创新力度，在五一、十一、春节等重大节日，围绕全台自制节目如每年的"春节戏曲文艺晚会"，2006年《快乐新七天》，2007年《老爸老妈总动员》《武林乐七天》《世纪歌声——艺术家系列歌会》，2008年《家有喜客来》《致命搏击》等，有效配置文艺晚会、电视剧、品牌栏目节目储备资源，进行合理编排，在黄金时间收视段真正产生了黄金收视效果。

三是强化电视节目编排的人性化水平。河南电视台紧密结合四季流转变化和观众收视需求，推广和引入"编播季"新理念，借鉴电视剧的编排思维，对各类型节目进行重新整合与编排，用分众化、对象化来对不同观众进行不同层次的区分，使节目在观众中的渗透度和参与性极大增强，尽力做到人性化编排。这种大版块、大时段的编排方式加强了频道影响力，形成了规模性、集聚性播出效应。河南卫视主打的《华豫之门》等品牌栏目在周末节目编排中形成了强大的收视阵营，其他频道也尽量在时段和编排上进行更有效的开发。首先，在假期实行强档期的编排。河南卫视在 1997 年组建了双休日节目编辑部，实行栏目公司化运作，1998 年 8 月开播了《周六好时光》节目，每期三小时，周六上午 8：30 开播，周日下午进行重播，主打栏目为《周末大礼包》《谁让我心动》《健康热线》《拜访》等。随后，又开发了 30 分钟谈话节目《周末沙龙》。其次，在各专业频道开发品牌节目，以绿色收视率为根本，以本土化为特色，加强名牌、名专栏节目方阵建设，围绕河南省委、省政府展开工作，以重大社会事件、重大主题宣传、重大节日为开发点，加强节目资源的开发，形成综合节目、专题节目、大型文艺节目和各类节目的协同开发和有机编排。再次，通过加强受众研究和收视率动态监测，强化各专业频道的竞争和创新能力，不断优化节目开发和编排，不断推出有质量、有品位的精品，涌现一系列品牌栏目。这些节目始终坚持做好常规策划编排的同时，着力抓好季节性编排策划，根据不同时期观众收视特点，及时推出目标性明确的编排方案。如 2006 年暑假黄金档期选择了《刁蛮公主》《十八岁的天空》《新聊斋志异》等"炫舞夏天"特别编排；2007 年策划"金秋枫叶情"，在党的十七大期间，精心编排一系列红色经典和主旋律电视剧和各类关联栏目，取得了良好收视效果。

（四）广告经营更加灵活

1996 年以后，河南电视台进一步强化广告经营。首先由旧的单一的制作播出模式转变为新的多样式代理播出模式，广告部也开始与大的跨国公司建立长久合作关系，与兄弟台相互代理广告业务，先后在京、穗等地成立了办事处，以求加强与粤、港、澳等地区的业务联系。

以上有力措施很快取得成效，广告业务量开始逐年上升，广告收入从1992 年前的 1000 多万元上升到 1996 年的 3000 多万元，有效增强了广告的社会效应和经济效应。1997 年广告收入突破亿元大关，2000 年广告创收为 2 亿元，2001 年为 2.5 亿元，2002 年为 2.6 亿元。2003 年是中国电视市场化改革风起云涌的开始，河南电视台领导集体提出"更新观念、锐意改革、努力把河南电视台建设成全国一流媒体"的战略目标，从而拉开了大跨越的序幕。① 主要体现在广告营销的科学化、广告管理的精细化、荧屏净化的坚决化，以及广告创收和应急处理机制等方面。在广告竞争激烈的大环境下，河南电视台的广告经营模式不断创新，品牌化也在逐渐深入人心。在当时硬广告举步维艰且上升空间狭小之际，广告部创造了软广告形式，制作和设计出河南电视台特殊形式的广告模板，并对这种广告的营销方案和价格标准进行了规范化和科学化。

2004年底，河南电视台广告经营机制开始进行转变，在原广告部基础上成立了广告经营管理中心和各频道广告经营部，起草和制定了一系列相关细则和措施，如《河南电视台广告经营管理办法》《广告管理业务流程细则》《河南电视台广告经营管理违规行为处罚办法》等，经过不断完善和补充，为河南电视台广告经营工作的顺利运行提供了完备的制度保障。2007年12月中心邀请专业公司对电视台现有的广告网络系统软件进行统一升级，新增了广告收入到款、欠款、广告超时管控等项目，增强了该系统网络的实用功能。在各频道广告部中值得一提的是卫视广告部，成立之初就确立了"分片区开发、分行业服务、重点区域代理"的经营战略和"以客户为中心、以市场为导向"的全新经营思想。卫视广告部陆续推出更加科学的价格调整及更加合理的广告价格体系；深度加强企业和节目品牌，加强创新广告产品和资源开发，使广告产品品牌形成差异化；从情感增进和激励机制入手，加大广告营销网络建设力度和激发广告代理公司的主观能动性；寻找更科学更高效的宣传推广模式，更进一步探索个性化的新合作模式等。经过不断摸索，卫视广告部逐渐实现了从产品向服务经营、从叫卖式到系统性营销、从以产品到以客户为中心的系列转变，卫视广告经营也进入了市场化、专业化和科学化的品牌整合营销新阶段。

---

① 周绍成：《跨越之路：河南电视台发展史（1969～2009）》，河南人民出版社，2009，第203页。

四　技术升级保驾护航

（一）数字化水平进入前列

随着河南电视业的整体迅猛发展，不仅节目制作手段更加丰富，技术保障和管理能力明显增强，技术装备水平也有了很大提高。以数字化技术为代表的新信息手段的广泛应用，形成更高层次的电视形态，电视传播内涵更加丰富、传播效能更大、社会服务功能更完善并且可选择性更高。

20 世纪 90 年代后期，在电视领域引进数字技术的潮流中，河南电视台抓住风口，大力推进电视采编和播出的数字化转型，在 1999 年建立了第一个数字系统——河南电视台 400 平方米的数字化演播室项目。2000 年以后，河南电视台在诸如电视节目的收集、制作、存储和播出等环节开始采用高新技术，这使电视节目的制作能力和水准不断提高，而电视技术综合水平也突飞猛进。随着制作、播出、演播、转播车及前期设备数字化工作的逐步进行，河南电视台在主要的电视技术系统方面基本实现了数字化。2001 年，河南电视台一套、二套、三套节目实现硬盘服务器播出，随后又进一步对硬盘播出系统进行扩充和升级，增加了一系列新功能，简化了节目制作和播出流程。2002 年，河南电视台建设了 1500 平方米演播室等四个高水平全数字演播室，充分利用和挖掘了数字系统功能，展现了数字系统的集约性和优越性，为以后河南电视台的大型数字系统建设打下了牢固基础。[①] 2003 年建设了大型后期非线性编辑网络系统。2004 年正式提出数字化和网络化以改变工作方式、提高效率、降低成本、实现海量节目生产能力。同年新建造的两辆数字转播车和一辆数字录音车也陆续投入使用。2005 年，新建微型车、新建新闻非编网、高清非编和包含两台高清摄像机在内的小型高清试验平台

---

① 参见周绍成《跨越之路：河南电视台发展史（1969～2009）》，河南人民出版社，2009，第 187 页。

投入使用。2006年，重建了以高清演播室为标准的600平方米演播室灯光和音响系统，都市频道节目制作网正式启用，成立了车载移动电视频道。2007年，重建250平方米演播室视音频系统，新建600平方米演播室高清视频系统。2008年，重建了都市频道新闻制作网。这些数字化大型系统的建成和设备应用标志着河南电视台迈入了新的电视技术数字化时代。①

（二）覆盖范围大幅提升

河南电视台第一套节目在1996年6月1日上星后，正式启用"河南电视台卫星频道"（HNTV）的名字。卫星频道可覆盖东南亚、中亚、欧洲等53个国家和地区，覆盖人口可占世界总人口的72%。2001年，有线和无线台合并以后，河南电视台扩展到八个频道，形成了多频道发展的河南电视新格局，深刻改变了以往河南电视台节目覆盖以有线传输为辅、卫星接收和地面无线发射为主的状况，无论是有线传输还是无线覆盖都得到了大幅度、大范围提高。2003年12月，因为亚洲Ⅱ号通信卫星发生故障，所以转至亚洲3S通信卫星转播。2007年8月，为提高卫星广播电视信号传输质量和方便大众用户接收，河南卫视在中央统一部署和国家广电总局安排下，改由"中星6B"通信卫星播出。从2008年开始，为偏远、贫穷、山区等地能够优质高效的看到更多电视节目，河南卫视还通过"中星9B"直播卫星进行免费开放性直播。

在河南省内，从无线覆盖上看，主要是以无线发射河南卫视信号为主，而经济生活频道和都市频道的无线覆盖也取得了从无到有的重大突破。河南卫视通过省局直属发射台和遍及全省各地的省辖市转播台和县级转播站来实现河南卫视全省大范围的覆盖。都市频道在1997年12月通过102台、每台30千瓦的发射机进行无线发射，范围覆盖郑州、新乡、焦作、洛阳等地。经济生活频道则于2002年1月通过新装的发射机主要覆盖郑州地区。从有

① 参见周绍成《跨越之路：河南电视台发展史（1969～2009）》，河南人民出版社，2009，第334～335页。

线传输上看，在首先保证河南卫视入网传输的基础上，再由各频道自主发展。在有线和无线台合并以前，由于各地的节目资源都比较少，不管是有线台还是无线台的节目频道基本上都能保证在各地网络内的入网传输。但随着各地节目生产的日益丰富和大量上星台的涌现，除河南卫视因政策原因必须传输外，各地对传输河南台其他频道都不积极。2002年底，河南卫视在全省18个省辖市和116个县（区）全部实现了入网传输，其他频道也在河南实现不同程度的入网传输。

但从省外覆盖上看，主要是河南卫视在省外各个城市入网落地。刚上星时，由于当时上星频道很少，各地网络节目容量又大，所以落地就成为主要的传输方式。另外，为加大河南卫星频道的宣传，在1996年河南电视台首创了对全国网络公司提供咨询、技术支持和赠送设备等服务方式，并在1997年分别于广东、湖北、湖南、广西、四川等台联合签订了互转协议。到2007年，河南卫视实现了在35个中心城市的全面入网。2008年，在经济低迷的情况下，依然维持了较高的覆盖水平，并实现了在港、澳等地落地。

经过连续几年的发展，河南电视台无论是在省内有线传输、无线覆盖还是省外入网落地上，都取得了跨越式发展，各频道的覆盖也取得了长足进步。

融合与共享：深化变革时期
（2008~2018年）

一 产业发展模式创新

早在 1999 年，中央电视台首次提出"频道专业化，栏目个性化，节目精品化"的电视理念，被公认为电视品牌化建设的开端之举。此后，湖南卫视、江苏卫视、浙江卫视、东方卫视、安徽卫视五大卫视也开始进行品牌化建设实践。2005 年，五大卫视在经过持续脚踏实地的品牌发展与内容深耕后，确定并巩固了品牌定位，强化了受众的品牌感知，同时积累了品牌资产。河南卫视在整个省级卫视竞争格局中也在奋力迎头赶上，经过多年发展，在本身具备底蕴丰厚的区域文化优势基础上，加之精英荟萃、人才密集，又有成熟的《梨园春》《武林风》《华豫之门》等文化类节目带来的影响，河南卫视选择以文化定位作为品牌化建设的突破口便是情理之中的事。

2011 年后，河南卫视以文化为品牌定位的新建设逐步推进，将"文化卫视 寓道于乐"作为呼号，通过"视觉识别系统、节目设置与编排、打造精品主持人"等更改明晰传递给受众。首先，从视觉识别上树立新品牌形象。河南卫视明确意识到，要进行品牌定位，必须以品牌形象为切口以带动更多的品牌联想。2012 年 1 月，河南卫视简化了原有的台标图案，去掉原有的环形外框符号和"TV"字样，主体色调由金黄色改为蓝白相间，保留标志性符号字母"HN"。同时电视台内部的视觉系统，以及在播包装系统和离播包装系统都进行了更换。其次，在节目设置和编排上，2012 年河南卫视依托中国姓氏文化推出了一档文化类节目《知根知底》，该节目以解读姓氏文化为主题、传承民族传统文化为宗旨，开播后广电总局进行了专栏点评，认为该节目是河南卫视继《梨园春》《武林风》《华豫之门》之后，给全国电视观众上演的又一顿文化大餐。2013 年 5 月，河南卫视与爱奇艺联合制作了国内首档汉字文化类电视节目《汉字英雄》，该节目面向全国观众，旨在体现汉字之美，关注青少年群体对汉字知识与传统文化的认知，提高当下电视环境的内容深度与文化内涵，在国内整个电视行业内刮起了一阵文化旋风。此外，河南卫视与北京、上海等传媒公司合作，陆续购进《大驾光临》《老故事》等节目，力图联合打造优秀节目，多途径巩固文化品牌定位。"节目编排上，晚间时段节目播出采取'2＋3＋1'的新模式，即 2 集黄金剧、1 个自办栏目、3 集月光剧的播出模式，力图达到整合资源，优化版面的效果。"① 再次，打造品牌主持人，塑造节目核心品牌形象。电视节目竞争主要体现为收视率之争，实质上是对观众注意力的争夺，其中节目主持人是节目的核心符号。《梨园春》的主持人庞晓戈端庄、亲和力强，《华豫之门》的主持人陈琨古典、优雅，《香香美食》的主持人香香活力、热情。可以说，主持人在整个节目中意义重大，以上节目的成功离不开好的主持人，主持人本身已成为节目核心要素之一和品牌形象建构的重要内容。

2013 年至今，河南卫视围绕文化这一品牌定位进行大规模、全方位的调整与改革，通过原创节目制作、多屏联动、制播分离等多种策略，不断吸引各界关注。在省级卫视示范下，河南各地市级电视台也纷纷重视打造品牌形象。2015 年，洛阳电视台确立标杆，强化新闻采编队伍培训，先后采用"走出去，请进来"的方式，三次特邀南京广播电视台经验丰富的相关工作人员为洛阳电视台电视节目提出创新型改版思路；组织本台业务骨干分批到南京台取经学习，并开展实地培训，为打造品牌形象、扩大品牌影响力奠定了良好基础。2017 年，三门峡市电视台深入打造广电文化品牌，影视制作获佳绩，纪录片《大天鹅》在央视播出并获河南省精神文明建设"五个一工程奖"，入围中国广播电视"星光奖"。

---

① 吴静：《省级卫视及河南卫视品牌发展历程研究述评》，《今传媒》2004 年第 9 期。

（一）产业经营新创收

电视媒体行业进行产业化改革，实际是媒介资源的融合运作，打造较好的品牌效益，客观上有利于提高节目质量，制作出观众喜爱的电视节目，因此，产业化是电视媒介继续前行的必由之路。河南电视业在产业经营方面也做出了以下有益探索。

首先，创新机制，锐意改革，努力延伸产业链条。在此方面，郑州电视台做出了有益探索。2013年，郑州电视台二套、五套两个频道作为先行试点频道，一是完成频道总监、副总监、制片人的竞争上岗工作，频道与员工之间形成择优聘用和双向选择机制，形成了能者上、庸者下，人尽其才、才尽其用的人才选用模式。二是制定了《频道日常管理规定》《关于私自收费处理规定》《关于重播处理规定》《主持人管理规定》等详细规章制度。三是ZZTV手机客户端和《睛彩郑州》同步上线，积极与新媒体融合形成合作关系。ZZTV手机客户端，目前已实现对苹果和安卓手机的全覆盖，用户免费下载安装后，可以便捷地随时点播观看节目。四是顺应发展趋势，积极探索电视节目的制播分离，在给观众提供更丰富、更优质电视节目的同时，努力节约成本，挖挖掘新的经济增长点。

其次，抓时机，抢机遇，加快产业多元化发展。郑州电视台、开封广播电视台均进行了积极尝试。一是开通地铁频道。地铁一号线正式通车后，经多次与郑州轨道公司进行协商，及时成立了地铁频道，并于2015年5月1日正式开播。同时，地铁频道还成立了"地铁频道fans俱乐部"，以微信公众号为承载平台，搭建了一个俱乐部成员交流、节目线下活动、会员抽奖、电商购物为一体的综合性服务平台；二是开展多种线下活动。为突破传统媒体发展模式，开辟多元化发展道路，郑州电视台先后举办了演播室团购会、中原家居联盟、首届"休闲&宜居"电视房展会和两届"汽车TV购"活动等。开封广播电视台2015年以来不断开拓创新思路，积极拓展新型经营渠道，利用栏目构建平台，及早向房地产、金融、汽车、户外会展、大型活动等行业转型，开展了形式多样、丰富多彩的活动，全年共完成广告创收

2500 多万元。

再次，扩大渠道，增加创收，强化广告经营管理。2016 年，南阳电视台加大广告运行与管理，成立广告管理部和广告经济中心，全面统筹与经营全台广告创收；利用栏目跟进开发广告新亮点，《前沿》栏目开发了洛阳银行、光大银行等一批新客户，探索出了一条新的增收之路；同时开创与各县（区）政府的深度合作，以拓展电视媒体覆盖面和影响力的新模式，全面增加创收。信阳广播电视台在党的十八大以后积极推动广告经营创新转型，探索多元盈利模式，下力气做好传统广告经营的同时，拓展开发活动经济、栏目经济、产品经济，促使全台经营创收扭转下滑趋势。全面推进企业化经营，线上做节目，线下做公司，成立了信阳豫媒优品电子商务公司、信阳广电新媒体公司、信阳百姓民生传媒有限责任公司、伊佳伊影视文化传媒有限公司、信阳广电物业服务有限公司等有市场竞争力、各具特色的旗下公司，全面参与市场竞争，着力推进内容产业扩展，延伸广电产业链，实施多元化发展。

最后，赢取经济效益的同时，兼顾社会效益与责任担当。2008 年，南阳电视台推出"第三届豫商大会"17 小时和"第七届张仲景医药科技文化节"60 小时直播特别节目。两次特别直播节目，营造出了浓厚的文化氛围，社会效益和经济效益得到双丰收。此外，开封广播电视台播出了大量公益广告，据统计，2015 年全年累计 2.9 万余次，累计时长约 7500 分钟，产生了深远而有意义的社会影响。

（二）大数据技术提供参考

在互联网与大数据时代，用户在网站上的每一次点击、搜索、互动都会留下痕迹，视频网站正是通过这些"蛛丝马迹"进行大数据的快速搜集和精准分析，与传统电视台形成了竞争局面。对此，各大电视台当然不会故步自封，研究大数据时代电视媒体成为当下热议话题，探索传统电视媒体与新技术的深度融合方兴未艾。对此，中国教育电视台副台长吕学武曾表示："关键在于能不能马上转身，这种转身不是将新媒体平台、其他屏幕只作为节目播放的终端，而应将其视为有机构成部分。"[①]

　　大数据的分析方法为持续创新机制提供了强大支持，为实现网络数据与电视台的深度融合，河南电视台也开始探寻发展的多种可能性。河南卫视与爱奇艺联合打造的文化类电视节目《汉字英雄》应运而生，首次从节目的策划、制作及推广宣传等各阶段全线联手操作，将电视台和网络视频网站的资源全线打通。爱奇艺旗下的《汉字英雄》应用程序，其中的环节设置与电视节目中的完全一致，使用者可以通过通关来积攒分值，并且按时段划分，每一阶段的得分冠军可以有机会到电视节目现场去参与节目录制。在大数据时代，数据带来的不仅是信息量的急速增长，随之而来的还有更加多样化、复杂化的网台融合模式，面对这种纷繁复杂的形势，如何在海量信息库中选择优质数据资源、构建优化的合作机制成为当前各大电视台和网络视频制作单位需要共同探讨的一大话题。另外，《汉字英雄》还整合了互联网与电视双方平台的共同资源优势，在舞美、灯光、道具等方面加大投资，营造出顶尖的舞台效果，同时，在网络平台优厚资金支持下，栏目创新改版也具备充足的发展劲头。可以说，这档节目既是网台融合的产物，更是网台深度融合、相互借鉴、共同进步的鲜明案例。

　　大数据时代带来了另一个深刻变化是新媒体产业布局的更新升级。2014年下半年，河南广电提出"融媒体"概念并成立大象融媒体集团；2015年，河南广电与阿里巴巴集团共同组建"中原云"，开始将大数据技术用于服务客户；河南省新闻出版局与河南民航发展投资有限公司合作签署了"双向跨境E贸易"战略合作协议，推动了"新鲜卢森堡"项目在中原福塔的落成；河南广电旗下还成立喜买网，计划用时一年到一年半，旨在打造具有权威性、规模性的河南名优特产销售平台；河南电视台新农村频道和农村广播合作成立了河南广电县域传播集团，以资本为纽带形成"互联网＋三农＋广电"的宣传服务大平台。在新媒体矩阵建设方面，河南卫视试图打造

---

① 转引自杨雯《从电视台到大数据公司，还差几步？》，《中国新闻出版网》，2013年11月12日，http://www.chinaxwcb.com/2013-11/12/content_280553.htm。

"1＋N"的多媒体混合传播局势，达到电视屏幕资源与新媒体之间的跨屏互动交流，力求为观众提供更加多样化、精准化的推送内容和更为舒适的互动平台。接下来，"互联网＋TV"将成为河南卫视很长一段时间工作的重中之重，频道将持续加大融合开发力度，建立成熟的河南卫视新媒体产业布局。

二 节目创新再发新声

（一）传统节目创新语态

河南卫视的《梨园春》（1994年创办）、《武林风》（2004年创办）等栏目自创办以来一直保持长盛不衰，2008年曾联袂荣获"全国原创栏目二十佳"荣誉称号，2012年《梨园春》栏目荣获第22届"星光奖"。在当下电视节目数量繁多且频繁更新换代的大背景下，河南卫视能保持这样几档受到观众喜闻乐见的热播节目是非常难能可贵的。以上传统节目之所以能取得这样辉煌的成绩，与其不断地学习、创新是分不开的，主要体现在以下三个方面。

一是改版创新栏目，调整节目编排。以《梨园春》为例，1999年全面改版后焕发新的活力，用戏曲擂台赛作为节目基本构架，以综艺节目的编排形式，加入领队嘉宾、明星辅导员等节目元素，主持人的主持风格也更综艺化、现场化、即兴化，增强了节目的整体收视效果。节目还借鉴了很多真人秀节目的表现手法，如拍摄介绍选手背景信息的VCR、记录明星领队带学生排练过程等，使节目内容更丰富更立体，拓展了节目广度，更能引起年轻一代观众的兴趣，让观众们不但看到戏曲节目，还感受到了戏曲人生。改版后的《梨园春》收视率稳步上升，节目内容受到普遍好评，成为河南卫视的一个名牌栏目。鉴宝类节目《华豫之门》则于2008年全新改版，提出了"全省强势、全国概念、全球视野"的栏目理念，通过深入开发栏目品牌价值，创新宣传形式，奠定了在全国收藏类电视节目中的影响力。《华豫之门》率先把电视节目和市场相结合，邀请资深的国内外鉴宝业专家担任市场观察员，在节目中进行现场评估，总体上形成节目主持人、鉴宝专家、市场观察员、藏宝者、观众"六位一体"的总体格局，进行良性互动。这次改版效果极佳，栏目组接到更多来自五湖四海的热线电话要求参加节目。除了河南卫视，地方电视台也在积极创新。如2015年洛阳电视台对《洛阳新闻联播》《都市360》《法治时空》等品牌栏目进行升级改版，充分发挥品牌节目的舆论引导作用；另一方面不断推陈出新，《最美洛阳人》《三农进行时》《博乐汇》等新节目、新板块特色鲜明，更接地气；新闻资讯频道经过全新的节目编排，首次实现晚间黄金时间段自制节目的全覆盖。开封广播电视台宣传策划中心开办的《房产新干线》，在2014年1月份改版为一周两期后，更加受到广大购房者以及房地产客户欢迎；2016年初，《开封新闻》栏目进行整体包装，从片头、片尾、字幕、特技到播音员形象服装都焕然一新；《菊城报道》也全面更新，将原有的一个播音员播报的方式改成更加口语化的男女对播，提高了受欢迎度。

二是加强大型活动策划，提高栏目影响力。近年来，在做好传统节目本身的同时，各大节目都开始开拓各项场外活动，如《梨园春》新疆行系列、北京戏曲文化周、悉尼歌剧院《梨园飞歌》等活动；《武林风》放眼全球，举办中美、中欧、中俄、中伊对抗赛等。这些大型赛事与活动策划，不仅提高了节目的国内外影响力，还传播了灿烂辉煌的河南文化，积极推动河南文化走出去。河南电视台都市频道《打鱼晒网》前两届的打鱼粉丝节2013年6月、7月在郑州国贸360广场举行；第三届2015年8月在郑东新区某大型广场举行；第四届2016年8月在郑州华润万象城举办，均取得了不俗成绩，受到节目粉丝热烈欢迎。各地市级电视台也紧跟潮流，参与活动策划。2010年南阳电视台成功举办各类活动，包括首届"相约九九金婚大典"、"说遍南阳"、南水北调中线行采风、"爱心送考"、首届广播电视汽车文化节活动、播音员主持人选拔赛、旅游形象大使总决赛等，均收到了良好的社会和经济效益。2011年6月28日，济源电视台与济源市旅游局合作推出大型旅游类资讯节目《品游天下》，旨在深挖旅游文化内涵，丰富电视荧屏，打造品牌栏目，同时节目还积极申请加入中国旅游电视协会，与全国130多家电视媒体横向联合、资源共享，成功实现多期节目互播，为服务群众生活、宣传济源旅游起到了积极推动作用。2012年，由济源电视台文艺部承办的《唱支山歌给党听——庆祝建党90周年红色歌曲电视大奖赛》，把比赛和文艺表演有机结合，录制组深入全市六个革命老区，在节目中加大对老区新时期建设成就的宣传并对新时期涌现的先进党员、劳动模范进行现场采访，展现新时期老区人民的精神风貌，为建党90周年献上了一份特殊厚礼。

三是在媒介融合中进一步改革创新。首先用"互联网＋"思维拓展节目的传播空间，在互联网已成为信息传播、行业发展普遍方式的当下，视频网站可以让电视节目传播更便捷、更高效，给予观众更自主、更多元的选择。《梨园春》在爱奇艺、优酷等视频网站上都有播出，每期节目的点击量达几十万次。其次用移动终端打开全媒体大门，为电视节目开拓更丰富的节目表现、传播、接收及回馈渠道，融合各种现代技术，形成的不只是叠加的效果，而是几倍甚至几何级数的增长，这些效果的最终受益者既是媒体也是受众，这是一个双赢的体系。如在《梨园春》2016年度总决赛播出期间，对于这场震撼人心的终极对决，观众可以通过其手机客户端和微信公众号向自己喜爱的选手投票，让观众深度参与到节目当中，突破了栏目组之前通过手机"摇一摇、赢门票"与受众形成的简单互动关系。此外，《梨园春》手机客户端还设计了丰富功能，融合梨园资讯、名家教唱、唱段欣赏等文字和影音信息，并集合了擂台选拔、在线销售节目广告等功能。《武林风》栏目组结合自身特点，与腾讯公司及其他多个新媒体平台合作开发手游，打造了国内第一款实战拳击手游。《莲花英雄汇》栏目则通过大象网、大豫网、河南新浪网等人气网站，在传统电视荧屏之外开辟了又一有力宣传平台，有视频直播、图片浏览、话题互动等多种全媒体形式。类似这样与互联网尤其是移动互联终端的成功互动是河南电视向全媒体运行迈出的崭新一步。目前，河南卫视"两微一端"运营顺利，《武林风》《梨园春》和河南卫视官方微信平台用户数均实现了突破性增长。河南卫视App和《梨园春》App等终端的上线，不但集成视频高清直播、点播、互动、学习、购物、娱乐等功能于一身，实现了多渠道闭合营销生态系统，还为广告商提供了适用于当前

"互联网＋"背景下的短视频宣传片、线上线下活动、H5 网页制作、产品植入、网络商城搭建等多种服务。

（二）新型节目增加动力

除了传统节目不断焕发新的活力，河南电视媒体尤其是河南电视台也在不断开发新型节目，为河南电视发展注入新的动力，主要体现在以下三个方面。

一是现象级文化节目引爆全国热潮。随着中原城市群建设逐步规范化，作为河南省级电视媒体单位，河南卫视担负着重要责任，对内需要建设河南、传递信息，对外则需要塑造河南形象、沟通互联。河南卫视深挖自身文化资源，勇于开拓创新，与爱奇艺联手打造了《汉字英雄》和《成语英雄》两个经典文化娱乐类电视栏目，在弘扬优秀传统文化基础上，完美融合了区域文化特征和当地电视文化发展。《汉字英雄》和《成语英雄》的成功在全国各地掀起了一阵以优秀传统文化传承为宗旨的电视栏目比拼热潮，一方面重塑了河南本土电视媒体的创新意识，努力打造中原城市群品牌电视栏目新形象；另一方面以全新内容诠释了传统文化与现代娱乐的有机结合，为中原城市群电视媒体文化建设与发展提供了巨大动力和智力支持。除了文化类电视栏目，河南电视媒体还以中原文化为基础制作电视剧、动画片、广播剧、纪录片等多种类型的电视节目，共同打造河南文化品牌。2012 年 11 月，郑州电视台首次播出 68 集大型系列动画片《河南三平精神》，每集讲述一位英雄故事，片中共有焦裕禄、常香玉、李文祥、任长霞等 68 位杰出中原儿女，用生动的动画形象全景展现河南儿女的动人事迹，位居同时段收视率之首，尤其受到少年儿童喜爱。此外《少林海宝》《少年司马光》《舞钢传奇》等多部优秀动画片，展现了中原博大精深的历史文化风貌与人文精神，折射出中原文化的厚重与朴实。河南省广播电台自制的广播剧则从当代英模人物事迹着手来找寻灵感，如《农民工司令》根据河南省上蔡县拐子杨村党支部书记张全收的真实事迹改编而成。河南电视台携手中央电视台科教频道《探索发现》栏目，以中原文化为主题，于 2010 年拍摄制作大型电视纪录片《中原大发现》，为中原文化普及与传承做出了巨大贡献。2011 年，河南电视台首次独立摄制大型纪录片《中国历史文化名镇（村）》，对河南基层文化组织进行了一次全方位系统化梳理，为广大观众呈现一个富有历史韵味、文化厚重、和谐包容、与时俱进的崭新河南形象。

二是娱乐类真人秀紧跟时代潮流。近些年，因娱乐真人秀节目所具有的强烈娱乐性、参与性和趣味性，全国各大卫视乐此不疲，在这种浩荡潮流的裹挟中，河南卫视也尝试打造此类节目，一定程度上丰富了节目内容，与文化立台的品牌形象塑造形成互补。2011 年，河南广播电视台新农村频道推出《莲花英雄汇》，是全国第一家，也是目前独家四季温泉水上冲关的大型综艺真人秀节目，以"莲花英雄汇，挑战每一天"为口号，开播之后，受到极大欢迎，收视率节节攀升，半年之后成功跻身晚间黄金档十强，顺利进入河南电视台电视栏目集团方阵第一梯队。

三是农财资讯类节目便利民生。2012 年，南阳电视台在承办本市农运会期间，提前开设专栏专题，并特开频道，把原来的图文频道改设为农运专用频道，设置《聚焦农运》《农运快报》《直播农运》等特别栏目。2015 年，洛阳电视台在对传统节目升级改版的同时，推出民生类新节目如《直播洛阳》《都市 360》《生活帮帮帮》等，服务百姓生活，解决民生问题；新增时尚类节目如《风尚洛阳》《记录中国》《炸鸡和啤酒》《音乐嗨翻天》等，节目全新亮相后，社会反响良好。2016 年，河南广播电视台法治频道交通服务类电视栏目《晓辉在路上》经过改版升级后崭新亮相。改版后，每期节目 30 分钟，每晚 18：40 播出。该栏目是河南电视法治频道的一档精品栏目，收视率一直位居河南地区同时段收视前列，主持人晓辉在河南拥有众多忠实粉丝，尤其是有车一族的热门关注人物。节目中，晓辉以交警身份存在，每天上路执勤，对各街道违规、违法现象进行批评、指正甚至处罚，还会现场给新手司机科普一些交通指示，并提醒电视机前的观众注意交通安全。河南三门峡电视台近年新增《财经周刊》和《走进银行业》两个栏目，把最新金融信息和栏目特点结合起来，弥补以往向观众提供金融、财富类信息不足的缺陷，使电视台整体节目构架更趋合理，具有强大生命力。

（三）节目形态更加亲民

近些年，贴近生活、贴近百姓的亲民性电视节目在各家电视台呈遍地开花之势，相较于其他类型节目，这类节目与观众之间的互动更加多元，已经成为普通百姓寻求解决问题的途径之一。河南电视媒体在这方面也成绩斐然。

节目内容贴近群众，服务民生。河南电视台民生频道的《小莉帮忙》，自2008年创办以来因其节目形式新颖、服务性强而倍受观众喜爱，尤其在2009年经过创新改版以后，主要以郑州市为报道对象，兼顾郑州以外地区，对普通老百姓遇到的麻烦事、困难事出谋划策。作为一个本土化的电视民生新闻节目，《小莉帮忙》的诞生让观众看到了更多发生在自己身边的事，并且让观众感觉自己不但能够看新闻，还能够在遇到问题的时候找到帮助自己的媒介并参与其中，这在很大程度上满足了观众争取自身话语权的需求，有益于社会和公众的良性互动，因此受到了广大观众的信赖和支持，和《民生大参考》两档节目前后衔接，形成了有机互补，构成一个民生大版块，不断提升河南电视台民生频道的影响力。另外一档生活服务类节目《香香美食》已播出十余年，节目中的烹饪和养生知识、生活小技巧、锅碗瓢盆等，使观众有一种回到自家厨房的亲切感。新农村频道的《咱嘞河南话》栏目，以"把河南话宣传出去，做有特色好栏目"为宗旨，解读河南方言文化。节目中每天分析一个经典的河南本土方言词汇，从词义、词源、使用语境等角度进行通俗化解说，力求做到文化性与亲民性兼具，突出地域文化特色，观众喜闻乐见。周口电视台2015年主打栏目《民生报道》、大型直播栏目《民生面对面》继续强化和完善，积极拓展问政渠道，注重各项民生政策宣传，致力于解决群众关心的热点问题，节目中的民生情怀和社会担当，得到了社会各界的高度认可；倾力打造的电视经济类栏目《财富金融》立足周口实际，密切关注经济发展动态，2015年重新定位后，把原来的财经杂志内容提档升级，积极宣传金融知识、指导百姓理财、提供致富信息，初步形成节目特色；法制类栏目《警方时空》，全力为百姓提供各类警务信息，促进警民海通，增强百姓法治意识，搭建警民交流互动的平台。新乡电视台《咱爸咱妈》栏目着眼我国老龄化社会现实，以践行核心价值观、助力社会文明和谐为宗旨，节目一方面展现了老年人生活的方方面面和积极向上的生活情趣和精神追求，另一方面大力弘扬孝亲敬老的传统美德，倡导社会主义文明新风，为构建文明和谐的社会添彩助力。

节目热心公益事业，共同搭建爱心平台。《小莉帮忙》栏目利用电视媒体的互动优势，与郑州市红十字会构建了爱心平台，每期节目拍卖一件价值500元以上的家庭日用商品，筹集到的善款用于救助弱势群体等公益事业。河南电视台公共频道重磅推出的公益帮扶栏目《百姓调解》，通过关注老百姓的日常生活及情感生活中的矛盾问题，展现百姓生活百态，精准爱心帮扶，承担媒体社会责任。三门峡市电视台为更好的贯彻落实省、市、区农村精神文明建设工作会议精神，切实做好文明单位结对帮扶农村精神文明创建工作，大量参与慰问困难户，送去扶贫物资等，让困难群众真实感受到党和政府的关怀，增加脱贫信心。

三　融媒建设阔步前进

（一）新媒体平台建设大势所趋

新媒体风起云涌，深刻变革了当下媒介生态环境，传统媒体在危机之中纷纷寻求转型与创新。在新的业态和市场环境下，河南电视媒体也试图开拓新媒体渠道，并进行了一些有益探索，实现了营利模式多元化、盈收渠道多样化效果，产业价值链得以扩张。

新乡电视台 2003 年筹建新乡新闻网，作为本地主要的视频与新闻资讯门户网，经新乡广播电视合授权发布新闻信息，是新乡面向世界、世界了解新乡的重要窗口。2007 年 8 月新乡广播网正式开通，标志着广播电台传统播出方式与网络先进技术的有效融合。2010 年广播网络实现了大型在线视频网站的直播功能。2013 年 12 月 1 日，"新乡电视台"微信公众号正式开通，累计用户 20 多万人，信息覆盖率新乡第一，每日推送新闻资讯 6~8

条，日均阅读量3.8万次，并与各栏目微信平台联动，形成新乡电视台微信集群。以官方微博"新乡新闻网"为代表的新乡电视合新浪微博集群，拥有30多万粉丝，传播手段多样，直播、点播方式高效灵动。手机客户端"直播新乡"现有新闻、视听、互动、服务及个人中心五大版块。2015年5月，新乡电视台和大象融媒签订战略合作协议，标志着双方在新闻媒介资源、内容共享等方面开始全新合作，同时也开创了新乡融媒战略发展的先河。在新乡市委、市政府的重视和台领导的正确领导下，新乡电视台新媒体中心发挥互联网、微信、微博等新媒体优势，坚持正确的舆论导向，为持续提升新乡电视台的影响力、推动传统媒体与新媒体融合不断努力，取得显著成效。新媒体中心主要做了以下工作：官方网站和新媒体平台影响力持续提升，截至2015年底，新乡电视台官方微信的用户关注度持续上升，推送消息将300多期、2000余条；以新乡新闻网新浪微博为主的微博互动，总粉丝数超过18万；官方网站新乡新闻网的视频和图文消息累计更新超过2000条，栏目近200期；运营微信公众平台"故土河南""新乡优生活""新乡亲子私塾""新乡美食"等；同时发挥优势，开展社会合作；申报电子商务示范企业，进行微信公众平台技术开发项目。商丘广播电视台在稳固传统媒体的基础上，进一步开发新媒体，拓展新阵地。创办了城市电视台手机客户端"无线商丘"，创办了商丘新闻网，开办了法人微博，创办了"睛彩商丘"频道，创办了商丘纸质媒体《东方今报》商丘新闻；精心打造了全媒体覆盖的民生栏目《行风热线》。鹤壁电视台也于2017年12月对鹤壁网进行了改版升级，着力体现三个"更加突出"，即更加突出原创内容、更加突出移动互联网体验、更加突出融媒体三屏合一，是一个全面的信息综合服务网站，集成了在线直播、便利服务和生活应用程序。《无限鹤壁》则是鹤壁首个全媒体移动客户端，通过信息技术处理手段，利用广播电视新闻资源，结合全市信息化基础，整合先进的城市运营服务理念，建立覆盖面广、深度互联的新闻、公共信息、生活服务等智能终端信息平台，为市民提供随时、随地、随意、随心、随需等服务。官方微信"广电鹤壁市"与微博"无线鹤壁市"让人民群众大事有声音、小事有观点、求助有回应、好事快分享，共同传递鹤壁情绪。

综上可以看出，河南电视媒体在发展新媒体业务上取得了一些成绩，但是不同媒体形态之间的深度融合创新任重而道远。

（二）广播电视深度融合

目前广播电视融合发展的主要任务就是努力扩大广播电视融合媒体的制作和播出能力，包括加快融合媒体制作和播出云平台建设，全面提升综合性广播电视融合媒体服务能力；结合台网协同融合的需求，创新融合媒体制作、传输、服务和管理模式，开展广播电视融合媒体服务云与制播云的互联互通，建立广电融合媒体大数据应用平台，推动广播电视行业服务的转型升级。

2017 年，河南电视台和广播电台合并成立河南广播电视台，是河南广播电视发展史上具有里程碑意义的一个盛举，也是适应当下媒体融合发展的深度转型策略。河南广播电视台成立以后，大力拓展媒体融合平台建设，努力打造"河南新闻"移动新闻客户端，旗下"猛犸新闻"客户端下载量已超过 300 万人次。河南其他地市级广电媒体也在积极探索广电融合发展之路。以周口广播电视台为例，2015 年是周口广电深化改革、深度融合的关键之年——2015 年 12 月份，周口广播四个频率与电视四个频道同时实现了周口网和手机客户端的同步直播，通过智能手机随时随地可以听到、看到广播电视节目，提高了传统媒体的覆盖率和收听收视率，也增加了新媒体的点击阅读量，在服务市委中心工作、实现周口崛起方略、宣传与推介周口中发挥了重要作用。新闻综合频道狠抓内容生产，注重节目质量，宣传工作有声有色，主打栏目《民生报道》，致力于唱好主旋律、传递正能量；《十件实事暖民心》《文明在身边》《圆梦行动》等十多个专栏及"春运进行时""关注高考""追踪疯狂渣土车"等系列报道，采访播发了一批有深度、有影响的民生稿件。另外，周口广电新媒体牢牢把握新的历史机遇，积极探索"互联网＋"思维的媒体融合发展之路，用"广电＋新媒体"概念，相互搭建融广播、电视、网络、"爱周口"手机客户端、微博、微信为一体的全媒体宣传、服务、经营和技术平台。通过整合广电记者建立全媒体记者队伍，组建广电"飞龙队"，记者采访的信息一律传至新闻信息"中央厨房"。与乡村服务社记者一起组建广电"希望队"，维护运营乡村宣传平台的发展建设，加强乡村基层宣传力度，采集稿件统一向广播、电视、网络、爱周口客户端发布，实现一次采集、多种生成、多元传播。在媒体融合基础上，周口广电生产内容发生了根本性转变，在宣传报道中实现了"快全深"。

在当今快速发展的新媒体语境下，广播电视融合是传统媒体发展的必经之路。其"核心内容就是媒体融合创新发展，重中之重就是建设广播电视融合媒体制播云平台，构建有线无线卫星和互联网电视融合的媒体服务云平台，结合台网联动的需求，建立广播电视媒体云，推动制播云平台与服务云平台的协同创新，打造'广电＋'生态链，支撑广播电视媒体向互动化、社交化、泛在化发展，推动广播影视行业全面转型升级"。[①] 此外，要认真贯彻与落实国家新闻出版广电总局发布的《关于进一步加快广播电视媒体与新兴媒体融合发展的意见》要求，关注媒体融合发展工作，树立融合发展理念，积极改造升级现有的传统媒体与新媒体资源，并大力争取资金支持，购进必需的设备设施，完善技术支撑，组建媒体融合发展架构，力争尽快形成媒体融合发展新格局。

（三）全媒体融合进入深水区

传统媒体与新媒体深度融合、视听图文全形态传播已成为当下媒体发展的新目标与新常态，并推动当下媒体格局发生深刻蜕变。当然，河南电视媒体也被这股融合大潮强烈地裹挟冲刷。"在新媒体的强大攻势下，电视开机率越来越低，传统电视媒体不得不寻找新出路——全媒体运营。全媒体时代，电视节目制作的采集渠道、传播渠道日趋多元化，这种多元化的信息采集渠道与传播渠道，是在媒介融合背景下中原经济区电视媒介跻身全国强势

---

① 孙苏川：《广播电视媒体融合科技发展与规划》，《现代电视技术》2016 年第 6 期。

媒体之列的战略方法。"①

在当下全媒体时代，河南电视媒体积极发挥新媒体反应快捷、传播广泛、便于阅览的特点，加强对社会热点的跟踪报道，全面提升技术装备和保障水平，破除传统媒体、新闻网站和新媒体在采编环节的壁垒，建设广播、电视、新媒体一体化的中央新闻信息厨房，形成"一次采集、多种产品、多媒体传播"的工作格局，积极推动传统媒体与新媒体的融合发展，不断发展和壮大主流媒体。在此方面，河南大象融媒成绩显著。大象融媒成立于2014年10月，是河南广电整合旗下四家传统媒体单位和八个媒体公司组建成立的大型媒体集团公司，拥有报纸、杂志、广播、电视、网站、网络电视台、IPTV、手机报、手机电台、手机电视、电话广播、手机客户端、移动电视、户外大屏14类主流媒体业态和38个媒体传播平台。② 近年来，大象融媒围绕"融"字做了一系列文章，从"融观念"到"融本领"、从"融机制"到"融平台"，不仅打造了全国领先、全省唯一的全媒体采编播控平台——新闻岛，还并借助互联网思维对传统媒体和新兴媒体进行二次整合，在国内率先实现融媒体新闻采编发布机制和模式。在体制上，大象融媒集团经过整合，将原有媒体重复机构合并同类项，将不同媒介汇聚于一个大厅协同工作，实现不同媒介形态之间无缝对接，全力打造"新闻岛"。在新闻生产流程上，大象融媒实现了"一次采集、多种生成、多元传播"机制，如在河南两会期间记者现场发送视听图文等全媒体形态给中心，并在各新媒体平台上进行及时发布，与此同时，广播、电视也通过手机端与受众开展互动，记者会把网友想知道的问题次日带到两会采访现场。在技术开发方面，"新闻岛"的计算、存储与交换都在云端，所有生产、生成、发布都在终端的技术融合云平台，这为集团媒资系统建设提供了强有力的技术支持。

河南地市级电视媒体在全媒体融合发展之路上也在积极探索并积累了一

---

① 蒋东升：《媒介融合背景下中原经济区电视媒介发展战略研究——以河南电视媒介发展为例》，《鸡西大学学报》2016年第1期。

② 参见大象融媒官网，http://www.hnr.cn/news/xwzt/dxrm。

些宝贵经验。目前，信阳电视台全媒体发展格局已经显现。信阳电视台2016年成立了新媒体部，加强人员配备和业务培训。对信阳电视网进行全面升级，投资建设独立机房，硬件设施达到全省同类网站的先进水平；及时转播信阳广播电视台全部30多个电视栏目和广播节目，点击量迅速攀升到10000余次。"宜居居信阳"App上线近一年，浏览量突破百万，下载量达到11000多次。新开通信阳TV、信阳广播电视台两个微信公众号，先后开展了三农人物评选投票、主持人大赛投票等系列活动，信阳广播电视台的微信公众号粉丝量已达到1.2万多人，主持人大赛投票参与人数20多万人。同时积极顺应移动互联趋势，突出信阳广播电视台全媒体资源优势，积极探索"互联网＋"媒体融合之路。一方面，大力推进台网一体化融合路径，利用官方微博、微信公众号、App、信阳电视网站等抓住用户和大数据，把观众变成用户，把媒体内容变产品，探索更多传统广播电视内容资源的增益方式；另一方面，在媒体报道方面，报道形式和手段上不断朝移动化、智能化、社交化方向发展。目前信阳广播电视台台属媒体载体已经扩展到广播、电视、网站、微博、微信、二维码、移动客户端、网络电视等十余种，并形成信阳电视网、信阳手机台、官方微博微信及十几个二级微信公众号等新媒体矩阵，其中信阳手机台上线以来访问量达到700多万次，外地IP占总访问量半数以上，北上广、港澳台地区，甚至美国、澳大利亚等国家和地区均有涉及。

四　传播平台跨屏互动

（一）多屏互动成为常态

当下全媒体传播的传媒形态，推动电视媒体内容从大屏延伸到小屏，各种移动终端如平板电脑、手机等成为重要的传播平台，台网联动、跨屏互动成为常见业态。"台网联动主要是指台为网铺路，网做好台的服务，开设台的节目与活动的网络版本，台在适当的情况下可将网的广告捆绑销售，帮助网扩大影响。实践证明，电视与网站的联动，可实现以下目标：在内容上推动节目收视率节节攀升，在传播渠道上拓展节目覆盖范围，在广告上放大品牌价值，在营销上扩展了电视赢利空间。因此，越来越多的电视台走上了台网联动的全媒体发展道路。"① 以 2017 年的一部热播剧《人民的名义》为例，它创造了国产电视剧收视率新高，就是台网联动共同发力的成功案例——以湖南卫视作为独播平台，同时网络平台 PPTV 获得了它的独家版权，并分销给腾讯、优酷、爱奇艺等主流视频网站，最终播放量突破 24 亿次。在全媒体传播过程中，电视节目除在传统电视播出外，更多偏向于网络尤其是移动互联网媒体以争取更多年轻受众。我国较有影响力的娱乐类电视综艺节目如《快乐大本营》《向往的生活》《极限挑战》等都充分利用微博、微信、客户端等社交营销手段，多屏互动已成为电视节目传播的不可或缺的传播手段。

河南电视媒体的很多节目内容也在积极尝试跨屏传播与互动。河南电视台原创栏目《汉字英雄》通过与爱奇艺合作，实现了电视、PC 端、手机、平板电脑四个视频终端的多屏互动，配合节目宣传开发了手机和 iPad 版的同名 App 软件，使观众既可以平时参与汉字游戏，也可以同步观看电视播出，与选手同步回答问题，实现了真正的跨屏互动，受到年轻观众的热捧。"2016 年河南卫视推出的《剧说你要来》是全国首档'双屏实时互动'周播剧场，是一部'互联网＋电视'的诚意之作。观众们可以通过手机端实现评论和投票，并实时登上电视大屏；弹幕上电视，投票结果可决定演员生死和剧情走向。可以说整部剧由观众做主，让观众来当导演，从看电视到玩电视，实现了电视与观众的深度互动。"② 洛阳广播电视台也积极进行多屏传播的深化改革，提出"创建本台新媒体，打造广播、电视、网络'三位一体'的全媒体平台，三驾马车齐头并进"的发展目标，加快中网基础性升级改造，搭乘移动互联网快车，开发并强力推广手机客户端，利用微信等

---

① 刘杰：《浅析台网联动模式的途径和走势》，《科技传播》2017 年第 9 期。
② 李乐：《新媒体时代河南卫视的创新发展》，《新媒体研究》2017 年第 14 期。

新媒体手段，培育洛阳广播电视移动终端收视及应用平台，形成电视荧屏、电脑屏、手机屏"三屏互动"，实现洛阳广播电视台传统媒体从"收听收视"到"应用服务"的转型发展。① 在鹤壁，无限鹤壁手机台是鹤壁移动直播第一平台，也是鹤壁广播电视台充分发挥主流媒体策划和摄录设备优势、利用移动互联网4G技术和云平台资源、传统媒体和新媒体融合发展、倾力打造的移动直播平台。它的直播不受区域限制和距离约束，既能利用摄像机进行录制直播，又能实现摄像机、无人驾驶航拍机和智能手机融合录制直播，并能实现直播回放；既能满足大型文体活动的固定场景多机位切换直播，又能实现新闻事件类的移动跟踪现场直播。无限鹤壁手机台自2017年5月投入运行以来，对"建市60周年文艺晚会""鹤壁工匠技能大赛""鹤壁交警执法行动"等数十场活动进行现场直播，平均每场直播观看超过5万人次，实现经济效益和社会效益的双赢，成为鹤壁广播电视台全媒体阵容中一支融媒生力军。

（二）传输覆盖能力增强

在如今媒介融合、跨屏互动时代，想要获得良好的传播效果，大力提升广播电视传输覆盖接收能力，加快全国有线网络整合和智能化建设，全面实现广播电视传输覆盖网络的数字化，可以说必不可少。

从传播技术上来说，河南卫视采用1000瓦全固态电视发射机，质量稳定可靠，主要信号源采用光缆传输安全可靠，同时卫星信号和数字电视机顶盒信号作为备份，多路信号源汇集到播控室控制台，并采用矩阵切换器实现了多路信号的灵活切换。目前，河南卫视在国内外的覆盖能力已经大大增强，其他地市电视台也在致力于加强节目覆盖范围，如济源电视台目前正在积极推进地面数字无线覆盖网建设，并致力于解决山区群众看电视难的问题；实施广播电视设施设备更新改造，对转播台等基础设施、设备进行了更

---

① 参见朱欣英《新媒体时代广播电视面临的机遇与挑战——解构洛阳广播电视台应对变局的实践》，《新闻爱好者》2015年第12期。

新改造；同时与河南大象融媒及济源网通合作开展 IPTV 电视业务，扩大了济源广播电视的覆盖面；与腾讯公司对接，成功开通"播电视"功能，开辟了电视与用户新的互动渠道。信阳电视台的传输覆盖能力也在近年来明显提高。"家家通"无线数字电视稳步发展，在 2015 年新发展用户 20224 户，总用户达到 122510 户，推进浉河、平桥两区农村有线电视数字化，实现入户安装 27000 户；升级广播电视高山无线发射台基础设施，积极实施广播数字化播控系统改造，实现广播节目全市覆盖；实施中央广播电视节目无线数字化覆盖项目，基本实现 12 套中央电视节目和 3 套中央广播节目的无线数字化覆盖。周口电视台也实施了"天网"覆盖工程，通过加强与省网络公司合作，实现电视节目在各县市有线电视网的完整传输，建立了广播电视网络直播系统。该系统以网络平台为支撑，实现了周口广播电视台四个广播频率和四个电视频道节目的网络直播、点播、回看、互动，观（听）众在电脑、手机、平板、电视等终端均可收听、收看广播电视节目，兼具网站、微信、微博的管理功能。

（三）移动共享全民参与

传统电视媒体属于单向传播模式，受众参与度低，反馈滞后，而新媒体属于双向传播模式，受众既是接收者也是传播者，观众参与度较高，互动实时便捷高效。因此，电视节目要想扩大传播能力，就要积极学会利用、嫁接新媒体尤其是移动媒体，形成全民共享之势。

河南电视媒体在不断融合变革的全媒体时代，也在密切关注并把握手机电视、IPTV、网络电视，尤其是 App 的发展动向，极力打造媒体发展的新阵地、新平台。河南卫视紧跟潮流，充分利用新技术，在新媒体平台上发力，其微信公众号运营良好，三大版块"豫·看""豫·玩""豫·乐"，可让观众预约、回看、点播、直播节目，可以投票、点评，通过"摇一摇"、互动抽奖、小游戏、微社区等方式参与线上线下活动，从而使节目热度和话题在观众群体中不断得以延续。2016 年底，河南卫视微信公众号荣登"全国省级卫视微信公众号最具影响力 TOP10"榜单之首，公众号阅读

总量及单条平均阅读量均位居榜单首位，且单日文章（总条）阅读量都达
"10万＋"。① 郑州电视台2013年开发"ZZTV"手机客户端以来，实现了对
苹果和安卓手机全覆盖，用户免费下载安装后可以非常方便地随时点播观看
节目。手机微视"掌上郑州"及新浪微博秒拍"掌上郑州"主要发布郑州
本地的新鲜资讯、生活中的幽默创意微视频，"我在现场""知根知底""微
评天下"、"视频精选"等版块点击率颇高，并建立了官方微博、微信信息
发布及互动平台。地铁频道也建立了"地铁频道fans俱乐部"，以微信公众
号为承载平台搭建成员交流、线下活动、会员抽奖、电商购物为一体的综合
性公众服务平台。三门峡广播电视台近年来也在加快建设移动媒体，目前共
开办新媒体四个，分别是三门峡广播电视网、三门峡广播电视台微信公众
号、《黄河三门峡》党政客户端以及三门峡手机台。其中三门峡手机台是集
广播电视节目、视频在线直播、点播、新闻资讯、便民服务、生活应用、电
子商务为一体的全资讯、综合性的城市民生云平台，有18个频道，自2015
年12月运行以来，订阅用户量达5万多人，访问量近400万人次。新媒体
平台直播有三门峡台的四套电视、两套广播，同时配合市中心工作和重大活
动，开设直播两会、脱贫攻坚等报道专区，进一步拓宽了新闻宣传渠道，壮
大了主流媒体阵地，以移动共享平台积极构建全民参与的传播格局。

---

① 参见李乐《新媒体时代河南卫视的创新发展》，《新媒体研究》2017年第14期。

广播事业篇

广播事业改革转型期（1978～1992年）

党的十一届三中全会确定实行改革开放以来，尤其是 1983 年中央确定四级办广播电视的方针以来，中原地区的广播业进入了前所未有的大发展时期。无论是在新闻宣传、节目内容，还是在硬件建设、技术保障等方面，广播都取得令人瞩目的成绩。[①] 河南广播已在河南政治生活、经济生活和社会文化生活中发挥着越来越重要的作用。20 世纪 90 年代以后，随着科学技术的迅猛发展、经济一体化进程的加快及我国改革开放政策的不断推行和深入，河南广播业的发展进入了转型发展时期。经过近 40 年的努力，河南省广播事业已有相当大的规模，具体表现在以下三个方面。

首先，在内容生产方面，河南广播形成多种节目、多种频道、多种服务的广播生产格局。广播节目内容和类型十分丰富，包括新闻类、社教类、文艺类、服务类等多种广播节目类型，在此期间，河南广播电台紧紧围绕全党全国工作大局，为人民群众提供更多更好的精神食粮。此外，河南广播电台利用自身的优势开展了一系列多功能服务。如利用副信道开通数据广播，这

[①] 昌波：《改革开放 20 年我国广播电视业的发展》，《中国有线电视》1999 年第 8 期。

为城市交通、商品交易、证券交易服务等提供了便利，利用广播网络的容量大、频带宽等特点提供信息传送等服务。除此之外，一些广播电台还利用因特网向全国乃至全球传播信息。

其次，在传播路径方面，河南广播建成了比较独特的传播路径，以及内宣与外宣并重、城市和农村相结合的卫星、无线、有线等多种方式混合覆盖的广播网络。除此之外，形成了中央、省区市、地市、县市、乡镇五级广播机构并存，教育及社会其他部门参与兴办广播的格局。据统计，这一时期，我国 31 个省（区、市）、335 个地市、2614 个县市都有广播电视机构（指广播电视厅局、广播电视台站等）；其中，在全国 4.5 万个乡镇中，设有广播站的有 3.9 万个；全国 72 万个行政村中，有 63 万个村通广播。[①]

第三，从人事制度层面看，我国法律禁止个人开办广播电台、电视台。不管是宣传部门开办的，还是教育部门开办的，都是国有的，我国不存在民营的广播电台。所以，广播电台均属于公有制。在国家广播电台的工作人员均属于国家事业编制。除此之外，我国法律允许个人在特殊情况下，可以申请设置共用天线系统、允许境内广播电台经过批准租用境外公司的卫星传送节目。

20 世纪末，我国广播有了较大的发展，成为我国较具实力的大众传媒。其中，电视广告经营额 1997 年为 114 亿元，占全国广告经营额的 25%，广播经营额仅次于电视、报纸广告，位居第三位。广播是我国很具影响力的大众传媒，广播电视听众、观众有 10 亿人以上。[②] 当然，我国广播的发展目前还存在许多问题，在广播事业改革转型阶段，河南广播主要的问题有以下几个方面。一是"散"的问题，广播布局比较散，结构不尽合理，没有形成规模效益，节目设置雷同，精品节目不多，一些地方还存在相当的乱播滥放、低水平重复建设等行为。二是"旧"的问题，广播管理体制和运行机

---

① 昌波：《改革开放 20 年我国广播电视业的发展》，《中国有线电视》1999 年第 8 期。

② 昌波：《改革开放 20 年我国广播电视业的发展》，《中国有线电视》1999 年第 8 期。

制比较旧，多年来形成的以块为主、政事合一的管理体制和事业单位运行机制没有根本的变化。三是"理论"的问题，对社会主义市场经济条件下广播的"喉舌"功能与产业属性、新闻宣传与经营管理、言论传播自由与把握正确舆论导向、意识形态性质与自身生产力发展等关系认识不统一，对广播的市场主体，市场准入、市场退出及社会主义市场经济条件下广播发展路子和管理体制等问题研究不够。

综上所述，河南广播必须从只注重政治功能向政治功能、经济功能和社会功能并重转变。广播节目内容要有多元化、专一化、趣味性等并重的发展思路；在技术方面，河南广播须从逐步模拟播出向数字传播转变；河南各级人民广播电台从业人员人事编制为事业编制，是事业单位型运行机制，这种运行机制与传统的计划体制是相适应的。但随着我国社会主义市场经济体制的建立，这种运行机制的弊端日益凸显，难以适应广播生产力和市场经济发展的要求，当前广播从业已具备向企业转型的能力。

在这一阶段，伴随着改革开放的脚步，河南的广播业开始逐渐发展，在内容生产方面，出现了一大批贴近生活贴近人民的优质节目，大批节目开始向受众本位靠拢，节目定位大多与人民的生活有关。

一 河南人民广播电台

1950 年 9 月 15 日，河南人民广播电台在河南省原省会开封市开播，1954 年随河南省省会迁至郑州。河南人民广播电台频率有新闻广播，开播时间为 1950 年 9 月；经济广播，开播时间为 1989 年 10 月。

《河南新闻》创办于 1950 年 9 月，是新闻广播乃至河南人民广播电台的龙头节目，是新闻广播发挥"喉舌"作用和舆论引导作用的主阵地。节目围绕河南省委、省政府中心工作和全省经济社会发展的重要新闻事件进行报道，以大容量、高品位、强时效、广覆盖的新闻服务配合党和政府的中心工作，推动河南的改革、发展稳定。新闻呈现有深度、时效性强、音响报道多等特点，以"快"著称于河南新闻界，《河南新闻》获 2006 年中国广播影视大奖优秀栏目奖。

河南广播事业诞生以来，伴随着中原大地波澜壮阔的发展，披荆斩棘，一步步发展壮大，用电波记录了中原半个多世纪的时代变迁，用热情浇铸了河南广播近 70 年的光辉历程。

河南人民广播电台建台初期只有一套节目，全天播音两次，1978 年发展为一个台两套节目，1990 年原电台的第二套改为河南经济广播电台开播。

中共十一届三中全会以来，河南省的广播内容生产相较改革开放以前，向前迈进了一大步。在这个阶段，随着媒体竞争的加剧和人民对精品精神文化产品需求的增长，河南人民广播电台开始大力推进品牌战略，一些颇具特色的优秀广播节目崭露头角。例如，郑州人民广播电台的《早餐可乐》节目。它是综合新闻类节目，1988 年 12 月开办，经济广播 7：00 ~ 8：50 播出，《早餐可乐》节目是经济广播开办 20 年的王牌节目，央视—索福瑞调查机构和全球最大的市场调查公司 AC 尼尔森调查显示，《早餐可乐》在这一时段的节目收听率、市场占有率一直稳居郑州地区 20 多家广播频率之首，目前《早餐可乐》经过众多主持人的打造，在郑州地区已经具有极高的品牌知名度。节目主旨是关注社会生活、反映百姓心声，节目口号是传递郑州的声音。《早餐可乐·711 快递》已经成为省会郑州反映社情民意、进行舆论监督、沟通政府百姓的重要渠道。

二　地市广播电台

1. 平顶山人民广播电台

平顶山人民广播电台是国家批准设立的地方广播电台，是平顶山市的主流媒体之一。平顶山人民广播电台坚持"高扬主旋律"的办台宗旨和"团结奋进、刻苦敬业、努力拼搏、争创一流"的团队精神，为平顶山市的三个文明建设做出突出贡献，自身也取得了较大的发展，现辖系列台 5 个，互联网站 1 个，全台内设 18 个科技部室，固定资产 350 多万元，职工 120 余人（含聘用）。其中高级职称6人，中级职称36人。

2. 南阳人民广播电台

始建于1959年6月。后在三年困难时期和"文革"时期，曾两度停止播音。1986年5月恢复天天播音。自办有新闻广播、城市广播、交通广播三套节目，全天播音56小时。《南阳新闻联播》《行风热线》《华山帮帮帮》《一路畅通》《汽车广场》《叨咸姜》等节目以其丰富多彩的内容、生动时尚的形式，赢得了听众的喜爱，成为南阳广播媒体的品牌栏目。

3. 洛阳人民广播电台

洛阳市自1932年就开始出现广播，1968年2月应毛泽东主席"努力办好广播，为全中国人民和全世界人民服务"的号召，洛阳人民广播站成立。改革开放前，受经济和技术条件限制，洛阳广播电视事业主要是以发展有线广播为主。1981年5月1日，洛阳人民广播电台建成并正式播音，除每天转播中央人民广播电台、河南人民广播电台的新闻节目外，还自办了新闻、专题、文艺等节目。1998年6月实行专业化系列台（后改为频率）体制，下属新闻、经济、交通三个频率。同年6月，全国第一座140米中波接地自立塔落成。

广播事业多元特色发展期
（1993～2005年）

　　改革开放 30 年来，1993～2005 年广播节目形态的演变是广播媒介实施新闻改革的核心部分。河南的广播从单一走向多样、从板滞走向灵动，这表明广播改革经历了一个曲折的历程后，逐步回归到了媒介本体，在一定程度上折射了时代的发展、社会的变迁对河南省广播媒介的要求，它与广播自身的媒介特性、传播规律息息相关，同时也反映了河南省广播媒介在传播观念、技术手段方面的大胆革新。[①]

　　1997 年 6 月 30 日至 7 月 1 日，中央电台对香港回归进行了七场直播。其中，初次尝试了节目《百年长梦今宵圆》长达七小时的录制。这在新闻实效、报道深度、音乐烘托等方面都做得非常成功。在现场直播节目中，实况广播依然处于主体地位，它是整个节目的核心；新闻专题、谈话类节目、多点连线报道等节目形态也会出现，但是它们已经作为节目的构成元素在主持人的牵引和串联之下融入整体节目。换句话说，它们只是作为实现传播效果的一种手段，已丧失了独立的节目形态地位。

　　进入 21 世纪以后，在遭遇传统的电视、报纸媒体强势压迫的同时，网络与手机等新媒体的勃兴让弱势的广播感到竞争的压力，但是手机短信、网络直播帖的介入使广播传受双方有了更广阔的互动空间。为了最大限度地争取听众，为逆境中广播创造生存与发展机会，国家广电总局将 2003 定为"广播发展年"，有力地推动了广播新闻的改革。通过对改革开放以来河南广播节目形态演变与发展的历史脉络的梳理与考察，我们不难发现，河南广

---

① 申起武：《改革开放 30 年广播新闻节目形态的演变和发展》，《现代传媒》2008 年第 4 期。

播节目形态的演变与发展是一个从单一走向多样、从板滞走向灵动的过程，在适应广播媒介特性和传播规律及满足听众的收听需求的基础上有序进行，其变化主要体现在以下三个方面。

首先，在节目内容生产方面体现为碎片化，碎片化的概念一般用于指受众市场的破碎。不过，将完整的节目"破碎"与受众市场的破碎有某种相似之处，所以姑且借用这一概念。广播是单信道传播，声音是听众收听广播节目时可感知的唯一信号，所以传统意义上的解说加音响的节目，尤其是篇幅较长的专题，往往会因为声音元素的单一及制作手法的呆滞与僵硬给听众带来单调、乏味之感。为克服这一缺陷，以强化听众收听兴趣，消除听众收听疲劳为旨归的新闻节目碎片化成了河南广播节目形态演变与发展过程中的一大倾向。另外还体现为互动化。主要包括热线互动和短信互动。在热线电话介入广播之前，信函是河南省广播传受双向互动所采用的一种主要方式，但是由于这种方式属于延时性互动，互动过程麻烦、反馈率较低，所以始终没有形成气候。伴随着"珠江模式"的诞生，热线电话将广播传受双向互动带入即时互动时代。虽然热线互动具有独特的优势，但是也存在难以克服的缺陷，所以在河南广播电台节目中，短信互动也是一种反馈互动的新模式。

其次，在传播路径方面，河南广播传播方式的创新发展让"新广播"破茧化蝶。从声音的唯一传播方式到多媒体的传播方式，河南的广播在渐行渐远的同时又在逐渐回归，至少在理念上如此。特别是在媒体融合深入推进的当下，河南的广播做回自我，重塑声音价值，夯实核心竞争力，坚定战略定力，成为共识。声音、文字、图片、视频，看似大而全的立体化、全通道式传播，让广播在应对移动互联网冲击时，充分彰显了其作为移动媒体、伴随媒体、低成本媒体的特性与优势，迅速走上了媒体融合发展的快速路。在传播方式进化的初期，河南一些广播机构采取了增设视频的方式，在广播播出过程中，同步通过网站进行视频直播，有些广播台甚至借助名牌广播节目的影响力，将广播直播的视频信号接入电视频道，"广播可视化"成为一时热门话题；随后在移动互联网大行其道的时候，又有一些广播机构开始在直播室架设互联网直播摄像头，取代了电视化的重型直播设备，在互联网上引发用户围观，为广播的推广和营销带来了一定的新鲜感。除此之外，河南打造可听、可看、可读、可感、可交互、可交易的"新广播"，运用新技术、聚合新内容和拓展新渠道，让广播在广覆盖中增强影响。[①] 在广播事业多元特色发展期间，河南成为在国内第一家采用 ATM 播控系统，全国首批实现了电台播控系统的数字化、网络化的地区。伴随新技术革命的突飞猛进和网络媒体的兴起，河南顺应时代潮流，抢抓发展机遇，积极探索和推进与新媒体的融合发展，在全国省级电台较早开办了官方网站"河南广播网"。

最后，从人事制度改革层面看，河南在广播事业多元发展期间，始终坚持以宣传为中心，坚持把唱响科学发展主旋律、打好正面宣传主动仗作为宣传的根本任务，紧贴河南省委、省政府中心工作，整个宣传导向正确、主题鲜明、重点突出、把握平稳、势头强劲，为加快中原崛起营造了浓厚氛围。始终坚持新闻立台，植根中原大地，紧扣时代脉搏，在每一个重要历史事件中、在每一次突发事件的现场、在每一个重要时间节点、在每一个人民需要的时刻，河南广播人都积极唱响主旋律，传播正能量，从未缺席。以下是1993～2005 年河南各地市广播业发展详情。

一　河南人民广播电台

交通广播，开播时间为 1993 年 3 月；戏曲广播，开播时间为 1995 年 1 月；音乐广播，开播时间为 2003 年 5 月；农村广播，开播时间为 2005 年 10 月；旅游广播，开播时间为 2005 年 10 月；信息广播，开播时间为 1994 年 6 月；影视广播，开播时间为 2004 年 4 月。

此后，交通、文艺广播电台相继于 1993 年 2 月和 1995 年 1 月获原国家广播电视部批复成立。2003 年，河南人民广播电台第一套节目开始以"河南人民广播电台新闻广播"的呼号播出，新闻广播由此诞生。

---

① 涂有权：《改革开放 40 年广播的创新发展》，《中国广播》2018 年第 3 期。

《政府在线》是河南人民广播电台新闻广播 2003 年推出的一档时政类热线直播节目，它紧紧围绕河南省委、省政府的中心工作和普通百姓关注的热点问题，邀请党政领导干部走进直播室和群众直接交流，是新时期新闻宣传发挥喉舌作用的创新和拓展，也是广播媒体服务社会，开展舆论监督的新形态。《政府在线》开播以来，服务大局，当好喉舌，在党委、政府和群众之间搭建了互相交流、沟通理解的连心线，成为服务全省工作大局和普通百姓的直通车，做到了"领导满意，群众欢迎，专家认可"，显示出强大的社会影响力和旺盛的生命力。被评为第十五届中国新闻奖新闻名专栏。

1994 年，《谁是谁非》在经济广播闪亮登场，是一个三通话的热线直播节目，主持人随机接听投诉、巧妙弥合投诉和被投诉双方的分歧，成功化解了数千件疑难投诉和棘手纠纷，被听众朋友形象地称为"消法卫士"。它全心全意为普通消费者服务，是经济广播最具代表性的节目。《谁是谁非》收听率和单个节目的广告占有率一直在经济广播的各档节目中位居前列。2003 年，被评为全国经济广播名栏目并荣获全国经济广播栏目一等奖。

《周末大戏台》是戏曲广播推出的一档精品节目，2005 年 4 月开播，在社会上引起强烈反响，得到广大戏迷的认可，河南省著名的文艺评论家刘敏言、戏曲评论家荆桦、作曲家朱超伦等众多专家亲自到现场观看演出并给予了高度的评价和赞誉，省会的各大媒体也都给予了关注和报道。《周末大戏台》节目始终秉承"期期都精彩、期期有亮点"的宗旨，精心打造每一期《周末大戏台》。剧场演出，同步转播，《周末大戏台》实现了可视、可听、互动立体化广播节目的播放方式，可以满足各个层面的观众、听众的不同需求。是河南人民广播电台第一档采用市场化运作方式生产的节目。

《音乐状态》是音乐广播 2004 年推出的一档独具特色的音乐节目。乍听之下很难将《音乐状态》和传统的音乐节目联系起来，同样一首歌曲，而在其过门、间奏、主歌、变奏的空隙间的感情接口处，自然而然出现了两三个人物情景片断，恰到好处地诠释了歌曲的意境，听完一首《音乐状态》里的歌，你会发现耳熟能详的老歌有了新的感受，只是情景并不喧宾夺主，歌曲本身依然完整、流畅。其实《音乐状态》就是广播中的 MTV。《音乐状态》自开播以来以独一无二的风格、真挚的情感、精心的制作赢得了听众的喜爱，成为音乐广播独具特色的优秀节目。

二 地市人民广播电台

1. 郑州人民广播电台

《今夜不寂寞》，1993 年 4 月 1 日开办，新闻综合广播每晚22∶40～23∶45 播出的一档开播 14 年的情感类谈话节目，以热线参与、情感倾诉、主持人倾听交流、短信互动为主要沟通方式。从细微的情感关怀中发掘人文关怀，用真情实感启迪心灵，感动听众。节目以情动人，细腻流畅。主持人个性鲜明，真诚传达关爱，温情而不失犀利。节目中应对沉着、循循善"导"、延伸话题，体现了谈话节目的语言和情感魅力。节目在同时段收听率调查中高居榜首，凌晨两点的精彩回放，更是创造了 50% 以上的占有率。

《叱咤中原——河南戏剧排行榜》，戏曲类节目，2005 年 10 月开办，文娱广播 9∶00～11∶00、17∶00～19∶00 播出，是河南省第一家专业戏剧演员排行榜，也是中国电台第一支戏剧演员排行榜。目前加盟演员已达 130 人，他们来自全国各地剧团的专业演员，剧种涵盖豫剧、曲剧、越调、宛梆、道情等八个剧种，行当齐全、流派纷呈。节目每天两个时段、四个小时唱段打榜，听众通过热线、短信、信件、电子邮件四种方式进行投票支持，力推中青年演员，每周六揭榜，票数积累，年终评选出年度十大演员。

2. 济源人民广播电台

《交通时段》，资讯类节目，2005 年 1 月 1 日开办，是一档以"交通"为主线、集知识性、娱乐性和服务性为一体的直播节目，每天早上7∶50～9∶55 播出。节目部注意在做好节目的同时开展各类公益性活动，特别是"5·12"四川汶川大地震发生后，节目部积极策划了济源市灾后行动最早的"情系汶川"大型募捐活动，收到捐款 40 余万元，主持人也因此被评为抗震救灾先进个人，受到省级表彰。

3. 安阳人民广播电台

《市政热线》是安阳人民广播电台实施板块直播节目改革的成果之一，在市民和政府之间架起了沟通的桥梁，成为安阳电台的名牌节目。安阳1998年获省级以上奖项的广播电视新闻作品40件。其中，《健美牌洗衣膏，妈妈的好帮手》获第十四届全国优秀广播广告节目优秀奖。

1999年，安阳人民广播电台的新闻《煤炭是怎样由黑变白的》和安阳广播电视局制作中心的电视剧《都市风铃》荣获河南省第四届精神文明建设"五个一工程"奖。1999年，广播电视系统有41件宣传类作品获得省级奖励，安阳人民广播电台在中央台播发新闻33条。2001年，安阳市广播电视局共获得省级以上奖76件，其中全国二等奖5件，三等奖2件；省一等奖2件，二等奖25件，三等奖42件。2002年，全市广播电视在全国全省优秀节目评选中，共有72件新闻作品获奖，其中全国一等奖2件，二等奖5件，三等奖4件，省一等奖9件。2003年，市广播电视系统共有82件作品或省级以上奖。

4. 平顶山人民广播电台

1998年以后，平顶山人民广播电台根据形势发展和听众的需要，对节目播出方式进行了较大的改革，其主要特点是向综合性的板块节目和主持人直播节目方向迈进，节目设置分为新闻、信息、教育、文艺、娱乐五大类。

5. 三门峡人民广播电台

三门峡人民广播电台成立于1995年7月。现有职工50人，其中在编职工49人，聘用人员2人。目前，电台建有3个制作室，2个播控室，2套音频工作站，实现了办公自动化信号传输光纤化，短信在节目中应用及广播节目的数字化播出。目前，三门峡人民广播电台的两套节目，播音时间34小时，每天播出栏目35档，其中，自办栏目22档。《三门峡新闻联播》《政风行风热线》《有事你说话》《车来车往》等自办节目已被广大听众所熟知，社会影响力广泛。

6. 新乡市广播电台

1996年9月16日，在河南省政府组织召开的农业科普宣传表彰会上，新乡电台被授予农业科普宣传先进集体，在全省17个地市中，新乡电台是唯一获得此项荣誉的地市级新闻单位。新乡电台多年来始终把农业宣传放在重要位置，开办农业专题栏目《绿色田野》，开办技术讲座。在1996年科普之春活动中，新乡电台播发专稿300多篇，录制专家讲座100多讲，受到了广大农民的欢迎。

三　传播路径逐渐多元化

1. 河南人民广播电台

河南人民广播电台（原）技术装备实力处在全国省级电台的前列，2003年，在国内第一家采用ATM播控系统，全国首批实现了电台播控系统的数字化、网络化。

进入21世纪，伴随新技术革命的突飞猛进和网络媒体的兴起，河南人民广播电台顺应时代潮流，抢抓发展机遇，积极探索和推进与新媒体的融合发展，2005年7月，在全国省级电台较早开办了官方网站"河南广播网"。

2. 安阳人民广播电台

2001年5~12月，完成了全市有线电视综合信息网市、县联网工程。基本形成一个上接全省、全国，下连县、乡、村，相互连通的宽带、数字、双向、高速的广播电视网。1999年1月26日，安阳市广播电视学会正式成立，是全市性的广播电视学术团体。2001年，安阳广播电视大厦落成后，安阳人民广播电台配备了数字化音频工作站，实现了制作数字化，播出自动化。

3. 新乡市广播电台

1996年，新乡市广播电视中心主楼竣工，实现了局机关、市电视台、市有线电视台的搬迁。筹资20万元，解决中波台双回路供电问题。年内一三四厂、七五五厂、五普和化纤厂等11家有线电视单位和市区的有线电视并网。新乡市有线电视台投资800万元，对市区50公里主干线进行光缆改造。广播覆盖率为92%，电视覆盖率为89%。辉县市孟庄镇广播站研制的《微型卫星电视转接系统》通过广电部鉴定并申报国家专利，7月已由国营七六〇厂开始定型生产。在全省市地广播电视技术维护工作中，新乡广播电视局技评为第三名，并获省厅奖金一万元。在全省广播电视技术维护先进台站和先进个人评选中，新乡电视转播台荣获二等奖，新乡有线电视台荣获三等奖，新乡市五人被评为先进个人。新乡电视转播台被河南省厅授予"无线标准台站"称号，中波台保持这一荣誉称号。

河南广播事业台网融合发展期
（2006～2015年）

截至 2005 年，中国广电事业的"集团化、专业化"道路建设已经初步完成。2006～2015 年，我国移动互联网新兴产业和汽车文化的兴起，给广播事业的融合发展创造了新的战略机遇，河南的广播事业迎来了台网融合的发展期。2009 年开始，广播的收听率连续多年呈持续上升态势，广播的接触率也一直维持在 59.5%～60.0%，① 说明广播收听市场依然拥有一批忠实的拥趸，听众收听广播的热情并没有因为其他媒体的介入而大幅度冷却，广播依然生机勃勃。同时，这一时期河南省的广播事业也在网络新媒体浪潮中迎来了自己的机遇和挑战，总体上呈现迅猛发展的态势。

从节目内容上看，全媒体技术的运用给广播节目的创作思维、传播方式带来了颠覆性的改变。河南省电台及各地市级电台纷纷开始顺应潮流创新自己的节目频率和节目类型，精品佳作不断涌现，形成了别具一格的风格化、特色化节目；同时，广播节目定位在全国具有首创性、独创性和唯一性，河南新闻在中央人民广播电台发稿量实现八连冠，在中央台发稿量位居全国前三名。河南新闻上中央台重点新闻栏目做到了"常流水、不断线，关键时刻有亮点"，全面展示了一个真实的、发展的、正在崛起的河南新形象，河南广播媒体为河南省的发展赢得了良好的外部舆论环境和氛围。从传播路径来看，自从 2010 年新媒体这一概念开始兴起之后，河南广播电台也开始完善和创新自己的传播平台。首先，完善基础设施，使安全播出保障能力大大

---

① 参见《惊！中国广播听众与网民数量持平》，搜狐网，2017 年 7 月 1 日，http://www.sohu.com/a/153540171_636435。

增强，基本形成了布局合理、设备先进的节目采集、制作、播出、传输、接收体系，建设并完善了全省广播电视有线传输网络光缆传输干线网，形成了一个由干线传输网和分配网组成的上下贯通、技术先进、功能完备、能够承载多种业务的综合广播电视网络系统。其次，河南省广播电台建设完善了数字音频工作站网络，建成了全国领先的数字化、网络化播控系统，实现播出的完全无磁带化、自动化和智能化。其次，河南省各电台充分利用新媒体平台的优势，使广播全媒体发展实现了新的突破，移动多媒体广播电视和手机电视融合发展势头强劲，推动了河南省广电主流媒体向互联网、手机等新兴传播领域的延伸。最后，从人事制度和管理机制方面来看，在广播电视事业经过以"广播电视事业"为基本特征的初期发展阶段和以"事业单位，企业管理"为基本特征的探索发展阶段后，河南广电媒体目前已进入大整合、大汇流的全新产业化发展时期，并成为新兴文化产业的重要部分。随着经济体制改革、政治体制改革、行政管理体制改革、文化体制改革和广电技术变革逐步推进，广电管理体制的改革将越来越深入。河南省广播电影电视局在体制上，推进由单一的事业体制向事业、企业双重体制转变在发展路数上，由单一发展事业向一手抓事业、一手抓产业，两手抓、两加强、双轮驱动发展转变。[①] 但是客观地说，河南广电的管理体制改革只是迈出了小小一步，要走的路还很长，要思考的问题也有很多。

综上所述，河南省广电事业在这一时期是呈现稳健发展的态势，并积极迎接网络新媒体浪潮带来的机遇和挑战。在此阶段河南省各广播电台具体的发展情况如下。

一　河南人民广播电台

随着经济社会的发展和受众收听需求的变化，河南人民广播电台历经数

---

① 常虹：《河南省广播电视产业发展创新研究》，《郑州大学学报》（哲学社会科学版）2006年第 3 期。

次频率扩充和定位调整，至 2010 年，初步形成新闻、经济、交通（河南省人民政府应急广播）、戏曲、音乐、影视、农村、旅游、教育、信息等十套差异化定位专业广播百花齐放的频率格局。2015 年 8 月，旨在提升听众文化素质、普及高雅音乐的天籁之音（天籁 936）试播。

20 世纪 80 年代以来，随着媒体竞争的加剧和人民对精品精神文化产品需要的增加，河南人民广播电台开始大力推进品牌战略，涌现了《河南新闻》（中国广播影视大奖优秀栏目奖）、《河南新闻联播》（中国广播电视新闻奖"十佳栏目奖"）、政府在线（中国新闻名专栏）、《南方谈交通》（中国广播影视大奖"广播栏目提名奖"）等一批精品栏目；创作了大量的精品节目，有多篇作品获得中国新闻奖、中国广播影视大奖、"金话筒"播音、主持作品奖、中国广播文艺政府奖等全国性行业最高奖项，曾连续八届获全国"五个一工程"奖；得益于品牌战略的推进，河南广播的传播力、引导力、影响力和公信力日益提升。据第三方权威统计，河南广播近几年在郑州地区综合收听市场及车载收听市场的收听率数据和市场份额每年都有 1～2 个百分点的提升。其中，交通广播和音乐广播在郑州市场长期占据第一和第二的位置，在全国同类专业频率的排名也处于同行业第一阵营。

广播连续剧《天哨》，共三集，为纪念中国人民解放军建军 80 周年，河南人民广播电台精心制作了这部广播剧，并于 2008 年 8 月在河南人民广播电台各频率陆续播出。编剧为吕卉，导演为宋冰、李山，责任编辑为谦进。内容提要：险峻的昆仑山海拔 4500 米，空气中的含氧量仅为平原地区的 48%，一年冰雪期超过 10 个月，这里的生存条件极端恶劣，但这里也是离蓝天和太阳最近的地方，所以这里的哨所被战士们亲切地称为"天哨"；驻守天哨的我解放军某部电话兵们，克服了高山缺氧、水土不服等常人难以想象的困难，默默地在这里奉献着自己的青春。全剧制作精良，高潮迭起，演员演播准确到位，有很强的可听性，获 2008 年河南省精神文明建设"五个一工程"奖。

广播剧《冰雪同行》，共三集，由河南人民广播电台制作。2008 年在河南人民广播电台各频率多次播出。编剧为欣元，导演为宋冰，音乐为颜梦雪。内容提要：2008年1月19日，一场突如其来的大雪冰冻天气袭击了中原地区，时间之长、强度之大，超出了事前预料，权威部门认为，这是一场50年不遇的特大灾害；在河南省委、省政府领导下，交警、交通、路政、广播联手，在省电台设立省道路交通应急指挥中心；经过艰苦不懈的努力，2008年1月27日，被雨雪冰冻封堵了九天的连霍高速和京港澳高速终于全线恢复通行。利用广播进行应急指挥，做大规模的交通疏导，这在全国还是第一次，广播作为党和政府得力助手的作用也在实践中经受了检验。该剧获河南省精神文明建设"五个一工程"优秀作品奖。

广播剧《生死较量》，共三集，由河南人民广播电台制作。2008年在河南人民广播电台各频率播出。编剧为饶津发，导演为宋冰，责任编辑为谦进。内容提要：2007年7月29日，河南龙门山煤矿发生特大透水事故，69名矿工被困在井下700米深处的一条狭小的巷道里，为了营救这些矿工，河南省委、省政府和各级领导亲临第一线指挥抢险斗争；经过78个小时的生死拼搏，69名矿工全部获救，创造了世界矿山救援史上的奇迹。本剧成功塑造了以安全局长何慧英为代表的各级领导和以马石头为代表的井下矿工的英雄群像，获河南省精神文明建设"五个一工程"优秀作品奖。

2008年1月10日，河南人民广播电台交通广播荣获"温暖2008河南十大爱心集体"称号，成为河南省唯一获得此项殊荣的新闻媒体。

2009年，河南共有广播电台18座，中短波发射台30座，公共广播电视节目150套，广播综合人口覆盖率97.21%，全年广播节目播出时间628505小时，全年广播节目制作时间291549小时。全年录制广播剧及长篇小说26集，其中，广播剧《生死较量》获中宣部"五个一"工程奖。广播节目荣获全国及省级奖项33个。

河南人民广播电台《营救重症患儿爱心紧急行动》，2009年4月6日播出，时长12.5小时。河南电台交通广播充分利用广播优势组织的这场营救重症患儿爱心紧急大行动，引起社会极大关注并获得一致好评，产生了巨大而广泛的社会影响。《新华社每日电讯》《中国青年报》《北京日报》及人民网、新华网、新浪网、搜狐网、央视网等近百家省内外媒体报道或转载了交通广播的爱心救助行为。优秀广播节目主要有以下几个。

（一）新闻资讯类

《河南新闻》，河南电台新闻广播的龙头新闻栏目，每天7:00～7:30播出，有59年播出历史。《河南新闻》权威、庄重、大气，服务河南省委、省政府中心工作，反映群众心声，已成为河南广播界新闻领军品牌，2007年荣获中国广播影视大奖优秀新闻栏目奖。2009年，《河南新闻》亮点纷呈：节目录播改直播，时效性更强、信息量更大、广播特点更突出；更贴近百姓、关注民生；加大了舆论监督和言论的力度。

《政府在线》，河南电台新闻广播早7:30～8:00播出的时政类新闻热线直播栏目，"聚焦公众与社会关注的话题，架起政府与百姓沟通的桥梁"是栏目的宗旨。栏目自2003年7月1日开播以来，近千位（次）厅局级及以上领导走进直播间与百姓互动沟通。与河南省政府纠风办合作开办的"政风行风热线直播"节目，成为考核厅局行风工作的重要依据。栏目开播六年来，社会影响力不断提高，先后荣获中国新闻界的最高奖"中国新闻名专栏""新中国60年有影响的60个广播电视节目"等奖项。

《早餐可乐》，1988年12月开办，郑州人民广播电台经济广播7:00～8:50播出，《早餐可乐》节目是经济广播开办20年的王牌节目，央视—索福瑞调查机构和全球最大的市场调查公司AC尼尔森调查显示，《早餐可乐》在这一时段的节目收听率、市场占有率一直稳居郑州地区20多家广播频率之首，目前《早餐可乐》经过众多主持人的打造，在郑州地区已经具有极高的品牌知名度。节目主旨是关注社会生活、反映百姓心声，节目口号是传递郑州的声音。《早餐可乐·711 快递》已经成为省会郑州反映社情民意、进行舆论监督、沟通政府百姓的重要渠道。

（二）专题服务类

《南方谈交通》，河南电台交通广播一档专业交通服务类直播节目，以节目主持人"南方"名字命名，采用谈话类节目风格，以现场直播节目的方式，通过短信与热线互动，实现主持人与听众之间的双向交流，解答交通疑难咨询，权威解读国家相关政策法规，实现宣传、普及道路交通安全法规、提高公民遵法、守法意识的节目宗旨，充分展示交通广播的专业特色。根据赛立信调查公司的河南广播市场调查数据，《南方谈交通》栏目已连续多年位列交通广播节目收听率排名第一。2007 年，《南方谈交通》栏目被评为河南省优秀栏目一等奖。

《专家咨询热线》，河南电台农村广播全力打造的一档为农服务栏目，每天中午12∶00～12∶50 播出。栏目每期都会结合农时邀请权威农业专家做客直播室，接听热线回复短信，解决农民在农事生产中遇到的实际问题，同时介绍名优品种以及农业新技术。开播四年多来，栏目受到了广大农民的认可和欢迎，2008 年该栏目获省新闻奖优秀栏目一等奖。

（三）综艺益智类

《夜·音乐》，是魅力 881 河南电台音乐广播的品牌栏目之一，开播于 2007 年 10 月，每周一至周六20∶00～22∶00 播出。《夜·音乐》作为晚间陪伴性音乐节目，精选经典魅力歌曲或音乐，结合晚间时段特点，力图营造隽永、优雅的氛围，栏目整体既有霓虹闪烁的魅力，又有知己倾听的温暖。主持人雨薇音质柔美、状态亲切，主持风格自然。赛立信收听调查中该栏目多次名列河南电台前三，更得到专家听评的肯定与赞扬。

《我的流行音乐榜》是河南电台影视广播 My Radio 的品牌栏目之一，每晚 21∶00～22∶00 播出，已成为广大听众心中的流行音乐风向标。各大唱片公司在 CD 上架之前都会选择《我的流行音乐榜》作为推广平台。除发布最新的歌曲之外，在节目当中还贯穿浅显易懂的乐评和专业分析。该节目被评为河南人民广播电台名栏目。

《票友排行榜》作为河南电台戏曲广播主打栏目，是为喜爱戏曲的戏迷、票友打造的展示自己才艺的舞台。在这里，他们尽情展示自己的才华，享受着戏曲带给他们的掌声和快乐。2008 年 1 月 9 日推出以来，栏目的可听性、互动性、评分的公开性让收听参与节目的戏迷、票友、专家、艺术家都给予高度评价，在戏曲界和听众中具有很强的号召力和影响力。《票友排行榜》为河南戏曲舞台培育了新生力量，为促进戏曲的繁荣做出了应有的贡献。

（四）广播剧

广播剧《特殊的"党"课》，由河南人民广播电台制作，编剧郝凯，导演宋丹平，主播田芳、李思严，2009 年在河南人民广播电台各频率播出。《特殊的"党"课》描写了一位局长在台上大谈党风廉政，在台下大肆敛财，最终将自己送进监狱的故事，对党员干部有很强的教育意义。该剧获得由中国广播剧研究会主办的"清风和谐"全国廉政广播剧大赛鼓励奖。

2012 年，河南省共开设地市级以上播出机构 36 座，其中电台 18 座、电视台 18 座，开设县级广播电视台 113 座。地市级以上播出机构共开办广播节目 45 套，广播综合人口覆盖率 97.89%，全年广播节目播出时间为 642466 小时，全年广播节目制作时间为 298423 小时。河南省电台经济广播《中原民生汇》被国家广电总局评为"2012 年创新创优广播栏目"。河南省电台制作的广播剧《农民工司令》荣获中宣部第十二届精神文明建设"五个一工程"奖。

2013 年起，交通广播实现直升机应急报道。

二 地市人民广播电台

1. 郑州人民广播电台

广播剧《水妹》，郑州人民广播电台节目制作中心制作，2008 年 11 月 16~17 日在中央人民广播电台"中国之声"播出，编剧刘悦，导演谢国庆。根据郑州作家傅爱毛的中篇小说《嫁死》的题材改编。故事发生在一个穷困山村，接二连三死了好几个在煤矿干活的民工，富了几个寡妇。从此，贫瘠的小山村女性，就多了一条生财之道：嫁死。嫁死便成为导火索，水妹决定走这条路。水妹就这样带着儿子来到豫西一个叫作瓦房沟的小村子里，开始了"嫁死"计划。最后，在经历了与王驼子相濡以沫的情感生活后，水妹整个人都变了，金钱在她的眼里如同粪土，水妹或许弄懂了人生的真谛：血肉丰满的灵魂才是最珍贵的财富。

2. 平顶山人民广播电台

广播剧《太阳的女儿》，平顶山人民广播电台制作，2008 年 6 月平顶山人民广播电台综合广播、交通广播播出，编剧张梅莲、丁艳；导演李祥钦。《太阳的女儿》是一部由真人真事编剧录制的广播剧，故事主人公李华是河南女大学生，她捡废品资助贵州贫困山区的孩子上学，当她不幸患病后又得到了贫困孩子的爱心回报，正是这份爱心坚定了李华抗击病魔的勇气，她带病毅然走上了艰辛而又幸福的义务支教之路。该剧一经播出，就引起强烈反响，2008 年 9 月获得河南省第八届精神文明建设"五个一工程"奖。

3. 焦作广播电视台

焦作人民广播电台生活文艺广播是在原戏曲评书广播的基础上全新改版的，主要以"关注民生，服务百姓"为宗旨，以信息资讯、生活服务、家庭理财、文化娱乐为主线，设置有《消费在线》《我爱生活》《非常理财》《戏迷天地》《说吧》《娱乐随身听》等版块。

4. 安阳广播电台

2006 年，全年广播在省台发稿 384 条，在中央台发稿 12 条。新增了电台生活文艺广播。2007 年 8 月 24 日，安阳市人民检察院和安阳电台新闻综合频道联合推出《法律监督热线》节目，此类节目在全省尚属首家。2007 年，安阳电台有 19 件作品获得国家级和省级奖励。市电台全年在省台共播发消息 135 条，在中央台发稿 10 条，发稿数量居全省先进位次。

5. 鹤壁市广播电视台

鹤壁市广播电视台于 2012 年在原鹤壁市电视台和鹤壁人民广播电台的基础上整合成立。目前拥有电视新闻综合频道、直投平面媒体鹤壁广电传媒，门户网站鹤壁网、移动客户端无线鹤壁、移动直播平台无线鹤壁手机台、微信公众平台广播鹤壁网、微博无线鹤壁等全媒体阵容。广播发射功率 5 千瓦，覆盖半径 50 千米。广播频率开办有《鹤壁新闻》《政风行风面对面》《快乐早班车》《缤纷车世界》《下班乐翻天》《约客》等名牌栏目。

6. 济源广播电视台

济源广播电视台组建于 2013 年 5 月，广电台目前有工作人员 173 名，其中财政全供人员 33 名，自收自支人员 69 名，聘用及其他人员 71 名。2013 年，共完成 12 个省级评优作品，其中广播作品 8 件。济源电台的节目有《济源交通时间》（早、午、晚），《We are family》，《爱车天天汇》，《安全生产365》，《乐享车时代》，《家居时代》，《蓝天碧水进行时》，《乐享健康》，《音乐客栈》，《律师在线》，《蜻蜓思想汇》，《文明大家行》，《小说联播》，《济源新闻》，《音乐时光》，《悦读者》等。

7. 洛阳广播电视台

洛阳广播电视台成立于 2009 年 11 月，由成立于 1981 年的洛阳人民广播电台、成立于 1975 年的洛阳电视台、成立于 1993 年的洛阳有线电视台、成立于 1995 年的洛阳交通人民广播电台合并而成，是全省文化体制改革首批五个试点单位之一。现拥有三个广播频率（综合广播、经济广播、交通广播）、四个电视频道（新闻综合频道、科教频道、公共频道、移动电视频道）、一个新媒体中心等多种宣传平台。节目信号传输已实现无线、有线、网络全方位覆盖。在新媒体领域，相继推出"无线洛阳""笑脸社区"新闻客户端，以洛阳广播电视台"老贾播报""927交通广播"为代表的微信矩阵粉丝总量已超过百万。先后获得"金长城传媒奖之中国十大影响力城市电视台""市五一劳动奖状""省级文明单位"等多项殊荣。主办的《行风热线》《百姓问政》先后被授予"全国城市台十大社会影响力栏目""全国城市台十大创新栏目"等荣誉称号。广播电视新闻发稿量在全省连年位居前列。

8. 三门峡广播电视台

三门峡广播电视台成立于2012年10月，由原三门峡人民广播电台、三门峡电视台、三门峡电视公共频道、三门峡教育台合并组成。三门峡广播电视台现有宣传平台九个，其中，广播频率一个，即新闻综合广播；电视频道四个，即新闻综合频道、公共频道、科教频道、图文频道；新媒体四个，即三门峡广播电视网、三门峡广播电视台微信公众号、《黄河三门峡》党政客户端，以及三门峡手机台。

9. 新乡市广播电视台

2007年，新乡电视台举办的以帮贫扶困献爱心为主题的《同在蓝天下，我们手拉手》《希望与你同行》《用爱温暖生命》等大型晚会，以"八荣八耻"为主题的《唱响正气歌》电视演唱会，很好地宣传了社会主义道德观。用电视晚会和演唱会的形式开展宣传教育活动，唱响了正气，弘扬了美德，体现了以人为本的理念和社会主义大家庭的温暖，受到广大群众的好评。

10. 商丘人民广播电台

2007年，商丘人民广播电台的《胜利和超楠的故事》获得国家残疾人事业新闻评选三等奖及河南省残疾人评选事业一等奖。

2008年，广播剧《生命》和电视散文《忠魂颂》获得河南省五个一工程奖。

11. 周口人民广播电台

2011年，《乡村服务社》《民生报道》栏目贴近民生，走进观众，反映民情，成为"走转改"活动的样板，广受观众好评。栏目的地域特色，文化特色，亲民情怀，以及大容量的采编生产模式，受到社会各界尤其是业界的高度评价。许多媒体前来学习，被誉为"周口模式"。

2012年，周口广播电视台的《时代呼唤电视精品节目》《创新电视媒体传播先进文化的手段》分别荣获2012年度河南省新闻奖新闻论文二等奖和三等奖。《今年回家过节，明年回乡创业》《无悔人生》《中原粮仓——周口粮食总产突破150亿斤》《信仰的力量——雷锋精神的传承人孙永清》分别荣获2012年度河南省新闻奖一、二、三等奖。

12. 漯河人民广播电台

漯河人民广播电台创办于1986年，经过漯河几代广播人励精图治，20余年春华秋实，今天的漯河广播事业欣欣向荣。现有人员133人，其中专业技术人员80多人。

漯河电台在历届领导班子的带领下，在一代又一代广播人的共同努力下，与时俱进，开拓进取。2006年以来电台广播事业迅猛发展，根据漯河市委、市政府立传需要，购进专业广播直播车，实现大型活动的现场随行直播；创办了漯河广播网，实现了广播信息与互联网的互通互联等。还增设了交通音乐广播、城市广播、漯河广播网等六个部室。广播节目也由原来的一套节目发展到现在的四套节目五个频率，即综合广播、交通音乐广播和城市广播，另有一套转播中央人民广播电台《中国之声》节目。自办栏目有《漯河新闻》《新闻快报》《市长新闻热线》《政风行风热线》《民生热线》《打开车窗说亮话》《都市夜未眠》《车坛先锋》《今日听法力》《新闻功夫茶》《广播剧场》《1067早报》等，已经由原来的11个节目，发展到现在的120多个。三套节目全天播音时间由原来的每天8个小时增加到80小时，其中自办节目达60个小时。频率覆盖范围由原来的35千米发展到现在的100千米。

13. 濮阳人民广播电台

2007年以来，濮阳人民广播电台坚持以德立台、以纪管事、以情感人、快乐工作的治台理念，以新闻宣传为中心，以品牌节目、品牌频率为两翼，以科技创新为支撑，以扩大创收为基础，以作风建设为保障的工作思路，各项工作取得了显著成绩。

三　各级广播电台传播路径

（一）河南人民广播电台

2008 年，河南共有广播电台 18 座，中短波发射台 30 座，广播综合人口覆盖率 97.06%，全年广播节目播出时间 607944 小时，全年广播节目制作时间 290547 小时。先后自主开办或合作开发了新浪河南网、映象网（河南广播网改革调整）、河南手机台、电话广播等一批新媒体。此外，2008 年，建设了河南省新广播电视发射塔，该工程是河南省"十一五"规划的重点文化基础设施建设项目，是河南省委、省政府建设文化强省、发展文化产业的重要举措，是河南广播电视发展史上的一件大事。新发射塔建成后将发射 36 套中央和省广播电视节目（8 套调频广播节目、8 套模拟电视节目、10 套数字广播节目、10 套数字电视节目），信号覆盖半径120 千米，主要担负着中央广播、电视的无线发射任务，为郑州及其周边农村提供高质量的广播电视节目，为宣传党中央的方针政策和构建和谐中原、建设社会主义新农村服务。2011 年，河南省共开设地市级以上播出机构 36 座，其中电台 18 座，开设县级广播电视台 113 座。地市级以上播出机构共开办广播节目 45 套。有中短波发射台 30 座，广播综合人口覆盖率 97.7%，全年广播节目播出时间 636000 小时，全年广播节目制作时间297285 小时。此外，2011 年建成中原福塔，塔楼 92～95 层为发射机房，建筑面积约 2200 平方米。设计播出 8 套模拟电视、8 套调频广播、10 套数字电视、10 套数字广播共 36 套广播电视节目。目前已经开播 5 套模拟电视、5 套调频广播和 2 套数字电视（手机电视、移动电视），覆盖半径达 120 千米，能有效覆盖中原城市群，免费为郑州及周边地区 3600 万群众提供高质量的广播电视节目。2014 年，根据省新闻出版广电局组建大象融媒体集团的需要，塔楼全部划归大象融媒体集团。此后，河南广播不辱发展使命，又在短时间内孵化开发了河南广播网（电脑端、手机端）、"河南广播"客户端、"警广之声"互联网智能电台、10个类型化互联网电台等一系列融媒体，为河南广播的未来布局新的发展领域。河南人民广播电台节目通过卫星、光缆、微波、互联网向全世界传送，覆盖范围广泛、手段多样，每天播音236小时，中波总发射功率1588千瓦，调频发射总功率637千瓦，全省有效覆盖达到90%以上。2008年起，可通过卫星移动直播车随时随地实现突发事件等重大宣传报道的现场直播，2013年起，交通广播实现直升机应急报道。郑州市的主要地下隧道和部分大型地下停车场于2016年实现节目信号覆盖，投资2000万元的河南广播融媒云平台正在紧张建设当中，新的云平台将会满足河南广播融媒生产的一次采集、多种生成、多元传播的需求，为河南广播在内容生产、传播方式、业务形态、服务模式、产业格局等方面的创新发展提供有力的支撑和保证。

河南人民广播电台技术装备实力处在全国省级电台的前列，2003年，在国内第一家采用ATM播控系统，全国首批实现了电台播控系统的数字化、网络化；2017年又在全国率先构建了基于AES67标准的AOIP网络，实现播控系统由ATM网络向应用更加广泛的IP网络转变。

充分利用中央广播电视媒体正面宣传河南取得新成效。中央人民广播电台重点新闻节目《新闻和报纸摘要》2012年6月14日、6月24日、7月5日，三次头题播发了由河南省电台精心策划采制的三篇以构建中原经济区现代农业为主题的录音报道。中央电视台《新闻联播》8月15日头题播出了近5分钟的《中原实验："三化"一盘棋解"河南之难"》，8月26日提要播出了三分多钟的《河南："就地城镇化"让农民换个活法》，展示了务实河南务实发展的良好形象。这是利用中央广播电视媒体正面宣传河南的大突破、大亮点。

全媒体发展实现新突破。推动广播电视主流媒体向互联网、手机等新兴传播领域延伸。加快发展手机广播电视。移动多媒体广播电视和手机电视融合发展势头强劲，总体用户突破 200 万，在网用户数全国第二，活跃用户数全国第一。河南省电台与河南移动、河南联通合作，推出全国首家手机电台。三是以省电台主办的映象网经国务院新闻办公室批准为我省重点新闻网站为标志，完成广播、电视、报纸、杂志、新闻门户网站、音视频网站、手机广播、手机电视、移动多媒体广播电视、手机报的全媒体布局。

2008 年 6 月 21 日，为纪念豫剧大师常香玉逝世五周年，由河南人民广播电台戏曲广播发起，联合陕西、江苏、安徽戏曲广播齐聚古城西安举办《永远的花木兰——纪念豫剧大师常香玉》专场演出，以此共同缅怀伟大的人民艺术家常香玉大师。本次四省戏曲电台大型联合直播演出活动在社会上引起强烈反响，开辟了河南电台专业频率走出河南、迈向全国跨省直播大型文艺演出的先河。7 月 31 日，河南手机电视成功接入中国移动全国播出平台，全面升级，全新亮相，内容更丰富，资费更优惠，适用手机更广泛。8 月 22 日，由河南人民广播电台与新浪网合作成立的"新浪河南网"开通。"新浪河南网"由河南人民广播电台和新浪网合作成立，以宣传河南正面形象为己任。

2009 年 8 月，河南人民广播电台与新浪网共同出资创办的新浪河南网正式开通上线，为河南省提供了又一全新的对外宣传渠道。河南电视台大象网视频网站以建成网络电视台为目标，已全面启动各项建设工作。大力发展手机电视，在与中国移动合作开办手机电视和按照国家广电总局统一部署成功试播移动多媒体广播电视的基础上，整合两种资源，组建统一的手机广播电视公司，进一步加速发展。

（二）地市人民广播电台

1. 焦作广播电视台

焦作广播电视台挂牌成立暨焦作网络电视开播　2013 年 6 月 28 日，焦作广播电视台挂牌成立暨焦作网络电视开播仪式在广电大厦门前举行。作为新兴媒体的焦作网络电视同时正式开播，为网友提供正版欧美国家出品的电影、电视剧、纪录片、周播节目、动漫节目及每周独播剧。同时，实现焦作广播电视台旗下四套广播频率和六套电视频道的网络音视频直播，实现广播、电视重要栏目的点播功能，实现《每周刊》重要内容的网络发布。

2. 济源广播电台

为达到社会效益和经济效益相统一，建立全媒体指挥调度中心，实现采编发，一次采集，多元生成，发挥全媒体数据平台、新型主流媒体舆论平台、舆情发现分析平台作用，不断壮大主流媒体舆论阵地。

3. 三门峡广播电视台

近年来，三门峡广播电视台努力适应媒体融合发展形势，积极发展新媒体，共开办新媒体四个，分别是三门峡广播电视网、三门峡广播电视台微信公众号、《黄河三门峡》党政客户端，以及三门峡手机台，其运行情况如下。

三门峡广播电视网，2009年7月正式上线，年浏览量78000余次，独立访客25000余人。三门峡广播电视台微信公众号，2015年3月正式运行，现有订阅数量3万，月平均单条浏览量为1200次左右。《黄河三门峡》党政客户端，2015年6月正式运行，现有下载安装用户16000次左右，月平均单条浏览量700次左右。三门峡手机台是集广播电视节目、视频在线直播、点播、新闻资讯、便民服务、生活应用、电子商务为一体的全资讯、综合性的城市民生"云"平台。有快讯、直播、点播、购物、专题、便民服务等18个频道。2015年12月运行以来，订阅用户量达5万多人，访问量近400万人次。三门峡手机台（副科级）共7人，其中在编人员3人、台聘2人、部聘2人。

三门峡广播电视网、三门峡广播电视台微信公众号、《黄河三门峡》党政客户端三个新媒体由台内设部门网络部（副科级）负责运营，共5人，其中记者2人，网络编辑3人。

受技术、办公等条件和因素限制，该台新媒体与广播电视传统媒体目前还处于采编播各自为政、自成体系的运行状态，传统媒体与新媒体的融合还只是简单相加，没有实现深度融合发展。

4. 新乡市广播电视台

2006年，为加快社会主义新农村建设，扩大广播电视覆盖，协调确定了市广播电视发射塔建设的塔址和基本方案；上报核定了新乡市20户以上5户以下"村村通"建设任务指标，共计413个村，制定了2007～2008年完成"村村通"建设任务的实施方案，研究制定并下发了关于加快农村有线电视发展的实施意见，进一步明确了发展目标和政策措施。2006年，全市广电系统投资1000多万元，铺设光缆540多千米，新开通20个乡镇99个村的有线电视网络，新发展农村有线电视用户1.8万多户。继续推进广播电视采编播设备的数字化，全市广播电视系统投资300多万元对采编播设备进行了更新换代。

2015年，新乡电台新媒体建设加速发展，"新乡人民广播电台"微信公众号、"991交通广播"微信公众号的粉丝量大幅增长。截至2015年底，粉丝总量近12万人，全年推送消息3600多条。新媒体部稿件《夏日微公益——新乡人，请转发》获河南省广播电视协会"河南省地市台广播新闻一等奖"。"两会"期间，《行风热线》首次在"新乡广播电台"微信公众号开通"微观两会"平台，共征集环保、教育、医疗、就业、交通出行等方面建议100余条。

5. 周口广播电视台

2013年，投资建设周口广播电视多功能发射塔，多功能演播中心，3D广电影视城。同时，又自筹资金2000多万元，筹建了一个300平方米的演播室，一个100平方米的直播室，一个100平方米的虚拟演播室和一个100平方米的广播新闻直播间。新建播出机房300平方米，新安装了全省一流的硬盘播出系统，新上36条非线性编辑线和媒资管理系统，新添了四部电视发射机、五部电台发射机，这些一流的装备，从根本上解决了长期以来周口广播电视设备简陋、技术落后的局面。

6. 鹤壁广播电视台

鹤壁依托广播电视优势资源，肩负意识形态安全使命，拥抱互联网，发力移动端，集全台之力，融全网传播，打造豫北媒体融合样板，媒体的竞争力不断增强。30多年的技术、资金、理念、人才积累，奠定了媒体的竞争实力和市场地位。长期稳定的高收视为众多品牌提供优质高效的传播平台，良好的市场回报吸引众多的客商。

鹤壁市广播电视台于2012年在原鹤壁市电视台和鹤壁人民广播电台的基础上整合成立。目前拥有电视新闻综合频道、鹤壁新闻广播、直投平面媒体鹤壁广电传媒，门户网站鹤壁网、移动客户端无线鹤壁、移动直播平台无线鹤壁手机台、微信公众平台广播鹤壁网、微博无线鹤壁等全媒体阵容。广播发射功率5千瓦，覆盖半径50千米。

7. 安阳广播电台

为适应时代发展需求，安阳广播电台结合新区广电中心建设，在现有基础上对全台技术装备进行了大规模升级改造。广播技术部实现了音乐频率顺利开播。电视技术部在200平方米直播演播室和新闻网建成后，又投资360余万元完成了全台节目网络架构改造、摄像采购及制作网建设。制作网的建成投用，使安阳广播电台节目制作手段实现了从线性编辑全面过渡到网络编辑的新跨越。此外，为推动传统媒体与新媒体的融合，安阳广播电台成立了新媒体中心，正式启动了中网软硬件升级改造及"无线洛阳"客户端App建设项目。这将为安阳广播电台今后实现传统媒体从"收听收视"到"应用服务"的转型发展奠定基础。

8. 洛阳广播电视台

现拥有三个广播频率（综合广播、经济广播、交通广播）、四个电视频道（新闻综合频道、科教频道、公共频道、移动电视频道）、一个新媒体中心等多种宣传平台。节目信号传输已实现无线、有线、网络全方位覆盖。在新媒体领域，相继推出"无线洛阳""笑脸社区"新闻客户端，以洛阳广播电视台"老贾播报""927交通广播"为代表的微信矩阵粉丝总量已超过百万。

9. 驻马店广播电视台

驻马店广电中心建设是驻马店市政府的一项重要民生工程，总投资达到

8770万元，总建筑面积1.98万平方米，该项目2007年1月动工，2008年11月土建主体工程封顶，2011年底已完成广播电视中心90%的工程量，2012年完工交付使用。2008年，驻马店市广播电台购置了一台直播车和相关设备。驻马店市电视台更新改造了大乐山发射台的播出机房和播出设备。承担无线覆盖工程建设任务的市电台。驻马店市电视台和上蔡、新蔡、正阳、平实、泌阳五县广电局等七个单位的中央节目无线覆盖及基础设施改造工程于2008年底全部竣工。

10. 商丘广播电台

2015年，商丘广播电台开办了戏曲长书广播，包装升级了音乐广播，更新购置了广播调音台、音频处理器及办公设备。广播信写覆盖半径扩大到100千米，覆盖近2000万人，成为商丘本土受众最多的媒体。

电视台完成了大演播厅装修工程，新购置演播厅灯光音响设备、村村通工程监播设备、电视发射机、摄像机、电脑、新闻编辑线、办公家具等，共计137台（套），总投入1680万元，基础保障能力显著提升。市区建立备份传输链路，实现无线数字电视设备前端数字电视信号无缝对接。更新发射机，增补通往县市传入信号的设备，修复通往各县市传输光缆，确保三套信号全部处于良好工作状态，新增用户35万户，总用户数突破60万户，安全畅通、覆盖能力、传输水平进一步增强。开通了晴彩商丘频道和中原购物领道。2015年，无线数字电视发展新用户23797户，累计发展用户173995户。

四　广播电台特色业务及人事制度改革

（一）河南人民广播电台

2008年，始终以宣传为中心，坚持把唱响科学发展主旋律、打好正面宣传主动仗作为宣传的根本任务，紧贴河南省委、省政府中心工作，整个宣传导向正确、主题鲜明、重点突出、把握平稳、势头强劲，为加快中原崛起营造了浓厚氛围。

一是围绕中心服务大局卓有成效。重点做好了学习贯彻党的十七大和十七届三中全会精神、省委八届八次全会精神、纪念改革开放 30 周年等重大主题宣传和"新解放、新跨越、新崛起"大讨论活动、深入学习实践科学发展观活动等重大活动宣传。

二是正面宣传河南浓墨重彩。开展了"高举旗帜、科学发展"和"坚持科学发展、推进中原崛起"大型主题宣传活动。积极稳妥地做好了经济工作的宣传，对应对危机、扩大内需促增长的宣传报道进行了精心安排部署。

三是重大节日、重大会议、重大活动宣传出新出彩。精心打好全省全国两会、抗击冰雪灾害、2008 中国国内旅游交易会、第 18 届全国图书交易博览会、抗震救灾、北京奥运会和残奥会等重大宣传战役，积极做好了第五届中国河南国际投资贸易洽谈会、第十届全国科协年会、第十届亚洲艺术节等宣传报道。

四是重大宣传亮点频出。严格按照河南省委宣传部的统一部署，积极引导社会舆论，严把报道口径，切实为维护改革发展稳定，为成功举办奥运会营造了良好舆论氛围。以高度的责任感、使命感，全力以赴、不畏艰险地做好了抗震救灾宣传报道工作。派出了精干的宣传报道小组长期进驻灾区一线，开辟了《抗震救灾特别报道》《抗震救灾英雄谱》等专栏，播发稿件320 余篇（期）。

继续坚持"两个频率、两个屏幕"一起抓，充分利用中央广播电视媒体正面宣传河南，努力把一个真实客观、充满活力、正在崛起的新河南宣传出去。据统计，2008 年广播新闻上中央台《新闻联播》和《新闻和报纸摘要》214 条，其中头条 20 条，提要 142 条，在《新闻纵横》播发新闻专题 18 期；12 月 22 日，河南电视台电视剧部正式转企改制，成立河南电视传媒发展有限公司，标志着河南电视台贯彻落实文化体制改革精神、实施制播分离迈出了实质性的一步。

1. 广播影视农村公共服务体系建设实现新突破

高标准、高质量地全部完成 3911 个 20 户以上已通电自然村的广播电视村村通建设任务，使 67 万名偏远地区农民群众能够收听收看到包括中央和河南省在内的四套以上广播节目，严格管理，确保"十一五"重点工程广播电视发射塔质量和进度，完成了塔座裙房幕墙龙骨架施工，正在进行塔座裙房水、风、电安装工程，塔高已出地面 205 米，年底实现主体结构封顶。展现河南人文风物的世界最大规模全景画正进行终稿创作，发射塔周边经营业态正在规划。

2. 作为主流媒体多次被给予表扬肯定

河南人民广播电台成立近 70 年以来，历代河南广播人在省委、省政府的正确领导下，始终坚持新闻立台，植根中原大地，紧扣时代脉搏，在每一个重要历史事件中、在每一次突发事件的现场、在每一个重要时间节点、在每一个人民需要的时刻，河南广播人都积极唱响主旋律，传播正能量，从未缺席，赢得了河南省委、省政府的肯定和人民群众的拥护。

中宣部、国家广播影视管理机构领导不同时期视察河南人民广播电台时都对河南广播的新闻宣传工作给予充分肯定，中宣部《新闻阅评》2014 年以来先后五次对河南人民广播电台重点宣传报道给予肯定，历任河南省委书记、省长、宣传部部长等领导同志中，有多位多次对河南人民广播电台的新闻报道批示表扬，仅 2001 年以来，省级以上领导对河南电台的宣传工作做出的批示表扬就达 98 次之多。1983 年以来，河南广播在中央人民广播电台发稿的总量连年稳居全国省台前列，为正面宣传河南、树立河南形象做出了重要贡献。

2009 年，广播影视体制改革稳步进行，加快经营性事业单位转企改制。

2011 年河南广播电视宣传总体上把握了正确导向，营造了积极向上的氛围，亮点频出。一是充分利用中央广播电视媒体宣传中原经济区。以国务院印发《关于支持河南省加快建设中原经济区的指导意见》为契机，积极争取中央人民广播电台、中国国际广播电台、中央电视台进行高密度的宣传报道。2011 年，河南新闻上中央人民广播电台、中央电视台重点新闻栏目 719 条（期），创造了历史新高。二是对中原经济区的谋划和建设作了规模化、战役化、立体化、系列化宣传报道，在使中原经济区建设深入人心，凝聚成全省干部群众的共识和合力中发挥了特殊的重要作用。

3. 健全公共服务体系

2011年完成了7500个20户以下自然村通广播电视的建设任务，使46万名偏远地区农民群众能够收听收看到包括中央和省在内的四套以上广播节目、八套以上电视节目。建立了农村电影放映的服务体系和机制，2011年全省安排农村电影公益放映场次补贴专项资金1.14亿元，公益放映电影57.24万场次，观众约1.65亿人次。河南省广播电视新发射塔建成投入使用，覆盖半径120千米范围，发射40多套广播电视节目，提高了3600万人民群众广播电视收听收看质量，塔内的《锦绣中原》全景画、新闻发布厅投入使用，大未来儿童城、餐饮和购物中心等业态初具规模。

4. 打造全媒体互动平台。

省电台和新浪网合作开办的新浪河南网、省电视台打造的"河南第一视频网站"大象网内容结构进一步优化，已成为河南宣传的新阵地。移动多媒体广播电视（CMMB）和流媒体手机广播电视融合发展进一步深化，CMMB用户已突破80万，用户规模全国第六，用户活跃度全国第二。《东方今报》与河南省电台十个频率、省电视台九个频道新闻互动，广播的声音、电视的画面在《东方今报》延伸，让《东方今报》的文字在广播电视上放大，《东方今报》荣获"中国品牌创新力十强都市报"。《东方今报》主办的手机今报已有两万多订户。

5. 深化体制机制改革

推进事业产业分开。河南省电台、省电视台按照台属台控台管的要求，对事业产业分开运行、分类指导。

（二）地市人民广播电台

1. 三门峡广播电视台

三门峡2012年成立时成为差额供给的事业单位，正县级规格，下设17个工作部门。人员编制195人（事业全供96人，自收自支99人），现有在岗职工 218 人（在编人员 169 人，人事代理 11 人，台聘临时人员 38 人）。现有专业技术人员 122 人，其中副高级职称 3 人，中级职称 52 人，初级职称 67 人。

2. 焦作广播电视台

坚持正确舆论导向，不断提高舆论引导能力。面对国际金融危机和汶川、玉树地震等复杂多变情况，坚持团结稳定鼓劲和正面宣传为主的方针，唱响主旋律，打好主动仗，紧紧围绕党委、政府各个时期的中心工作，精心组织策划实施"在十七大精神鼓舞下""抗震救灾众志成城""改革开放 30 年""庆祝新中国成立 60 周年""十一五成就回顾十二五规划展望""转变领导方式，促进经济发展""庆祝建党 90 周年"等系列重大宣传战役，为推动焦作走在中原经济区前列，建设更具活力新型城市提供了强有力的舆论支持。

3. 济源广播电视台

面对媒体融合发展的新形势，传统媒体必须增强不甘人后的使命感，保持本领恐慌的紧迫感，提升主动融合的自觉性，以创造性思维积极推动融合发展，做到求真务实有创新、与时俱进有革新，使融合发展取得实实在在的成效，倡导创造性思维，推动创新性实践，培养创意型人才。争当"全能型""全媒型"记者。

4. 新乡市广播电视台

新乡广播电视台除一频道作为新闻综合频道外，将电视台二频道、三频道和电台第三套广播节目进行了专业化改革尝试，节目经济、活动经济开展的比较好，受到了群众的欢迎。2006 年 7 月 24 日，新乡市广播电台第三套节目正式开播，运转情况良好。组建的新乡市电广传媒有限公司，在搞好《每周快讯》周刊的出版发行外，开始与省、市有关单位合作承办竞赛和演出活动。县（市）广播电视网络公司体制改革稳步推进。新乡县和延津县完成了对广播电视网络公司的股份制改造，使多年困扰农村有线电视发展资金缺乏的问题得到解决，使有线电视得到快速发展。其他有条件的县（市）也在改革之中。市广播电视网络公司与省网络公司的整合也在积极推进。

5. 信阳市广电局

2010 年，市广播电影电视局设八个内设机构：办公室（挂政务信息化办公室牌子）、宣传科（挂总编室牌子）、电影管理科传媒管理科、广播电影电视产业科、计划财务科、保卫科、人事教育科。设置信阳市广播电影电视局直属一分局、二分局，为信阳市广播电影电视局的派出机构，受信阳市广播电影电视局的委托，分别对浉河区、平桥区辖区内的广播电视宣传和广播电影电视事业实施统一管理。主要职责：贯彻执行党和国家有关广播电影电视方面的方针、政策和河南省、信阳市关于广播电视宣传方面的工作部署；在市广播电影电视局的领导下，组织辖区广播电影电视宣传工作；管理辖区广播电影电视事业建设，实施辖区广播电影电视的责任目标和发展规划；负责辖区各乡（镇）卫星地面接收设施的审核申报和管理工作；指导和协调辖区各乡（镇）广播电影电视科学技术研究；根据事业发展需要，培养各种专业人才，组织各乡（镇）广播电视站以岗位培训为主的业务技术教育工作；承办市广播电影电视局交办的其他事项。两个分局的机构级别均为正科级。动漫和网络游戏管理的职责分工：信阳市广播电影电视局负责对影视动漫和网络视听中的动漫节目进行管理，信阳市文化新闻出版局负责动漫和网络游戏相关产业规划、产业基地、项目建设、会展交易和市场监管，并负责在出版环节对动漫进行管理，对游戏出版物的网上出版发行进行前置审核。

6. 商丘市广播电视台

2007 年，成立了四个频道经营公司，把企业的管理理念注入频道的经营管理中，提高总监的市场意识。成立了四个节目制作中心，专职负责节目制作，以提高节目质量，成立了一个大型活动中心，专业策划大型活动。

2008 年，推行了频道中心制。一是设立了新闻综合频道、经济生活频道、文体科教频道三个频道机构，实行总监负责制。二是设立了新闻中心、社教中心、综合栏目中心、文艺中心、大型活动中心。

2009 年，继续深化内部机制体制改革，把大型活动中心和文艺中心作为制播分离改革试点，实行企业化运营。

2010 年，原来的商丘人民广播电台、商丘电视台、商丘有线电视台等整合升级为商丘广播电视台。

2011 年，推行分块式经营、层级式管理，继续探索制播分离改革。

2015 年，改革创新不断优化。一是机制创新不断深化；二是制播分离不断深化；三是加强业务培训。围绕质量效益提升年，强化业务培训，加大培训投入。

7. 周口人民广播电台

2012 年，在体制改革和机制创新方面，实行了台统一领导下的频道节目负责制，尝试实行项目责任制，提高了工作效能。

2013 年，周口电视台认真贯彻落实中宣部及五部委下发的《关于在新闻战线广泛深入开展了走基层，转作风，改文风活动的意见》文件精神，根据周口市委宣传部部署，台领导带头走基层蹲点调研，采写报道，组织编辑记者走进基层，服务群众，提升素质。

8. 安阳广播电台

2006 年，在广播电台实行频道制经营管理和栏目制片人制。

2012 年，坚持新闻立台、特色办台、深度办台。体制机制改革稳步推进。规范推进省辖市电台电视台合并改革，目前 18 个省辖市两台合并改革基本完成。

2015 年，积极推进全市广播电视无线数字化整体转换工作。

9. 驻马店广播电视台

广播电视传媒机构管理。一是组织开展了广播电视频率频道开办秩序清查整治活动，全市广播电视频率最道开办秩序进一步得到规范。二是认真贯彻常抓不懈、露头即打的非法电视台治理工作方针，全市共查处非法电视台2 个。三是不断完善广告监管措施，及时对涉嫌播放违规广告的播出机构下发整改通知，年内共下发违规广告查处整改通知 13 份，及时纠正了播出机构播放违法广告行为。

河南广播事业融媒体共创期
（2016～2018年）

随着时代的发展，社会日益开放，传播渠道日益多样，传媒引导和社会舆论格局正在发生深刻变化，互联网和新媒体的影响进一步扩大了对广播事业发展的强势冲击。目前，我国广播人口综合覆盖率已经达到96.31%，广播已经发展成为我国较为普及、较为便捷的宣传工具、信息工具和娱乐工具。[①] 2016年以来，伴随人类社会的进步，科学技术迅猛发展，网络媒体日新月异，极大地改变了人们的生活。特别是以互联网、手机媒体、微博等为代表的新兴媒体，它们以独特优势迅速被人们接受，并迅速成为人们获取新闻信息的重要渠道，对社会发展和人民生活的影响也越来越大。在多种媒体的竞争之下，广播媒体面临严峻的挑战。但是，在新媒体影响下，尽管传统广播媒体处境困难，广播媒体仍在利用自身的优势向前发展。这一时期的河南广电媒体不仅提高了自身的传播优势，还融合新媒体平台，在节目内容、传播路径和人事机制管理制度等方面做出了进一步的创新。

首先，从广播节目内容生产方面来看，这一时期的广播节目仍是广播媒体发展的制胜法宝，"内容为王"仍不过时。河南广播节目开始更加注重精品节目的输出，通过精品节目提升受众的参与度和满意度，延长受众收听节目的停留时间，努力达到情感认同和思想共鸣，提高广告投入和产出效益，实现营销利益的最大化。其次，从传播路径方面来看，新媒体通过碎片化、即时性和互动性吸引了越来越多的听众，并不断争取听众市场份额。广播凭

---

① 田志荣：《广播电视事业发展的几点思考》，《活力》2013年第4期，第156～156页。

借内容生产的深度和广度及专业性，积极向"新"字进发，传统广播媒体与新媒体相互融合，彼此借力，呈现融媒体的传播态势。这些年来，河南广播非常注重对微博、微信等强势新媒体传播平台的应用，媒体融合传播能力持续提升，主流媒体舆论传播阵地不断壮大，2017年全国"两会"期间河南广播电台新媒体传播力领跑全国省级广播。最后，从人事机制和管理制度方面来看，新媒体时代，广播要善于寻找新的利益增长点，优化资源配置，降低营销风险，扩大自身规模，提升自身竞争力，确保在激烈市场竞争中仍能占据一席之地。河南广播电台按照"政事、政企分开"的要求，稳步推进内部机构整合，理顺台属单位管理体制，筹备组建了河南广电传媒控股集团有限责任公司。探索实施制播分离改革，同时稳妥推进同类广播频率和电视频道联合运营。

综上所述，在这一时期，新媒体给广电媒体带来的巨大影响和挑战，河南广播事业仍克难攻坚，不断地提升自身竞争力，快速实现广播与新媒体的融合发展。2016～2018年河南省各广播电台具体发展情况如下。

一 河南人民广播电台

2016年，音乐广播组织品牌活动"与爱同行"。2016年5月，与爱同行——新县世友小学图书捐赠，同步进行爱心音乐教室活动，为山区的孩子们送去音乐课堂免费教育。2016年8月8日至9月3日，音乐广播在郑东新区策划了五场《魅力中原 盛夏音乐季》系列演出。影视广播的品牌公益活动《快乐广播站》在2012～2016年，每年在全省范围内为贫困地区的中小学援建广播站5座，至今在全省10个地市建成25座快乐广播站，受益学生近5000人，该活动不仅丰富了贫困地区孩子的业余文化生活，更为他们打开了一个了解外部世界的通道。信息广播《周迪有戏》走出直播间，践行"走、转、改"，开展了丰富多彩的文化惠民活动，并携手"禅宗少林·音乐大典"举办了河南电台品牌活动"中原戏迷擂台赛"，有效强化了中原文化的群众基础，推动了文化的繁荣发展。

坚持举办品牌性文艺活动。影视广播定位流行音乐电台，在线上，设有《我就爱唱歌》版块，邀请爱唱歌、会唱歌的听众，通过热线电话唱出自己最喜爱的歌曲；线下，每月有一场落地活动，聚集这些听众，在活动现场进行演艺比赛，用文艺演出的方式，宣传音乐，陶冶情操。戏曲广播依托线上节目及新媒体宣传，线下策划推出了多姿多彩、形式各异的戏曲及娱乐文化演出活动。2016年举办的"72小时唱不停·挑战世界纪录"活动，共有六大专业省级剧团、20余家地市及县级剧团、十几家民营剧团、业余剧团及十余个业余戏迷组织报名参与挑战，招募近百名志愿者，李树建、汪荃珍、虎美玲等近百位艺术家轮番上阵参加挑战，"72小时唱不停、72小时播不停、72小时网络直播不停、河南电视台九频道直播30多小时"，真正达到"轰动一座城"的效应，更彰显了戏曲广播的综合实力和品牌影响力。

广播影视文艺创作成绩、亮点、创新创优情况。深入开展"深入生活、扎根人民"主题实践活动，远赴哈密、兰考等地采访，制作广播剧。广播剧《永不褪色的照片》于2015年12月录制完成，在河南人民广播电台和哈密人民广播电台播出。2016年5月获河南省广播剧奖一等奖。该剧讲述了新疆哈密地区政法系统退休干部阿布列林几十年来学习焦裕禄精神，坚持依法办案，促进民族团结，维护边疆稳定的故事。广播剧《焦桐树下的圪巴草》于2015年12月录制完成，在中央人民广播电台和河南人民广播电台播出。2016年5月获河南省广播剧奖二等奖。该剧讲述了兰考县人民法院东坝头法庭庭长闫胜义（人物原型）像圪巴草一样抓地生根，坚持基层工作28年，为乡村的法治建设和乡邻的和睦相处默默地坚守，是以实际行动践行焦裕禄精神的模范代表。广播剧《马鞭的召唤》（暂定名）讲述了新疆生产建设兵团哈萨克族牧工宝汗（人物原型）一家三代人热爱祖国，坚守边陲，在放牧时协助边防部队巡护国境，保卫祖国的故事。广播剧《抢滩帕西姆》（暂定名）讲述了河南籍商人庞玉良（人物原型）积极配合国家"一带一路"建设，审时度势筹巨资，经过激烈的竞标和艰难的谈判，在德国帕西姆收购一个飞机场及附属的850公顷土地，在航空运输、仓储物流、商住开发、生活服务等领域开拓经营，表现了新一代豫商顽强拼搏，勇于进取的精神。广播微剧《37 秒》艺术化地再现了执行联合国驻马里维和任务的中国维和人员申亮亮（河南博爱人）在遇到恐怖分子炸弹袭击前的最后 37 秒的大无畏精神。缅怀英烈，为党献礼，该剧于 2016 年 7 月 1 日在河南人民广播电台多个频道播出，并在中国广播剧研究会举办的年度广播剧评比中获金奖。

河南人民广播电台在中央电台重点节目，播发头题数量领跑全国省级台。2016 年，河南人民广播电台在中央人民广播电台全年发稿 2200 多条，日均发稿 6 条，发稿总量在全国省级台排名第二。在央广重点节目《新闻和报纸摘要》《全国新闻联播》播发头题 30 多条、上提要报道近 80 条，在全国省级电台中，河南电台在央广播发头题数量是最多的。

2017 年 5 月 27 日，河南人民广播电台与河南电视台合并成立河南广播电视台。

近年来，河南广播还非常注重对微博、微信等强势新媒体传播平台的应用，媒体融合传播能力持续提升，主流媒体舆论传播阵地不断壮大，2017 年全国"两会"期间河南广播台新媒体传播力领跑全国省级广播，交通广播在人民网研究院发布的 2015 中国媒体移动传播指数报告中位列全国广播电台移动传播百强榜第七名。

为实现社会效益和经济效益双丰收、双促进，河南人民广播电台不断在广播广告和产业发展上进行探索和尝试，取得喜人成绩。特别是近几年，在诸多不利因素影响下，广告经营实现逆势增长，广告创收总额屡创新高，2015 年产生了全省第一个亿元频率——交通广播。2016 年全台广告创收达到 2.95 亿元。有关数据显示，2016 年河南电台在全国省级电台广告创收的位次由 2015 年的第 13 名进入前 8 名，实现了历史性新跨越。自 2008 年建立首家台属产业公司——河南广播传媒有限公司以来，河南广播台在市场的洪流中不断摸爬滚打，也逐渐摸索出了一条适合河南广播的发展道路：通用公司于 2017 年 1 月正式登陆新三板，成为全省首家登陆新三板的媒体公司，为广播产业进入资本市场、吸引战略投资提供了无限可能；河南交广融媒公司目前市场估值8500万元；一些台属公司开始向台里上缴利润，河南文广旅游产业发展项目等多个跨行业、跨领域、具有广阔发展前景的项目正在推进当中。

二 地市人民广播电台

1. 洛阳人民广播电台

2016年，《百姓问政》节目荣获"年度两岸四地最具影响力栏目"；广播、电视外宣发稿总量位居全省18省辖市第一名；位于洛龙区隋唐园北路3号的洛阳广播电视中心于2016年6月30日正式投入使用。广播外宣共播发稿件1120篇，其中中央级外宣发稿119篇，在央广《新闻和报纸摘要》播发头题3篇；省级发稿1012篇，头题142篇，发稿总量位居全省18省辖市第一，较好地宣传了洛阳的新发展、新变化。此外，还创新宣传思路与工作方式，在中原广播联盟发稿76篇，同中原地市广播联盟联手报道河南省第十次党代会。

2017年，广播外宣先后在中央电台发稿122篇，其中《新闻和报纸摘要》栏目播发11篇；在河南电台发稿1064篇，其中播发头题稿件79篇。电视外宣在央视发稿206条，其中在《央视新闻联播》播发17条，综合头题1条；在央视播发专题21期，央视新闻移动网新媒体直播5篇；在河南卫视发稿796条，其中在《河南新闻联播》播发238条，联播头题34条。积极与央视等部门合作，摄制了《探秘天下》《唯有牡丹真国色》《陆浑戎》《鹤舞邙山》系列专题纪录片，进一步提升了洛阳对外形象。广播各频率根据各自频率特点，精准化定位栏目，精细化微调节目：进一步优化资源，将文艺频道并入综合广播，探索将新闻宣传与满足群众文化、生活服务需求相结合的节目播出方式，提高频率影响力；经济广播突出城市广播的特点，"都市"与"时尚"气息开始显现，《三点开整》《祥子叔叔讲故事》等新节目伴随式收听特点更为突出，成功拍摄《西游记之三藏前传》等三部网络电影；交通广播发起成立927应急联盟，推出实时路况微信平台，新推出《927 直播进行时》《找到啦》等板块，应急服务功能得到充分发挥。

2. 周口人民广播电台

2016 年，一是围绕周口市委，市政府中心工作广播电视新闻节目，先后开设了"周口崛起方略""出彩周口人""学习贯彻全国两会精神""学会贯彻十八届四中全会精神""通江大海新周口""回眸九大攻坚十大建设""聚焦产业集聚区""践行三严三实""下基层转作风""保态势稳增长""出彩周口人"等 32 个专栏。二是以民生面对面栏目为龙头，打造集电视、广播、网络、杂志为一体的"四位一体"，综合问政平台形成全媒体联动机制。三是以外宣工作紧紧围绕周口理念、周口经验、周口责任、周口故事、周口文化五张名片。四是创优工作成果丰硕，2015 年获省级政府奖 30 个。其中，唤醒周家口抗战记忆的《一部好戏》，获河南省政府一等奖，《政府买单群众受益》《小保险服务大民生》《种粮大户农二代接班——种地成体面职业》等 13 部作品获河南省政府二等奖。

三　新媒体环境下人民广播电台传播路径

（一）河南人民广播电台

"电视 + 互联网 + 物联网"利用电视传媒的信息来源快、准、广的优势，成为"扶贫攻坚战"中一个媒体桥梁。都市频道 2016 年在扶贫攻坚战的宣传中不仅完成了常规的宣传，还在"电视 + 互联网 + 物联网"方面的扶贫之路的探索中做了有益尝试，通过都市二直播网络直播平台与创新多屏互动直播节目《都市 1 直播》《名嘴约 FAN》等节目的多屏联动，为多地农民的滞销农产品成功寻找销路，通过直播互动 + 多媒体宣传，帮助瓜农和枣农实销农产品近百吨，解决农民燃眉之急，让助农爱心在电视和网络上传递发散，让虚拟的互联网与具有地缘接近性的物联网有机结合，形成"电视 + 互联网 + 物联网"的扶贫助困的新模式雏形，下一步还会进行更多的有益探索。

2016 年，新媒体技术更加突飞猛进，在新闻宣传中的作用更加凸显，媒体融合传播的优势更加彰显。河南电台新闻广播初步形成以微博、微信为主，其他多种新媒体发布渠道共同组成的"新媒体矩阵"，在重大活动的报道中，新媒体传播都取得了良好的效果。《亮亮，回家》特别节目、《送别英雄》特别节目、《送别火海英雄——王锋》特别关注、《郑徐高铁开通特别直播"一路向东"》融媒体立体直播尝试都取得了非常好的效果。2016 年 12 月，河南人民广播电台和河南省公安厅交警总队联合创办的《警广之声》正式上线，它以"移动互联、物联网、大数据、云计算"等技术为依托，整合海量的图文、音频、视频等数据资源，结合用户的收听使用习惯，通过"声、视、图、文"贯通融合，着力打造节目的情景化播出，满足用户个性收听需求。

创新传播手段，新媒体、直播、H5、视频、头条号齐发力。2016 年 11 月 22 日凌晨，河南出现大面积雨雪天气。早上 6 时，作为河南省政府应急广播，河南人民广播电台交通广播启动冰雪恶劣灾害应急直播特别节目，打通栏目设置，通过 FM104.1、官方微博、头条号等新媒体渠道，及时播发交通信息。上午 8 时 50 分，启动《河南广电全媒体应急报道宣传方案》。根据应急预案，河南广电全媒体 70 多个媒体平台（含新媒体），全天候、伴随式直播气象、交通、生产、生活、安全出行等方面信息。广播、电视、报纸、网站、客户端，以及地市记者站共 300 多名记者参与采访报道，各媒体通过云平台资源共享、融合传播，把各级政府、公共服务部门应对特殊气象条件的举措及时传递给人民群众；把最基层、最现场的信息，反馈给政府部门；忠实记录暴雪中的温暖和感动，有效地疏导社会情绪，服务群众生活。

郑州市的主要地下隧道和部分大型地下停车场于 2016 年实现节目信号覆盖，投资 2000 万元的河南广播融媒云平台正在紧张建设当中，新的云平台将会满足河南广播融媒生产的一次采集、多种生成、多元传播的需求，为河南广播在内容生产、传播方式、业务形态、服务模式、产业格局等方面的创新发展提供有力的支撑和保证。

2017 年 5 月 27 日，河南人民广播电台（原）与河南电视台（原）合并成立河南广播电视台。2017 年又在全国率先构建了基于 AES67 标准的 AOIP 网络，实现播控系统由 ATM 网络向应用更加广泛的 IP 网络转变。2017 年，按照朱夏炎局长"讲政治、讲导向、讲纪律、讲创新、讲出彩"的要求，依托全媒体平台，河南广电抓热点、找亮点，及时、准确、全面呈现"两会"盛况。2017 年 1 月 22 ～ 31 日，广电媒体累计播发"两会"新闻稿件 2800 多篇，其中，新媒体发稿 1200 多条，累计受众达 6000 万人次，实现了端端互联互通、屏屏现场直播，展示了广电媒体融合发展的新气势。按照河南省领导"出新出彩不出错"的总体宣传要求，9 月中旬以来，河南广电全媒体全面持续铺设宣传片花，并推出一系列特别报道（《我们这五年》《民间投资新观察》《筑梦中原》《河南对外开放》等）、系列重磅评论（《一亿人的生活都在变》《一亿人的期盼对党说》《一亿人的托付沉甸甸》《带领一亿人去"赶考"》）、系列主题活动（《"长征——永恒的诗篇"河南省纪念红军长征胜利 80 周年交响诗会》、"红动十月"系列策划等），充分预热河南省第十次党代会，会内会外、网上网下，会前会中会后，引发各界持续高度关注，广电全媒体旗下广播、电视、报纸、网络、新媒体等党代会相关主题报道收视（听）率、点击量和传阅人数累计超过 1 亿人次。特别是有了融媒云"加持"，河南广电全媒体"新闻岛"首次启用便大战告捷，在创新全媒体报道形式的同时，形成了全方位、多层次、多声部的主流舆论矩阵，影响巨大。

（二）地市广播电台

1. 焦作广播电视台

关于媒体融合，一是要积极与河南大象融媒集团沟通，尽快推进互联网太极频道建设，力争通过 2 ～ 3 年的时间，将其打造成为一个集文化传承、培训比赛、健身养生、产业开发等于一体的新媒体互动平台。二是要充分借助河南大象融媒集团的技术、平台、人才、资金优势，深化双方在互联网电视、融媒云项目、网络电视、手机电视、智慧城市建设等方面的合作，全面提升焦作广电的公共服务能力和产业发展实力。

2. 洛阳广播电视台

依托栏目优势，加强大型活动策划，探索传统媒体宣传新途径。各频率、频道主动作为，加强策划，扩大线下活动频次，充分利用微信公众号新平台，积极开展各类活动，扩大媒体影响。

3. 南阳人民广播电台

南阳电台新媒体中心拥有南阳广播网、南阳人民广播电台微信公众号，以及以南阳广播网为账号的今日头条、天天快报、企鹅号、搜狐号、一点资讯等平台。拥有专业的采编团队，可以图文、视频直播等形式对各行各业进行网络宣传服务。新媒体中心在上述各平台所发图文，日均点击量6000次左右。

4. 周口人民广播电台

2016年，一是实现了天网覆盖，加强与省网络公司的合作。实现了四套电视节目在各县市有线电视网的完整传输。建立了广播电视网络直播系统。二是添置了一批高端设备。购置了28台高清摄像机，实现了广播电视信号与省台的同步接轨，购置了奔驰广播直播车。将原来的四信道模拟电视转播车改造上"6＋1"高清电视转播车。

把握当下，勇立潮头，布局未来。河南广播将秉承河南广播人近70年来厚植的奋斗基因，以电台、电视台合并组建河南广播电视台为新的历史契机，牢牢把握导向，迎接挑战变化，加快推进广播媒体融合，为决胜全面小康让中原更加出彩提供有力的思想保证、精神动力和舆论支持，为河南广播影视事业产业的繁荣发展谱写新的篇章。

电影产业篇

改革开放初期河南电影产业概况[*]

一　电影制片

中共十一届三中全会以后，河南电影事业得到了全面迅速的发展。改革开放初期，河南省从事电影制作的机构主要有河南电影制片厂、河南省卫生防疫站摄制组、河南省水利厅摄制组。

河南电影制片厂，1959年9月正式成立。1979年9月，中共河南省委决定对其重建，由河南省委宣传部直接领导、编制300人，事业机构。制片厂位于郑州市金水路东段，占地面积48.5亩，建有综合楼一座，面积6000平方米；生产车间1376平方米，宿舍楼4栋，另有食堂、仓库、车库、配电房等，总投资500万元。制片设备总投资510万元。制片厂除完成本厂生产任务以外，还为省内外20多个单位代制影片，或承担洗印、录音、动画等加工任务。重建后至1987年，制片厂共摄制纪录片22部，科教片21部；

---

[*] 本章内容摘自刘东初编纂、梁晓岑编审的《河南电影志(1901—1987)》(河南省文化厅文化志编辑室、河南省电影公司,2000),结合本书主题做出了一定改动。

艺术片 28 部，其中戏曲片 7 部，故事片 7 部，传记片（译制）3 部，电视片 11 部。

河南省卫生防疫站摄制组，1958 年开始与其他单位合作制片，1977 年购置了 16 毫米摄影机，从此就自行摄制影片。1983 年添置电视录像设备，增加了电视片的生产。1978～1987 年共摄制纪录片 1 部、科教片 5 部、电视片 4 部。

河南省水利厅摄制组，成立于 1973 年，有 35 毫米和 16 毫米摄影机各 1 台。1984 年又添置了电影录像设备。主要任务是宣传河南水利成就。1978～1987 年，共摄制纪录片 2 部，电视片 16 部。

此外，1980～1984 年，河南省演出公司等单位还与香港金马等影业公司合拍艺术片 6 部，其中故事片 4 部，戏曲片 2 部。

二 电影发行

（一）发行渠道

新中国的电影发行渠道，除了部队对内单独发行，地方上是统一的。随着放映单位的发展和放映网的扩大，发行机构逐步向下延伸，成为一个全省自上而下统一的电影发行渠道。改革开放初期，负责河南电影发行和放映网管理的省级发行机构是河南省电影发行放映公司。此外，还有地、市级电影发行机构 17 家。

（二）发行体制

1979 年 8 月，国务院批转文化部关于改革全国电影发行放映业务管理体制的报告，停止由省市公司自购拷贝、自理发行，恢复了代理发行的体制，即由河南省电影发行放映公司为中国电影发行公司代理发行影片。

而河南省对地（专）、市的电影发行业务管理体制也为代理发行。河南省公司所属分公司 1969 年便已全部下放地区管理，代理发行影片，发行收入实行分成，地区公司提留 10%～15%。

1985 年河南省电影发行放映公司经河南省文化厅批准进行经营体制的改革，实行经理负责制。在劳动人事制度方面实行聘任制，双向选择，优化组合。在奖金分配方面，以 10% 的工资和资金捆在一起，按照职务、出勤、工资、资历等结构计分评奖。在拷贝投放方面，将原来的计划供应改为"按效益投放和计划供应相结合"的办法。在经营方向方面，改原来的电影单一经营为"电影为主，多种经营，相互促进，提高效益"的方针，建立了电影美术公司和经济开发公司两个子公司，后开发公司停办，1986 年又增设电影录像分公司。地、市电影发行放映公司也相继进行了类似省公司的经营体制改革。

（三）拷贝

河南电影发行机构建立初期，经营的 35 毫米影片，平均每个节目不到一个拷贝，有时两三个省合用一个拷贝，每年发行的拷贝量不足 100 个。而到 1987 年时，发行的艺术片节目多达 187 个，拷贝 1233 个，平均每个节目 6.5 个拷贝，观众面较宽的节目，如《喜盈门》《西安事变》《芙蓉镇》《少林童子功》《湘西剿匪记》等都在 10 个拷贝以上。最叫座的如《东陵大盗》《新方世玉》《南北少林》、《王中王》《野鹅敢死队》《神鞭》等节目的拷贝多达 20 个以上。另外，还有供应农村的 16 毫米拷贝 10832 个，8.75 毫米拷贝 517 个。

随着拷贝洗印技术的发展和彩色胶片质量的提高，彩色拷贝逐年增多，1981～1983 年只有个别黑白拷贝，绝大多数都是彩色拷贝，1984～1987 年，发行的电影拷贝全部是彩色的。

（四）影片发行

放映单位使用发行部门的影片，在收费上，通常采取两种方法，即交纳租金和收入分成，买卖拷贝的情况较少。

1979 年底，文化部规定科教片拷贝的售价按出厂价格出售，不加版权费，不加手续费。科教片的单本租价 35 毫米每本 1 场 1 元，16 毫米和 8.75 毫米每本每场 0.3 元。1980 年又规定影院放映的新闻纪录片和科教片专场，院方分账率提高至 80%，以鼓励影院多放映新闻科教片。

1980 年 7 月起对开放礼堂、俱乐部的分账比例进行了调整。省辖市宽银幕片交片方 67%，艺术片交片方 62%，长纪录教科片交片方 52%；地辖市宽银幕片交片方 65%，艺术片交片方 60%，长纪录教科片交片方 50%；县城艺术片交片方 52%，长纪录教科片交片方 50%；短片专场不分地区一律交片方 20%。

1981 年 3 月对影院举办的学生、儿童专场分账比例调整为院方留 70%。

1984 年 1 月对农村 35 毫米影片租价做了补充规定，宽银幕片每场 40 元，艺术片每场 30 元，长纪录片 15 元，短片专场（3~5 本）10 元，短艺术片每本每场 2 元，新闻纪录片每本每场 1 元，科教片每本每场 0.5 元。野外流动单位放映点的租价为宽银幕每场 50 元，艺术片每场 35 元，长纪录片每场 20 元，短片专场 15 元，艺术短片每本每场 2 元，新闻纪录短片每本每场 1 元，科教片每本每场 0.5 元。同年 6 月又对 16 毫米和 8.75 毫米租价做了调整：16 毫米宽银幕片每场 10 元，普通银幕片每场 8 元，8.75 毫米每场 4 元。会议放映未经正式排映的影片实行特别租价：以 800 座席为起点（不足 800 者按 800 计算），按实有座席数目和当地现行票价标准核收片租。1984 年 8 月文化部又规定对某些影片实行浮动票价，租价也相应浮动。

（五）经营、资产

1979 年随着改革开放，电影事业出现了繁荣的景象，发行业务也得以迅速发展，发行收入逐年上升。

中央给地方的发行收入留成，原为全省发行收入的 15%，后随着县（区）公司的建立，发行业务支出增加，地方留成又提高到 30%。省里再根据各地的收支情况确定留成比例。

1979~1983 年，国家对电影发行放映企业实行优惠政策，电影发行放映利润的 80% 留给了企业。在此期间，各级电影发行放映公司在上级业务领导部门和地方财政部门的扶持下，修建了办公用房和职工宿舍 137 座，电影专用仓库 133 座，大大改善了全省电影发行部门房舍紧张的状况。到 1987 年底，全省电影发行部门共拥有各类房舍面积达 156000 平方米，其中省公司 9000 平方米。

（六）电影录像带发行

1986 年 5 月，广播电影电视部责成中国电影发行放映公司选择优秀的国产影片出版录像带，并授权中国电影输出输入公司负责进口内容健康、艺术水平较高的电影录像出版权，由中国电影发行放映公司出版录像带，规定各地电影发行放映公司为具有电影录像带版权的发行机构。

录像带的出租采取放映收入分成和固定租金两种办法。城市录像放映单位分成为 45%，县城以下录像放映单位分账率为 60%。固定租金实行以日定场，按场计租的包租办法，城市每场 10～20 元，县城每场 7～15 元；农村录像放映队每场租价 4 元。带 5 部以下放像机的闭路电视，城市每场租价 10 元，县城每场 7 元，每增一部放像机，另加 0.5 元。

三　电影放映

河南电影放映事业的发展可分为三个时期，从 1909 年电影在河南出现到中华人民共和国成立为初创期。在这 40 年里，随着电影技术的发展和电影艺术的形成与完善，河南的电影业逐渐兴起，但发展十分缓慢，兴衰起伏，历经波折。中华人民共和国成立以后到 1979 年为建设期，在这 30 年中，河南的电影放映单位由建国初期的 6 个发展到 5609 个，增长了 900 多倍。1979 年中共中央十一届三中全会以后，河南电影放映事业进入了一个高速发展期，到 1987 年底全省放映单位达到 14964 个。八年内放映单位数量增至 9381 个，相当于中华人民共和国成立后 30 年发展总数的 1.7 倍。除了经济发展的原因，主要是采取了"国家、集体、个人一齐上"的办法，调动了广大人民群众自办文化事业的积极性，发展了大量的集体和个人体性质的放映单位，丰富了人民群众的文化生活，1987年全省平均6000人有一个放映单位，每人全年看34.7次电影，居全国第一。电影成了全省人民文化生活的重要内容。

（一）电影院

改革开放初期，我国电影院发展达到高潮。1978年底，河南省电影院、影剧院、开放俱乐部共有263家。1979年国务院下达198号转批文化部、财政部《关于改革电影发行放映管理体制的请示报告》的文件，对电影发行放映企业实行优惠政策，80%的利润留给企业，用于发展电影事业。此办法执行到1985年底。河南省电影发行放映公司几年内从电影发行利润留成中，提取2973万元，补助各地修建电影院和影剧院，加上1986~1987年底实行利改税后补助的单位，共计修建电影院和影剧院185座。从而结束了大部分县没有电影院的历史状况。

1980年6月中国电影发行放映公司和中国人民建设银行联合发放城市影院基建贷款，河南领到贷款140万元，在郑州、洛阳、南阳三市分别建成了凤凰、瀛洲、新西三座全新影院。

在这一时期，除国家贷款、企业投资、地方政府补助修建的影院以外，在一些中小城市的农业集体单位，也投资兴建了38座质量较好、规模较大的新型影院和影剧院。这些单位大多建在城市的边缘区，适应了近郊区和新发展社区居民文化生活的需要。

另外，电影新技术也有了发展。1985年郑州市上映美国立体电影《枪手哈特》时，多数影院都添置了放映立体电影的设备，取得了显著成效，使立体电影很快就普及到各地市。1987年底，郑州市河南电影院率先着手改造成为立体声电影院。

1981年3月长沙全国农村电影发行放映工作座谈会以后，中国人民建设银行和中国电影发行放映公司联合发放农村集镇电影院低息贷款，截至1983年河南共贷款1150万元，加上省建设银行和省电影发行放映公司投放的低息贷款150万元，共计1300万元。各地利用这笔贷款新建、改建和维修旧有礼堂、剧场，发展农村集镇简易电影院和影剧院 558 座，使过去农民只能在露天野地站着看"小电影"的状况得到了改善。

1987 年全省城乡电影院（包括影剧院开放俱乐部），已由 1978 年的 263 家增加到 1020 家。其中城镇电影院 519 家，拥有座席 65.9 万个。按城市实有人口计算，平均 13 个人拥有 1 个座席。影院的经济结构，也由过去的国有经济单一结构，发展成多种经济成分的多元化结构。

（二）电影票价

1977 年 4 月，河南省财政局和文化局又重新调整了全省电影票价。郑州、开封、洛阳、平顶山、新乡、安阳、焦作、鹤壁等八市为一类地区，宽银幕成人票价 0.25 元、0.2 元；普通银幕艺术片成人票价 0.20 元、0.15 元；长纪录片成人票价 0.15 元、0.10 元；地区所辖市为二类地区，宽银幕成人票价 0.20 元、0.15 元；普通银幕艺术片 0.15 元、0.10 元；长纪录片 0.10 元。县城及县以下使用 35 毫米提包机的票价为：宽银幕成人票 0.15 元，普通银幕不分片种均为 0.10 元。宽银幕影片中学生专场一律 0.15 元，小学生专场一律 0.10 元，普通银幕下降 0.05 元。短片专场一律 0.05 元。

1982 年 12 月，河南省文化局与物价局又发出联合通知，根据新的情况，对 1997 年规定的电影票价做了一些补充。

第一，农村集镇电影院票价为宽银幕影片 0.15 元；普通银幕影片不分片种一律 0.10 元。

第二，16 毫米宽银幕票价 0.10 元，普通银幕 0.05 元。

第三，立体电影票价为艺术片 0.40 元、0.35 元，纪录片 0.35 元、0.30 元。

1984 年 8 月，文化部《关于改革电影票价的几点意见》中规定，为体现不同质量的影片实行不同票价，对部分影片试行浮动票价办法。娱乐性强观众喜欢看的影片，票价向上浮动；上座率低的复映片，票价可向下浮动。票价以原票价为基础，每张上浮 1~3 角，在这个幅度内，由各地自行掌握；下浮票价以原票价（2 角以上者）为基础，每张下浮 5 分。上浮票价节目每年10部左右，由中国电影发行放映公司提出建议，经文化部电影批准执行。下浮票价的复映节目由各地自定。

（三）放映成绩

中华人民共和国成立后，全省电影院有了较快的发展，1954年影院经营的三项指标放映场次、观众人次、放映收入已分别达到10379场、598.2万人次、58.4万元。1987年影院的三项指标分别上升到726795场，29803.9万人次，5726万元。比1954年分别增长69倍、49倍、97倍。但是1979年以后，文化市场向着多元发展，由于电视、录像、歌舞等的冲击，电影观众逐年滑坡。1987年的影院数量和放映场次，分别比1979年增长77.7%和109.4%，而观众人次仅增长0.5%，电影院的平均观众上座率则下降了42个百分点。面对严峻的竞争形势，电影院都在寻觅新对策，开发新技术，增加新业务，向小型、豪华、舒适、多功能的方向发展。

党的十八大以来河南电影市场发展概况[*]

一 电影产业发展成果概览

中国电影市场从产业化改革之初的全国总票房 10 亿元，到 2017 年只用 324 天即突破年票房 500 亿元，中国电影已经跃上了一个全新的发展台阶。在全国各省份电影市场中，河南省影院市场增势喜人，取得了丰硕的成果。2017 年河南省影院数和银幕数分别超过 400 家、2300 块，份额稳居全国各省份前十，观影人次约 5774.6 万，同比增长 22%。

（一）产业基础：基础设施建设加快落地，影院银幕数增长超过三倍

2012~2017 年，党的十八大以来，电影产业政策环境整体趋好，河南省积极响应中央各部委文化层面及电影产业方面的政策，先后采取一系列扶持政策鼓励电影产业的发展，如鼓励电影设备关键技术的研发和运用，对影院建设和设备更新改造，影片制作、发行和放映等给予专项资金资助等。

在河南省相关政策的扶持下，影院基础设施加快落地，影院数量从 2012 年的 121 家增长至 2017 年的 417 家，影院数量增长了 2.4 倍；银幕数量从 652 块增长至 2323 块，银幕数量增长了 2.6 倍。河南省影院和银幕数增长速度经超过全国水平，终端建设不断增长，提升放映空间，放映场次从 81.5 万场，增长至 383.7 万场，放映场次翻了两番还多。

---

   * 本章内容摘自河南省新闻出版广电局电影处提供的《河南省影院市场发展研究报告》（2017年），结合本书主题做出了一定改动。

（二）经济规模：电影票房产出快速提升，实现3.5倍增长

基础设施建设的快速发展，放映场次的增长，使电影用户的消费需求不断被满足，观影人次持续增加，电影票房产出快速提升。2012～2017年，河南省电影票房从5.1亿元增加到17.9亿元，增长2.5倍；观影人次从1612.6万增长至5774.6万，观影人次实现了3.6倍的增长。

2012～2017年，河南省电影票房复合增长率为28.7%，全国电影票房复合增长率为24%，河南省票房增速高出全国4.7个百分点；2012～2017年河南省观影人次复合增长率为29.1%，全国电影观影人次复合增长率为25.4%，河南省观影人次增速高出全国3.7个百分点。

2017年截至11月20日，全国电影票房为500亿元，河南省电影票房约为17.9亿元，河南省票房约占全国的3.6%，票房份额居全国省份第九位。2017年截至11月20日，河南省观影人次近0.6亿，约占全国同期观影人次的4%，人次份额略微超出票房份额。

近两年，在全国电影票房和人次增速回落，面临市场转型的关键时期，河南省电影票房和观影人次增速超过全国同期增长水平。

（三）社会效应：县级影院发展迅速，"电影扶贫"范围不断扩大

为切实落实国务院办公厅《关于促进电影产业繁荣发展的指导意见》和中宣部、国家广电总局《关于推进国有电影院线深化改革加快发展的意见》文件精神，加快推进河南省县级城市数字影院建设，逐步构建河南电影产业发展新格局，为中原经济区建设提供文化支撑，2012年，中共河南省委宣传部、河南省广播电影电视局发布《河南省关于推进全省县级城市数字影院建设的实施意见》，提出将城镇数字化影院建设和改造任务纳入各地社会发展规划，纳入城乡建设和文化发展规划，不断推进城镇数字影院新建步伐。于2012～2015年基本完成县级城市数字影院建设任务，使全省电影放映基础设施明显改善，更好满足人民群众的电影消费需求。作为配套措施，2013年，河南广电局和河南省财政厅联合印发《关于开展全省县级城

市数字影院建设以奖代补工作的通知》，2013～2015年，对全省108个县（市）的数字影院，按照"摸清底数、评估论证、作出规划、先建后补"的原则给予奖励补助。

强大的人口基数和利好的政策条件吸纳众多投资者进驻河南县级影视市场。2012～2017年，河南省县级影院发展迅速，县级影院及银幕数增长速度远超全省水平。河南省县级影院从2012年的40家发展至2017年的210家，影院数量增长了4.3倍，县级影院数量占比从33%增至50%，县级影院数量逐步超过城市影院数量。银幕数量从153块增长至960块，增长了5.3倍。河南省已基本实现了县级城市数字影院全覆盖，大中小城均衡布局的放映体系。

2012～2017年，河南省县级影院电影票房从0.2亿元增加到4.3亿元，票房总量实现了21.5倍的增长；观影人次从77.7万增长至1404万，观影人次实现了18.1倍的增长。2012～2017年，河南省县级影院电影票房复合增长率为80.5%，观影人次复合增长率为78.4%，均远远高于全省增长水平。

2012～2017年，河南省贫困县与迎来电影市场发展新时代，截至2017年11月20日，河南省31个贫困县建有59家数字影院，各贫困县至少有一家现代化数字影院，多的有4家影院分布，已经实现了数字影院全覆盖。五年时间，河南省贫困县电影市场各项指标成倍增长，电影票房从781.7万元发展至9406万元，增长了11倍；观影人次从32.8万增长至301.7万，增长了8倍；放映场次从4.8万增长至40万，增长了7倍；影院数从10家发展59家，银幕数从42块发展至250块，均增长了5倍。

贫困县影院实现全覆盖，不仅为当地经济产出贡献了部分票房份额，更为重要的是，电影作为文化产业的重要组成部分，影院终端的建设释放了更多的放映场次，覆盖了更多人次，使贫困县受众的观影选择更加多元，满足了人们日益增长的精神文化需求。在党的十九大开幕式上，习近平总书记在党的十九大报告中指出，中国特色社会主义进入新时代，我国社会主要矛盾已经转化为人民日益增长的美好生活需要和不平衡不充分的发展之间的矛盾，从"物质文化需要"要到"美好生活需要"，对问题的聚焦更加精准。对县级影院尤其是贫困地区的文化基础设施建设，不断扩大"电影扶贫"的覆盖范围，正是从供给侧方面解决这种不平衡不充分的发展，满足人民日益增长的精神文化追求，具有巨大的社会效益。

（四）文化引领：电影带动关联产业发展，大力促进文化大省建设

新时代下，为积极响应习总书记在文化座谈会上的讲话精神和文化自信的新课题，河南省从"文化资源大省"到"文化强省"，再到省第十次党代会提出"加快构筑全国重要文化高地"，河南省委立足中原，放眼全国，紧紧围绕建设华夏历史文明传承新区这一战略定位，推动文化资源优势转化为文化发展优势，取得了令人瞩目的成就。

电影层面，除票房产出成倍增长，产业规模不断扩大，还拉动了关联产业不断发展。据艺恩2015年对全国电影关联产业规模的测算，票房对电影产业整体规模拉动为20倍左右，而电影产业对关联性产业规模的拉动为三倍左右。河南省电影市场的发展，不仅带动了电影产业的投资及消费，同样带动了影视园区、内容孵化、餐饮交通、休闲旅游等关联产业的发展。如郑州文创园建设一批主题公园，加快推进大型主题公园在郑州积聚的态势，其中包含"建业·华谊兄弟电影小镇"等项目。在电影工作者的努力与河南省广电局的大力扶持下，河南省电影市场将逐步由量变转向质变，并进一步传导带动关联产业的发展，为河南建设"文化强省"，构筑"全国重要文化高地"提供助力。

二 河南省影院市场规模增长与全国对比分析

2012～2017年，河南省影院市场顺应全国电影市场发展的大趋势，整体发展速度超过全国。票房复合增长率为28.7%，观影人次复合增长率为29.1%，放映场次复合增长率为36.3%，均超过全国增长水平。影院数量复合增长率为28.1%，高于全国的24.2%，且覆盖范围广，密度高。银幕

数不断扩张，约占全国银幕数的 4.6%，复合增长率为 28.9%，略高于全国的 28.0%，且影院结构不断调整优化，小型多厅和中型多厅影院为建设主流。河南省本土院线奥斯卡院线发展迅速，影院数量、票房和人次份额均稳居河南省龙头地位，票房前十位院线份额 91.7%，集中度远高于全国。

强大的人口基数、高速发展的经济水平及政策红利，推动了河南省影院终端建设和观影人次的增加，从而拉动了票房的增长。未来，随着电影创作质量的不断提升，人们观影习惯的不断养成，影院终端建设的进一步发展，河南省影院市场将紧跟全国电影市场繁荣的大趋势，进一步扩大市场规模。

（一）河南省票房增速与全国对比

2012～2017 年中国电影市场的发展可分为两个阶段，以 2015 年为界，前四年，中国电影市场大踏步前进，2015 年票房突破 440 亿元，增速达 48.7%，形成历史高点。2016 年在 2015 年超高的票房基数上，增速放缓，市场开始进入理性调整期，呈现"L"型增长态势。

相较 2016 年，2017 年电影市场明显回暖，河南省电影市场亦取得令人欣喜的成绩。截至 2017 年 11 月 20 日，全国电影票房突破 500 亿，河南省电影票房约为 17.9 亿元，占全国比例为 3.6%，票房份额位于全国省份前列。

近年来，河南省电影市场整体发展超过全国发展速度，2012～2017 年，河南省电影票房复合增长率为 28.7%，超过全国票房复合增长率的 24%。

2012～2017 年河南省电影市场总体演进特征与全国电影市场基本一致，以 2015 年为界，前四年电影市场呈现高速发展状态，票房年增速均在 39% 以上。2016 年开始，增速回落，呈现"L 型"增长趋势。但与全国电影市场发展趋势不同的是，河南省 2014 年票房增速达到 49.3%，高于 2015 年，较全国市场率先进入发展的快车道，且河南省电影票房增速除 2015 年略低于全国增速外，其他几年票房增速，均超过全国票房增速。尤其近两年，全国票房增速放缓，河南省影院市场发展依旧强劲，连续两年票房增速超过全国增速。2016 年全国票房同比增长 3.7%，河南省票房同比增长 5.2%，河南省票房增速超全国1.5个百分点；2017年全国电影票房增长23.2%，河南省电影票房增长26.2%，河南省票房增速超全国3个百分点。

（二）河南省观影人次增速与全国对比

截至2017年11月20日，国内观影人次达到14.5亿，同比增长18.9%。从2012~2017年六年的趋势来看，观影人次增幅自2015年达到高峰期之后，2016年增幅回落，2017年市场回暖，再次实现两位数的增幅。丰富的影片类型、电影制作总体质量的提升及更好的影院观影服务为后续影院观影提供了持久动力。

河南省作为人口大省，到2016年末总人口超过1亿人，常住人口9500多万人，其中城镇人口4600多万人，强大的人口红利，使河南省观影人次优势明显，截至2017年11月20日，河南省观影人次近0.6亿，约占同期全国观影人次的4%，人次份额略微超过票房份额。近年来，河南省观影人次增速亦超过全国发展水平，2012~2017年，河南省电影观影人次复合增长率为29.1%，超过全国票房复合增长率的25.4%。尤其是2013~2015年间，河南省观影人次增速均超过40%，近两年，在全国观影人次增速放缓的形势下，河南省仍然保持较高的增长水平，连续两年观影人次超过全国增速。

（三）河南省放映场次增速与全国对比

2012~2017年，全国电影放映场次增速整体上在平均中呈现下降趋势，2016年场次增幅相较2015年略有上升，但2016年全国票房和观影人次增幅则下降为个位数，可见2015年之后影院扩张带来的放映场次红利拉动票房和人次增长幅度有限，2015年以后票房增长主要靠优质内容拉动。

截至2017年11月20日，河南省放映场次约383.7万场，约占同期全国放映场次的4.6%，场次份额超过票房份额和人次份额。

2012~2017年，河南省电影放映场次复合增长率为36.3%，超过全国场次复合增长率的32.1%。河南省2013~2017年场次呈现"M"型增速，年增长率均超过30%，却始终高于全国场次增速，可见，近年来河南省影院终端建设和放映空间的利用水平不断提高，放映空间的不断释放使得观众观影内容和观看时间的选择更加多样化，促进了河南省观影人次和频次的不断提高。

（四）河南省院线影院布局量化分析

电影院线制的实行始于 2002 年，"电影院线制是指以影院为依托，以资本和供片为纽带，由一个电影发行主体和若干电影院组合形成的一种电影发行放映经营体制"。院线制改变了传统按行政区域计划供片的模式，由发行公司和制片单位直接向院线公司供片，再由院线统一调配至影院放映。

2012 年全国有票房产出的院线共 47 条，2013 年增长至 48 条，之后一直维持在 48 条不变。河南省 2012 年有票房产出的院线为 20 条，此后逐渐增加，至 2017 年 11 月 20 日，共 26 条院线有票房产出。

截至 2017 年，河南奥斯卡院线在河南省有 202 家影院，占全省影院数的 48.2%，影院数量上的绝对优势使本土院线奥斯卡在河南省票房份额遥遥领先。院线影院在全国各辖市做到了全覆盖，仅在省直辖县级市济源市暂无布局。其中在省会郑州市布局影院数最多，达 43 家，其次是南阳市，布局 21 家。此外，在周口市、商丘市、驻马店市、新乡市、平顶山市、漯河市等布局均超过 10 家。

其他全国性城市院线中，中影数字院线、横店院线、大地院线、中影星美院线、北京红鲤鱼数字院线在河南省影院布局超过 20 家。其中，中影数字院线影院数量为 28 家，在河南省排名第四位，银幕数 201 块，排名第二位，影院平均银幕数 7 块，银幕数优势明显，影厅布局较为合理，票房份额在全省排名第二位。中影数字院线在河南省 12 个地市均有布局，其中仍以郑州市为主，布局六家，其次是新乡市和驻马店市，分别布局五家影院。此外，在洛阳市、许昌市、周口市各布局两家，剩余六个城市均布局 1 家影院。

河南省票房份额第三位的院线是万达院线，其在河南省布局 10 家影院，其中郑州市 4 家、洛阳市 2 家、安阳市 1 家、焦作市 1 家、南阳市 1 家、三门峡市 1 家。虽布局的电影院数量不多，但凭借优越的城市布局和地理位置，高端的影院定位，超高的平均票价，其票房份额超过横店院线、大地院线、中影星美院线以及北京红鲤鱼数字院线等影院数较多的院线。

横店院线在全国票房份额排名第八位，在河南省布局优势明显。2017年横店院线在河南省的票房份额排名第四位，共布局24家影院，覆盖12个城市。其中郑州市布局最多，为八家影院，其次是在安阳市布局三家影院，此外，在焦作市、开封市、信阳市分别布局两家，其他七座城市均布局一家影院。

大地院线在河南省票房份额排名第五位，共有33家影院，影院数排名第二位，覆盖河南省13个地市。其中信阳市影院分布数量最多，为7家，其次是郑州市5家，南阳市和商丘市分别布局3家，开封市、濮阳市、三门峡市、新乡市、许昌市、驻马店市分别布局两家，其他为1家。

总之，在河南省票房份额前五的院线均在省会郑州市布局影院较多，最少的万达布局四家，其他四个院线均布局五家及以上。除省会郑州市外，南阳市是另外一个票房份额前五位的院线均有布局的城市。其中河南奥斯卡院线在南阳市有21家影院，布局最多，大地院线在南阳市布局三家影院，其他三家院线均布局一家。其他城市如新乡市、信阳市、安阳市、焦作市、开封市、洛阳市、许昌市、三门峡市等均是院线布局的热门城市，河南省票房份额前五的院线中，至少有四家院线在这些城市布局。其中，万达院线覆盖的六家城市全部是全国院线争相布局的热门城市。

对比2017年河南省和全国院线的票房、影院、银幕集中度，河南省院线集中度远高于全国。2017年河南省电影院线票房集中度CR5为73.3%，CR10为91.7%，全国电影院线票房集中度CR5为44.2%，CR10为67.6%。河南省票房份额前十位院线的高度集中度主要源于这些院线影院及银幕数的高度集中。2017年河南省电影院线影院集中度CR5为75.4%，CR10为90%，银幕集中度CR5为74.6%，CR10为89.7%，均远高于全国院线集中度。

河南省院线份额两极分化严重，票房排名第一位的河南奥斯卡院线与排名第十位的北京新影联份额之间相差34个百分点；全国院线中，票房排名第一位的万达院线与排名第十位的江苏幸福蓝海院线票房份额之间相差 9.7 个百分点。强势院线通过对优质项目的把控以及对优质影院的运营，实现其票房收入上的优势。随着渠道上竞争日益加剧，强势院线会通过兼并方式实现规模的扩张，院线票房集中度也会进一步增长。

（五）河南省影院数量及增长动能分析

2012～2017 年，河南省影院数量从 121 家增至 417 家（截至 2017 年 11 月 20 日），影院数量复合增长率为 28.1%，全国影院数量复合增长率为 24.2%，河南省影院增速超过全国增长速度。影院增长趋势与全国基本一致，增速呈现下滑趋势，影院建设从前几年的疯狂扩张逐步回归理性。

从河南省各地市近几年影院分布来看，郑州市影院数量遥遥领先，即将突破 90 家，南阳市和洛阳市影院数均超过 30 家，新乡市、商丘市、驻马店市、周口市、平顶山市、信阳市影院数均超过 20 家。

从河南省各地市近几年的影院发展速度来看，郑州市、南阳市、新乡市、驻马店市等城市影院数量较多，且保持稳定增长。商丘市、周口市、平顶山市、漯河市影院发展速度飞快，2012～2017 年影院复合增长率超 50%，影院数从最初的一两家发展至十几、二十几家。

从城市发展和人口数量角度来看，南阳、周口、许昌、洛阳等地区还有一定的进驻空间，新乡、商丘等地区影院投资有一点过剩。

河南省影院数量不断增长，一是因为其人口基数大，受众较多，得到影院投资者的青睐。河南省是全国的人口大省，截至 2016 年底，河南省常住人口 9532.42 万人，仅次于广东省和山东省，在全国排名第三。二是因为河南省经济发展较快，2017 年上半年，河南省 GDP 突破 2 万亿元，排名稳居全国第五位，省会郑州先后获批"国家自贸区""国家中心城市"，成为全国仅有的六个内陆自贸区之一，以及八个"国家中心城市"之一。政策红利推动了河南省的经济发展，经济水平的提高、人们精神层面的需求加强推动了观影人次的增加。三是因为城镇化的推进，2016 年河南省城镇化率达 48.5%，2017 年将突破 50%，城镇规模的进一步扩大，将不断增加观影频次。

（六）河南省银幕增长及优化结构分析

2012~2017 年，河南省银幕数从 625 块增加到 2323 块（截至 2017 年 11 月 20 日），约占全国银幕数的 4.6%，复合增长率为 28.9%，略高于全国的 28.0%。2013 年和 2015 年河南省银幕数同比增幅分别为 33.7% 和 34.9%，增速超过全国水平，2017 年银幕数增速有所回落，略低于全国增长速度。

河南省银幕数不断增加，影院结构也不断优化，2012~2017 年，河南省单厅影院份额逐渐下滑，从 8.3% 的占比逐渐下滑至 1.9%，小型多厅和中型多厅影院为主流趋势，占比从 71.7% 上升到 82%，尤其是 5~7 厅的中型多厅影院近两年份额进一步扩大，占比达 48.9%。未来，多厅化、高端化将成为影院建设的主流趋势，设施落后的单厅影院将逐步淘汰。

（七）河南省影院市场规模增长驱动因素

2012~2017 年，河南省电影票房从 5.1 亿元增加到 17.9 亿元（截至 2017 年 11 月 20 日），在平均票价稳定维持在 31 元左右的情况下，主要得益于观影人次的拉动和银幕数增长带来的放映空间的扩大。

2012 年河南省影院票房增速达 64.1%，场次同比增速达 76.5%，明显高于人次增速 53.5%，票房的增长主要得益于影院银幕的扩张所增加的放映场次。

2013 年开始，放映场次增速放缓，票房增长曲线与人次增长曲线基本保持一致。其中，2013~2015 年，观影人次和票房增速平稳，说明内在观影需求不断释放，拉动票房增长。2016 年人次增速骤降，即使场次增速依然维持在 42.2% 的高位，但票房增速同样放缓。说明单纯的银幕扩张对影院票房的拉动力有限，优质内容的缺乏，其他娱乐内容的崛起使影院对观众的吸引力降低。2017 年电影市场回暖，人次增速提升再次拉动票房的高增长。

（八）河南省影院市场在全国电影市场中的定位

2017年，河南省票房为17.9亿元，在全国省份中排名第九位，仅次于山东省。2012~2017年，河南省票房在全国排名中稳步向前，从2012年的第11位，提高到2017年的第九位，逐渐超越了重庆、辽宁和福建。

从全国的影院数量分布来看，2017年，河南省影院数量为417家（截至2017年11月20日），影院数在全国排名第6，在中部六省中排名第1，影院建设水平超过与其相邻的河北省、山西省、陕西省、湖北省及安徽省。

综合全国各区域票房、影院增长水平来看，2017年河南省票房17.9亿，在中部区域票房仅次于湖北省，居第二位，超过中部区域平均票房2.9亿元。2017年新增影院58家，在中部区域新增影院最多。相对全国沿海区域而言，河南省票房超过沿海地区部分省份，如河北、福建、广西，是海南省票房的3.8倍。与西部和东北区域相比，票房仅次于四川省，远超西部区域和东北区域的平均票房（见表1）。

表1　2017年新增影院分布及票房增长率

区域	区域平均票房(亿元)	省份	票房(亿元)	票房同比增长(%)	新增影院(家)
中部区域	15	河　南	17.9	26.2	58
		湖　北	23.7	18.4	40
		安　徽	15.3	27.9	38
		湖　南	14.9	28.1	40
		江　西	10.8	30.1	26
		山　西	7.5	31.2	31
沿海区域	27.9	广　东	72.3	20.7	163
		浙　江	39.5	26.4	109
		江　苏	46.7	24.5	103
		山　东	20.4	32.1	49
		河　北	12.4	32.3	45
		福　建	17.0	18.2	34
		广　西	10.0	25.0	35
		海　南	4.7	37.5	11

续表

区域	区域平均票房(亿元)	省份	票房(亿元)	票房同比增长(%)	新增影院(家)
西部区域	7.2	陕　西	12.1	18.6	45
		四　川	28.6	26.8	67
		云　南	7.8	20.6	31
		贵　州	5.9	35.7	16
		甘　肃	4.7	22.9	12
		青　海	1.5	45.1	8
		宁　夏	2.1	36.5	-1
		西　藏	0.6	28.4	2
		新　疆	3.2	27.5	11
		内蒙古	5.7	29.0	22
东北区域	11.2	黑龙江	8.9	21.8	29
		吉　林	7.9	26.9	26
		辽　宁	16.9	21.1	26

资料来源：艺恩电影智库，数据截至 2017 年 11 月 20 日，该统计不包括北京、上海等直辖市及港澳台地区。

三　河南省影院市场运营分析

（一）河南省影院运营效率与全国对比分析

综合分析 2012～2017 年河南省及全国影院运营效率，河南省影院整体运营效率要略低于全国的平均水平。从 2017 年现状来看，河南省影院场均人次为 12.5 人次，略低于全国平均的 14.3 人次；河南省影院上座率为 10.3%，略低于全国平均的 11.1%；2017 年河南省影院单日单座收益为 17.8 元，略低于全国平均的 21 元；2017 年河南省影院单日单厅收益为 2152 元，较全国平均的 2659 元低 507 元。

而从 2012～2017 年影院运营效率的变化趋势来看，河南省影院在场均人次、单日单座收益和单日单厅收益上的运营水平与全国平均水平的差距逐渐缩小，这也在一定程度上反映了河南省影院整体运营水平正在逐步提升。

影响河南省影院运营效率趋势变化的因素众多，以 2016 年为分界线，2016 年之前在全国影市向好、票房规模大幅提升的背景之下，河南省影院市场亦取得了巨大的发展，影院运营效率亦处于波动上行的态势。然而，电影票房的高速增长引发了影院市场的火热投资，在国内影市遇冷的 2016 年，河南省影院、银幕、座位增速仍高于全国整体水平，一方面使河南省电影市场规模保持了高速增长，但在另一方面，却使省内影院整体运营效率有所下降。

1. 河南省影院场均人次与全国对比分析

2017 年河南省影院场均人次为 12.5 人次，略低于全国的 14.3 人次的水平。但是从 2012～2017 年的二者差值来看，2012 为 3.1 人次，2017 年为 1.8 人次，说明河南省影院场均人次与全国平均水平差距有所收窄。

2012～2017 年，河南省影院场均人次的变化趋势与全国走势基本一致，大致呈震荡下降趋势。2012～2015 年波动上行，在 2015 年河南省影院达到了场均 15.5 人次的高峰，2016 年却急剧下滑至这五年最低，2017 年稳中微升（见表 2）。

2012～2017 年河南省及全国影院场均人次复合增长率分别为 -2.2%、-3.5%，这表明河南省影院场均人次的降速整体上略小于全国整体水平。

表 2 2012～2017 年河南省及全国影院场均人次均值对比

单位：人次

年份	河南	全国
2012	14.0	17.1
2013	13.9	16.1
2014	14.4	15.8
2015	15.5	17.2
2016	12.5	14.2
2017	12.5	14.3

综合近五年来河南省影院观影人次和场次增速，2012～2015 年间人次增长与场次增长速度逐渐趋向平稳，影院市场保持高速稳定的发展。而在

2016 放映场次保持高速增长的形势下，在优质电影内容缺乏、其他娱乐内容崛起等因素冲击下，影院观影人次却出现断崖式下跌，导致当年河南省影院场均人次降到了 12.48 人次的低谷。2017 年整体形势有所缓和，影院建设趋于理性，场次增速有所下降，而观影人次增速大幅提升，河南省影院场均人次略微提升至 12.5 人次。

2. 河南省影院上座率与全国对比分析

2017 年河南省影院上座率为 10.3%，略低于全国的 11.1% 的水平。从二者差值来看，2012 年为 0.3 个百分点，2017 年为 0.9 个百分点，说明河南省影院上座率与全国平均水平差距有所拉大。

2012~2017 年，河南省影院上座率的变化趋势与全国走势基本一致，2012~2015 年之间波动上行，在 2015 年河南省影院上座率达到了 12.7% 的高峰，2016 年却急剧下滑至该年最低，2017 年稳中微升。

2012~2017 年河南省及全国影院上座率的复合增长率分别为 -3.5%、-2.4%，这表明河南省影院上座率的降速整体上略高于全国整体水平。

综合分析 2012~2017 年河南与全国的观影人次、座位数量的增速，2016 年之前观影人次的增速普遍高于座位数的增速；而 2016 年及以后，情况有所反转，影院座位数的增速则要大大超出观影人次的增速，这也是影响河南甚至全国影院上座率下降的主要原因之一。另外，2016 年在河南及全国观影人次增速保持相对一致的形势下，河南座位数增速要远远高于全国水平，从而使河南影院上座率与全国水平差距大幅拉开。

3. 河南省影院单日单座收益与全国对比分析

2017 年河南省影院单日单座收益为 17.8 元，略低于全国的 21 元的水平。从 2012~2017 年的二者差值来看，2012 年为 3.5 个百分点，2017 年为 3.2 个百分点，说明河南省影院单日单座收益与全国平均水平的差距有所收窄。

2012~2017 年，河南省影院单日单座收益的变化趋势与全国走势基本一致，大致呈震荡上行的态势。2012~2015 年波动上行，在 2015 年河南省影院单日单座收益首次超过 20 元关口，达到了 20.4 元的高峰，2016 年下滑至 16.5 元，2017 年有所回升。

2012～2017年河南省及全国影院单日单座收益近五年的复合增长率分别为2.3%、1.7%，这表明河南省影院单日单座收益的增速整体上略大于全国整体水平。

影院单日单座收益取决于观影人次、票价和座位数这三个主要因素。综上所述，河南省2012～2017平均票价基本稳定在30～31元的水平，观影人次的稳步增长成为提升影院单座效益的主要动力；只是2016年观影人次增速大幅下滑，而河南座位增速不降反升，导致了当年河南及全国影院单日单座收益的大幅回落。2017年伴随着影市整体氛围改观，观影人次大幅上升，再度拉升了影院的单座收益。

4. 影院单日单厅收益与全国对比分析

2017年河南省影院单日单厅收益为2152元，较全国的2659元低507元。从二者差值来看，2012年为619.7元，2017年为506.3元，说明河南省影院单日单厅收益与全国平均水平的差距正在收窄。

2012～2017年，河南省影院单日单厅收益的变化趋势与全国走势基本一致，大势呈震荡上行的态势。2012～2015年之间波动上行，在2015年河南省影院单日单厅收益达到了2478元的高峰，2016年则下滑至2020元，2017年有所回升。

2012～2017年河南省及全国影院单日单厅收益近五年的复合增长率分别为3.5%、2.4%，这表明河南省影院单日单厅收益的增速要高于全国整体水平。

影院单日单厅收益取决于观影人次、票价和银幕数这三个主要因素。综前所述，河南省2012～2017年平均票价基本稳定在30～31元的水平，观影人次的稳步增长成为提升影院单银幕效益的主要动力；只是2016年观影人次增速大幅下滑，而河南银幕增速不降反升，从而导致了当年河南及全国影院单日单厅收益的大幅回落。2017年伴随着影市整体氛围改观，观影人次大幅上升，而银幕增速有所放缓，再度拉升了影院的单厅收益。

（二）河南省电影院线运营情况分析

从河南省各院线的运营效率来看，万达院线、上海联和院线、浙江时代院线表现较为突出，其四项影院运营效率指标均进入省内排名 TOP5，而在县级影院的运营效率上看，华夏联合、湖南潇湘、深影橙天院线、明星时代数字院线、上海联和院线表现较为突出，其四项影院运营效率指标悉数进入 TOP5。

另外，从影院来看，2017 年河南省影院运营效率各项指标 TOP3 基本被票房贡献 TOP15 的影院包揽，其中四项运营指标均进入排名前三位的仅有一家影院，为郑州耀莱国际影城锦艺店，其中省内票房贡献排名 TOP4，人次占比 TOP5，拥有八块银幕，是河南省票房贡献 TOP5 影院中唯一银幕数量在十个以下的影院。

1. 河南省各院线运营效率分析

全国电影院线中共有 26 条电影院线在河南省内落地，综合对比 2017 年河南省内各个院线的影院效率来看，万达院线、上海联和院线、浙江时代院线表现较为突出，四项影院运营效率指标均进入省内排名 TOP5，其中万达院线在场均人次（27.6 人次）、单日单厅收益（5673 元）上位居省内第一位，上海联和院线在单日单座收益（38.9 元）、上座率（19.3%）上排名第一位。

2. 河南省县级影院各院线运营效率分析

全国电影院线中，共有 20 条电影院线在河南省内的县城（含县级市）落地，综合对比 2017 年河南省内县级影院各个院线的影院运营效率，华夏联合、湖南潇湘、深影橙天院线、明星时代数字院线、上海联和院线表现较为突出，其四项影院运营效率指标悉数进入 TOP5。其中华夏联合院线场均人次（20.5 人次），单日单厅收益（3555 元）排名第一位，明星时代数字院线上座率（16.8%），单日单座收益（35 元）排名第一位。

3. 河南省各影院运营效率分析

通过对 2017 年河南省各影院综合运营数据进行对比分析发现，影院运营效率各项指标 TOP3 基本被票房贡献 TOP15 的影院包揽。

其中，单日单座收益前三位影院为郑州耀莱国际影城锦艺店（60 元）、南阳奥斯卡新华影城（59 元）和郑州北金横店影城（59 元），单日单厅收益前三位的影院为郑州 CGV 星聚汇影城大卫城店（10203 元）、郑州耀莱国际影城锦艺店（10051 元）和郑州二七万达广场店（9172 元），场均人次排名前三位的影片为郑州耀莱国际影城锦艺店（46 人次）、郑州奥斯卡升龙国际影城（45 人次）和许昌胖东来奥斯卡影城（45 人次），上座率排名前三位的影院为许昌胖东来奥斯卡影城（33%）、南阳奥斯卡新华影城（32%）和奥斯卡德化电影城（28%）。

在上述影院运营效率靠前的影院中，许昌胖东来奥斯卡影城和奥斯卡德化电影城未能进入票房贡献 TOP15 的行列。另外，四项运营指标均进入排名前三位的仅有 1 家影院，为郑州耀莱国际影城锦艺店，其在省内票房贡献排名 TOP4，人次占比 TOP5，银幕占比相对靠后，排名 34 位；该影院拥有八块银幕，是河南省票房贡献 TOP5 影院中唯一银幕数量在十个以下的影院，表明其整体运营效率较高。

4.河南省典型影院运营情况对比分析

从 2012 年河南省影院市场结构来看，河南奥斯卡院线作为河南本土院线整体上有较大的优势，2017 年其影院数量占比为 48.4%，银幕占比为 43.5%，票房占比为 36.3%，均占据市场的绝对主导地位，成为整个河南影院市场的中坚力量。以万达院线为代表的国内其他上市公司院线作为"外来者"，对市场形成了有效的补充，万达院线影院数量占比为 2.4%，银幕占比为 4.1%，票房贡献达 9.6%，是河南省票房贡献 TOP5 院线中运营效率最高的院线。各院线在市场化运作中竞争互补，共同推动河南电影市场的稳步发展。

从整体上看，河南奥斯卡院线票房增速略低于万达院线，2012～2017 年河南奥斯卡院线的票房复合增长率为 20.8%，万达院线则为 23.5%。综合对比 2012～2017 年河南奥斯卡院线和万达院线影院运营数据来看，河南本土的奥斯卡院线在影院建设上保持相对稳定的步伐，万达院线则波动相对较大，其在 2012～2013 年影院建设保持相对谨慎，影院数量维持不变，2015 年开始建设增速，银幕增长率一度高达 95%。

从二者的影院规模来看，万达院线影院规模整体上要大于奥斯卡院线。河南奥斯卡院线以小型多厅影院和中型多厅影院为主，共计占比为 90% 左右；万达院线在河南以大型多厅影院和巨型多厅影院为主，共计占比80%。

从二者的影院布局来看，河南奥斯卡院线布局多有下沉，而万达主守二线城市。河南奥斯卡院线多布局在四线城市，占近六成；而万达院线则以二线城市为主要市场，占四成，三、四线城市各占30%。从近一年二者新建影院的情况来看，万达在二、三、四线城市的布局较为平衡，而奥斯卡则更加侧重于往四线城市扩张，新建影院数量中四线城市影院占比达50%。另外，河南奥斯卡院线影院以县级影院为主（占比为64%）、城市影院为辅（占比为36%），而万达院线目前影院都分布在各个城区。

通过对比河南奥斯卡院线和万达院线近年的影院运营效率，万达院线整体运营效率要高于奥斯卡院线，但河南奥斯卡院线整体运营效率要相对平稳，从上座率和单日单厅收益的走势来看，奥斯卡整体降速都要低于万达。

影院运营效率差异与影院数量规模、位置布局、管理水平等诸多因素有关。首先，如此前论述，二者在影院的数量规模和地域布局上有所差异，在河南省内，奥斯卡院线旗下影院数量是万达院线的近20倍，且在地域分布上相对万达而言更往四线城市、县城或县级市下沉，而下沉市场的经济文化发展水平、平均票价、观众消费习惯等因素均有明显差异，这是造成二者影院运营效率有所差距的主要原因。

另外，从影院管理上看，目前国内院线基本都采用多种组织形式来聚合影院资源，如院线独资投建、参股投资联结、托管或品牌加盟等，奥斯卡院线就以品牌加盟为主、自主投建为辅，万达院线则超九成影院均为影院自主投建；从这点上看，以直营方式为主的万达院线在影院统一管理方面或更具优势。

四 河南省影院市场典型问题分析

（一）产业发展环境问题分析

1. 城镇化率相对偏低制约人口资源优势的发挥

人既是生产者也是消费者，人口的数量及其变化都对产业产生深远的影响，从电影产业的角度来看，城镇人口是观影消费的主力人群，各个地区的城镇人口规模对当地电影产业的发展至关重要。

河南作为全国的人口大省，庞大的人口基数是电影产业发展的良好基础所在，2016年河南人口数量为4623万人，为中部六省之最；但从城镇化率来看，2016年河南人口城镇化率为48.5%，是中部六省中唯一城镇化率不足50%的省份（见表3）。

河南省城镇化率近年来虽在逐渐攀升，但始终低于全国总体及中部其他五省的水平，这无论从对电影产业进行人才输送还是从观影消费的角度看，都在一定程度上限制了省内电影产业的发展。这也表明，河南省人口资源的优势尚未有效发挥，后市潜力有待进一步挖掘。

表3　2016年全国与中部六省城镇人口数量及城镇化率数据对比

单位：万人，%

2016 年	城镇人口数量	城镇化率
全国	79298	57.4
河南	4623	48.5
山西	2070	56.2
安徽	3221	52
江西	2439	53.1
湖北	3419	58
湖南	3599	52.8

资料来源：国家统计局，湖北、安徽、江西、河南、湖南、山西省统计局。

2. 居民电影消费支出处于相对偏低水平

作为居民消费的重要组成部分，河南省居民教育文化娱乐服务消费支出近年来提升明显，2015年城镇人口人均教育文化娱乐服务消费支出为1991元，2016年增长至2079元，增幅为4.4%；居民的电影票房支出方面，2015年城镇人口人均票房为34.3元，2016年增长至34.6元。包含电影消费在内的居民整体教育文化娱乐服务消费支出增长明显，意味着河南省居民消费需求的不断增长。

　　然而，尽管河南省电影票房整体规模在中部六省中居第二位的头部水平，但是从居民票房支出占教育文化娱乐服务消费支出的比例来看，河南省排名却相对靠后。从 2015 年的对比数据来看，2015 年河南城镇居民人均票房与人均教育文化娱乐服务消费支出占比为 1.72%，在中部六省中仅高于湖南和山西，低于全国的 2.18% 的水平，与中部其他省份相比，仍低于湖北、安徽两省的水平。

　　综合来看，无论是从全国整体还是从中部六省的数据对比来看，在居民的消费结构中，河南省居民票房支出占比依旧处于相对偏低的水平，受众观影习惯仍待养成。

　　3. 电影替代性消费内容竞争力增强，观众忠实度偏低

　　影院消费者具有明显的多业态重合性，电影观众往往同时是电视观众、视频网络用户，或 KTV、餐厅、游乐场等娱乐设施顾客，以影院观影为首选或唯一娱乐形态选择或内容体验方式的"影迷"类型观众比例并不高，电影消费缺乏富有黏性的观众基础。

　　根据艺恩电影智库"2016 年度观众调研"结果，国内年观影数量 16 部及以上的重度观影人群比例仅占 16.2%。超过半数的电影观众属于轻度观影人群，每年观影数量在 5 部以内，这意味着中国大多数消费者对去电影院观影这种休闲娱乐方式并没有特殊和执着的偏爱，即对消费者而言，电影只是生活非必需品和可替代品。

　　通过对观影人群的调研发现，如果电影院票价上涨 5% ~ 10%，有近百分之十的观众会选择"逃离"，表明电影观众对价格较为敏感，影院价格的波动极易挑战观众对于影院观影的"忠诚度"。

　　另外，近年来围绕泛娱乐产业的各娱乐内容形态蓬勃发展，且基于互联网的网生影视内容（如网络大电影、网络综艺、网络剧）风头渐盛，电影受众规模及增速均无明显优势，在一定程度上使影院观影人群形成分流。

　　4. 电影放映多屏竞争，视频付费崛起加速受众分流

　　伴随互联网经济的高速发展，以爱奇艺、腾讯、优酷等为代表的视频媒体迅速发展，成为观众观看影视资源的重要渠道，而网络大电影、海外电影

更多在网络播出，进一步促进了网络视频付费用户规模的扩大，对线下观影形成冲击。另外，互联网电视的逐渐普及，也为观众提供了另外一种观影的便捷渠道。

不断壮大的消费人群使视频网站在媒体矩阵中的话语权逐渐加大，为电影片方进行影片发行提供了新的方向，近年来影片从在院线上映到视频网站上播放之间的窗口期逐渐缩短，为观众选择视频网站观影提供了更多的可能性。

5. 专业性、创新性人才紧缺是电影发展面临的重要问题

河南省政府在《河南省建设文化强省规划纲要》中指出"河南省文化产业从业人员占全部从业人员总数的3%左右"，但截至 2017 年 8 月，河南省城镇文化、体育和娱乐产业工商主体从业人员为 35960 人，较 2016 年末的 31389 增加 4571 人，不足全部城镇工商主体从业人员数量的 1% 。

河南作为人口大省，人口总数超过 1 亿，但专业的影视人才却相对紧缺，此前论述中提到河南影视作品票房贡献率偏低，也在一定程度上表明专业化从业人员的缺失导致河南省优秀影视剧作品的产出仍然处于较低水平。在未来的市场发展中，影视专业人才，尤其是能将影视产业与创意文化、中原文化相结合的复合型人才的不足是产业面临的重要难题。

6. 部分政策制定因地制宜的差异化和执行力度有仍有优化空间

近年来，河南省电影院市场飞速发展，市场化与透明化程度较高。相关部门通过从财政补贴、税收优惠、金融支持、土地等方面的政策为河南电影产业的发展创造了良好机遇，但是电影市场在高速发展的过程中也逐渐显现了部分政策在制定和落地执行过程中的待优化问题。这也是全国各省域都存在的问题。

例如，国家层面政策在根据河南省具体情况进行落地实施时的细化和配套有待提升；部分扶持政策没有针对不同特征的城市区域和市场主体进行适当的差异化处理；相关惩处政策执行力度不够，违法成本较低难以遏制部分非法行为，如影院偷漏瞒报票房这一顽疾仍存在，对市场形成规范和引导仍

有提升空间；政府部分公共行政职能下放至市（县）后，个别地区实施细则如从影院投建到监管不善、不明确使下级部门难以执行到位，个别市县管理人员业务技能有待提升等，在一定程度上影响了行政效率，这些问题的存在使部分现行政策没能发挥应有的效用，不利于河南电影产业的健康快速发展。

（二）产业内生性因素问题分析

1.产业主体基础偏弱掣肘内容供给

从企业主题规模来看，截至2017年8月，河南省位于城镇的文化、体育和娱乐产业工商主体数量为6990个，较2016年末的5950新增1040个。在电影产业上，近年来河南市场涌现出了一批实力雄厚、具有较强竞争力和影响力的影视文化产业集团，在电影制作、发行等领域取得不俗成绩，如河南文化影视集团、河南电影电视制作集团、中原出版传媒集团等大型影视文化企业，以及河南天乐动画影视发展有限公司、小樱桃卡通公司等民营影视文化公司等。但目前河南省内电影或影视类企业主体数量及整体质量，与电影产业发展水平相对较高的省份，如北京、上海、浙江等仍有一定差距，直接限制了河南省内的影视内容产出数量和质量，对影院票房提升及电影产业的规模化发展有所掣肘。

从电影内容供给来看，2017下半年，截至2017年11月23日，河南省在全国广电总局备案的电影剧本数量为33个，约占全国总量的6.3%，这一数量虽高出中部其他省份，却低于东部沿海大多城市，也低于位于西部的陕西省（74个）。另外，截至11月20日，河南省票房占全国票房比重为3.6%左右，票房占比低于数量占比，在一定程度上表明，从整体上看，河南省电影单片票房贡献相对较低，电影内容质量有待提升。

2.城镇商业载体建设情况限制影院投建规模

据公开资料的不完全统计，2017～2019年，河南省可预期的影院市场载体——商业综合体的数量为90个左右，居中部六省的首位，但与浙江、山东、江苏等沿海省份相比仍有一定差距。而目前影院大多依靠商业载体而建，对比近年来河南影院扩张情况可以预计，受河南省城镇商业载体建设规模的制约，未来河南影院投建步伐或相对有所放缓（见表4、表5、表6、表7）。

表4　2017～2019年中部六省份未开发招商商业综合体数量

单位：个

省份	河南省	湖南省	江西省	安徽省	山西省	湖北省
数量	88	88	71	69	65	26

资料来源：赢商网。

表5　2017～2019年沿海部分省份未开业招商商业综合体数量

单位：个

省份	广东省	江苏省	山东省	浙江省	上海市
数量	210	131	101	94	51

资料来源：赢商网。

表6　2017～2019年河南省部分城市未开业招商商业综合体数量

单位：个

省份	郑州	洛阳	平顶山	开封	信阳	南阳	周口	驻马店	漯河
数量	37	8	7	6	5	4	4	4	3

资料来源：赢商网。

表7　2013～2017年河南省新增影院数量

单位：家

年份	影院总数	新增数量
2017	418	58
2016	360	80
2015	280	69
2014	211	48
2013	163	41

3. 人均观影频次偏低，受众观影习惯待养成

从全国来看，2016年影院观影消费的总人次达13.7亿人次，按人口总量（13.8亿人口）计算，国民平均观影频率为1.0次/人·年，而韩国、北

美市场的年人均观影次数为 3～4 次，差距仍十分明显。

从河南省内来看，2016 年河南省城镇居民人口规模优势突出，但人口红利未充分发挥。如河南人均观影人次为 1.2 人次，低于全国的 1.7 人次，在中部六省中仅略微高于湖南和山西，居第四位。这既意味着当前消费者观影习惯尚未养成，也在一定程度上表明，影院与其他休闲娱乐业态相比，消费拉动效能尚待进一步开发。

4. 影院硬件设施、放映技术等仍需提升

国内电影产业已全面迈入数字化，电影技术壁垒逐渐消失，数字拷贝密钥和卫星传输系统得到普及，放映机、高端声效系统已成为影院标配，3D、IMAX 及 4D 等特效影厅受到消费者追捧。

从影院硬件设施行业的引领性指标看，河南省在 IMAX 建设上相对落后，目前省内仅拥有 10 块 IMAX 银幕。另外，根据艺恩数据，近年来河南省投建了大量小品牌、中小体量影院，大部分仍存在硬件设施及放映技术不达标的现象，严重影响了当地居民的观影感受。随着观众对观影感受要求不断提升，河南在高端影厅建设和设备技术上仍需继续追求进步，以更好满足受众的高端观影需求。

（三）市场竞合因素问题分析

1. 影院规模扩张对票房拉动作用减弱

2012～2017 年河南及全国票房均实现了较大幅度增长，河南省票房占比从 2012 年的 3.1% 上升至 2017 年的 3.6%，但事实上，2014 年以后，河南在全国的票房占比始终在 3.5%～3.6% 区间波动，对全国票房贡献率并未有明显提升。另外，河南省银幕增长率近年来始终高于全国增速，这虽然直接带动了票房规模的增长，但单银幕产值始终低于全国平均水平，而且与全国单银幕产值的差值近年来在波动之后几无变化。这表明，河南银幕增长对票房的拉动作用正在逐渐减弱，影院建设步伐须适当收紧。

2. 单体影院建设结构性问题明显

从单体影院数量结构来看，河南不同规模的影院数量结构与全国整体水平保持基本一致，都以中型多厅影院为主，占比均超四成，其次为小型多厅影院，占比在三成左右。但是与全国相比，河南中型多厅影院数量占比要高出全国平均水平，而大型多厅影院数量占比则低于全国水平。

河南省内多以中、小型影院为主，尤其存在大量小品牌的中、小体量影院，这些影院一方面在硬件设施上标准化、高端化程度不够。另外，尽管影院都要加盟院线进行统一管理，但是大多院线对加盟影院只提供放映内容供应或拍片指导，这些影院在经营管理水平上仍相对落后。

3. 影院布局不平衡导致局部市场投资过热

近年来，源源不断的资本被持续输送到电影市场，河南影院市场始终保持高热的投资状态，影院数量、银幕数量呈稳步增长态势。但市场局部出现投资过热，影院布局密集，或与当地经济、人口等因素不匹配，最终加剧了局部市场的非理性竞争，造成资源浪费，不利于市场的和谐健康发展。

例如，以郑州、洛阳为代表的 GDP 贡献大区，当地经济发展水平较高，城镇人口数量及人均观影频次均存有明显的优势，但是当地影院数量众多，人均银幕数量位居省内相对高位水平，而观影人次增幅却明显偏低，在一定程度上说明当地市场竞争较为激烈，已趋于饱和状态。

而类似许昌市，经济基础亦较理想，2017 年观影总人次、人次增幅及人均观影频次均居于省内前列，而当地影院数量、城镇人口人均银幕数量则相对偏低，当地市场仍有相对优渥的投资空间。

1. 票房收入为主导影院营收结构单一

目前河南影院营收结构与全国整体基本一致，观影收入仅占八成，比例有稍降趋势，剩下的就依靠广告和卖品，其中广告收入占比要略高于卖品收入，且仍呈增长趋势，而大多影城在努力提高周边卖品收入的同时，餐饮消费有下降势头。

另外，对比万达电影在全国的整体营收结构来看，2017 年第一季度，万达观影收入占比为 68.5%。较 2016 年的 70.7% 有所下降，广告收入占比由 2016 年的 15.9% 上升至 17.6%，商品销售收入由 2016 年的 12.5% 上升至 13.9%（见表 8）。

表8 2017年河南与其他上市公司营收结构对比

单位：%

对比	观影收入占比	广告收入占比	商品销售占比
河南省	78	12	10
万达电影	68.5(↓)	17.6(↑)	13.9(↑)

资料来源：河南省营收结构为深访所得数据，万达电影营收结构取自2017年第一季度财报。

整体看来，河南甚至全国整体影院营收结构都相对单一，观影收入为最重要的营收来源，虽然近年来略有下降的趋势，但衍生品市场发展缓慢，而其他营收渠道尚未得到有效开拓，因此观影收入占比未来仍将占据绝对优势。影院营收结构单一使影院经营风险较大，不利于影院市场的健康快速发展。

2. 影院运营效率走低且与沿海城市差距明显

近年来，河南影院市场的高速扩张一方面直接带动电影市场大盘稳步提升，但另一方面，因省内影院扩张速度远大于观影人次的增长速度，使省内影院的运营效率要低于全国平均水平，且场均人次、上座率等运营效率指标近年来呈震荡下行趋势。而与中部六省相比，河南整体运行效率要略高于均值，但要低于湖北省影院的运营效率。

而与电影市场发展相对成熟的沿海城市相比，河南省整体运营效率要明显偏低；其中，河南省影院运营效率略高于山东省，均低于广东、浙江、江苏和福建四省。

整体上看来，河南省影院运营效率近年来波动下行，在中部省份城市中处于中上游水平，但是与沿海相对发达的城市相比仍存在明显的差距。

3. 大多县级影院盈利艰难掣肘河南影院整体发展进程

在国家政策的大力扶持下，近年来河南县级影院市场发展势头迅猛，2012～2017年间，县级影院票房在河南省整体影院市场的占比由2012年的4.5%提升到2017年的24.5%，县级影院数量增至210家，约占河南省影院数量的50.4%。

但目前县级影院整体生存状态仍不尽如人意，多数县城的经济发展水平

457

仍相对滞后，居民观影习惯尚未养成，票房收入难以平衡高昂的投资成本，部分依靠政策补贴进入市场的县级影院整体运营欠佳，掣肘了河南影院市场的整体发展进程。

4. 影院运营租金、人力等成本持续高涨

自中国电影市场迈向百亿元大关以来，影院投建热情持续"高烧不退"，投资运营成本水涨船高。目前影院成本结构中，物业水电、人工和租金是主要支出项目，而近年来商业综合体租金、人工成本快速上升，给影院运营带来较大负担。另外，在郑州电影市场，受实名购票影响，安检的硬性规定使影院需要额外增加 X 光等安检设备的投入，也在一定程度上提高了影院运营成本。

通过深访了解到，目前河南新开影院单座成本多在 1.2 万～1.5 万元，如增设咖啡厅、书店等专区，成本或在 2 万元以上。而影院回收成本周期由原来的 3～5 年，已变为现在的 8～10 年，甚至更长时间。影院运营成本压力持续上升，导致部分私人影院通过非理性竞争以求生存，不利于市场的健康有序发展。

参考文献

1. 昌波：《改革开放 20 年我国广播电视业的发展》，《中国有线电视》1999
   年第 8 期。

2. 常虹：《河南省广播电视产业发展创新研究》，《郑州大学学报》（哲学社
   会科学版）2006 年第 3 期。

3. 陈刚：《当代中国广告史 1979—1991》，北京大学出版社，2010。

4. 陈素白：《转型期中国城市居民广告意识变迁》，厦门大学出版社，2011。

5. 陈正荣、汪志奇：《无线、有线合并后管理机制的选择》，《电视研究》
   2002 年第 9 期。

6. 程丽：《原生广告：基于互联网思维的新广告形式》，《新闻知识》2017
   年第 9 期。

7. 楚明钦、刘志彪：《装备制造业规模、交易成本与生产性服务外化》，《财
   经研究》2014 年第 7 期。

8. 崔金福：《全媒体时代下的"走转改"》，《记者摇篮》2013 年第 12 期。

9. 崔伟伟：《〈东方今报〉图片运用策略解》，硕士学位论文，郑州大学，
   2008。

10. 戴邦：《对报纸的性质、任务和作用的探讨》，载中国社会科学院新闻研
    究所编《中国新闻年鉴 1982》，中国社会科学出版社，1982.

11. 丁倩：《微信公众号在纸媒转型中的作用分析——以"人民日报"微信
    公众号为例》，硕士学位论文，南京师范大学，2016。

12. 董世斌：《数字化时代河南广告业的发展趋向》，《现代广告》2012 年第
    3 期。

13. 段乐川、李德全：《报纸微信运营模式的现状、问题和对策——以〈大

河报〉为例》，《传媒观察》2015 年第 1 期。

14. 范鲁斌：《中国广告 25 年》，中国大百科全书出版社，2004。

15. 方汉奇、张之华：《中国新闻事业简史》，中国人民大学出版社，1995。

16. 方英、池建宇：《广告业与宏观经济发展关系的实证分析》，《现代传播》2016 年第 7 期。

17. 高珉：《从〈武林风〉看本土元素在电视栏目中的应用》，《大众文艺》2011 年第 20 期。

18. 海继才：《改革开放中前进的河南出版事业》，《出版工作》1990 年第 7 期。

19. 何平华：《新媒介技术革命下的中国广告》，《江西社会科学》2014 年第 1 期。

20. 《河南年鉴》（1984～2011 年）。

21. 河南省新闻出版广电局电影处：《河南省影院市场发展研究报告》，2017。

22. 河南新闻出版年鉴编委会：《河南新闻出版年鉴（2016 年)》。

23. 侯迎忠、郭光华：《论改革开放以来新闻传播学术研究与新闻实践的互动关系》，《现代传播》（中国传媒大学学报）2008 年第 6 期。

24. 花茂华：《盐城有线无线电视两台合并的实践与思考》，《电视研究》2001 年 3 期。

25. 黄鲲：《塑造个性，突出重围——浅谈河南电视台电视剧频道广告个性化经营》，《广告人》2008 年第 6 期。

26. 姜帆：《数字传播技术与传统广告产业形态》，《现代广告》2011 年第 12 期。

27. 蒋东升：《媒介融合背景下中原经济区电视媒介发展战略研究——以河南电视媒介发展为例》，《鸡西大学学报》2016 年第 1 期。

28. 焦锦淼、赵保佑主编《河南蓝皮书：河南文化发展报告（2008）》，社会科学文献出版社，2008。

29. 寇非：《广告·中国（1979～2003)》，中国工商出版社，2003。

30. 李春晓：《一场新闻的马拉松长跑》，《中国地市报人》2015 年第 7 期。

31. 李乐：《新媒体时代河南卫视的创新发展》，《新媒体研究》2017 年第 14 期。

32. 李智：《河南省新华书店发行集团发行渠道建设》，硕士学位论文，河南大学，2014。

33. 廖秉宜、付丹：《提升广告产业竞争力与推进湖北经济跨越式发展》，《湖北社会科学》2011 年第 8 期。

34. 刘伯年：《大数据时代广告产业变革研究》，硕士学位论文，新疆大学，2017。

35. 刘春兰：《创新党报的时政新闻报道》，《新闻爱好者》2010 年第 8 期。

36. 河南省文化厅文化志编辑室、河南省电影公司：《河南电影志（1901—1987)》，2000 年。

37. 刘慧鸣：《湖南省广告产业可持续发展研究》，硕士学位论文，湖南大学，2011。

38. 刘家林：《新编中外广告通史》，暨南大学出版社，2011。

39. 刘杰：《浅析台网联动模式的途径和走势》，《科技传播》2017 年第 9 期。

40. 刘磊：《陕西广告文化产业发展研究》，硕士学位论文，西北大学，2010。

41. 刘搁辰：《浅谈广告弄潮的新宠儿——新媒体广告》，《河南科技》2014 年第 8 期。

42. 刘锐：《精品意识在都市频道"立台"中的作用》，《新闻爱好者》1999 年第 3 期。

43. 马二伟、刘艳子：《我国广告产业与宏观经济的发展关系分析》，《新闻界》2014 年第 8 期。

44. 马二伟：《大数据时代广告产业的危机与变革》，《中国出版》2016 年第 9 期。

45. 马国强：《"正面炒作"亦生辉——2002 年〈大河报〉新闻操作取胜之

道》，《新闻战线》2003 年第 8 期。

46. 马静、黄曼丽：《改革开放以来我国图书出版业的发展与变迁》，《武汉大学学报》2008 年第 11 期。

47. 马树军：《洛阳牡丹争芳菲——访改革中的〈洛阳日报〉》，《新闻爱好者》1986 年第 9 期。

48. 孟令光：《中国广告企业发展进程研究（1978～2016)》，博士学位论文，华东师范大学，2017。

49. 钱程：《中原广告产业园核心竞争力研究》，硕士学位论文，郑州大学，2013。

50. 乔均、薛萌：《广告业对经济发展的拉动作用分析》，《广告大观》（理论版）2011 年第 8 期。

51. 秦雪冰：《基于创新的中国广告产业演化研究》，博士学位论文，武汉大学，2014。

52. 秦振霞、李含琳、苏朝阳：《河南省 1987～2006 年人口重心与经济重心的空间演变及对比分析》，《农业现代化研究》2009 年第 1 期。

53. 《全国有线无线电视台合并工作全部完成》，《中国传媒科技》2001 年第 10 期。

54. 任文：《从默默无闻到新的崛起——河南人民出版社巡礼》，《中国出版》1990 年第 7 期。

55. 任占涛：《电视节目形态创新研究——以河南卫视"梨园春""武林风"为例》，《大舞台》2008 年第 4 期。

56. 沙宗义、蔡洪波：《春天里的故事》，《广告导报》1999 年第 21～22 期合刊。

57. 申起武：《改革开放 30 年广播新闻节目形态的演变和发展》，《现代传媒》2008 年第 4 期。

58. 苏林森、郭超凯：《改革开放以来中国广告业、宏观经济与政策的互动关系》，《新闻大学》2015 年第 5 期。

59. 孙丰国：《广告促动经济发展》，《广告大观》（理论版）2009 年第 1 期。

60. 孙苏川：《广播电视媒体融合科技发展与规划》，《现代电视技术》2016年第6期。

61. 孙玉成：《基于改革开放以来我国传媒发展的思考——文化软实力与传媒软实力》，《中国报业》2012年第10期。

62. 唐志平：《精彩与快乐同在——记河南电视台卫星频道全新改版》，《当代电视》2004年第2期。

63. 田志荣：《广播电视事业发展的几点思考》，《活力》2013年第4期。

64. 涂有权：《改革开放40年广播的创新发展》，《中国广播》2018年第3期。

65. 汪洋：《中国广告通史》，上海交通大学出版社，2010。

66. 汪振军：《现代传媒与中华武术文化的成功结合——析河南电视台〈武林风〉栏目》，《中国广播电视学刊》2005年第12期。

67. 王黑特、李青青等：《中国城市文化消费报告》（郑州卷），社会科学文献出版社，2010。

68. 王世炎、陈红雨、解建成：《改革开放20年的河南改革与发展》，《河南省情与统计》1998年第11期。

69. 卫绍生主编《河南蓝皮书：河南文化发展报告（2016）》，社会科学文献出版社，2016。

70. 魏佳：《〈大河报〉全国"两会"报道研究》，硕士学位论文，河北大学，2015。

71. 魏玉山：《出版改革开放40年回顾与总结》，《编辑学刊》2018年第3期。

72. 吴静：《省级卫视及河南卫视品牌发展历程研究述评》，《今传媒》2004年第9期。

73. 项德生、李宏根、高传伟：《广告宣传与河南经济发展》，《郑州大学学报》（哲学社会科学版）1994年第2期。

74. 邢悦：《浅析〈大河报〉头版头条编辑策略》，《漯河职业技术学院学报》2016年第1期。

75. 熊源伟：《公共关系案例》，安徽人民出版社，1993。

76. 许俊千：《中国广告年鉴 1985～1991：现代广告发展的新趋势》，新华出版社，1992。

77. 燕楠：《教辅图书内容质量监控——以大象出版社教辅图书"基础训练含单元评价卷"丛书为例》，《出版广角》2016 年第 7 期。

78. 杨诚勇：《创新以人为本　研发和谐共生——河南电视台的发展战略与研发策略》，《电视研究》2008 年第 1 期。

79. 杨青、李文红、卢红：《〈大河报〉：挖掘更多好故事　用心传播正能量》，《中国记者》2016 年第 8 期。

80. 曾建雄：《中国新闻评论发展史》（近代部分），广西师范大学出版社，1996。

81. 张兵娟：《立足本土　突出特色　构筑核心竞争力——试论河南电视台的品牌创新战略》，《当代电视》2004 年第 11 期。

82. 张金海：《广告代理的危机与广告产业的升级与转型》，《广告大观》（综合版）2007 年第 6 期。

83. 张留东：《从"读者时代"到"用户时代"》，《中国地市报人》2015 年第 3 期。

84. 张锐、谷建全主编《河南蓝皮书：河南文化发展报告（2011）》，社会科学文献出版社，2011。

85. 张洋洋：《〈河南省广告产业"十三五"发展规划〉发布，力争"十三五"末广告经营额突破 225 亿元》，《河南科技报》2017 年 2 月 10 日。

86. 张永：《省会党报评论的责任与情怀》，《新闻爱好者》2014 年第 11 期。

87. 张玉川：《〈大河报〉特色研究与分析》，硕士学位论文，四川大学，2003。

88. 张云波：《论党报民生报道的价值取向》，《新闻爱好者》2012 年第 7 期。

89. 中国广告年鉴编辑部：《中国广告年鉴 1988》，新华出版社，1988。

90. 中宣部《新闻阅评》2018 年第 23 期。

91. 中宣部《新闻阅评》第 392 期。

92. 《中原广告产业园：助推河南广告业上档升级》，《经济视点报》2013
    年 5 月 16 日。

93. 周绍成：《跨越之路：河南电视台发展史（1969～2009）》，河南人民出
    版社，2009。

94. 朱夏炎、常法武：《河南日报 60 年》，河南日报报业集团，2010。

95. 朱欣英：《新媒体时代广播电视面临的机遇与挑战——解构洛阳广播电
    视台应对变局的实践》，《新闻爱好者》2015 年第 12 期。

后　记

　　1978 年召开的党的十一届三中全会确定了党和国家工作重心转移到经济建设上来的战略方针。自此以后，中国经济迅猛发展，取得了举世瞩目的巨大成就。地处中原腹地的河南省也形成以郑州、洛阳、开封三个城市为核心的中原经济区，引领中原地区各项事业快速发展。传媒行业作为中原地区改革开放事业取得重大成就的重要组成部分，不仅发挥了引领社会、成风化人的重要功能，其自身的发展也经历了脱胎换骨的涅槃重生过程。改革开放 40 年来，中原地区传媒发展变迁真实反映了时代变革的宏伟画卷，也谱写了传媒行业如何克服重重困难，完成每一次艰难转型的华丽篇章。

　　鉴于此，本报告对改革开放 40 年来中原地区传媒业的重大发展与变革进行了梳理，分门别类对报业、图书出版业、期刊出版业、广告产业、电视事业、广播事业、电影产业进行阐述和分析，并结合改革开放以来中原地区的政治、经济、文化和人文环境的变迁，探究改革开放以来中原地区传媒发展变化脉络。报告通过对不同种类媒介体制机制的变革、主题内容的变化、竞争趋势的挑战等方面的分析，客观再现中原地区传媒发展的历史轨迹，深入剖析中原地区传媒发展的动力与瓶颈，为进一步深化中原地区传媒改革提供理论支撑。

　　本报告采用实地调查法和文献研究法。研究小组组织了近 60 人的社会调查团分赴河南省内主要媒体和各地的宣传、广播电视、文化出版和工商等部门及机构收集第一手材料，获取了包括报业集团发展报告、改革开放 40 年来报纸版面变迁图片、广播电视刊播情况总结等能够有效辅助报告阐释的数据、文本、图片资料。同时，利用文献研究法大量搜集有关中原地区报纸、广播电视、广告、电影、出版业等传媒界的学术论文，从中摘选了一部分，作为本报告的理论补充。在此基础上发现新问题，并尽可能提供一些解决问题的方法和对策。

本报告的编写是中原传媒研究院集体智慧的结晶，中原传媒研究院是中共河南省委宣传部与郑州大学共建的一个智库平台。全书由王仁海、张举玺、周宇豪策划统筹，周宇豪提出整体编写框架并于成稿后承担了全书的统稿审定工作，张举玺对书稿形成和出版的每一个环节都做了耐心细致和不厌其烦的督促和指导。具体写作分工如下：周宇豪、王玉珊负责总报告的撰写；王一岚、常启云、崔汝源、昝瑞负责报业篇的撰写；吴文瀚、楚明钦、韩文静负责广告产业篇的撰写；邓元兵、姚鹏负责期刊出版业篇的撰写；李宏、宗俊伟、刘洋负责电视事业篇、电影产业篇的撰写。

本报告在郑州大学新闻与传播学院的鼎力支持下得以完成。感谢在本书研究和撰写过程中一些专家学者所给予的富有启发性的建议和意见。特别需要提出的是，社会科学文献出版社社会政法分社社长王绯和责任编辑张建中以其特有的睿智和精湛的编辑业务对本书成稿和出版提出了独到的见解，他们卓越的专业能力给我留下了深刻的印象。郑州大学新闻与传播学院 2017 级的部分研究生和 2016 级新闻学专业的部分本科生具体参与实施了本书写作需要的大量实地调查。对此，一并表示由衷的感谢！对在本书写作过程中所参考借鉴的相关文献的作者，也表示深深的谢意！对于记忆原因导致的有关参考文献的疏漏表达真诚歉意。

周宇豪

2018 年 5 月 20 日

图书在版编目（CIP）数据

中原传媒发展报告：1978－2018 / 王仁海主编. ——
北京：社会科学文献出版社，2018.12
ISBN 978－7－5201－3950－2

Ⅰ.①中… Ⅱ.①王… Ⅲ.①传播媒介－研究报告－
1978－2018 Ⅳ.①G219.276.1

中国版本图书馆 CIP 数据核字（2018）第 261088 号

中原传媒发展报告（1978～2018）

主　　编／王仁海
执行主编／周宇豪
副 主 编／吴文瀚　李　宏　宗俊伟　楚明钦　邓元兵

出 版 人／谢寿光
项目统筹／王　绯
责任编辑／张建中　李惠惠

出　　版／社会科学文献出版社·社会政法分社（010）59367156
　　　　　地址：北京市北三环中路甲 29 号院华龙大厦　邮编：100029
　　　　　网址：www.ssap.com.cn
发　　行／市场营销中心（010）59367081　59367083
印　　装／三河市东方印刷有限公司

规　　格／开 本：787mm × 1092mm　1/16
　　　　　印 张：29.5　字 数：452 千字
版　　次／2018 年 12 月第 1 版　2018 年 12 月第 1 次印刷
书　　号／ISBN 978－7－5201－3950－2
定　　价／178.00 元